Rechnerentwurf:
Rechenwerke, Mikroprogrammierung, RISC

von
Professor Dr.-Ing. Rolf Hoffmann
Technische Hochschule Darmstadt

3., völlig überarbeitete Auflage

R. Oldenbourg Verlag München Wien 1993

Die ersten beiden Auflagen dieses Werkes erschienen unter dem Titel
„Rechenwerke und Mikroprogrammierung"

Die Deutsche Bibliothek — CIP-Einheitsaufnahme

Hoffmann, Rolf:
Rechnerentwurf : Rechenwerke, Mikroprogrammierung, RISC /
von Rolf Hoffmann. – 3., völlig überarb. Aufl. – München ;
Wien : Oldenbourg, 1993
  Bis 2. Aufl. u.d.T.: Hoffmann, Rolf: Rechenwerke und
  Mikroprogrammierung
  ISBN 3-486-22174-4

© 1993 R. Oldenbourg Verlag GmbH, München

Gesamtherstellung: R. Oldenbourg Graphische Betriebe GmbH, München

ISBN 3-486-22174-4

Inhaltsverzeichnis

Vorwort

Das Buch behandelt die Architektur und den Entwurf von CISC (Complex Instruction Set Computer) und RISC (Reduced Instruction Set Computer). CISC sind die klassischen Rechner mit umfangreichen Befehlssätzen, die überwiegend mit Hilfe von Mikroprogrammen (Firmware-Interpretation) implementiert werden. RISC sind Rechner mit reduzierten Befehlssätzen, die mit Hilfe von Hardware-Steuerwerken (festverdrahtet) implementiert werden.

Themenschwerpunkte sind

- Zahlendarstellungen,

- Struktur von arithmetischen Rechenwerken und ihre Steuerung durch Mikroalgorithmen (Hardware-Algorithmen),

- der Aufbau von Hardware- und Mikroprogramm-Steuerwerken,

- das Prinzip der Mikroprogrammierung zur Realisierung von Befehlssätzen (Funktionelle-Architektur) durch Interpretation,

- Entwurfsgesichtspunkte für Mikroprogramm-Steuerwerke (wie Speicherplatzminimierung, Kopplung von Steuerwerk und Operationswerk, Pipelining auf der Mikrobefehlsebene),

- Entwurf einer Beispiel-Rechnerarchitektur DINATOS mit einem Hardware-Steuerwerk auf der Register-Transfer-Ebene,

- Entwurf eines mikroprogrammierbaren Rechners (Mikromaschine) PIRI und die Emulation (Interpretation durch ein Mikroprogramm) der DINATOS-Architektur,

- RISC-Achitekturkonzepte wie Pipelining und Cache-Speicher, Superskalar-Prinzip,

- Architektur der RISC-Rechner Berkeley RISC I/II, Sun SPARC und Motorola MC88110.

Diese Themen werden vornehmlich unter den Aspekten *Funktionsweise* (Funktionelle-Architektur) und *Register-Transfer-Implementierung* (Register-Transfer-Architektur) behandelt. Um diese Aspekte auch formal besser fassen zu können, wurde die Hardware-Beschreibungssprache HDL vom Autor definiert (1975-1977). Sie ermöglicht die Beschreibung von Architekturen auf verschiedenen Ebenen (Schaltnetz-parallel, algorithmisch-asynchron, Register-Transfer-synchron). Das Mehrebenen-Sprachkonzept wurde später auch in andere Hardware-Bescheibungssprachen wie VHDL aufgenommen. Aufgrund ihrer verhältnismäßigen Einfachheit, besserer Lesbarkeit und bestimmter semantischer Eigenschaften wird HDL gegenüber VHDL als Beschreibungswerkzeug bevorzugt.

Die Mikroprogrammierung bildet einen Schwerpunkt des Buches, die zur Zeit nicht mehr die praktische Bedeutung hat wie in den 60er und 70er Jahren. Sie war und ist ein Mittel, um die Software-Kompatibilität zu gewährleisten und um umfangreiche Befehlssätze zu implementieren. Diese Technik wird heute noch in CISC-Rechnern angewendet und sie könnte auch in zukünftigen hybriden CISC/RISC-Rechnern wieder verstärkt zum Einsatz kommen. Die Mikroprogrammierung kann auch als eine sehr hardwarenahe Maschinenprogrammierung angesehen werden, ähnlich wie die RISC-Maschinenprogrammierung. In der Tat weisen die Mikrobefehle sehr große Ähnlichkeiten mit den RISC-Maschinenbefehlen (festes Format, Register-Register-Befehle, Ausführung in wenigen Takten, Pipelining) auf, so daß die Konzepte der Mikroprogammierung auf die RISC-Maschinen übertragen werden können und umgekehrt. Ein mikroprogrammierbarer Rechner entspricht prinzipiell einem RISC-Rechner mit *Havard-Architektur* (getrennte Programm- und Datenspeicher), wenn man den Mikroprogrammspeicher als Maschinenprogrammspeicher benutzt.

Ich möchte allen danken, die inhaltliche Anregungen gaben und/oder bei der drucktechnischen Aufbereitung behilflich waren: Herr Prof. Dr. Liebig (TU-Berlin), Frau Jörs, Herr Dr. Völkmann, Herr Hochberger und Herr Baumgart. Mein besonderer Dank gilt Frau Schwarzkopf, die einen großen Teil des Textes in TEX verarbeitet hat und dabei viele Fragezeichen angebracht hat. Herr Halbach hat mich inbesondere bei der schnellen Erstellung der Bilder unterstüzt, wofür ich mich herzlich bedanke.

Darmstadt, im Sommer 1993 Rolf Hoffmann

Vereinbarungen und Symbole

$\{k : m\} = \{k, k+1, k+2, \ldots, m\}$ Menge ganzer Zahlen von k bis m
$X[n] = X(n : 1) = X_n X_{n-1} \ldots X_1$ Dualzahl (Kapitel 1 und 3)

$X[n] = X(n-1 : 0)$ Vektor boole in HDL (Kapitel 2, 4–7)
$A_j = A(j)$ j-tes Element eines booleschen Vektors
$A^i = A(i,) = A(i)$ i-te Zeile einer booleschen Matrix
$A_j = A(,j)$ j-te Spalte einer booleschen Matrix
$A^i_j = A(i,j)$ Element (i,j) einer booleschen Matrix
$0, 1$ Null, Eins
o, 1   boolesche Werte False und True

. Und,   ∨ Oder,   + Plus,   * Mal,   / Geteilt durch
Erklärung weiterer HDL-Operatoren siehe Abschnitt 2.8

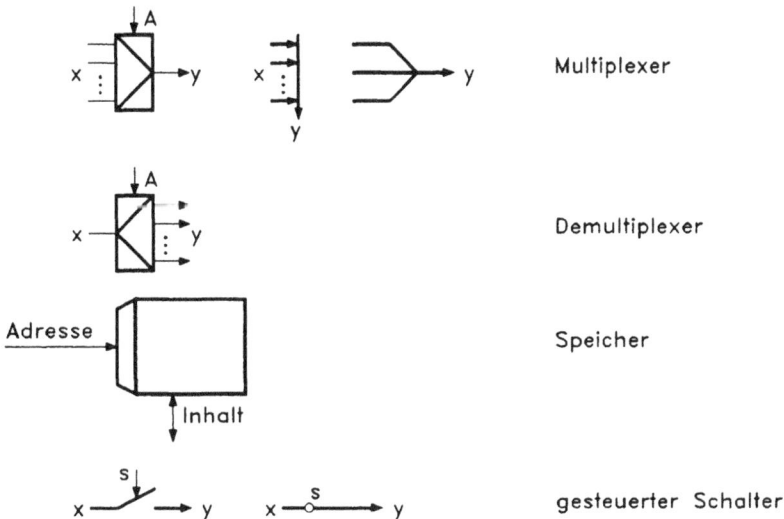

Multiplexer

Demultiplexer

Speicher

gesteuerter Schalter

1. Zahlendarstellungen

In der Mathematik unterscheidet man Zahlen mit bestimmten Eigenschaften: natürliche Zahlen, ganze Zahlen, rationale Zahlen, reelle Zahlen, komplexe Zahlen usw. Eine Zahl wird als ein Element aus einer dieser Wert-Mengen definiert. Wenn wir ein bestimmtes Element angeben wollen, benutzen wir eine allgemein verständliche Darstellung. Mit „2" meinen wir z. B. das zweite Element aus der Menge der natürlichen Zahlen. Eine Zahl, die durch Zeichen repräsentiert wird, nennen wir *konkrete Zahl.* Im täglichen Leben verwenden wir üblicherweise Dezimalzahlen, die jedermann versteht. Genauso gut hätte man eine andere Zahlendarstellung, z. B. die Oktalzahlen, standardisieren können. Meist ist die Bedeutung (Wert) einer Zahl wichtiger als ihre Darstellung. Der Wert einer konkreten Zahl kann als *abstrakte Zahl* bezeichnet werden, da er unabhängig von der Darstellung existiert. Für eine Rechenanlage ist dagegen die Darstellung von großer Bedeutung, weil die Operationen nur auf Zeichen und nicht auf Werten ausgeführt werden können. Um eine Zahlendarstellung, z. B. ein Bitmuster, richtig interpretieren zu können, muß eine Vorschrift zur Ermittlung ihres Wertes bekannt sein. Wir können formal definieren: Eine (*konkrete*) *Zahl* ist ein Paar (*Darstellung, Wert*), und es existiert eine Abbildung von der Menge der Darstellungen in die Menge der Werte (vergleiche [Bau-2, S. 59]). Man sagt auch, die Darstellung bzw. die Zahl besitzt einen bestimmten Wert. Natürlich dürfen verschiedene Darstellungen den selben Wert besitzen (z. B. 0,1 = 1/10). In Abhängigkeit von der gewählten Abbildung kann die selbe Darstellung aber auch verschiedene Werte repräsentieren. – Im folgenden werden die für Rechenanlagen wichtigsten Zahlendarstellungen behandelt.

1.1 Zahl zur Basis b

Eine positive ganze Zahl zur Basis b (b-näre Zahl, b-adische Zahl, Stellenwertzahl, Positionssystem) wird durch eine Folge von n Ziffern X_i

dargestellt, die die Werte zwischen 0 und $b - 1$ annehmen können. Die Darstellung $(X_n \ldots X_1)_b$ besitzt den Wert der Summe aus $X_i * b^{i-1}$. Dieser Zusammenhang wird meist durch die „Gleichung"

$$(X_n \ldots X_1)_b = \sum_{i=1}^{n} X_i * b^{i-1} \tag{1.1}$$

beschrieben. Genaugenommen existiert eine bijektive Abbildung von der Menge der n-stelligen Ziffernfolgen $\{0 : b - 1\}^n$ auf die Menge der positiven ganzen Zahlen $\{0 : b^n - 1\}$. Dabei sei $\{m : n\}$ eine Abkürzung für die Menge $\{m, m + 1, \ldots, n\}$. Die obige Beziehung können wir für gebrochene b-näre Zahlen wie folgt erweitern:

$$(X_n \ldots X_1, X_0 \ldots X_{-k})_b = \sum_{i=-k}^{n} X_i * b^{i-1} . \tag{1.2}$$

An dieser Stelle sei bemerkt, daß die Basis keine positive Zahl sein muß, sondern auch negativ oder komplex sein kann. In diesem Buch wollen wir uns nicht mit den speziellen Eigenschaften dieser und anderer Zahlensysteme auseinandersetzen, sondern uns auf die Dualzahlen (Basis $b = 2$) und die binärcodierten Dezimalzahlen ($b = 10$) konzentrieren, da sie in den Rechenanlagen am leichtesten gespeichert und verarbeitet werden können.

Für die folgenden Abschnitte müssen wir einige Vereinbarungen treffen: Durch einen kleinen Buchstaben wird der positive oder negative Wert einer darzustellenden Zahl gekennzeichnet, z. B. x. Zur Darstellung wird eine Folge von n Bits benutzt, symbolisch abgekürzt durch $X[n]$ (sprich: X mit n Stellen). Um die Darstellung aus dem Wert berechnen zu können (und umgekehrt), vereinbaren wir, daß $X[n]$ gleichzeitig den Wert der entsprechenden n-stelligen Dualzahl besitzt:

$$X[n] = X_n X_{n-1} \ldots X_1 = \sum_{i=1}^{n} X_i * 2^{i-1} . \tag{1.3}$$

Mit der Schreibweise „$X[n]$" ist also zum einem dieser Wert (den wir auch als *dualen Wert* bezeichnen wollen) gemeint, zum anderen die Darstellung durch eine Folge von n Bits: $X[n] = (n$ Bits, dualer Wert). Durch diese Vereinbarung kann z. B. bei Zweikomplementzahlen (Abschnitt 1.3) die Abbildung zwischen Wert und Darstellung durch eine Abbildung zwischen Wert und dualem Wert ersetzt werden. Wenn aus dem Zusammenhang hervorgeht, daß n Bits zur Darstellung benutzt werden, dann werden wir statt $X[n]$ einfach X schreiben. Um Dualzahlen von Dezimalzahlen besser unterscheiden zu können, wollen wir für die Dualziffern die Symbole „o" und „1" benutzen.

1.2 Vorzeichen-Betrag-Darstellung

Eine naheliegende Darstellung für positive und negative Zahlen ist die *Vorzeichen-Betrag-Darstellung*. Dabei wird die Zahl x durch ein Vorzeichenbit V_x und den Betrag $|x|$ dargestellt. Meist wird $V_x = 0$ für positive x-Werte und $V_x = 1$ für negative x-Werte vereinbart.

Eine positive Dualzahl $X[n]$ mit Vorzeichenbit V_x soll *Vorzeichenzahl* $(V_x, X[n])$ heißen:

$$X[n] = |x| \quad \text{und} \quad V_x = \begin{cases} 0 & \text{für} \quad x \geq 0 \\ 1 & \text{für} \quad x \leq 0 \text{ bzw. } x < 0. \end{cases} \qquad (1.4)$$

$$x = (1 - 2V_x) * X[n] \quad = \quad (\overline{V_x} - V_x) * X[n] . \qquad (1.5)$$

Bei n Stellen für den Betrag lassen sich alle Werte $|x| \leq 2^n - 1$ darstellen. Die Null kann dabei als „positive Null" $(0, 0)$ und als „negative Null" $(1, 0)$ dargestellt werden. Wenn man die negative Null verbietet, dann gestalten sich die Addition und Subtraktion schwieriger.

Die Vorzeichenzahl ist eine naheliegende und einfache Darstellungsform für positive und negative Zahlen. Vorzeichenzahlen sind für die Multiplikation und Division gut geeignet (Vorzeichen und Betrag werden getrennt behandelt), nicht aber für die Addition und Subtraktion. Deshalb bevorzugt man meist die Zwei- oder Einskomplement-Darstellung.

1.3 Zweikomplementzahl

Die *Zweikomplementzahl* (auch abgekürzt *2-Komplementzahl*) ist die am häufigsten verwendete Darstellung für positive und negative Zahlen. Der duale Wert der Zweikomplementzahl $X[n]$ stimmt mit dem darzustellenden Wert x überein, wenn x positiv ist. Ist x jedoch negativ, dann wird von der Konstanten 2^n der Wert $|x|$ abgezogen, damit ein positiver Wert $X[n]$ entsteht. Wir können eine bijektive Abbildung $V2K$ definieren:

$$V2K : \quad \{-2^{n-1} : 2^{n-1} - 1\} \quad \rightarrow \quad \{0 : 2^n - 1\} \\ x \quad \mapsto \quad X[n] . \qquad (1.6)$$

Die Vorschrift zur Bildung des dualen Wertes $X[n]$ lautet:

$$X[n] = x \bmod 2^n = \begin{cases} x & \text{für} \quad x \geq 0 \\ 2^n + x & \text{für} \quad x < 0 . \end{cases} \qquad (1.7)$$

Für die spätere Ableitung von arithmetischen Algorithmen in Zwei-komplementdarstellung wird hauptsächlich die Rückabbildung $V2K^{-1}$ benötigt:

$$x = X[n] - X_n * 2^n = \begin{cases} X[n] & \text{für } X_n = o \\ X[n] - 2^n & \text{für } X_n = 1 . \end{cases} \quad (1.8)$$

$$x = X[n-1] - X_n * 2^{n-1}$$

An dem Bit X_n kann man erkennen, ob der dargestellte Wert x positiv ($X_n = 1$) oder negativ ($X_n = o$) ist. Dieses Bit wird deshalb auch als Vorzeichenbit (Sign) einer 2-Komplementzahl bezeichnet. Eine unangenehme Eigenschaft von 2-Komplementzahlen ist es, daß der Definitionsbereich unsymmetrisch zur Null liegt. Es läßt sich zwar der Wert $x = -2^{n-1}$ darstellen, nicht aber der Wert $x = +2^{n-1}$. Der Zusammenhang zwischen dem dualen Wert der 2-Komplementdarstellung $X[n]$ und dem darzustellenden Wert x läßt sich durch einen Zahlenring (Abbildung 1-1) veranschaulichen. Addieren wir z. B. auf $X[3] =$ ooo mehrfach oo1, dann durchlaufen wir den Zahlenring schrittweise im Uhrzeigersinn, und die Werte x nehmen zunächst um +1 zu. Beim Übergang von $X = $ o11 auf 1oo ändert sich aber der Wert x plötzlich von +3 auf −4. Dieser Übergang wird bei der Addition als Bereichsüberschreitung bezeichnet, weil der Wert +4 (Nachfolger von +3) nicht mehr mit drei Stellen dargestellt werden kann. Der Übergang von 111 nach ooo ergibt sich durch Addition von oo1 auf 111 (= 1 ooo) durch Abschneiden oder Subtraktion der höchstwertigen Stelle. Die entstandene höchstwertige Stelle wird als Übertrag (Carry) bezeichnet und meist für weiterführende Operationen gerettet.

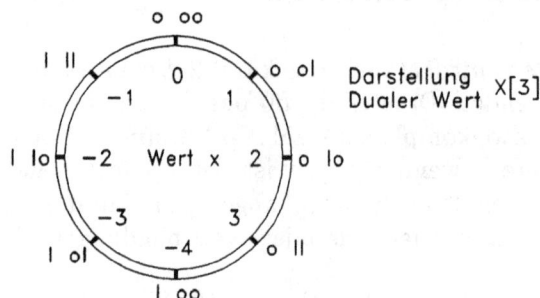

Abb. 1-1: Zahlenring für $n = 3$ Stellen

Wie sieht eine 2-Komplementzahl aus, bei der wir den Definitionsbereich auf $\{-2^{m-1} : 2^{m-1} - 1\}$ beschränken, wobei $m \leq n$ gilt? Die

2-Komplementzahl hat dann $n - m + 1$ führende Einsen, wenn x negativ ist, und $n - m + 1$ führende Nullen, wenn x positiv ist. Wenn wir eine 2-Komplementzahl um p Stellen erweitern wollen, dann müssen wir das Vorzeichenbit X_n genau p mal links an die 2-Komplementzahl anfügen (arithmetische Erweiterung, Sign Extension).

Wir wollen uns jetzt überlegen, wie die 2-Komplementzahl $X[n]$ verändert werden muß, damit sie anstelle des Wertes x den Wert $-x$ darstellt. Die 2-Komplementzahl, die den Wert $-x$ darstellt, heiße $X'[n]$. Ist x positiv, dann ergibt sich mit Gleichung (1.7) $X[n] = |x|$ und $X'[n] = 2^n - |x|$, und daraus folgt:

$$X'[n] = 2^n - X[n] . \tag{1.9}$$

Diese Differenz nennt man *das Komplement von $X[n]$ gegen 2^n*. Ist x negativ, dann ergibt sich die gleiche Beziehung, die sich noch umformen läßt. Dazu definieren wir die negierte Dualzahl $\overline{X[n]}$, bei der jedes einzelne Bit negiert ist. Es gilt dann:

$$X[n] + \overline{X[n]} = \sum_{i=1}^{n}(X_i + \overline{X_i}) * 2^{i-1} = 2^n - 1 = 11\ldots1 . \tag{1.10}$$

Darin bedeutet $11\ldots1$ eine Bitkette der Länge n. Wenn wir $X[n]$ aus Gleichung (1.9) eliminieren, dann ergibt sich

$$X'[n] = \overline{X[n]} + 1 . \tag{1.11}$$

Die 2-Komplementzahl wird also komplementiert, indem alle Bits negiert werden und eine 1 hinzuaddiert wird. Die 2-Komplementzahl kann auch seriell komplementiert werden, indem man von der niedrigstwertigen Stelle ausgeht und nach links fortschreitet: Alle rechts stehenden Nullen bleiben stehen. Die erste Dualziffer, die gleich 1 ist, bleibt ebenfalls unverändert. Alle Bits, die weiter links stehen, werden negiert.

Beispiel: $X[6] = \mathtt{olo\ loo} \longrightarrow X'[6] = \mathtt{lol\ loo}$

Bei der Komplementierung muß man darauf achten, daß die 2-Komplementzahl $\mathtt{loo\ldots o}$, die den Wert -2^{n-1} repräsentiert, wegen der Zahlenbereichsüberschreitung nicht komplementiert werden darf.

1.4   Einskomplementzahl

Die *Einskomplementzahl* (Abkürzung: 1-Komplementzahl) unterscheidet sich von der 2-Komplementzahl nur dadurch, daß das Komplement gegen $2^n - 1$ gebildet wird. Wir definieren die folgende bijektive Abbildung:

$$V1K: \quad \{-2^{n-1} + 1 : 2^{n-1} - 1\} \quad \rightarrow \quad \{0 : 2^n - 2\}$$
$$x \quad \mapsto \quad X[n] . \tag{1.12}$$

Zwischen dem darzustellenden Wert x und dem dualen Wert der 1-Komplementzahl $X[n]$ gelten die folgenden Beziehungen:

$$X[n] = x \bmod (2^n - 1) = \begin{cases} x & \text{für } x \geq 0 \\ 2^n - 1 + x & \text{für } x < 0 \end{cases} \tag{1.13}$$

$$x = X[n] - X_n * (2^n - 1) = \begin{cases} X[n] & \text{f. } X_n = 0 \\ X[n] - 2^n + 1 & \text{f. } X_n = 1 \end{cases} \tag{1.14}$$

Auch bei dieser Darstellung repräsentiert das höchstwertige Bit X_n das Vorzeichen von x. Würden wir für $X[n]$ auch den Wert $2^n - 1$ zulassen, dann ließe sich $x = 0$ sowohl durch $X[n] = 00\ldots0$ als auch durch $X[n] = 11\ldots1$ darstellen.

Die 1-Komplementzahl läßt sich besonders leicht komplementieren, da sich $X[n]$ und $X'[n]$ zu $2^n - 1$ ergänzen:

$$X[n] + X'[n] = 2^n - 1 = 11\ldots1 = X[n] + \overline{X[n]}$$
$$X'[n] = \overline{X[n]} . \tag{1.15}$$

Das Einskomplement ergibt sich also durch Negation aller Bits. Im Vergleich zur 2-Komplementzahl läßt sich die 1-Komplementzahl leichter komplementieren, aber sie verhält sich bei der Addition wegen der manchmal notwendigen Korrektur um Eins ungünstiger.

Zum Abschluß wollen wir die bisherigen Zahlendarstellungen an einem Beispiel (Abb. 1-2) vergleichen. Wir nehmen an, daß 3 Bits zur Darstellung zur Verfügung stehen. Für positive Werte von x sind die drei Darstellungen äquivalent. Der Wert -4 kann als Vorzeichenzahl und als 1-Komplementzahl nicht mehr dargestellt werden.

1.5 Binärcodierte Dezimalzahl

Viele Rechenanlagen rechnen intern mit Dualzahlen, weil die meisten Speicherelemente nur zwei Zustände besitzen. Außerdem lassen sich für Dualzahlen sehr einfache Rechenwerke mit logischen Bauelementen konstruieren. Wir als Menschen haben uns dagegen so stark an die Dezimalzahlen gewöhnt, daß wir nur ungern mit anderen Zahlensystem umgehen wollen. Wir verlangen deshalb, daß wir in einen Rechner Dezimalzahlen eingeben können, und daß er die Ergebnisse in der gleichen

Wert x dezimal	Vorzeichen zahl $V_x X[2]$	2K-Zahl $X[3]$	1K-Zahl $X[3]$
-4	- - - -	1 oo	- - - -
-3	1 11	1 ol	1 oo
-2	1 lo	1 lo	1 ol
-1	1 ol	1 11	1 lo
0	o oo (1 oo)	o oo	o oo (1 11)
1	o ol	o ol	o ol
2	o lo	o lo	o lo
3	o 11	o 11	o 11

Abb. 1-2: Definitions- und Wertebereiche für $n = 3$ Stellen

Form ausgibt. Wenn der Rechner intern mit Dualzahlen rechnet, dann müssen am Anfang und Ende der Rechnung Konvertierungen vorgenommen werden. Abgesehen davon, daß für diese Umwandlung Hardware und/oder Software benötigt werden, entstehen bei der Konvertierung von gebrochenen Zahlen Konvertierungsfehler. So kann z. B. die Dezimalzahl 0,1 nicht als Dualzahl mit endlich vielen Ziffern dargestellt werden. Wenn wir intern mit Dualzahlen rechnen, dann können sich Fehler ergeben, die z. B. in der kommerziellen Datenverarbeitung nicht toleriert werden können. Aus diesen Gründen können viele Rechner auch intern mit Dezimalzahlen rechnen. Auch Taschenrechner rechnen intern meist mit Dezimalzahlen. Wie werden die Dezimalzahlen im Rechner gespeichert? – Jede einzelne Dezimalziffer wird durch eine Gruppe von Bits codiert. Dabei hat sich insbesondere die Codierung durch eine 4-stellige Dualzahl durchgesetzt. Wir sprechen dann von einer binärcodierten Dezimalzahl (Abkürzung: BCD-Zahl). Eine 4-Bit-Gruppe wird allgemein als Tetrade bezeichnet; die unerlaubten Codierungen 10 bis 15 werden als Pseudotetraden bezeichnet.

Beispiel: $59_{10} = $ olol lool$_{BCD}$

Die Darstellung von negativen BCD-Zahlen kann entweder durch Vorzeichen und Betrag erfolgen oder durch eine Darstellung im 9- oder 10-Komplement. Das 9-Komplement ist für $|x| < 4\,99\ldots9$ wie folgt definiert:

$$X_{9K} = \begin{cases} x & \text{für } x \geq 0 \\ (10^m - 1) + x & \text{für } x < 0 \,. \end{cases} \qquad (1.16)$$

Dabei besitzt sowohl x als auch X_{9K} m Dezimalstellen. Die Vorzeichenstelle, die jetzt aus 4 Bits besteht, ist 0 bis 4 für $x \geq 0$ und 5 bis 9 für

$x < 0$. Die Zahl X'_{9K} sei die Zahl, die $-x$ repräsentiert. Sie ergibt sich aus X_{9K} durch Komplementbildung:

$$X'_{9K} = (10^m - 1) - X_{9K} = 99\ldots9 - X_{9K} \ . \tag{1.17}$$

Das bedeutet, daß jede einzelne Dezimalziffer dadurch komplementiert wird, daß die Differenz zu 9 gebildet wird. Das 9-Komplement einer binärcodierten Dezimalziffer kann dadurch gebildet werden, daß zu jeder BCD-Ziffer $X_{9K}\langle i \rangle$ der Wert 0110 $(+6)$ addiert wird und danach alle Bits negiert werden. Dabei entsteht kein Übertrag.

$$
\begin{aligned}
X_{9K}\langle i \rangle &= 15 - (6 + X_{9K}\langle i \rangle) \\
&= 1111 - (0110 + X_{9K}\langle i \rangle) = \overline{0110 + X_{9K}\langle i \rangle} \ . \tag{1.18}
\end{aligned}
$$

Außer dem BCD-Code sind eine Reihe anderer Codierungen für Dezimalziffern vorgeschlagen worden, wie z. B. der Excess-3-Code oder der Aiken-Code, die beide selbst-komplementierend sind. Das bedeutet, daß das 9-Komplement einer Dezimalziffer durch Negation der Bits entsteht. Diese und andere Codes haben eine Reihe interessanter Eigenschaften [Spe], auf die hier nicht weiter eingegangen wird.

Das 10-Komplement einer darzustellenden Zahl x aus dem Bereich $-5\,00\ldots0 \le x \le 4\,99\ldots9$ mit m Dezimalstellen ergibt sich nach der Vorschrift

$$X_{10K} = \begin{cases} x & \text{für } x \ge 0 \\ 10^m + x & \text{für } x < 0 \ . \end{cases} \tag{1.19}$$

Wie beim 9-Komplement ist das Vorzeichen implizit in der höchstwertigen BCD-Ziffer enthalten $((+)$ für 0, 1, 2, 3, 4 und $(-)$ für 5, 6, 7, 8, 9). Wird der Definitionsbereich im 9-Komplement auf $|x| \le 0,99\ldots9 * 10^{m-1}$ und im 10-Komplement auf $-10^{m-1} \le x \le 0,99\ldots9 * 10^{m-1}$ beschränkt, dann ist die erste Ziffer der m-stelligen Komplementdarstellung 0 für $x \ge 0$ und 9 für $x < 0$.

Die Zahl X'_{10K} sei die Zahl, die $-x$ repräsentiert. Man erhält sie dadurch, daß man zuerst das 9-Komplement bildet und dann $+1$ addiert:

$$
\begin{aligned}
X'_{10K} &= 10^m - X_{10K} = (10^m - 1) - X_{10K} + 1 \\
&= (99\ldots9 - X_{10K}) + 1 \ . \tag{1.20}
\end{aligned}
$$

Es ist verboten, $X_{10K} = 500\ldots0$ $(x = -500\ldots0)$ zu komplementieren. Das Komplement läßt sich auch dadurch bilden, daß von rechts nach links ziffernweise vorangegangen wird. Alle rechts stehenden Nullen bleiben unverändert. Die erste Ziffer, die ungleich 0 ist, wird gegen

10 komplementiert. Die restlichen Ziffern werden gegen 9 komplementiert. Das Komplement der ersten Ziffer $\neq 0$ gegen 10 ergibt sich bei der BCD-Darstellung durch Addition von $+5 = \texttt{olol}$ und anschließender Negation.

Beispiel: $\quad X_{10K} = 509400 \qquad x = -490600$
$\qquad\qquad\; X'_{10K} = 490600 \qquad x = +490600$

Binärcodierte Dezimalzahlen in 10-Komplement-Darstellung lassen sich nach folgendem Verfahren komplementieren $(X_{10K}, x) \rightarrow (X'_{10K}, -x)$:

1. Negiere alle Bits und addiere Eins dual $(\overline{X_{10K}} + 1)$. Merke alle Überträge zwischen den Tetraden (BCD-Stellen).

2. Subtrahiere 6 von allen BCD-Stellen, die keinen Übertrag erzeugt haben. Die Subtraktion kann auf die Addition von -6 im 2-Komplement ($= \texttt{lolo}$) zurückgeführt werden, wobei die Überträge zwischen den Tetraden nicht weitergeleitet werden dürfen.

1.6 Gleitkommazahl

Durch ein Codewort mit n Bits lassen sich 2^n verschiedene Zahlen repräsentieren. Wenn wir das Codewort z. B. als Vorzeichenzahl interpretieren, dann lassen sich die Werte von $-(2^{n-1} - 1)$ bis $+(2^{n-1} - 1)$ in Abständen von 1 darstellen. Dabei haben wir uns ganze Zahlen vorgestellt, mit einem fiktiven Komma, das ganz rechts steht. Wenn wir das Komma um m Stellen nach links verschieben, dann bedeutet dies eine Division durch 2^m. Die Abstände zwischen den Zahlen betragen jetzt 2^{-m}, wodurch sich näherungsweise rationale Zahlen darstellen lassen. Wird das Komma um m Stellen nach rechts verschoben, dann lassen sich noch sehr große Zahlen darstellen, allerdings nur mit dem Abstand 2^m. Wir sprechen von einer Festkommazahl, wenn wir uns das Komma an einer festen Stelle vorstellen. Verwenden wir zusätzliche Bits, die die Stellung des Kommas angeben, dann sprechen wir von einer *Gleitkommazahl* (floating point number) oder einer halblogarithmischen Darstellung.

Der Vorteil der Gleitkommazahl gegenüber der Festkommazahl besteht nun darin, daß ein wesentlich größerer Wertebereich mit der gleichen Anzahl von Bits dargestellt werden kann, so daß bei arithmetischen Operationen nur selten die Bereichsgrenzen (Überlauf-, Unterlaufbedingung) überschritten werden. Der Programmierer braucht somit den Programmablauf weniger zu analysieren bzw. zu kontrollieren als bei

Festkommazahlen. Außerdem ist die relative Darstellungsgenauigkeit in etwa konstant und unabhängig von der Größe der Zahl. Nachteile der Gleitkommazahlen sind der wesentlich höhere Verarbeitungsaufwand bei arithmetischen Operationen und die möglichen Fehler, die durch die Rundung auf die darstellbaren Werte bei der Durchführung arithmetischer Operationen entstehen. Um diese Rundungsfehler kontrollieren zu können, wurde die sogenannte *Intervallarithmetik* [Kie] eingeführt, auf die hier nicht näher eingegangen wird.

Eine Gleitkommazahl, die den Wert x darstellt, besteht aus der Mantisse mx und dem Exponenten ex zur Basis b.

$$x = mx * b^{ex} \tag{1.21}$$

Für die folgenden Betrachtungen wollen wir die praktisch immer eingehaltene Bedingung annehmen, daß b mit der Basis der Darstellung der Mantisse übereinstimmt und daß für ex nur ganze Zahlen zugelassen sind. Ohne zusätzliche Bedingungen würde für den gleichen Wert x eine Reihe von Darstellungen (mx, ex) existieren. Die Darstellung wird erst dann eindeutig, wenn der Wertebereich der Mantisse beschränkt wird. Wir definieren eine normierte (normalisierte) Darstellung:

$$x = v_x * \underbrace{mx_{\mathrm{norm}} * b^k}_{\widehat{mx}_{\mathrm{norm}}} * b^{ex} \tag{1.22}$$

Dabei stellt mx_{norm} die positive normalisierte Mantisse dar, v_x das Vorzeichen $(+1, -1)$ und k eine ganzzahlige Konstante. Bei der Darstellung der normalisierten Mantisse durch eine r-stellige b-näre Zahl eignet sich die Normalisierungsbedingung

$$\frac{1}{b} \leq mx_{\mathrm{norm}} \leq 1 - \frac{1}{b^r} < 1 \tag{1.23}$$

am besten. Damit ist das Komma der normalisierten Mantisse vor der höchstwertigen Ziffer vereinbart. Die kleinste normalisierte Mantisse wird dann durch $,100\ldots0$ und die größte durch $,(b-1)(b-1)\ldots(b-1)$ dargestellt. Die normalisierte Mantisse ist also daran zu erkennen, daß die erste Ziffer hinter dem Komma $\neq 0$ ist. Alle Darstellungen, die mit 0 hinter dem Komma beginnen, sind verboten und damit redundant. Bei der Basis $b = 2$ ist die Hälfte, bei $b = 16$ sind 1/16 aller möglichen Darstellungen redundant. Die Konstante b^k bewertet die normalisierte Mantisse und definiert damit eine andere Kommastellung für die Mantisse $\widehat{mx}_{\mathrm{norm}}$. Für die Realisierung von arithmetischen Operationen auf Gleitkommazahlen ist es am günstigsten, $k = 0$ zu wählen.

Wenn $k = r$ gewählt wird, ist die Mantisse $\widehat{mx}_{\text{norm}}$ immer eine ganze Zahl. Wenn $k = 1$ gewählt wird (IEEE-Gleitkommaformat, siehe Abschnitt 1.6.1), dann liegt sie zwischen 1 und 2. Für die Darstellung der Mantisse wird vorzugsweise die Vorzeichen-Betrag-Darstellung benutzt. Dabei ist das Vorzeichenbit $V_x = \text{o}$ für $x \geq 0$ ($v_x = +1$) oder $V_x = 1$ für $x < 0$ ($v_x = -1$). Diese Darstellung ist insbesondere für die Multiplikation und Division von Vorteil. Aber es findet auch die Darstellung im 1-Komplement (oder allgemeiner im $(b - 1)$-Komplement) Verwendung. Dadurch können Addition und Subtraktion einfach realisiert werden. Die Normalisierungsbedingung ist dann erfüllt, wenn die Vorzeichenstelle (höchstwertiges Bit) und die darauffolgende Stelle ungleich sind. Rechnet man ausschließlich mit normalisierten Mantissen im 1-Komplement, so kann das Vorzeichenbit eingespart werden, da es immer negiert zu dem darauf folgenden Bit sein muß. Die Darstellung der Null durch $mx_{\text{norm}} = 0$ ist dann aber nicht mehr möglich.

Die Zweikomplementdarstellung wird kaum verwendet, weil der Wertebereich unsymmetrisch zur Null liegt. Die Einhaltung der Normalisierungsbedingungen und die arithmetischen Algorithmen werden durch die notwendigen Sonderbehandlungen umständlich. Um die Darstellung bei negativer Mantisse eindeutig zu machen, muß entweder die Mantisse $mx = -1$ ($MX = 1,\text{oo}\ldots\text{o}$) oder die Mantisse $mx = -0,5$ ($MX = 1,\text{1oo}\ldots\text{o}$) verboten werden. Für die einfache Abwicklung der Gleitkommaoperationen ist es zweckmäßiger, $mx = -1$ zu verbieten und $mx = -0,5$ zu erlauben. Dadurch wird die obige Normalisierungsbedingung (1.23) eingehalten; die Mantisse ist dann immer betragsmäßig kleiner als 1 und der darstellbare Zahlenbereich liegt symmetrisch zur Null. Allerdings erfordert es jetzt einen höheren Aufwand, die Normalisierungsbedingungen für die Zweikomplement-Mantisse $M[n]$ abzufragen:

$$\begin{aligned}
\text{NORM} &= (M_n M_{n\ 1} = \text{o1}) \\
&\vee (M_n M_{n-1} = \text{1o}).(M[n - 2] \neq 0) \\
&\vee (M_n M_{n-1} = \text{11}).(M[n - 2] = 0) \, .
\end{aligned} \qquad (1.24)$$

Würde man dagegen $mx = 0,5$ verbieten, so wäre die Normalisierungsbedingung einfacher durch $M_n \not\equiv M_{n-1}$ abzufragen, aber dann würden die arithmetischen Algorithmen wesentlich aufwendiger werden, weil für positive Mantissen eine andere Normalisierungsbedingung als für negative Mantissen gelten würde. Um diesen Schwierigkeiten aus dem Weg zu gehen, bevorzugt man die Vorzeichen-Betrag-Darstellung.

Für den ganzzahligen Exponenten wird ein Wertebereich von ex_{min} bis ex_{max} definiert, wobei meist $ex_{\text{max}} = -ex_{\text{min}}$ definiert wird. Für $k = 0$

ergibt sich damit für x ein Wertebereich von

$$b^{ex_{\min}-1} \leq x \leq b^{ex_{\max}} * (1 - \frac{1}{b^r}) \; .$$

Der Abstand zwischen zwei aufeinanderfolgenden x-Werten beträgt

$$\Delta x = \frac{1}{b^r} * b^{ex} \; .$$

Wenn die niedrigstwertige Stelle der Mantisse nicht sicher ist, dann schwankt der relative Fehler zwischen

$$\frac{1}{b^r - 1} \leq \text{ relativer Fehler } \leq \frac{1}{b^{r-1}} \; .$$

Die relative Darstellungsgenauigkeit von Gleitkommazahlen ist also in etwa konstant.

Bei der Durchführung von arithmetischen Operationen kann der zulässige Wertebereich von x überschritten werden. Wird die obere Grenze überschritten, so spricht man von Überlauf (Overflow bzw. Exponentenüberlauf), wird die untere Grenze unterschritten, so spricht man von Unterlauf (Underflow bzw. Exponentenunterlauf).

Für die Darstellung des Exponenten eignet sich die 1-Komplement- oder 2-Komplementdarstellung, da sie die Addition und Subtraktion der Exponenten unterstützt, die bei der Durchführung der Gleitkommaoperationen notwendig sind. Einen besonderen Vorteil bietet die Darstellung des Exponenten als sogenannte *Charakteristik* (biased exponent). Sie ergibt sich aus der Abbildungsfunktion

$$EX[n] = ex + 2^{n-1} \; .$$

(Diese Darstellung unterscheidet sich von der 2-Komplementdarstellung nur dadurch, daß das Vorzeichenbit negiert ist; bei der Addition von zwei Charakteristiken muß das Vorzeichenbit anschließend negiert werden.) Der Vorteil dieser Darstellung ist, daß die Größer/Kleiner-Relation von ex auch in der Darstellung EX erhalten bleibt und sich somit Gleitkommazahlen leichter vergleichen lassen. Zu diesem Zweck bringt man EX im linken Teil eines Maschinenwortes und die normalisierte Mantisse mx_{norm} im rechten Teil unter. Dadurch lassen sich positive Werte auf einmal miteinander vergleichen. Möchte man den Vergleich auch auf negative x-Werte ausdehnen, so fügt man für $x > 0$ linksseitig ein 1-Bit an; für $x < 0$ negiert man die Darstellung und fügt ein o-Bit an (Abb. 1–3).

Bei der normalisierten Darstellung mit endlich vielen Stellen ist es nicht möglich, die Null direkt zu codieren. Die Null läßt sich z.B. durch

| $x > 0:$ | 1 | EX | mx_{norm} |

| $x < 0:$ | ○ | $\overline{EX}$ | $\overline{mx}_{\text{norm}}$ |

| $x = 0:$ | 1 | 0 | beliebig |

Abb. 1–3: Günstige Gleitkommadarstellung

$ex = -\infty$, durch $mx_{\text{norm}} = 0$ oder durch ein zusätzliches Kennbit darstellen. Folgende Darstellungen der Null sind gebräuchlich, wobei EX
$= 0$ dem Wert $-2^{n-1} = ex_{\text{min}} - 1$ entspricht:

1. $(EX = 0,$ mx_{norm} beliebig$)$
2. $(EX$ beliebig, $mx_{\text{norm}} = 0)$
3. $(EX = 0,$ $mx_{\text{norm}} = 0)$

Die erste Möglichkeit bietet den Vorteil, bei der Darstellung der normalisierten Mantissen ein Bit einzusparen, da Vorzeichenbit und 1. Stelle
hinter dem Komma immer ungleich sind (1-Komplement) bzw. immer
gleich bei der Darstellung nach Abbildung 1–3. Manchmal werden auch
zwei Darstellungen benutzt, die erste wird dann als sehr kleiner, nicht
mehr darstellbarer Wert (unechte Null) betrachtet, die zweite oder dritte
als „echte" Null.

Die Wahl der Basis wirkt sich bei gleicher Bitanzahl für EX und mx wie
folgt aus: Durch eine größere Basis wachsen der Darstellungbereich, der
Abstand zwischen zwei aufeinanderfolgenden Werten und der maximale
relative Fehler exponentiell. Dafür sinkt die Wahrscheinlichkeit, das
Ergebnis nach einer arithmetischen Operation normalisieren zu müssen.
Werden 4 Binärstellen zu einer Gruppe zusammengefaßt, so ist $b = 16$
und zum Normalisieren ist dann ein Schift über 4 Binärstellen notwendig.

Beispiele in realisierten Anlagen, einfache Genauigkeit:

1) IBM/Siemens-Großrechner: $b = 16$, $k = 0$, $ex \, \epsilon \, \{-64 : +63\}$

$$(V_x, \quad EX, \quad mx_{\text{norm16}}) \quad \text{mit } 1, \, 7, \, 24 \text{ Bits}$$

$$x > 0: \quad (\text{o}, \quad ex + 2^6, \quad mx_{\text{norm16}})$$
$$x = 0: \quad (\text{o}, \quad \quad 0, \quad \quad \quad 0)$$
$$x < 0: \quad (1, \quad ex + 2^6, \quad mx_{\text{norm16}})$$

$(\text{o}, \text{lol ooo}, 100\,000_{16}) = 1, 0$

$(1, \text{loo ooo}, 200\,000_{16}) = -2/16$

größte positive Zahl : $(\text{o}, 111 \ 1111, FFF\,FFF_{16}) \approx 7,23 * 10^{75}$

kleinste positive Zahl: $(\text{o}, \text{ooo oooo}, 100\,00_{16}) \approx 5,39 * 10^{-79}$

2) DEC-32-Bit-Gleitkommaformat: $b = 2$, $k = 0$, $ex \, \epsilon \, \{-127 : +127\}$

$$(\dot{V}_x, \quad EX, \quad FX) \quad \text{mit } 1, \, 8, \, (1) + 23 \text{ Bits}$$

$$x > 0: \quad (\text{o}, \quad ex + 2^7, \quad FX)$$
$$x = 0: \quad (\text{o}, \quad \quad 0, \quad \text{beliebig})$$
$$x < 0: \quad (1, \quad ex + 2^7, \quad FX)$$

Das Vorzeichenbit V_x ist o für positive Zahlen und 1 für negative Zahlen. Die Basis ist 2. Die Charakteristik (biased exponent) entsteht durch Addition von 128 (bias) auf den (echten) Exponenten. Die Mantisse ist auf Beträge < 1 und $\geq 0,5$ normalisiert. Dadurch ist das Bit hinter dem Komma immer 1, weswegen es nicht dargestellt wird. Die normalisierte Mantisse ohne dieses Bit heißt „fraction" $FX = mx_{\text{norm2}} - 0,5$.

Der Wert der normalisierten Gleitkommazahl ergibt sich aus der Beziehung

$$x = (-1)^{V_x} * 2^{EX - 128} * (0,5 + FX) .$$

Reservierte Operanden werden durch $(1, 0, SYMBOL)$ repräsentiert. Dabei wird $SYMBOL$ nicht als numerischer Wert, sondern als Kontrollinformation oder Symbol interpretiert. Dadurch können ungültige Operationen und Überlaufbedingungen dargestellt werden. Ferner können Kontrollinformationen durch aufeinanderfolgende Berechnungen geschleust werden.

Zahlenbeispiele zu 2):

$$x = +3,5 = 0,875 * 2^2$$
$$= \text{o},111\ 0000\ 0000\ 0000\ 0000\ 0000 * 2^{130-128}$$
$$= (\text{o},\ 130,\ 0,375 = 0,875 - 0,5)$$
$$= (\text{o},\ 1000\ 0010,\ 110\ 0000\ 0000\ 0000\ 0000\ 0000)$$

$$x = -11,375 = -1011,011 * 2^0 = \text{o},1011011 * 2^4$$
$$= (1,\ 132,\ 0,2109375 = 0,7109375 - 0,5)$$
$$= (1,\ 1000\ 0100,\ 011\ 0110\ 0000\ 0000\ 0000\ 0000)$$

größte positive Zahl: $(\text{o}, 1111\ 1111, 11\ldots1) = 2^{127} * (1 - 2^{-24}) \approx$ $1,70 * 10^{38}$

kleinste positive Zahl: $(\text{o}, 0000\ 0001, \text{oo}\ldots\text{o}) = 2^{-127} * 0,5 \approx$ $2,93 * 10^{-39}$

1.6.1 IEEE-32-Bit-Gleitkommmaformat

Darstellung

V_x	EX	F_x
1	8	23

Das **Vorzeichenbit (Sign)** ist

$$V_x = \begin{cases} \text{o} & \text{für negative Zahlen} \\ 1 & \text{für positive Zahlen .} \end{cases}$$

Die **Charakteristik** EX (biased exponent, bias $-$ 127) ensteht durch Addition von $127 = 2^{8-1} - 1$ auf den echten Exponenten ex (unbiased exponent, true exponent), siehe Tabelle Abb. 1 – 4:

$$EX[8] = ex + 2^7 - 1 = ex + 127 \qquad \text{für } ex = -126,\ldots,+127$$
$$ex = EX - 127 \qquad \text{für } EX = 1,\ldots,254$$

Die **Mantisse** $MX = 1, FX$ wird auf Werte zwischen 1 und 2 normalisiert, genauer $1 \leq MX \leq 2 - 2^{-23}$. Dargestellt werden nur die 23 Binärstellen hinter dem Komma (fraction FX), da die Stelle vor dem Komma immer gleich 1 ist.

Bemerkung: Nach der obigen Notation (Gleichung 1.22, Seite 22) gilt $MX_{IEEE} = \widehat{mx}_{\text{norm}} = mx_{\text{norm}} * 2^1$.

ex	EX	Interpretation
128	255 = 1111 1111	kein gültiger Exponent; zur Darstellung von ∞ und Kontrollcodes
127	254 = 1111 111o	
126	253 = 1111 11o1	
$\vdots$		gültige Exponenten
0	127 = o111 1111	für normalisierte
-1	126 = o111 111o	Gleitkommazahlen
$\vdots$		
-126	1 = oooo ooo1	
-127	0 = oooo oooo	kein gültiger Exponent; zur Darstellung von Null bzw. Kleiner Zahl

Abb. 1–4: Gültige und ungültige Exponenten

Der **Wert der normalisierten Gleitkommazahl** ergibt sich aus der Beziehung

$$x = (-1)^{V_x} * 2^{EX-127} * (1, FX)$$
$$= \begin{cases} +2^{EX-127} * (1, FX) & \text{für } V_x = \text{o} \\ -2^{EX-127} * (1, FX) & \text{für } V_x = 1 \end{cases}$$

Betragsmäßig größter und kleinster normalisierter Wert:

$$x_{\max} = 2^{127} * (2 - 2^{-23}) \approx 1,7 * 10^{38}$$
$$x_{\min} = 2^{-126} * (1,0) \approx 1,17 * 10^{-38}$$

Zahlenbeispiele:

$$x = +3,5 = 1,75 * 2^1$$
$$= 1,\text{11o oooo oooo oooo oooo oooo} * 2^{128-127}$$
$$= (\text{o}, 128, 0,75)$$
$$= (\text{o}, \text{o111 111}, \text{11o oooo oooo oooo oooo oooo})$$
$$x = -11,375 = -\text{1o11,o11} * 2^0 = 1,\text{o11o11} * 2^3$$
$$= (\text{o}, 130, 0,375)$$
$$= (\text{o}, \text{1ooo oo1o}, \text{o11 o11o oooo oooo oooo oooo})$$

Weitere Interpretationen der Darstellung:

a) **Die Null**
   Darstellung der positiven Null: $(o, 0, 0)$
   Darstellung der negativen Null: $(1, 0, 0)$

b) **Kleine Zahl** (denormalized number)
   Darstellung: $(V_x, 0, \neq 0)$ Betrag: $0 < |x| < 2^{-126}$
   Kleine Zahlen repräsentieren sehr kleine Werte, die kleiner als x_{min}
   und größer als Null sind. Der Wert ergibt sich zu
   $$x = (-1)^{V_x} * 2^{EX-126} * (0, FX) .$$

c) **Große Zahl, ∞**
   Darstellung: $(V_x, 255, 0)$ Betrag: $|x| > x_{max}$
   ∞ kann sowohl ein positives als auch ein negatives Vorzeichen besitzen.

d) **Ungültige Zahl** (Not a Number, *NAN*)
   Darstellung: $(V_x, 255, \neq 0)$
   Ungültige Zahlen werden als Kontrollcodes interpretiert. Entweder
   entstehen bestimmte Kontrollcodes bei der Ausführung unzulässiger
   Operationen (z. B. $0*\infty$) oder sie werden dazu benutzt, Statuswerte
   durch eine Serie von Operationen zu schleusen.

e) **Überlauf** (Overflow)
   Überlauf kann bei der Addition, Multiplikation und Division auf-
   treten, wenn nach dem Runden ein Ergebnis $|x| > x_{max}$ entsteht.

f) **Unterlauf** (Underflow)
   Unterlauf kann bei der Addition, Multiplikation, Division und Re-
   ziprokwertbildung $(1/x)$ auftreten, wenn nach dem Runden ein Er-
   gebnis $0 < |x| < x_{min}$ entsteht. Als Ergebnis wird entweder eine
   „Kleine Zahl" erzeugt oder $\pm\, 0$.

g) **Besondere Operationen**
   Besondere Operationen können für die Verarbeitung von ∞, kleinen
   Zahlen und durch die Unterscheidung von positiver und negativer
   Null definiert werden.

h) **Rundung** bei einem nicht darstellbaren Rest R
   Vier Rundungsarten stehen zur Auswahl:

   - Rundung zur nächsten darstellbaren Zahl:
     $$|x|, R \quad \rightarrow \quad |x| + 1 \qquad \text{für } R \geq 0,5 \quad (\textit{MSB} \text{ von } R \text{ ist } 1)$$
     $$\rightarrow \quad |x| \qquad \text{für } R < 0,5 \quad (\textit{MSB} \text{ von } R \text{ ist } o)$$

   - Rundung in Richtung $+\infty$:
     $$+|x|, R \quad \rightarrow \quad +|x| + 1 \qquad \text{für } R \neq 0$$
     $$-|x|, R \quad \rightarrow \quad -|x|$$

- Rundung in Richtung $-\infty$:
$$+|x|, R \quad \rightarrow \quad +|x|$$
$$-|x|, R \quad \rightarrow \quad -|x| - 1 \qquad \text{für } R \neq 0$$
- Rundung in Richtung 0
$$|x|, R \quad \rightarrow \quad |x|$$

1.6.2 IEEE-64-Bit-Gleitkommmaformat

Das IEEE-64-Bit-Gleitkommaformat (Double) entspricht dem IEEE-32-Bit-Gleitkommaformat (Single) in seiner Aufbaustruktur. Für das Vorzeichenbit V_x wird 1 Bit, für die Charakteristik werden 11 Bits und für die Mantisse werden 52 Bits benutzt. Die Darstellung wird wie folgt interpretiert:

1. Falls $EX = 1, \ldots, 2046$, dann wird eine normalisierte Zahl mit dem Wert $x = (-1)^{V_x} * 2^{EX-1023} * (1, FX)$ dargestellt.

2. Falls $EX = 0$ und $FX = 0$, dann ist $x = (-1)^{V_x} * 0$.

3. Falls $EX = 0$ und $FX \neq 0$, dann wird eine nicht normalisierte (kleine) Zahl mit dem Wert $x = (-1)^{V_x} * 2^{EX-1022} * (0, FX)$ dargestellt.

4. Falls $EX = 2047$ und $FX = 0$, dann ist $x = (-1)^{V_x} * \infty$.

5. Falls $EX = 2047$ und $FX \neq 0$, dann wird NAN dargestellt.

Für noch höhere Ansprüche an die Rechengenauigkeit kann das IEEE-Gleitkommaformat auf $(1, \geq 15, \geq 63)$ Bits erweitert werden.

2. Definition der Hardware-Beschreibungssprache HDL

Ein System, das einen Algorithmus ausführt, besteht in der Regel aus einer Anzahl übereinanderliegender Ebenen, die sich hinsichtlich ihrer Operationen, ihrer Realisierung und ihrer kennzeichnenden Parameter unterscheiden. Betrachten wir die üblichen Ebenen eines Rechnersystems. Die oberste Ebene heißt *Systemebene*, die durch die Gesamtheit der realisierten Funktionen, die Verarbeitungsleistung, die Zuverlässigkeit, die Kompatibilität, die Erweiterbarkeit, den Stromverbrauch usw. gekennzeichnet ist. Sie wird durch die System- und Anwendersoftware sowie die gesamte Hardware realisiert.

Die nächste Ebene heißt *Funktionelle-Architekturebene* (auch *Verhaltensebene* oder *Algorithmische-Ebene* genannt). Sie beschreibt die Funktionsweise aus Sicht des Programmierers auf der Maschinenebene, die durch den Maschinenbefehlssatz gekennzeichnet ist, d.h. durch die dem Benutzer zugänglichen Operationen auf Datenspeichern, Ein-/Ausgabesignalen und der Programmablaufkontrolle. Weiterhin zählt zur Funktionellen-Architekturebene die Gliederung der Maschine in ihre Funktionseinheiten und deren Zusammenspiel. (Auf den Begriff „Architektur" wird im Abschnitt 5.2 genauer eingegangen.)

Die nächste Ebene in dieser Hierarchie wird als *Register-Transfer-Ebene* oder *Mikroprogrammebene* bezeichnet. Sie ist durch die Gliederung in Komponenten (wie Register, Speicher, ALU, Busse) und ihr Zusammenspiel gekennzeichnet. Das Zusammenspiel wir durch die Verdrahtung und durch einen Steuerablauf (Mikroprogramm, Mikroalgorithmus, Hardware-Steuerwerk) mit Mikrobefehlen/Mikrooperationen auf den Komponenten festgelegt. Der Steuerablauf legt die Interpretation der Maschinenbefehle und damit die Funktionelle-Architektur fest.

Die sich daran anschließende *Logik-Ebene* (auch Gatter-Ebene oder Hardware-Ebene genannt) dient schließlich zur Realisierung der Register-Transfer-Komponenten und der Mikrobefehle/Mikrooperationen; sie besteht aus den einzelnen Bauelementen wie Registern und Verknüpfungsschaltnetzen mit ihrem logischen, zeitlichen, elektrischen und physikalischen Verhalten. Bei der Realisierung bestimmter logischer Funktionen muß auf dieser Ebene geprüft werden, ob die Voraussetzungen für die gewünschte logische Funktion, wie Zeitschranken, Flankensteilheit, Stromversorgung, Fan-out, Fan-in, Temperaturschranken usw. erfüllt sind. Unterhalb der Logikebene können weitere Ebenen identifiziert werden: die *Schaltkreisebene* stellt elementare Komponenten wie Transistoren, Dioden, Widerstände usw. zur Realisierung der Logikebene zur Verfügung; die *Physikalische Ebene* ist durch die verwendeten Materialien und räumlichen Abmessungen (z. B. Layout) der Komponenten gekennzeichnet. Die Einteilung eines Systems in diese Ebenen unterliegt einer gewissen Willkür, weil oftmals keine genügend strengen Kriterien zu ihrer Abgrenzung vorliegen. Trotzdem ist es sinnvoll, solche Ebenen zu definieren, damit Abstraktionen/Modelle eingesetzt werden können und damit beim Entwurf eine Aufgabenteilung vorgenommen werden kann.

Der Entwurf von der Systemebene zur Funktionellen-Ebene wird als *Funktioneller-Entwurf*, von der Funktionellen-Ebene zur Register-Transfer-Ebene wird als *Register-Transfer-Entwurf* und von der Register-Transfer-Ebene zur Logik-Ebene als *Logischer-Entwurf* bezeichnet. Der *Physikalische-Entwurf* erstreckt sich von der Logik-Ebene zur Physikalischen-Ebene. Auf jeder Ebene sind bestimmte Eigenschaften von besonderer Bedeutung: auf der Systemebene die Eigenschaften des gesamten Systems, auf der Funktionellen-Architektur-Ebene die Eigenschaften der Systemkomponenten, auf der Register-Transfer-Ebene die Eigenschaften der Bausteine (Operations- und Steuerwerke) und auf der Logikebene die Eigenschaften der einfachen logischen Bauelemente. Um insbesondere das funktionelle und zeitliche Verhalten sowie Modularisierungen auf den verschiedenen Ebenen beschreiben zu können, bedient man sich neben anderen Beschreibungsmitteln spezieller formaler Hardware-Beschreibungssprachen.

Eine Hardware-Beschreibungssprache dient als Beschreibungsmittel zur Kommunikation zwischen Hardware- und Software-Fachleuten, zur Spezifikation von zu erstellenden und zur Dokumentation von fertigen Systemen und zur Veranschaulichung von Hardware-Strukturen und -Algorithmen in der Lehre. Mit Hilfe eines Compilers und eines Simulators läßt sich das funktionelle und zeitliche Verhalten von digitalen Systemen überprüfen. Eine Hardware-Beschreibungssprache kann auch für die manuelle oder rechnergesteuerte Synthese von Hardware (Hardware-Compiler) oder zur Erstellung von Mikroprogrammen (Firmware) Verwendung finden.

Zur Beschreibung der Struktur von Rechnersystemen wurde die Sprache PMSL [Knu], eine Weiterentwicklung vom PMS [Bel] definiert. Für die Architekturebene werden teilweise höhere Programmiersprachen wie APL [Ive] benutzt, besser sind aber spezielle Sprachen wie ISP [Bel] geeignet. Für die Register-Transfer-Ebene und die Logikebene wurden eine Reihe von Register-Transfer-Sprachen wie CDL [Chu-1], CASSANDRE [Mer], DDL [Dul], RTS [Pil-1], ERES [Grd], HBS [Hor], PHPL [Anl], KARL [Har], CONLAN [Pil-2], REGLAN [Men], VHDL [Iee] u. a. definiert. Die meisten Sprachen konzentrieren sich auf die Beschreibung einer Ebene.

Die vom Autor definierte Sprache HDL (**H**ardware **D**escription and Microprogramming **L**anguage) [Hof-2, Hof-3] ermöglicht es dagegen, ein digitales System auf verschiedenen Ebenen zu beschreiben, und zwar in seiner Funktion (Funktionelle-Architektur) und in seiner Implementierung durch synchrone Schaltwerke (Register-Transfer-Architektur) oder durch asynchrone Schaltwerke und Schaltnetze mit Laufzeiten (Teil der Logik-Ebene). Dadurch ist es möglich, die einzelnen Phasen des Entwurfs innerhalb eines Sprachrahmens zu beschreiben. Dieses „Mehrebenen-Konzept" wurde auch später in der Sprache VHDL verwirklicht, die z. Zt. in der Praxis die größte Bedeutung erlangt hat. Diese Sprache wird dabei, außer für Simulationszwecke, auch für die Logik-Synthese eingesetzt. VHDL besitzt einige Mängel, wie die zu starke Orientierung an der Programmiersprache ADA, die Komplexität und teilweise die Umständlichkeit bei der Modellierung einfacher Sachverhalte. Aus diesen Gründen soll in diesem Buch die relativ einfache Hardware-Beschreibungssprache HDL benutzt werden, die auch aus didaktischen Gründen besser geeignet ist, die darzustellenden Sachverhalte leicht verständlich zu präsentieren.

Bei der Definition der Sprache HDL wurde versucht, den folgenden Anforderungen zu genügen: Eine Hardware-Beschreibungssprache sollte eine einfache, konsistente Syntax und Semantik besitzen, so daß sie leicht lesbar und erlernbar ist. Deshalb muß sie sich an allgemein akzeptierte Symbole und Konstrukte anlehnen wie z. B. die strukturierenden Anweisungen (While-Schleife, For-Schleife usw.) von höheren Programmiersprachen. Sie sollte so allgemein sein, daß mit ihr die Abläufe auf den verschiedenen Ebenen beschrieben werden können, ohne von der augenblicklichen Hardware-Technologie abhängig zu sein. Andererseits sollte die Sprache die Möglichkeit bieten, eine Isomorphie-Beziehung zwischen der Beschreibung und der Implementierung auszudrücken. Deshalb sollten die in der Hardware häufig benutzten Datenspeicher als elementare Datentypen bereitgestellt werden, und asynchrone und synchrone Zuweisungen sollten unterschieden werden. Da die Speicherelemente in Vektor- oder Matrixform vorliegen, sollten Vektoren und Matrizen die elementaren Datentypen sein, und es sollten dafür leistungsfähige Operatoren zur Verfügung stehen. Da in einem digitalen System im allgemeinen mehrere synchrone und asynchrone Vorgänge gleichzeitig ablaufen, müssen einfache Mittel zur Beschreibung der Sequentialität und der Parallelität zur Verfügung stehen. Die für synchrone Systeme notwendigen Takte müssen definierbar sein, und für asychrone Systeme müssen spezielle Operatoren vorhanden sein. Da ein digitales System im allgemeinen aus einem Netz von gekoppelten Untersystemen besteht, muß die Sprache es zulassen, modulare Strukturen zu definieren.

Im folgenden wird die Sprache HDL einführend beschrieben. Dabei wurde mehr Wert auf leichte Verständlichkeit als auf völlige Exaktheit gelegt. Dem Leser sei angeraten, parallel zum Lesen der folgenden Abschnitte die Syntaxdiagramme (Abschn. 2.18) zu verfolgen. Weitere Einzelheiten über die Sprache sind in [Hof-3] zu finden.

2.1 Struktur eines HDL-Programms

Ein simulierbares HDL-Programm besteht mindestens aus einer „Unit", die die Funktionsweise oder Realisierung einer digitalen Funktionseinheit beschreibt. Eine Unit beginnt mit dem Schlüsselwort unit und endet mit dem Schlüsselwort uend. Auf unit folgt der Name der Funktionseinheit, dann folgen der Deklarationsteil und der Ausführungsteil. Der Ausführungsteil einer Unit enthält mindestens eine der drei Beschreibungsformen:

1. Permanente Anweisungen, eingeschlossen in „perm ... pend"

2. Asynchrone Prozesse, eingeschlossen in „loop ... lend"

3. Synchrone Automaten, eingeschlossen in „on clock ... noc"

Die 1. Beschreibungsform ermöglicht die Beschreibung von Schaltnetzen, die boolesche Verknüpfungen, feste Verbindungen und Zeitverzögerungen enthalten. Die 2. Beschreibungsform eignet sich insbesondere zur funktionellen Beschreibung von Systemen mit Hilfe zyklischer asynchroner Prozesse. Die 3. Beschreibungsform dient zur Beschreibung synchroner Automaten.

2.2 Kommentare, Marken, Namen

Ein Kommentar besteht aus einer beliebigen Zeichenfolge, die von zwei Anführungszeichen begrenzt wird. Eine Marke (label) besteht aus einer Folge von Zeichen, die Buchstaben oder Ziffern oder das Hochkommazeichen sein können. Eine Marke wird zur Kennzeichnung von asynchronen Prozessen und asynchronen Anweisungen benutzt. Ein Name besteht aus mindestens einem Buchstaben, gefolgt von Buchstaben, Ziffern oder Hochkommas. Namen dienen zur Kennzeichnung von Variablen, Programmen, Unterprogrammen und bestimmten anderen Größen.

2.3 Datenformate

Folgende Datenformate können definiert werden:

B	Bit
V(b:a)	Vektor mit n Bits, $n = \|b - a + 1\|$
M(d:c,b:a)	Matrix aus $m * n$ Bits, $m = \|d - c + 1\|$

Die Indizes sind positive Konstanten, die wahlweise aufsteigend oder absteigend definiert sein können, beginnend bei 0 oder 1. Das Datenformat Matrix kann je nach Anwendung verschieden interpretiert werden, z. B. als rechteckige Matrix, bestehend aus m Zeilen und n Spalten, oder als strukturierter Vektor, bestehend aus m Bitgruppen zu je n Bits. Für die Definition der Operatoren sind die Vektorelemente aufgereiht von rechts (a) nach links (b) und die Zeilen einer Matrix von oben (d) nach unten (c) angeordnet zu denken. Das Datenformat Vektor schließt das Datenformat Bit mit ein, das Datenformat Matrix schließt die Datenformate Vektor und Bit mit ein.

2.4 Konstanten

Ein *boolesche* Konstante ist eine Folge der booleschen Werte „o" (false) oder „1" (true). Das Datenformat ist Bit bzw. Vektor. Zur Darstellung der booleschen Werte werden Sonderzeichen oder die Buchstaben o und 1 benutzt, um diese häufig auftretenden Konstanten einfach darstellen und von Dezimalzahlen unterscheiden zu können. Ein *oktale* Konstante besteht aus einer Folge von Oktalziffern 0,1,..., 7, die von zwei $-Zeichen begrenzt wird. Eine oktale Konstante ist eine Abkürzung für eine boolesche Konstante. Ersetzt man die 0,1,..., 7 Oktalziffern durch ooo, oo1,..., 111, dann ergibt sich die äquivalente boolesche

Konstante. Eine *hexadezimale* Konstante besteht aus einer Folge von Hexadezimalziffern 0,1,..., F, die von zwei Hochkommas begrenzt wird. Eine hexadezimale Konstante ist eine Abkürzung für eine boolesche Konstante. Ersetzt man die Hexadezimalziffern 0,1,..., F durch oooo, oool,..., 1111, dann ergibt sich die äquivalente boolesche Konstante. Eine *dezimale* Konstante besteht aus einer Folge von Dezimalziffern 0,1,..., 9. Sie ist einer booleschen Vektor-Konstanten mit k Bits äquivalent, die als Dualzahl interpretiert, dem Wert der dezimalen Konstanten entspricht. Die Größe k ist implementierungsabhängig (z. B. $k = 16, 32$). *Einfache* Konstanten besitzen das Datenformat „Vektor" und werden als boolesche, oktale, hexadezimale oder dezimale Konstanten geschrieben. Eine *allgemeine* Konstante besitzt das Datenformat „Matrix". Sie wird aus einer Folge von Konstanten gebildet, die durch das Trennzeichen „.." voneinander getrennt sind. Jede Konstante definiert einen (Zeilen-)Vektor der Matrix. Die Anzahl n der Vektorelemente muß für alle Konstanten gleich groß sein.

Beispiel:

```
'01'..'25'..'F9' = oooo oool
                   oolo olol
                   1111 lool
```

Wird zwischen zwei Konstanten das Trennzeichen „:" benutzt (A:B), so wird dadurch eine Matrix definiert, deren Zeilen folgende Werte besitzen:

```
A..(A+1)..(A+2)..  ...  B      für A<B
A..(A-1)..(A-2)..  ...  B      für A>B
A                              für A=B
```

Eine *ternäre* Konstante besteht aus einer Folge von „o", „1" oder „@". Sie wird zum Vergleich mit booleschen Vektoren in Ausdrücken benutzt, wobei die durch „@" markierten Bit-Positionen nicht verglichen werden. Vergleichkonstanten sind entweder Konstanten oder ternäre Konstanten und werden im Case-Statement zum Vergleich benutzt.

2.5 Basistypen und Zuweisungen

Es werden die drei Basistypen `signal`, `boole` und `register` unterschieden. Die übrigen Datentypen lassen sich mit Hilfe der Basistypen erklären. Der Basistyp `signal` dient zur Weiterleitung der binären Werte o und 1. Ein `signal` entspricht hardwaremäßig einer gerichteten Signalleitung (Drahtverbindung). Ein `signal` kann selbst keine Werte speichern. Es nimmt am Ausgang den Wert an, der am Eingang angelegt wird. Der Eingang muß direkt oder indirekt mit einer speichernden

Variablen verbunden sein, damit der Wert am Ausgang nicht undefiniert ist. Die Verbindung des Wertes Z mit dem **signal** X wird im Programm durch X==Z ausgedrückt.

Der Basistyp **boole** kann den Wert wahr (1) oder falsch (0) speichern. Er entspricht einer einfachen Speicherzelle mit zwei Zuständen, wie sie z. B. durch ein RS-Flipflop realisiert wird. Der Typ **boole** wird am häufigsten in einem HDL-Programm verwendet. Er wird zur Beschreibung der im realen System konkret vorhandenen Speicher (z. B. Halbleiterspeicher) verwendet oder aber als (abstrakter) Hilfsspeicher zur Darstellung eines bestimmten Systemverhaltens. Im Programm wird die Zuweisung eines Wertes Z an eine Variable X vom Basistyp **boole** durch X:=Z ausgedrückt.

Der Basistyp **register** setzt sich aus zwei Basistypen **boole** zusammen, die als „Master" und „Slave" hintereinander geschaltet sind. Ein **register** ist ein taktgesteuertes Speicherelement, das zur Beschreibung von synchronen digitalen Systemen verwendet wird. Das Eingangssignal wird in dem Master mit der positiven Taktflanke übernommen und mit der negativen Taktflanke an den Slave weitergegeben. Der Ausgang bleibt zwischen zwei negativen Taktflanken konstant (Abb. 2−1). Ein **register** verhält sich damit wie ein zweiflankengesteuertes Flipflop (delay-skew-, data-lock-out-, double-edge-trigger-Flipflop). Durch Verändern des Tastverhältnisses des Taktes lassen sich auch andere Flipflop-Typen simulieren. Eine synchrone Registerzuweisung hat die Form:

on *Takt* **clock** *Register* ← *Expression* **noc** .

In Abhängigkeit von den *Takt*-Flanken erfolgt die Zuweisung des booleschen Ausdrucks *Expression* an das Register *Register*. Falls in dieser Zuweisung der Taktname *Takt* weggelassen wird, so wird ein bestimmter Standard-Simulationstakt vorausgesetzt. Einflankengesteuerte Flipflops lassen sich wie folgt beschreiben:

on **rise** *Takt* **clock** *Register* ← *Expression* **noc** .

In diesem Fall werden die Teiloperationen (Master:=D) und (Q:=Master) unmittelbar hintereinander ausgeführt werden, und zwar nach dem Auftreten der positiven Taktflanke. Durch Angabe von **on fall** ... **clock** werden diese Operationen nach der negativen Taktflanke ausgeführt.

Stehen mehrere Registerzuweisungen unter dem Einfluß des gleichen Takts, so werden zuerst alle Zuweisungen an die verschiedenen Master und danach alle Zuweisungen an die verschiedenen Slaves ausgeführt. Dadurch kann die synchrone Verarbeitung simuliert werden. In speziellen Anwendungsfällen möchte man auch einen direkten Zugriff auf den Master und den Slave eines Registers haben. Durch Anfügen von 'M an

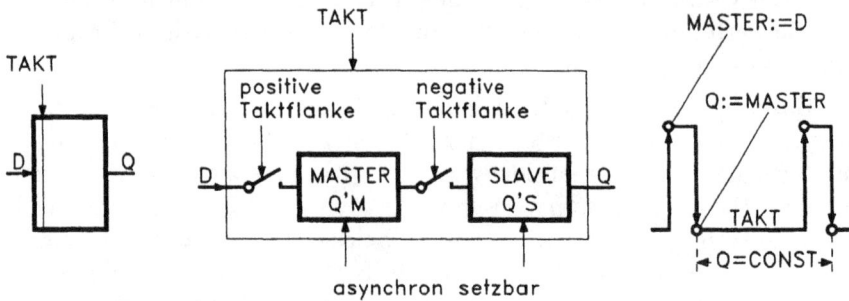

Abb. 2-1: Verhalten eines Registers

den Registernamen ist der Master, und durch Anfügen von 'S ist der Slave wie eine boolesche Variable ansprechbar. Ein Register Q kann z. B. durch die Anweisung Q'S:=o asynchron zurückgesetzt werden.

2.6 Deklaration von Variablen

Interne Variablen werden nach dem Typ-Schlüsselwort signal, boole oder register durch Angabe des Namens und des Formats deklariert und durch Komma voneinander getrennt.

Beispiel:

```
signal   LINE, BUS(16:1);
boole    RS'FF, LATCH(0:3), MEMORY(255:0,7:0);
register AC(15:0), CARRY;
```

Durch diese Deklarationen werden ein Signal-Bit LINE, ein Signal-Vektor BUS zu 16 Bit, ein Boole-Bit RS'FF, ein Boole-Vektor LATCH, eine Boole-Matrix MEMORY mit 256 Zeilen zu je 8 Bit, ein Register AC zu je 16 Bit und ein Register-Bit CARRY erklärt.

Um die Indexgrenzen nicht immer hinschreiben zu müssen, kann die Kurzschreibweise „[n]" anstelle von „(n-1:0)" benutzt werden:

```
X(n-1:0) = X[n]
X(m-1:0, n-1:0) = X[m,n] = X[m][n]
```

Eine Output-Variable entspricht einer internen Variablen mit der zusätzlichen Eigenschaft, daß ihr Wert aus der Unit heraus zu anderen Units oder der Umgebung geführt wird. Es werden drei verschiedene Output-Variablen unterschieden in Abhängigkeit davon, ob der Wert einer Signal-Variablen, einer Boole-Variablen oder einer Register-Variablen nach außen geführt wird. Die Unterscheidung erfolgt durch das auf output folgende Schlüsselwort.

```
output signal    S;            "= output S"
output boole     B(7:0);       "= B[8]"
output register  R(7:0, 3:0);  "= R[8,4]=R[8][4]"
```

In dem Beispiel ist S ein Output-Signal-Bit, B ein Output-Boole-Vektor, und R eine Output-Register-Matrix. Die Zuweisung eines Wertes zu einer Output-Variablen erfolgt im Programm durch den Zuweisungsoperator, der dem spezifischen Typ entspricht.

Eine Input-Variable repräsentiert einen Wert, der von einer Output-Variablen einer anderen Unit oder der Umgebung stammt. Eine Input-Variable kann nur gelesen werden und darf deshalb nicht auf der linken Seite einer Zuweisung stehen. Input-Variablen werden nach dem Schlüsselwort input in gleicher Form wie Signal-Variablen deklariert.

Beispiel:

```
input RW, DIN(0:4), ADDR(0:9);
```

Durch diese Deklaration werden ein Input-Bit RW und die Input-Vektoren DIN und ADDR deklariert.

Eine Clock-Variable ist eine Boole-Bit-Variable, die implizit durch die Deklaration eines Taktgenerators erklärt wird. Eine Clock-Variable wechselt periodisch ihren Wert, wobei die Dauer der o-Phase und 1-Phase festgelegt werden kann. Die Dauer wird in ganzzahligen Vielfachen von folgenden Zeiteinheiten angegeben: Sekunden (sc), Millisekunden (ms), Mikrosekunden (us), Nanosekunden (ns) und Picosekunden (ps).

Beispiel:

```
clock C1(1=100 ns, o=200 ns), C2(o=50 ns, 1=250 ns);
```

Durch diese Deklaration werden zwei Taktgeneratoren erklärt, mit den Clock-Variablen C1 und C2. C1 ist 1 für 100 Nanosekunden und o für 200 ns, C2 ist o für 50 ns und 1 für 250 ns. Während der Simulation starten alle Taktgeneratoren gleichzeitig mit ihren zuerst definierten Phasen. Ein Taktgenerator ist eine Abkürzung für einen bestimmten asynchronen Prozess (siehe Abschnitt 2.11). Der obige Taktgenerator für C1 entspricht dem folgenden asynchronen Prozeß:

```
boole C1;
loop CLOCK: C1:=1; wait 100 ns; C1:=o; wait 200 ns lend
```

In synchronen Automaten (siehe Abschnitt 2.12) wird jeder synchrone Zustand durch einen in eckige Klammern eingeschlossenen Namen gekennzeichnet. Für jeden Namen wird implizit ein Register-Bit deklariert; z. B. erfolgt durch die Zustandsfolge

[Z0]...[Z1]...[Z2]...

implizit die Deklaration **register** Z0,Z1,Z2. Auf die so implizit deklarierten State-Register-Variablen kann wie auf Register-Variablen zugegriffen werden.

2.7 Variablenzugriff, Indizierung

Ein bestimmtes Bit eines Vektors wird durch Angabe des in runden Klammern eingeschlossenen Index ausgewählt. Der Index kann ein beliebiger Ausdruck sein. Besitzt der Ausdruck das Datenformat Vektor, so wird er als Dualzahl interpretiert, dessen Wert den Index definiert. Besitzt der Ausdruck das Datenformat Matrix, so wird dadurch eine Folge von Indizes definiert, die durch die einzelnen Zeilen, interpretiert als Dualzahlen, festgelegt ist.

Beispiel:

```
boole V(1:8);
```
Aufruf	Äquivalente Schreibweise	
V(2)	V_2	2. Bit
V(1:4)	$V_{1:4}$	Die ersten 4 Bits
V(1..3..5)	$V_{1..3..5}$	Teilvektor, bestehend aus den Bits V_1,V_3,V_5
V(1..1..2..2)	$V_{1..1..2..2}$	Teilvektor, bestehend aus den Bits V_1,V_1,V_2,V_2

Wie das letzte Beispiel zeigt, dürfen die gleichen Indizes mehrmals auftreten, allerdings nur im Lesezugriff. Mehrfacher Schreibzugriff auf das gleiche Bit ist verboten.

Die Indizierung einer Matrix erfolgt durch einen Index für die Spalte(n) und einen Index für die Zeile(n). Wird Zeilen- bzw. Spaltenindex weggelassen, so sind alle Zeichen bzw. Spalten gemeint.

Beispiel:

```
boole   M(0:255,15:0);
```
Aufruf			
M(2,) = M(2)	M^2	2. Zeile (Wort)	
M(2,7)	M^2_7	Bit (2,7)	
M(,7)	M_7	7. Spalte	
M(0:127,7:0)	$M^{0:127}_{7:0}$	Teilmatrix, definiert durch die Zeilen 0 – 127 und die Spalten 7 – 0	

2.8 Operatoren

2.8.1 Vektoroperatoren

Operation C=	Erklärung	r
−A	Vorzeichenwechsel, Zweikomplement $\sim A+1$	n
A+B	Addition $(A+B) \bmod 2^n$	n
A++B	Addition mit Übertrag $(A+B) \bmod 2^{n+1}$	n+1
A−B	Subtraktion $(A+(-B)) \bmod 2^n$	n
A**B	Multiplikation C = Produkt positiver Zahlen	n+p
A*B	Eingeschränkte Multiplikation $(A**B) \bmod 2^n$	n
A/B	Division, B≠0: C = ganzzahliger Quotient	n
A mod B	Modulofunktion, B≠0: $A-(A/B)*B$	n
A%B	Relationen, $\% \in \{<, \leq, >, \geq, =, \neq\}$ A, B: positive Dualzahlen: C=A%B	1
A<=>B	Identität if (Datenformat und Werte gleich) then C=l else C=o	1

Abb. 2–2: Vektoroperatoren

Vektoroperatoren erwarten das Datenformat Vektor oder Bit. Sind einer oder beide Operanden Matrizen, dann werden sie vor Ausführung der Operation in Vektoren überführt, indem die Zeilen von oben nach unten hergenommen werden und von rechts nach links fortschreitend aneinandergefügt werden. Für die Definitionen (Abb. 2-2, Abb. 2-3) der

41

Operation C=	Erklärung	r
K shr A	Shift Right C = A um K Stellen nach rechts verschoben, wobei o−Bits nachgezogen werden. Wenn K fehlt, dann gilt K=1.	n
K shl A	Shift Left wie "Shift Right", nur nach links.	n
B inshr A	Insert Shift Right, p<n: C = B_A(n : 1+p)	n
B inshl A	Insert Shift Left, p<n: C = A(n−p : 1)_B	n
K cir A	Circular Shift Right C = A um K Stellen zyklisch nach rechts verschoben. Wenn K fehlt, dann gilt K=1.	n
K cil A	Circular Shift Left wie "Circular Shift Right", nur nach links.	n
B mux A	Multiplexoperator, $p=2^n*k$: $C = B\big((A+1)*k : (A*k + 1)\big)$	k
B dux A	Demultiplexoperator $C\big((A+1)*p : (A*p + 1)\big) = B$ Alle sonstigen Bits von C werden gleich o gesetzt.	$p*2^n$
A:B	Indexgenerator C = A..(A+1)..(A+2).. .. ..B für A<B C = A..(A−1)..(A−2).. .. ..B für A>B C = A für A=B	r=n s = |B−A| +1

Abb. 2−3: Vektoroperatoren

Operatoren gilt `A(n:1)`, `B(p:1)`, `C(r:1)`. Wenn bei dyadischen Operatoren die Vektoren ungleich lang sind, dann definiert der links stehende Vektor `A` die Länge des Ergebnisses. Der Vektor `B` wird vor der Operation an die Länge von `A` angepaßt, indem entweder die überzähligen höherwertigen Bits abgeschnitten werden oder o...o ergänzt wird.

Beispiele:

```
 -oolo = lllo            olol + lo = olll

 llll + ol = loooo       oool - lo = llll

 loo ** lll = ollloo      oolo * lll = lllo

 ollloo // loo = olll     ollloo / loo = ooolll

 llol mod loo = oool      lllo > lo = l

 lool <=> olool = o       shr lloo = ollo

 2 shr lloo = ooll        2 shl ooll = lloo

 ll inshr ooolll = lloool ll inshl ooolll = olllll

 2 cir oolo = looo        2 cil oolo = looo

 oo ol lo ll mux lo = ol  ol dux lo = oo ol oo oo

 3:1 = oooo oooo oooo oool
       oooo oooo oooo oolo
       oooo oooo oooo ooll
```

2.8.2 Matrixoperatoren

Matrixoperatoren können auf Matrizen, Vektoren und Bits angewandt werden. Für die Definitionen (Abb. 2-4) gelten die Datenformate `A(m:1,n:1)`, `B(q:1,p:1)`, `C(s:1,r:1)`.

Beispiele:

```
 oo_ll = ooll            oo..ll = oo
                                  ll

 tra oo = ool             ~lllo = oool
     ol   olo
     lo

 lool v lloo = llol       lool.l = lool
```

Operation C=	Erklärung	s,r
A_B	Zusammenfügen horizontal m=q: B wird rechts an A angefügt.	m,n+p
A..B	Zusammenfügen vertikal n=p: B wird an A unten angefügt.	m+q,n
tra A	Transposition $C_j^i = A_i^j$, Abkürzung ^TA	n,m
~A	Negation $C_j^i = \sim A_j^i$ für alle (i,j)	m,n
A ∕ B	Boolesche Operationen $∕ \in \{., v, \equiv, \not\equiv\}$ (Und, Oder, Äquivalenz, Disvalenz) n=q, m=q: $C_j^i = A_j^i ∕ B_j^i$ n=1, m=1: $C_j^i = A_1^1 ∕ B_j^i$ p=1, q=1: $C_j^i = A_j^i ∕ B_1^1$	 m,n q,p m,n
∕/A	Reduktion $∕ \in \{., v, \equiv, \not\equiv\}$ $C = \{A_1 ∕ A_2 ∕ \ldots ∕ A_n\}$	m,1
A ∕* B	Logisches Matrixprodukt $∕* \in \{.v , v. , \equiv . , \not\equiv v\}$ $C_j^i = ∕/(A^i * \text{tra } B_j)$	m,p

Abb. 2–4: Matrixoperationen

```
v/ lool = 1                ./ lool = o

ol v. 11 = ol
lo    ol   11
```

2.9 Ausdrücke, Formatanpassung

Ein Ausdruck besteht aus Konstanten, Variablen und Funktionsauf-
rufen, die durch monadische oder dyadische Operatoren miteinander
verknüpft werden. Zuerst werden die monadischen Operatoren ausgeführt. Danach werden die dyadischen Operatoren von links nach
rechts fortschreitend ausgeführt. Die dyadischen Operatoren haben
keine fest vorgegebene Priorität, aber es kann zwischen zwei Prioritäts-
stufen gewählt werden: Wenn der zwischen den Operanden stehende
Operator nicht durch Blanks eingegrenzt ist, dann wird diese Operation vor jener Operation ausgeführt, bei der der Operator durch Blanks
eingegrenzt ist. Weiterhin wird ein in runde Klammern eingeschlosse-
ner Ausdruck vorrangig behandelt. Das Ergebnis der Abarbeitung eines
Ausdrucks ist ein Wert mit einem bestimmten Datenformat.

Beispiele:

```
4 + 2*3   =  10        '3' * 111-1+(8/2)  =  '6'
                           ~~~~~

                       =llo
                       ~~~~~~~~~~~

4+2*3     =  18            = olo
```

Der Wert B, der sich aus der Abarbeitung eines Ausdrucks ergibt, kann
mit Hilfe eines Zuweisungsoperators (:=, ==, <-) an eine Variable A
übergeben werden. Wenn das Datenformat des Wertes nicht mit dem
Datenformat der Variablen übereinstimmt, wird der Wert an das Datenformat der Variablen angepaßt. Man kann sich die Anpassung veranschaulichen, indem man sich die beiden Matrizen A und B als Flächen
vorstellt, die man so übereinander legt, daß die rechten oberen Ecken
übereinstimmen. Die Zuweisung erfolgt dann für die übereinanderliegen-
den Bits. Besitzt die Matrix A mehr Zeilen oder Spalten als die Matrix
B, so werden die dadurch bestimmten Bits auf o gesetzt.

Beispiele:

```
A(4:1)       := 1       =>   A=oool
A(3:0)       := 'F'     =>   A=1111
C(1:4)       := 10      =>   C=oolo
D(0:3,1:4) := 1:3       =>   D=oool..oolo..ooll..oooo
```

2.10 Permanente Anweisungen

Feste Verbindungen und boolesche Schaltnetze werden durch *permanente Anweisungen* beschrieben, die durch Kommas getrennt und in
„perm" und „pend" eingeschlossen werden. Permanente Anweisungen
sind *permanente Zuweisungen, verzögerte Zuweisungen, permanente If-
Statements* oder *permanente Case-Statements*. Die permanente Zuweisung dient zur Übergabe von Werten an Signal-Variablen ohne Zeitverzögerung. Durch die permanente Zuweisung Y==*Ausdruck* besitzt
die Signal-Variable Y immer den aktuellen Wert des *Ausdrucks*. Wenn
sich der Wert des Ausdrucks ändert, dann ändert sich unmittelbar auch
der Wert von Y. Mehrere permanente Anweisungen werden durch Kommas voneinander getrennt. Permanente Zuweisungen entsprechen im
wesentlichen booleschen Gleichungen und dienen zur Beschreibung von
Schaltnetzen. Die Reihenfolge der einzelnen permanenten Anweisungen
im Programm impliziert keine entsprechende Abarbeitungsfolge. Alle
permanenten Anweisungen stehen also – semantisch gesehen – gleich-
berechtigt nebeneinander. Im Programm dürfen mehrere permanente
Zuweisungen an die gleiche Signalvariable stehen. In diesem Fall werden alle Werte durch die Oder-Funktion miteinander verknüpft: z. B.
Y==X1, Y==X2, Y==X3 entspricht Y==X1 v X2 v X3.

Die *verzögerte Zuweisung* ergibt sich aus der permanenten Zuweisung
durch den Zusatz delay *time*. Als Zeiteinheiten sind sc (Sekunden),
ms (Millisekunden), us (Mikrosekunden), ns (Nanosekunden), ps (Picosekunden) zulässig. (Beispiel: X==delay 100 ns Y). Die Verzögerung
erfolgt dadurch, daß alle Wertänderungen auf der rechten Seite in einem
Pufferspeicher für die Dauer der Verzögerungszeit zwischengespeichert
werden. Verzögerte Zuweisungen dürfen nicht in einem permanenten If-
oder Case-Statement stehen.

Mit Hilfe des *permanenten If-Statements* kann in Abhängigkeit von einer
Bedingung eine Signal-Variable einen von zwei Werten annehmen. Hardwaremäßig entspricht das permanente If-Statement einem gesteuerten
Schalter oder einem 2:1-Multiplexer. Das permanente If-Statement „if
X then Y==A else Y==B fi" ist gleichbedeutend mit Y==A.X v B.~X.
Die Bedingung X muß das Datenformat Bit besitzen. Der else-Teil
kann weggelassen werden. Im then- oder else-Teil darf im allgemeinen
eine Liste von permanenten Ereignissen stehen. Ein permanentes Ereig-
nis ist eine permanente Anweisung, ein permanentes If-Statement oder
ein permanentes Case-Statement.

Das *permanente Case-Statement* ist eine Verallgemeinerung des permanenten If-Statements. In Abhängigkeit von 2^n verschiedenen Werten,
die ein Bedingungsvektor der Länge n annehmen, können maximal 2^n

verschiedene permanente Ereignisse ausgewählt werden. Es gibt zwei Formen des Case-Statements, das „case ... of" und das „case ... then". Das permanente Case-Then-Statement

```
case C then
?C0: Y == A0
?C1: Y == A1   ...
?Cn: Y == An
else Y == Ae esac
```

entspricht

```
Y == A0.K0 v A1.K1 v ... An.Kn
      v Ae.~K0.~K1 ... ~Kn          (*)   .
```

unter Verwendung der Abkürzung $Ki = (C=Ci)$. Fehlt in dem obigen Case-Statement der else-Teil, dann entfällt der durch (*) gekennzeichnete Teil. Fehlt in einer Zeile die permanente Zuweisung Y==Ai, dann entfällt der Term Ai.Ki. Die Bedingungen Ki müssen sich nicht gegenseitig ausschließen, so daß alle Ai durch Oder miteinander verknüpft werden, für die $(C=Ci)=1$ ist. Ci kann eine Liste von Vergleichskonstanten $Ci0, Ci1, ..., Cim$ sein. Es gilt dann $Ki = (C = Ci0) v (C = Ci1) v ... (C = Cim)$. Anstelle der permanenten Anweisungen Y==Ai darf allgemein eine Liste von permanenten Ereignissen stehen.

Mit Hilfe des permanenten Case-Then-Statements lassen sich z. B. UND/ODER-Matrizen (PLA, programmable logical array) oder bedingte Mehrfach-Durchschaltungen beschreiben. Das permanente Case-Of-Statement unterscheidet sich vom permanenten Case-Then-Statement dadurch, daß sich alle Bedingungen Ki gegenseitig ausschließen müssen; d. h. es darf höchstens eine erfüllte Bedingung geben, wodurch auch nur höchstens eine Liste von permanenten Ereignissen ausgeführt wird. Das Case-Of-Statement eignet sich z. B. zur Beschreibung von Multiplexern, Demultiplexern und kleinen Festwertspeichern.

2.11 Asynchrone Prozesse

Ein *asynchroner Prozeß* besteht aus einer Folge von *asynchronen Statements*, die zyklisch wiederholt werden. Die asynchronen Statements des Prozesses werden durch Semikolon voneinander getrennt und durch „loop" und „lend" begrenzt. Die durch Semikolon getrennten Statements werden nacheinander ausgeführt. Ein asynchroner Prozeß kann sequentielle und kollaterale Unterprozesse enthalten, die nur aus einfachen asynchronen Statements bestehen dürfen. Einfache asynchrone Statements dürfen nicht durch Sprungmarken gekennzeichnet sein und keine Kontrolloperationen (goto, wait, start, stop) enthalten. Sind im Ausführungsteil mehrere asynchrone Prozesse vorhanden, so müssen sie durch Marken (process-label) gekennzeichnet werden. Ist nur ein einziger Prozeß vorhanden, so braucht er nicht gekennzeichnet zu werden. Jeder asynchrone Prozeß beschreibt eine Hardware- oder Software-Aktivität. In einer Unit werden im allgemeinen mehrere gleichzeitig ablaufende Aktivitäten beschrieben. Der Ablauf und die Synchronisation von Prozessen kann durch die Kontroll-Operationen gesteuert werden.

Asynchrone Prozesse enthalten hauptsächlich asynchrone Zuweisungen „:=" an Boole-Variablen. Daneben können simultane Zuweisungen der Form [A:=W1,,B:=W2,,C :=W3 ,,...] ausgeführt werden, indem zuerst alle Werte W1,W2,W3, ... berechnet, dann zwischengespeichert und anschließend an die Variablen A,B,C, ... übergeben werden. Dadurch lassen sich Register-Variablen simulieren.

Das *asynchrone If-Statement* ermöglicht die durch eine Bedingung gesteuerte alternative Ausführung zweier Folgen von asynchronen Statements. Wenn die Bedingung erfüllt ist, werden die auf then folgenden Statements ausgeführt, ansonsten die auf else folgenden Statements. Der else-Teil kann entfallen. Die auf then oder else folgenden Statements können beliebige asynchrone Statements sein.

Das *asynchrone Case-Statement* ermöglicht die bedingte Ausführung von maximal 2^n alternativen Statements S_i in Abhängigkeit von einem Bedingungsvektor der Länge n. Das asynchrone Case-Statement

```
case C then          "entspricht mit Ki = (C=Ci)"
?C0:   S0            if K0 then S0 fi;
?C1:   S1            if K1 then S1 fi;
...                  ...
?Cn:   Sn            if Kn then Sn fi;
else   Se            if ~K0.~K1...~Kn then Se fi .
```

Der else-Teil kann entfallen. Wenn mehrere Bedingungen Ki erfüllt sind, so werden alle zugehörigen asynchronen Statements Si in der durch die Übersetzung vorgegebenen Reihenfolge ausgeführt. Ci kann eine Liste von Vergleichskonstanten sein (vergl. permanentes Case-Statement). Das asynchrone case C of unterscheidet sich vom case C then dadurch, daß die Bedingungen Ki sich gegenseitig ausschließen müssen.

Das *asynchrone While-* und *Until-Statement* dient zur Wiederholung einer Folge von asynchronen Statements S. Beim While-Statement wird die Bedingung C vor der Ausführung von S abgefragt, während sie beim Until-Statement nach der Ausführung abgefragt wird. Beim Until-Statement wird S also mindestens einmal ausgeführt:

```
                        "entspricht"
while C do              L: if  C then goto K fi;
S                           S;
od                          goto L;
                        K: ...


                        "entspricht"
until C do              L : S;
S                       if C then goto K else goto L fi;
od                      K:  ...
```

Das *asynchrone For-Statement* dient zur wiederholten Ausführung einer Folge von asynchronen Statements S(k), wobei ein Laufindex k zwischen zwei Grenzen R und T herauf- bzw. heruntergezählt wird:

```
                            "entspricht"
for k := R to T do          k := R; t := T;
                            if k<t then d:= 1 fi;
                            if k>t then d:=-1 fi;
S(k)                        L: S(k); if k=t then goto M fi;
                            k:=k+d;
od                          goto L;
                            M: ...
```

Die Laufvariable k muß vom Datentyp boole sein und das Datenformat Vektor besitzen. Bei der Übersetzung werden zwei Hilfsvariablen t und d erzeugt, die vom gleichen Datentyp und Datenformat sind. Zu Beginn werden die Ausdrücke R und T berechnet und die Werte den Variablen k und t zugewiesen. Dann wird das Inkrement d ermittelt und anschließend wird die Schleife durchlaufen.

Einfache asynchrone If-, Case-, While- und For-Statements sind dadurch definiert, daß sie nur einfache asynchrone Statements ohne Kontrolloperationen enthalten.

Die *Kontroll-Operationen* dienen zum Verzweigen (goto), zum Warten (wait) und zur Synchronisation innerhalb von Prozessen. Sie dürfen nicht innerhalb von sequentiellen oder kollateralen Unterprozessen verwendet werden. Die Sprunganweisung „goto LABEL" ermöglicht einen Sprung zu dem durch „LABEL:" gekennzeichneten Statement. Durch die Anweisung „wait until C;" wird die Ausführung des Prozesses solange unterbrochen, bis die Bedingung C erfüllt ist. Die Anweisung „wait until rise C;" entspricht „wait until ˜C; wait until C;". Die Anweisung „wait until fall C;" ist äquivalent zu „wait until C; wait until ˜C;". Durch die Anweisung „wait N us" wird die Ausführung des Prozesses solange unterbrochen, bis die simulierte Zeit um N Mikrosekunden fortgeschritten ist. Anstelle von us können auch die Zeiteinheiten sc (Sekunden), ms (Millisekunden), ns (Nanose-

kunden) und ps (Picosekunden) benutzt werden. Mit Hilfe der start-
und stop-Anweisung ist es möglich , die zyklischen asynchronen Prozesse
zu synchronisieren.

Ein *sequentieller Unterprozeß* besteht aus einer in Klammern eingeschlossenen Folge von einfachen asynchronen Statements, die keine
Kontroll-Operationen und nicht durch Marken gekennzeichnet sein
dürfen. Ein asynchroner Unterprozeß ist eine logische Zusammenfas-
sung einer Folge von einfachen asynchronen Statements. Asynchrone
Unterprozesse werden hauptsächlich innerhalb von kollateralen Unterprozessen verwendet.

Ein *kollateraler Unterprozeß* wird durch in eckige Klammern eingeschlossene einfache asynchrone Statements definiert: [C1,C2,..., Cn]. Diese
Schreibweise besagt, daß die asynchronen Statements C1 bis Cn gleichzeitig ausgeführt werden *können*, aber nicht müssen; d.h. sie können
auch in beliebiger Reihenfolge nacheinander ausgeführt werden, ohne
daß eine andere Wirkung erzielt wird. Sie dürfen daher weder direkt
noch indirekt (z.B. über Signal-Variablen) dieselben Variablen mehrfach schreiben oder schreiben und lesen. Durch einen kollateralen Unterprozeß mit seinen kollateralen Statements kann also die Möglichkeit
oder der Wunsch nach gleichzeitiger Ausführung ausgedrückt werden.
Die kollateralen Statements können wieder sequentielle Unterprozesse
sein, d.h. kollaterale und sequentielle Unterprozesse können ineinander
geschachtelt werden.

2.12 Synchrone Automaten

Ein *synchroner Automat* besteht aus einer Folge von Zuständen, die
durch einen Takt gesteuerte Registerzuweisungen und Zustandsübergänge enthalten.

```
on T clock
    Zustandsaktionen-0
[Z1] Zustandsaktionen-1
[Z2] Zustandsaktionen-2
...
[Zn] Zustandsaktionen-n .
noc
```

Der Takt T ist eine beliebige Variable mit dem Datenformat Bit. Wenn
kein Takt angegeben wird, dann wird ein Standard-Takt angenommen,
der während der Simulationsphase definiert werden kann. Die Zustandsfolge besteht aus den Zustandsaktionen-0, die auch entfallen können,
und aus n>0 Zuständen. Jeder Zustand wird durch ein Zustandsregis-

terbit Zi gekennzeichnet. Die Zustandsregisterbits sind vom Basistyp
register. Zu den Zustandsaktionen-0 kann man sich ein Zustandsregister Z0 zugeordnet vorstellen, das immer auf 1 gesetzt ist. Deshalb
werden die Zustandsaktionen-0 immer (erneut mit jedem Takt) ausgeführt. Die Zustandsaktionen-i>0 werden nur dann ausgeführt, wenn
sich der Automat im Zustand Zi befindet, d.h. wenn die zugehörige
Zustandsvariable Zi=1 ist. Der Automat darf sich gleichzeitig in mehreren Zuständen befinden; bei den meisten Automatenbeschreibungen
befindet sich der Automat jedoch immer nur in einem Zustand.

Eine *Zustandsaktion* ist eine permanente Zuweisung, ein Register-
Transfer, eine synchrone Sprunganweisung (**next**), eine asynchrone Sequenz, eine If-Zustandsaktion oder eine Case-Zustandsaktion.

Wenn sich unter den Zustandsaktionen-0 permanente Zuweisungen befinden, dann werden sie genauso wie permanente Statements interpretiert; stehen permanente Zuweisungen innerhalb von Zustandsaktionen-
i>0, dann erfolgt eine Übersetzung in das permanente If-Statement mit
Zi als Bedingung.

Beispiel:

```
[Z1] Y == W    "entspricht"    if Z1 then Y == W fi .
```

Bei einem Registertransfer R<-D wird der Wert D unmittelbar nach Auftreten der positiven Taktflanke in den Master R'M übernommen und
unmittelbar nach der negativen Flanke an den Slave R'S weitergegeben;
der Wert R am Ausgang des Registers ist gleich dem Wert von R'S. Der
obige Registertransfer ist äquivalent zu dem asynchronen Prozeß

```
loop wait until T;  R'M:=D; wait until ~T; R'S := R'M lend.
```

Anstelle des Taktes T kann auch der negierte Takt ~T, die ansteigende
Flanke des Taktes „**rise** T" oder die abfallende Flanke „**fall** T" benutzt werden. Die Angabe „**rise** T" bedeutet, daß nach der ansteigenden Taktflanke zuerst alle Master-Zuweisungen und unmittelbar danach
alle Slave-Zuweisungen erfolgen.

Die *synchrone Sprunganweisung* **next** ermöglicht mit dem Takt synchronisierte Zustandsübergänge. Ein Zustandsübergang erfolgt wie ein
Registertransfer nach dem Master-Slave-Prinzip. Der Zustandsübergang
[Zi] **next** Zj ist dem Registertransfer Zi<-o, Zj<-1 an die implizit
erklärten Registerbits äquivalent.

Eine *asynchrone Sequenz* ist eine Folge von einfachen asynchronen Statements, die nach dem Eintritt in einen Zustand durchlaufen werden soll.
Sie wird in die Schlüsselwörter „**asyn** ... **aend**" eingeschlossen.

Die *If-Zustandsaktion* ermöglicht die bedingte Ausführung zweier alternativer Zustandsaktionen. Wenn die Bedingung erfüllt ist, werden die auf then folgenden Zustandsaktionen ausgeführt, ansonsten die auf else folgenden Zustandsaktionen. Der else-Teil kann entfallen.

Die *Case-Zustandsaktion* ermöglicht die bedingte Ausführung von maximal 2^n alternativen Zustandsaktionen Ai in Abhängigkeit von einem Bedingungsvektor der Länge n.

```
case C then            "entspricht mit Ki=(C=Ci)"
?CO : AO               if KO then AO fi,
?C1 : A1               if K1 then A1 fi,
...                    ...
?Cn : An               if Kn then An fi,
else Ae                if ~KO.~K1...~Kn then Ae fi
esac
```

Die Bedingungen Ki müssen sich *nicht* gegenseitig ausschließen. Ci kann eine Liste von Vergleichskonstanten sein, wie beim permanenten Case-Statement. Der else-Teil kann entfallen. Die Case-Zustandsaktion case C of unterscheidet sich vom case C then dadurch, daß sich die Bedingungen Ki gegenseitig ausschließen müssen.

2.13   Equal-Deklaration, Const-Deklaration

Die *Equal-Deklaration* dient dazu, bereits deklarierten Variablen oder Teilen von ihnen einen neuen Namen, eine neue Indizierung oder ein neues Datenformat zuzuordnen. Die so neu definierten Variablen heißen *Equal-Variablen*. Insbesondere dient die Equal-Deklaration zur hierarchischen Zerlegung einer Variablen in Teile. Die gewünschten Teile werden durch Indizierung mit Konstanten spezifiziert. In jeder Equal-Deklaration dürfen auf der rechten Seite nur direkt deklarierte oder durch vorhergehende Equal-Deklarationen definierte Equal-Variablen auftreten. Das Datenformat der Equal-Variablen auf der linken Seite muß mit dem Datenformat der indizierten Variablen auf der rechten Seite nicht übereinstimmen. Die Anzahl der Bits aber muß auf beiden Seiten gleich sein. Die Zuordnung der Bits erfolgt dadurch, daß die Zeilen von oben nach unten und die Bits von rechts nach links gezählt werden. Die Indizierung auf der rechten Seite darf nicht mehrmals den gleichen Index aufweisen, um eine 1:1-Zuordnung zwischen den Bits zu gewährleisten. Die Equal-Deklaration darf nicht auf Output-Variablen angewandt werden.

Mit Hilfe der *Const-Deklaration* können Konstanten durch symbolische Namen ersetzt werden.

Beispiel:

```
boole INSTRUCTION(16:1); register R(3:0,8:1);

equal OPCODE(4:1)      = INSTRUCTION(16:3),
      ADDRESS(12:1)    = INSTRUCTION(12:1),
      A16(16:1)        = R(1:0), BIT8(3:0)  = R(,8);
const ZERO  =  '0000'  , MINUS1  =  'FFFF';
```

Durch diese Equal-Deklaration wird INSTRUCTION in die beiden Teile OPCODE und ADDRESS zerlegt, A16 als 16-Bit-Register R(1,)_R(0,) definiert, BIT8 zu R(3,8)_R(2,8)_R(1,8)_R(0,8) definiert, und es werden zwei symbolische Konstanten vereinbart.

2.14 Subunits

Digitale Systeme bestehen im allgemeinen aus einer Vielzahl von miteinander verbundenen Funktions- bzw. Baueinheiten (Units). Jede Unit kann mehrere *Subunits* besitzen. Hardwaremäßig kann man sich die Subunits z. B. als integrierte Schaltkreise auf einer gedruckten Schaltung oder als Funktionseinheiten auf einem Chip vorstellen. Die Subunits werden untereinander und mit der Unit über ihre Eingangs- und Ausgangsvariablen miteinander verbunden. Ansonsten existieren keine weiteren gemeinsamen Variablen zwischen den Units. Eine Subunit ist eine Kopie einer zuvor definierten Unit, die selbst wieder Subunits enthalten kann. Somit lassen sich Hierarchien von Units aufbauen.

Bevor die Subunit kopiert werden kann, muß sie als Original-Unit definiert werden. Anschließend können dann mit Hilfe der Copy-Deklarationen Subunits erzeugt werden, die einen anderen Namen bekommen können. Von einer Original-Unit können mehrere Subunits mit verschiedenen Namen kopiert werden. Die Eingangs- und Ausgangsvariablen der Subunits müssen in gleicher Weise wie die Original-Unit deklariert werden, können aber einen anderen Namen erhalten. Die Verbindung der Subunits untereinander und mit der Unit erfolgt durch permanente Zuweisungen an die Input-Variablen.

Beispiel:

```
unit FULLADDER; input A, B, C; output D, S;
perm  S==A+B+C, D==A.B v A.C v B.C  pend uend

unit ADD; input A(4:1), B(4:1), CIN; output S(4:1), COUT;
copy FULLADDER :1:2:3:4; input A, B, C; output D, S;  cend
perm   A1==A(1), A2==A(2), A3==A(3), A4==A(4),
       B1==B(1), B2==B(2), B3==B(3), B4==B(4),
       C1==CIN,  C2==D1,   C3==D2,   C4==D3,  COUT==D4,
       S ==S4_S3_S2_S1     pend uend
```

Die Addierschaltkette (unit ADD) besteht aus 4 hintereinandergeschalteten Volladdierern (Subunits FULLADDER1,2,3,4). Zuerst wird
die Original-Unit FULLADDER definiert, die dann 4 mal durch „copy
FULLADDER:1,2,3,4" kopiert wird. Die Namen der Eingangs- und Ausgangsvariablen der Subunits werden neu vereinbart, wobei zur Unterscheidung der verschiedenen Kopien die Marken 1,2,3,4 an die Namen angefügt werden. Stellt man nur eine Kopie von einem Original
her, dann braucht sie nicht durch eine Marke gekennzeichnet zu werden.
Anschließend werden die Verbindungen definiert.

2.15 Makro-Operationen

Makro-Operationen dienen zur Modifikation des Quelltextes vor der
Übersetzung. Die Makro-Deklaration dient dazu, einen meist länge-
ren Quelltextteil unter einem Namen M zu definieren: macro <M> ::=
TEXT mend. Befindet sich an beliebiger Stelle im Programm nach der
Definition der Aufruf <M>, so wird an dieser Stelle der vereinbarte TEXT
eingesetzt. Eine syntaktische und semantische Prüfung des Textes er-
folgt erst nach der Ersetzung. Die Makro-Deklaration muß vor dem
Aufruf erfolgen. In einer Makro-Deklaration dürfen vorher definierte
Makros aufgerufen werden.

Das generierende For-Statement kann an einer beliebigen Stelle im
Ausführungsteil stehen. Es erzeugt aus einem Quelltextteil S(K1,
K2,... Kn) eine Liste von Quelltextteilen, indem nacheinander für
K1 bis Kn die in einer Liste definierten Werte eingesetzt werden. Die
formalen Parameter Ki müssen Buchstaben sein, die nicht gesondert de-
klariert werden. Im Quelltextteil darf weder vor noch nach den Ki ein
Buchstabe stehen. Das generierende For-Statement

```
<for K1 := C11, C12, ... C1m for K2 := C21, C22,... C2m
... for Kn := Cn1, Cn2,...Cnm do
S(K1, K2, ... Kn) od * >
```

erzeugt die Liste

```
S(C11, C21, ... Cn1) * S(C12, C22, ... Cn2)
* ... S(C1m, C2m, ... Cnm).
```

Die Listenwerte `Cij` können beliebige Zeichenketten sein, die kein Komma enthalten dürfen. Das Zeichen * ist ein beliebiges Trennzeichen, das auch entfallen kann. Das generierende For-Statement eignet sich z. B. zur Beschreibung von Schaltketten.

2.16 HDL-Programmbeispiele

Beispiel 1: Vierfach-Nand-Gatter mit Zeitverzögerung

```
unit SN'7400N; input A(1:4), B(1:4); output Y(1:4);
perm Y == delay 10 ns ~(A.B)
uend
```

Beispiel 2: Flankengetriggertes D-Flipflop

```
unit D'FLIPFLOP'7474; input CLOCK,D; output boole Q;
loop wait until rise CLOCK; Q:=D lend
uend
```

Beispiel 3: Serielles 2-Komplement Y(n:1) = ~X(n:1)+1

```
unit COMPLEMENT; input Xi, output Yi;
on clock
[Z0] Yi ==  Xi, if Xi=o then next Z0 else next Z1 fi
[Z1] Yi == ~Xi
noc uend
```

2.17 Verschiedene Arten von Mikroprogrammen

Anhand eines Beispiels, der Multiplikation positiver Dualzahlen, soll gezeigt werden, wie unterschiedlich ein Mikroalgorithmus (durch Hardware oder Mikrooperationen zu realisierender Algorithmus) dargestellt werden kann. Gesucht ist das Produkt

$$P = X * Y = (X_n \ldots X_1) * (Y_n \ldots Y_1) = X * \sum_{i=1}^{n} Y_i * 2^{i-1} \quad .$$

Durch Umformung in ein Horner-Schema und der Abkürzung $Xh = X *$ 2^n ergibt sich folgendes rekursive Gleichungssystem:

$$P^0 = 0$$
$$P^1 = (P^0 + Xh * Y_1) * 2^{-1}$$
$$\vdots$$
$$P^n = (P^{n-1} + Xh * Y_n) * 2^{-1}$$

Es läßt sich leicht algorithmisch als HDL-Programm (z. B. für n=8) formulieren:

```
boole X(8:1), Y(8:1), Xh(16:1), P(16:1),
      i(4:1);        "Laufvariable"
loop P:=0; Xh:= X_0000 0000;
for i:= 1 to 8 do  P:= (P + Xh*Y(i))/2 od
stop lend
```

Softwaremäßig betrachtet beschreibt dieses Programm hinreichend genau die serienparallele Multiplikation. Aus der Sicht der Hardware-Realisierung ist die Benutzung der Operatoren * und / aber zu aufwendig. HDL ermöglicht es, diesen Algorithmus hardwarenah, d.h. unter Verwendung der typischen realisierbaren Mikrooperationen (hier Addition und Schift) zu beschreiben:

```
boole X(8:1), Y(8:1), P(17:1),
      i(3:1);        "Laufvariable"
loop P:= o 0000 0000_Y
for i:= 0 to 7 do
if P(1) then P(17:9):= P(16:9)++X fi; P:= shr P od
stop lend
```

Die beiden letzten HDL-Programme sind Beispiele für *abstrakte Mikroprogramme*. Ein abstraktes Mikroprogramm dient dazu, die Funktionsweise einer Funktionseinheit abstrahiert von ihrer Realisierung zu beschreiben. Es eignet sich daher zur Spezifikation beim Entwurfsvorgang. Der Vorteil des zweiten Mikroprogramms ist der, daß es Realisierungshinweise bezüglich der zu verwendenden oder verwendeten Operatoren enthält. HDL ermöglicht es, eine ganze Palette abstrakter Mikroprogramme zu formulieren, so daß der Top-Down-Entwurf bis hin zur konkreten Realisierung beschrieben werden kann. Die abstrakten Mikroprogramme können kollaterale und simultane Anweisungen enthalten, so daß auch die möglichen bzw. notwendigen parallelen Vorgänge beschreibbar sind.

Weiterhin läßt sich der Mikroalgorithmus als synchrones Mikroprogramm beschreiben:

```
register X(8:1), Y(8:1), P(17:1), i(3:1);
on clock
[Z1] P <- o oooo oooo_Y, next Z2,
"for i:= 0 to 7 do" i<-0
[Z2] if P1(1) then P(17:9) <- P(16:9)++X fi, next Z3
[Z3] P <- shr P,
"od" if i<7 then next Z2 else next Z1 fi, i <- i+1
noc
```

Ein *synchrones Mikroprogramm* dient hauptsächlich zur Beschreibung des Verhaltens eines zu realisierenden oder realisierten synchronen Automaten. Es kann aber auch als abstraktes Mikroprogramm mit simultanen Anweisungen interpretiert werden, wenn von dem Vorhandensein eines bestimmten Taktes abstrahiert wird.

Zur Beschreibung der Mikroalgorithmen im Kapitel 3 werden vorzugsweise synchrone Zustandsdiagramme benutzt, die graphische Darstellungen der synchronen Mikroprogrammen sind. Sie sind anschaulicher, weil die Zustandsübergänge deutlicher hervortreten. Zur Vereinfachung werden außerdem Wiederholungen von Zuständen durch rückführende Pfeile ersetzt, die mit der Anzahl der Durchläufe versehen werden können. Außerdem wird gekennzeichnet, welcher Pfeil zuerst und welcher zuletzt durchlaufen wird. Das synchrone Zustandsdiagramm für das Beispiel zeigt Abb. 2–5.

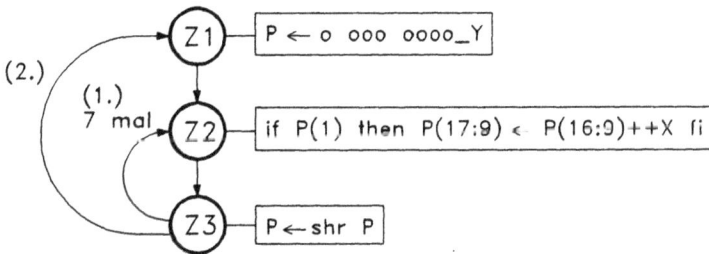

Abb. 2–5: Synchrones Zustandsdiagramm

Ein Mikroalgorithmus, der Funktionswerte berechnet, die nur von den Eingangswerten und nicht von einem inneren Zustand abhängen, lassen sich als Schaltnetze oder Schaltketten beschreiben und realisieren. Die zugehörige Beschreibungsform soll *paralleles Mikroprogramm* heißen. Es besteht aus einem Satz von booleschen Gleichungen (permanenten Anweisungen), wobei die Reihenfolge der Aufschreibung keine Rolle spielt (nicht-prozedurale Schreibweise). Das Beispiel lautet als paralleles Mikroprogramm:

```
signal X(4:1), Y(4:1), P(1:4,5:1), S(8:1);
P(1,) ==              Y.X(1),
P(2,) == P(1,5:2) ++ Y.X(2),
P(3,) == P(2,5:2) ++ Y.X(3),
P(4,) == P(3,5:2) ++ Y.X(4),
S     == P(4,)_P(3,1)_P(2,1)_P(1,1)    "S=X**Y" .
```

Zur Verkürzung der Schreibweise könnten die drei mittleren Gleichungen aus einer Gleichung mit variablem Index mit Hilfe des generierenden For-Statements generiert werden.

Schaltnetze oder Schaltketten, die aus einer Hintereinanderschaltung von Gattern oder logischen Funktionsbausteinen (wie Addierer, Multiplizierer) bestehen, werden auch als *ortssequentielle* (asynchrone) Schaltungen [Lie] bezeichnet. Dieser Bezeichnungsweise folgend könnte man parallele Mikroprogramme auch als *ortseqentielle Mikroprogramme* bezeichnen. Ebensogut könnte man sie als *Datenflußprogramme* bezeichnen, da die Eingangsdaten (im Beispiel X und Y) über die Zwischenwerte (im Beispiel P) zum Ergebnis (im Beispiel S) fließen.

2.18 HDL-Syntax

1. unit

2. declaration

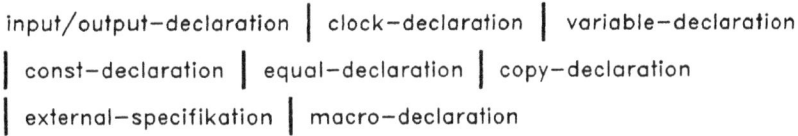

input/output-declaration | clock-declaration | variable-declaration

| const-declaration | equal-declaration | copy-declaration

| external-specifikation | macro-declaration

3. input/output-declaration

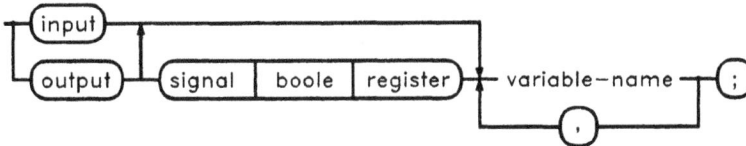

4. variable-declaration

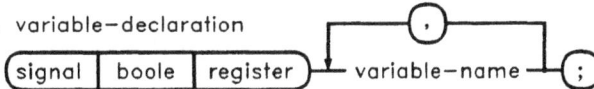

5. variable-name

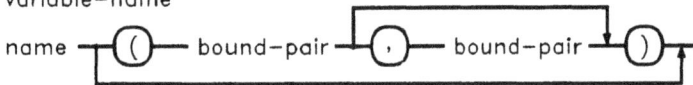

6. bound-pair

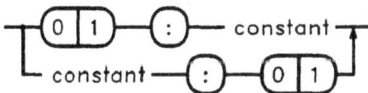

7. const-declaration

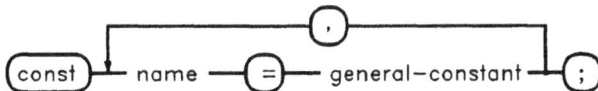

8. equal-declaration

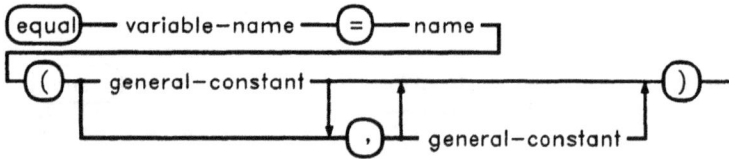

9. clock-declaration

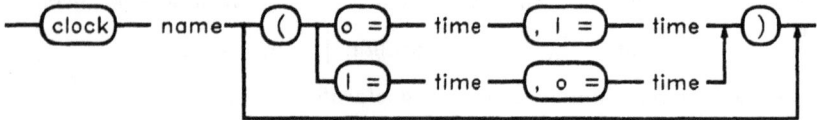

10. external-specification

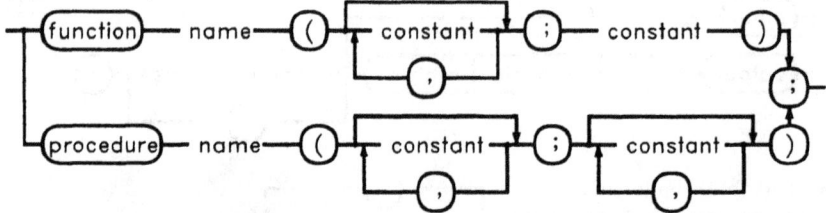

11. copy-declaration

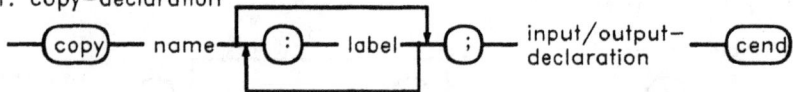

12. macro

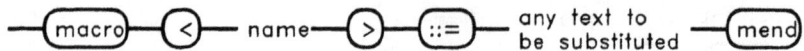

13. macro-call

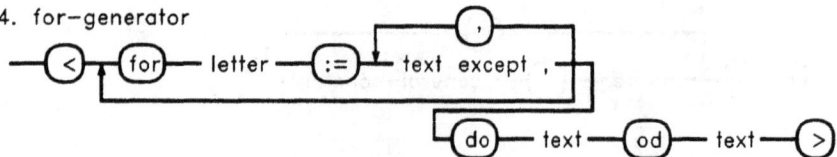

14. for-generator

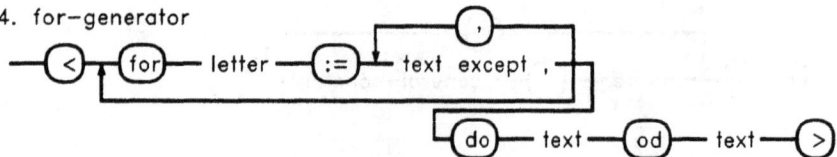

15. execution-part

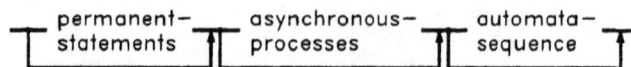

16. permanent-statements

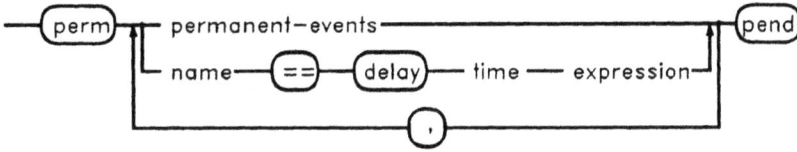

17. permanent-events

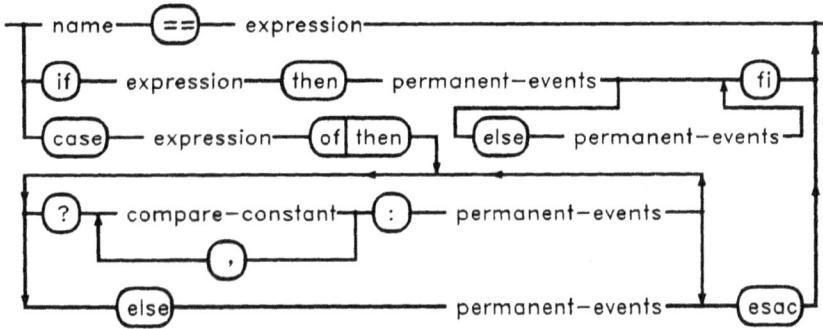

18. asynchronous-processes

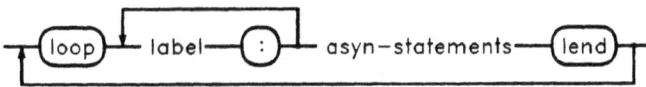

19. (simple-)asyn-statements

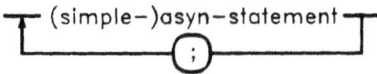

20. asyn-statement

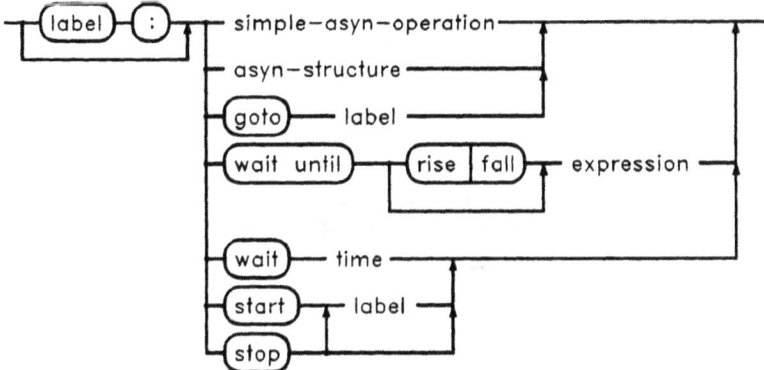

21. simple—asyn—operation

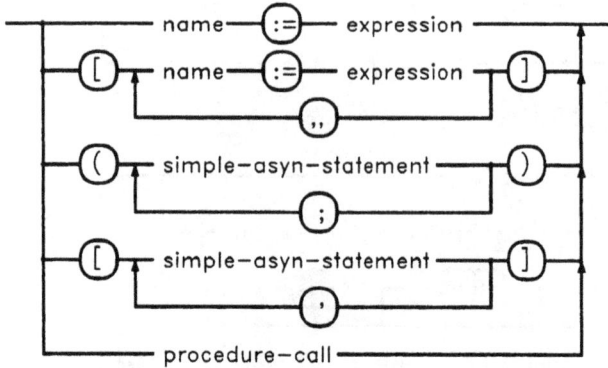

22. simple—asyn—statement

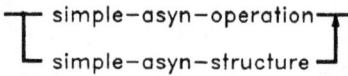

23. (simple—)asyn—structure

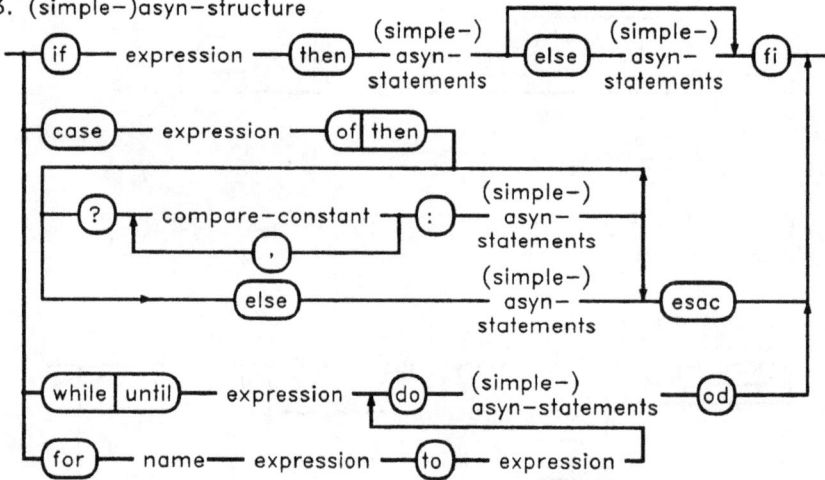

24. procedure—call

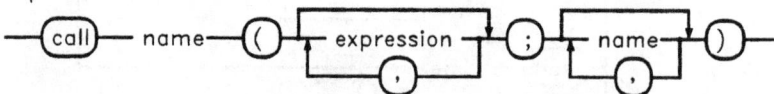

25. time

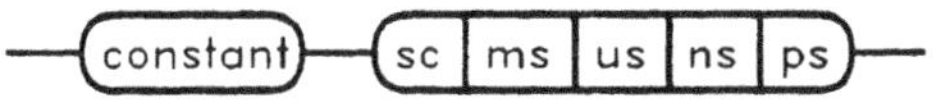

26. automata−sequence

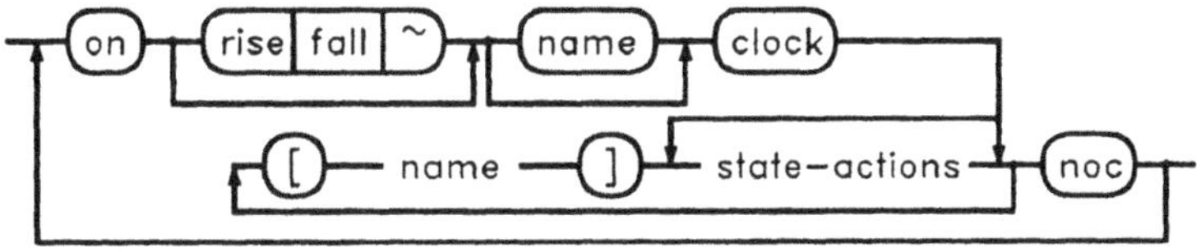

27. state−actions

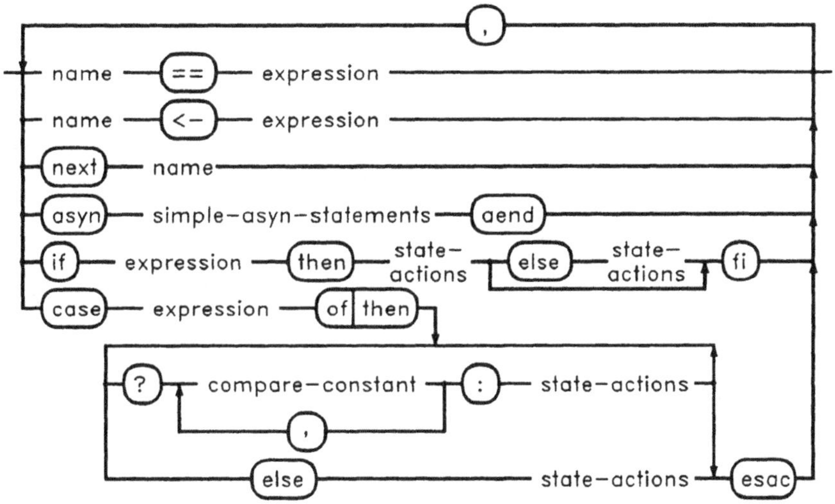

28. variable

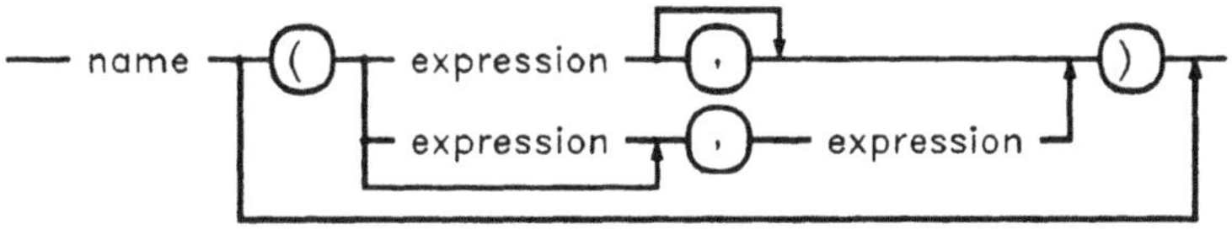

29. expression

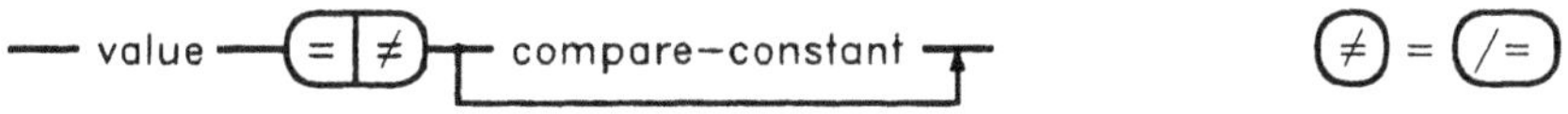

30. value

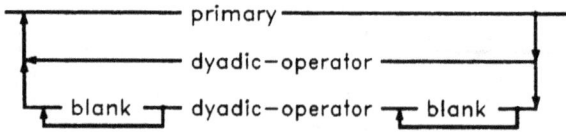

31. primary

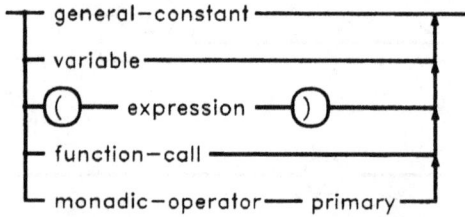

32. dyadic-operator

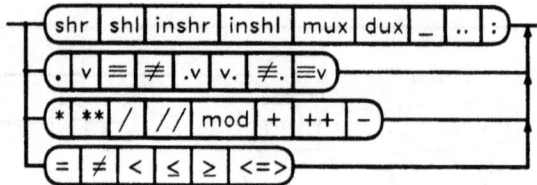 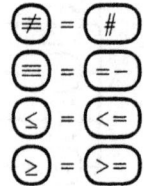

33. monadic-operator

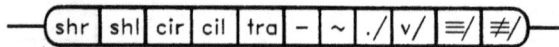

34. function-call

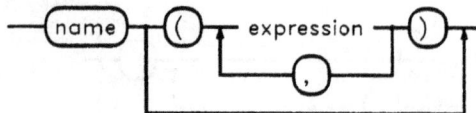

35. general-constant   36. compare-constant

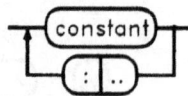   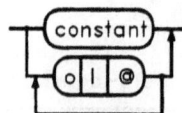

37. constant

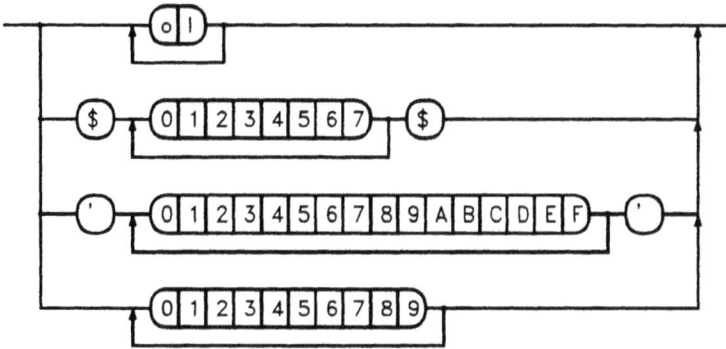

38. comment

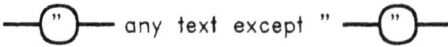

39. label

40. alpha

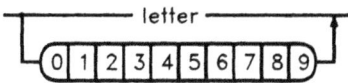

41. letter

42. name

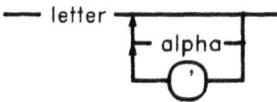

3. Mikroalgorithmen und Rechenwerke für die Grundrechenarten

In diesem Kapitel werden hardware-orientierte Algorithmen (*Mikroalgorithmen*) und Realisierungen für die Grundrechenarten (Rechenwerke) bei verschiedenen Zahlendarstellungen behandelt.

Verallgemeinert gesehen dienen Rechenwerke zur Berechnung von Funktionen. Eine Funktion kann am einfachsten durch eine Tabelle realisiert werden, die in einem normalen Speicher abgelegt wird. Obwohl diese Realisierung aufgrund der technologischen Fortschritte immer mehr an Bedeutung gewinnt, so ist doch der Aufwand bei größeren Wortlängen der Operanden nicht mehr vertretbar. Der Aufwand läßt sich erheblich verringern, wenn die der Funktion innewohnenden Eigenschaften herauskristallisiert werden und durch eine Hintereinanderschaltung von Teilfunktionen – entweder räumlich/asynchron durch Schaltkettenglieder oder zeitlich/synchron durch Teilfunktionen auf Registerinhalten – realisiert werden.

Die Zerlegung einer Funktion in Teilfunktionen kann als Algorithmus formuliert werden. Der Algorithmus definiert, in welcher Weise bestimmte Schaltkettenglieder räumlich bzw. Registeroperationen zeitlich aufeinanderfolgen müssen. Da der Algorithmus die richtige Aufeinanderfolge der hardwaremäßig zur Verfügung stehenden Teilfunktionen (*Mikrofunktionen*) steuert, wird er auch als *Mikroalgorithmus* oder *Hardware-Algorithmus* bezeichnet. Ein Mikroalgorithmus wird als *Mikroprogramm* bezeichnet, wenn er in einer hardware-orientierten Sprache (Hardware-Beschreibungssprache, Mikroprogrammsprache) formuliert wurde. Bei der räumlich-sequentiellen Realisierung als Schaltkette sind alle Teilfunktionen als Schaltkettenglieder physikalisch vorhanden und müssen gemäß dem Mikroalgorithmus miteinander verbunden werden. Dabei ist eine explizite Steuerung nicht erforderlich, sie steckt implizit in der

Verdrahtung. Dagegen wird bei der zeitlich-sequentiellen Realisierung zusätzlich ein Steuerwerk benötigt, das ganz oder teilweise im Rechenwerk integriert sein kann. Das Rechenwerk ist in der Lage, Daten zu speichern, zu transportieren und Mikrofunktionen auszuführen. Das Steuerwerk veranlaßt das Rechenwerk, gemäß dem Mikroalgorithmus in jedem Schritt

1. Operanden auszuwählen,

2. bestimmte Mikrofunktionen auszuführen und

3. Zwischenergebnisse/Ergebnisse zu speichern.

Das Auswählen der Operanden, Durchführen der Mikrofunktionen und das Speichern der Ergebnisse wird auch als *Mikrooperation* bezeichnet.

3.1 Addition

3.1.1 Addition von Dualzahlen

Die Addition von Dualzahlen wird meist ziffernweise unter Berücksichtigung der Überträge durchgeführt. Für die Addition von Dualziffern stehen Halb- und Volladdierer zur Verfügung, die zur Realisierung von Addierschaltnetzen hintereinandergeschaltet werden. Am einfachsten, aber langsamsten kann die Addition durch serielle Addierwerke realisiert werden; wird eine hohe Verarbeitungsgeschwindigkeit verlangt, so werden Addierer mit Übertragsvorausberechnung verwendet.

3.1.1.1 Halbaddierer und Volladdierer

Ein *Halbaddierer* ist ein Schaltnetz, das die Summe von zwei Dualziffern A_i und B_i bildet. Die Summe kann die Werte 0, 1, 2 annehmen; sie wird durch zwei Bits, das Summenbit S_i und das Übertragsbit C_{i+1}, dual codiert. Die logische Funktion wird durch die Wahrheitstabelle (Abb. 3−1a) oder durch die booleschen Gleichungen (Abb. 3−1b) beschrieben. Eine Realisierung mit *NOR*-Gattern zeigt Abb. 3−1d und als Schaltzeichen wird hier Abb. 3−1c verwendet. Halbaddierer sind nur für die „halbe" Addition geeignet, weil ein zusätzlicher Übertrag aus der vorhergehenden Stelle nicht berücksichtigt werden kann. Aus zwei Halbaddierern läßt sich ein Volladdierer aufbauen.

Ein *Volladdierer* ist ein Schaltnetz, das die Summe von drei Dualziffern A_i, B_i und C_i bildet. Er kann die „volle" Addition durchführen, weil er den Übertrag C_i aus der vorhergehenden Stelle berücksichtigt. Die Summe kann die Werte 0, 1, 2, 3 annehmen; sie wird durch zwei Bits,

a)

A_i	B_i	Summe C_{i+1}	S_i
o	o	o	o
o	i	o	i
i	o	o	i
i	i	i	o

b) $S_i = A_i \not\equiv B_i$

$C_{i+1} = A_i . B_i$

c)

d)

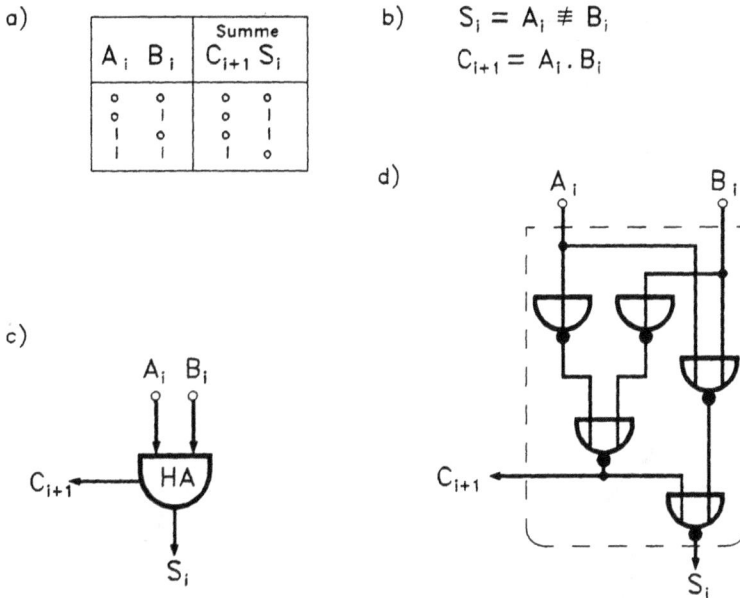

Abb. 3–1: Halbaddierer

das Summenbit S_i und das Übertragsbit C_{i+1}, dual codiert. Die logische Funktion kann durch die Wahrheitstabelle (Abb. 3–2a) oder durch die booleschen Gleichungen (Abb. 3–2b) beschrieben werden. Als Schaltzeichen wird hier Abb. 3–2c verwendet. Ein Volladdierer läßt sich in Abhängigkeit von den zur Verfügung stehenden Gattern und der zulässigen Verzögerungszeit auf verschiedene Arten realisieren. Eine mögliche Realisierung zeigt Abb. 3–2d.

3.1.1.2 Addierer mit Übertragsweiterleitung

Ein Additionsschaltnetz zur Addition von zwei n-stelligen Dualzahlen wird am einfachsten in Form von n hintereinander geschalteten Volladdierern realisiert (Abb. 3–3). Durch jeden Volladdierer wird eine Stelle verarbeitet, wobei der Übertrag aus der vorhergehenden Stelle berücksichtigt wird. Der hereingehende Übertrag C_1 (carry in) ist normalerweise gleich o, außer bei speziellen Operationen (Doppelwort-Addition, Komplementbildung). Der herausgehende Übertrag C_n (carry out) ist gleich dem höchstwertigen Summenbit S_{n+1}. Die $(n+1)$-stellige Summe kann maximal den Wert $2^{n+1} - 1 = (2^n - 1) + (2^n - 1) + 1$ annehmen.

a)

A_i	B_i	C_i	Summe C_{i+1}	S_i
0	0	0	0	0
0	0	1	0	1
0	1	0	0	1
0	1	1	1	0
1	0	0	0	1
1	0	1	1	0
1	1	0	1	0
1	1	1	1	1

b)
$$S_i = A_i \not\equiv B_i \not\equiv C_i$$
$$C_{i+1} = A_i . B_i \lor A_i . C_i \lor B_i . C_i$$
$$= A_i . B_i \lor (A_i \lor B_i) . C_i$$

c)

A_i B_i

C_{i+1} ← VA ← C_i

S_i

d)

A_i B_i C_i

$\overline{C_{i+1}}$

S_i

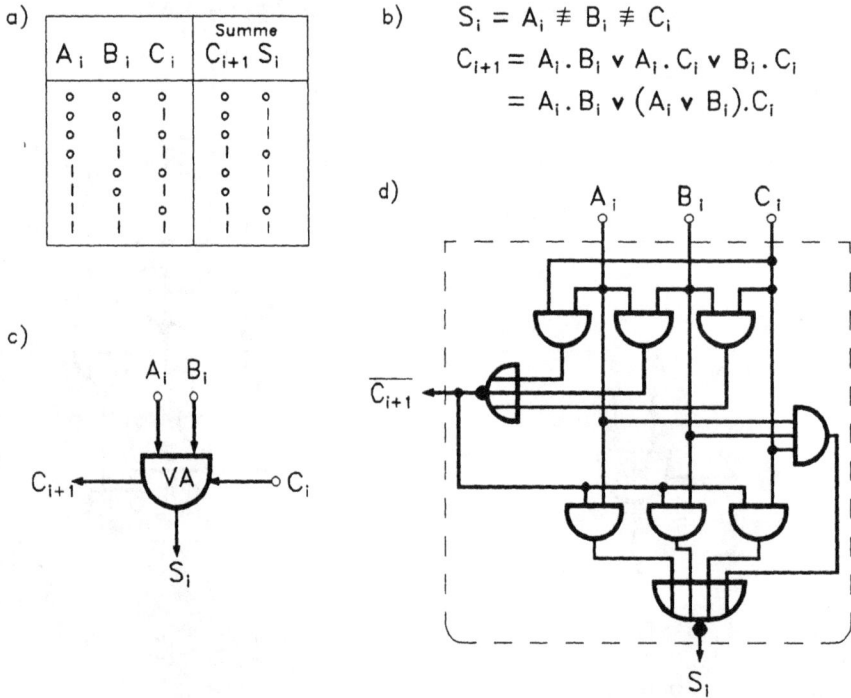

Abb. 3–2: Volladdierer

C_n kann bei einer Addition mit doppelter Wortlänge zwischengespeichert und anschließend als hereingehender Übertrag berücksichtigt werden. Im ungünstigsten Fall muß das Durchlaufen des Übertrags durch

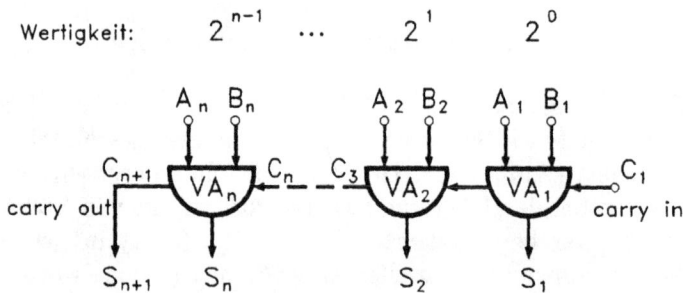

Wertigkeit: 2^{n-1} $\cdots$ 2^1 2^0

A_n B_n A_2 B_2 A_1 B_1

C_{n+1} carry out   VA$_n$ ← C_n — C_3 → VA$_2$ VA$_1$ ← C_1 carry in

S_{n+1} S_n S_2 S_1

Abb. 3–3: Additionsschaltnetz für Dualzahlen

alle Stufen abgewartet werden, um die Addition zu beenden. Dieser Addierer heißt deswegen auch *Carry-Ripple-Addierer*. Die Additionszeit ist proportional zur Anzahl der zu verarbeitenden Stellen. Sie läßt sich durch eine vorausschauende Berechnung der Überträge verringern.

3.1.1.3 Addierer mit Übertragsvorausberechnung

Durch die Methode der *Übertragsvorausberechnung* (Carry-Look-Ahead) gelingt es, die Additionszeit zu verringern. Beim Carry-Ripple-Addierer werden die Überträge nacheinander durch die n rekursiven Gleichungen

$$C_{i+1} = A_i.B_i \vee (A_i \vee B_i).C_i \qquad i = 1, 2, \ldots, n \qquad (3.1)$$

berechnet. Realisiert man die Übertragsberechnung nach diesen Gleichungen, dann werden für die erste Stufe 3 und für alle weiteren Stufen je 2 Gatterlaufzeiten E zur Berechnung benötigt $(3+(n-1)*2)$. Die Zeit zur Berechnung der Überträge C_3, C_4 usw. läßt sich reduzieren, indem die Gleichungen ineinander eingesetzt werden. Durch Zusammenfassen der beiden Übertragungsgleichungen für $i = 1$ und $i = 2$ ergibt sich z.B.

$$C_3 = A_2.B_2 \vee (A_2 \vee B_2).A_1.B_1 \vee (A_2 \vee B_2).(A_1 \vee B_1).C_1 . \qquad (3.2)$$

Nach dieser Beziehung läßt sich C_3 ebenso schnell wie C_2 berechnen. Dafür hat sich der Realisierungsaufwand erhöht. Durch Zusammenfassen von drei Übertragungsgleichungen ergibt sich eine noch aufwendigere Beziehung, deren Realisierung es erlaubt, auch den Übertrag C_4 in der gleichen Zeit von $3E$ zu berechnen. In den so zusammengefaßten Übertragsgleichungen wiederholen sich die Terme $G_i = A_i.B_i$ und $P_i = A_i \vee B_i$ sehr oft, so daß sie zweckmäßigerweise als Hilfsfunktionen realisiert werden. G_i wird als Übertragserzeugung (carry generate) und P_i als Übertragsweiterleitung (carry propagate) bezeichnet. Denn der alte Übertrag C_i wird nach Gleichung (3.1) weitergeleitet, wenn $P_i = 1$ ist, und ein neuer Übertrag wird erzeugt, wenn $G_i = 1$ ist. Mit diesen Hilfsfunktionen lauten die Gleichungen für einen 4-Bit-Addierer mit Übertragsvorausberechnung:

	Gesamtrechenzeit	
$C_2 = G_1 \vee P_1C_1$	$3\,E$	(3.3)
$C_3 = G_2 \vee P_2G_1 \vee P_2P_1C_1$	$3\,E$	(3.4)
$C_4 = G_3 \vee P_3G_2 \vee P_3P_2G_1 \vee P_3P_2P_1C_1$	$3\,E$	(3.5)
$C_5 = G_4 \vee P_4C_4$	$6\,E$	(3.6)
$S_1 = A_1 \not\equiv B_1 \not\equiv C_1$	$2\,E$(für ex.oder)	(3.7)
$S_2 = A_2 \not\equiv B_2 \not\equiv C_2$	$5\,E$	(3.8)
$S_3 = A_3 \not\equiv B_3 \not\equiv C_3$	$5\,E$	(3.9)
$S_4 = A_4 \not\equiv B_4 \not\equiv C_4$	$5\,E$	(3.10)

(Der Übersichtlichkeit halber wurde in diesen Gleichungen die Und-Ver-knüpfung zwischen den Variablen weggelassen.)

Da die Berechnung der Summenbits $5E$ benötigt, braucht die Berech-nung von C_5 nicht schneller durchgeführt werden. Für C_5 wird deshalb die vereinfachte Berechnung (3.6) verwendet, die C_4 voraussetzt.

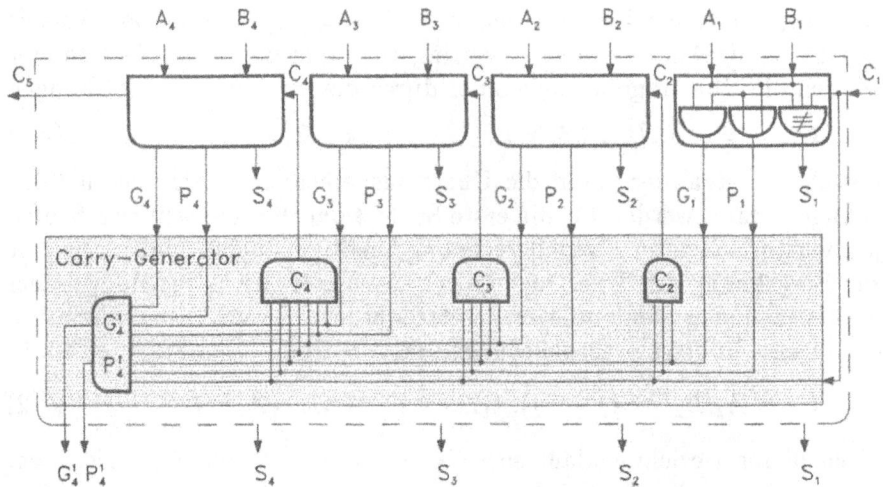

Abb. 3–4: 4-Bit-Addierer mit Übertragsvorausberechnung

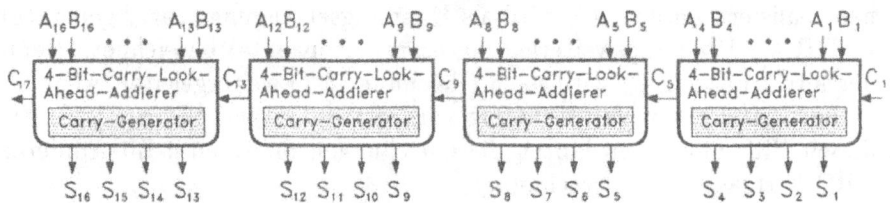

Abb. 3–5: 16-Bit-Addierer bestehend aus vier 4-Bit-Addierern mit Übertragsvorausberechnung

Da der Aufwand zur Realisierung der Übertragsfunktionen mit der dritten Potenz der Stellenzahl steigt, werden im allgemeinen nur 4-Bit-Addierer mit vollständiger Übertragsvorausberechnung realisiert (Abb. 3–4). Um z.B. einen 16-Bit-Addierer zu realisieren, können 4-Bit-Addierer mit Übertragsvorausberechnung nach dem Ripple-Carry-

Prinzip hintereinander geschaltet werden (Abb. 3–5). Die Additionszeit beträgt dann das Vierfache des einzelnen 4-Bit-Addierers.

Diese Additionszeit läßt sich durch Einführen einer zweiten Carry-Generator-Ebene etwa auf die Hälfte reduzieren. Man bezeichnet die Realisierung der Funktionen (3.3), (3.4), (3.5) einschließlich der beiden Funktionen

$$G_4^1 \;=\; G_4 \vee P_4 G_3 \vee P_4 P_3 G_2 \vee P_4 P_3 P_2 G_1 \qquad (3.11)$$

$$P_4^1 \;=\; P_4 P_3 P_2 P_1 \qquad (3.12)$$

als Carry-Generator und die Funktion G_4^1 als Übertragserzeugung 1. Ordnung und P_4^1 als Übertragsweiterleitung 1. Ordnung.

Schaltet man die Hilfsfunktionen 1. Ordnung auf einen weiteren Carry-Generator in einer zweiten Ebene (Abb. 3–6), dann werden die Überträge C_5, C_9, C_{13} gleichzeitig mit erhöhter Geschwindigkeit berechnet. Gegenüber dem 16-Bit-Addierer nach Abb. 3–5 verringert sich die Additionszeit etwa auf die Hälfte. Eine ausführliche Betrachtung der Carry-Look-Ahead-Technik ist in [Gil] zu finden, praktische Realisierungen in [Mor].

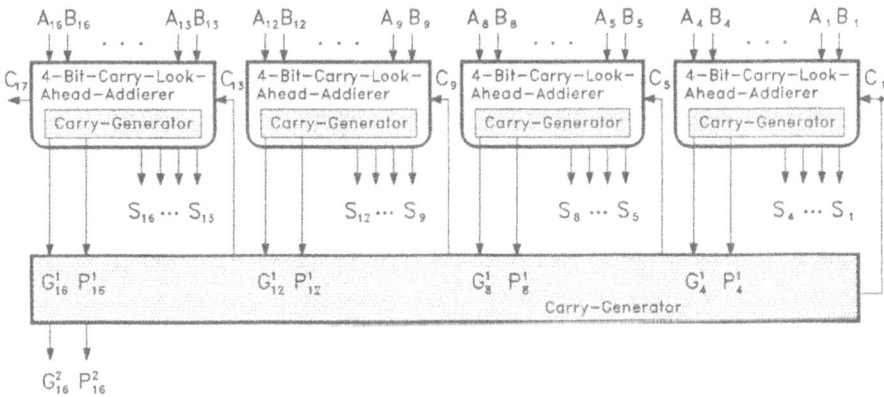

Abb. 3–6: 16-Bit-Addierer mit zwei Carry-Generator-Ebenen

3.1.1.4 Von Neumannsche Addition

Nach VON NEUMANN läßt sich ein einfaches Additionswerk konstruieren, das nur die booleschen Funktionen „Exclusiv-Oder" und „Und" (Halbaddierer) sowie einen Linksschift benötig. Dieses Additionswerk bildet die Summen $S = X + Y$ nach folgendem Algorithmus:

1. Zu Beginn ($START = 1$) wird der Summand X in den Akkumulator AC und der Summand Y in das Übertragsregister CY übernommen.

2. Zu dem Akkumulator werden der 2. Summand bzw. die vorhergehenden Überträge addiert ($AC \leftarrow AC \not\equiv CY$), und es werden die neuen Überträge $AC.CY$ gebildet, die zur Übertragsweiterleitung um eine Stelle nach links verschoben worden: $CY \leftarrow shl(AC.CY)$.

    Der 2. Schritt wird solange wiederholt, bis alle Überträge ($ENDE = 1$) verarbeitet worden sind.

Abb. 3–7 zeigt den Mikroalgorithmus zur Addition 4-stelliger Dualzahlen als synchrones Mikroprogramms in HDL. Das Steuerwerk geht mit dem $START$-Signal in den Verarbeitungszustand $S2$, in dem die Überträge schrittweise berücksichtigt werden. Wenn keine Überträge mehr entstehen, geht das Steuerwerk in den Wartezustand $S1$ zurück und das $ENDE$-Signal nimmt den Wert 1 an. Den letzten Verarbeitungsschritt könnte man durch eine modifizierte $ENDE$-Abfrage ($shl(AC.CY) = 0$) einsparen.

```
unit ADD;
input X(3:0), Y(3:0), START;
output S(3:0), ENDE;
register AC(3:0), CY(3:0);
perm ENDE == (CY=oooo), S == AC pend
on clock
[S1] if START then AC ← X, CY ← Y, next S2
            else                    next S1 fi
[S2] if ENDE then AC ← AC ≢ CY, CY ← shl(AC.CY), next S2
            else                         next S1 fi
noc uend
```

Abb. 3–7: Addition durch logische Funktionen

3.1.1.5 Serielles Addierwerk

Während man heute die Addition meist wortparallel durch ein Schaltnetz durchführt, wurde sie früher aus Kostengründen seriell durchgeführt. Dadurch werden nicht nur logische Verknüpfungsglieder eingespart, sondern es werden auch wesentlich weniger Leitungsverbindungen benötigt.

Ein serielles Addierwerk besteht aus zwei n-stelligen Schieberegistern, einem Volladdierer und einem Übertragungsspeicher (Beispiel $n = 4$,

Abb. 3–8). Es bildet nacheinander in n Schritten aus jeweils zwei Bits der Summanden und dem vorhergehenden Übertrag ein Summenbit und ein neues Übertragsbit. Der Ablauf der Summenbildung wird durch ein

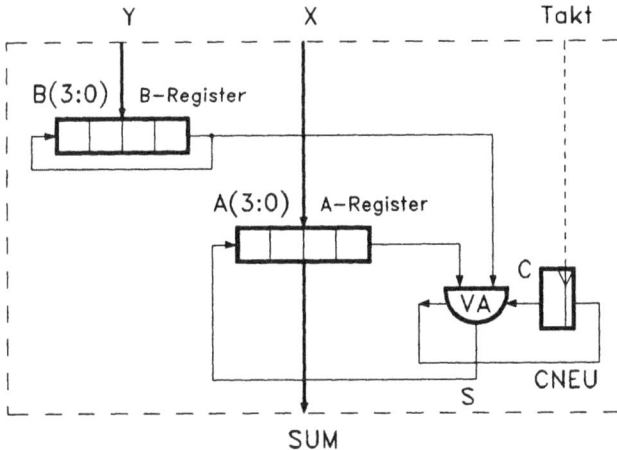

Y　　　　　X　　　　　Takt

B(3:0)　B−Register

A(3:0)　A−Register

C

VA

CNEU

S

SUM

Abb. 3–8: Serielles Addierwerk für Dualzahlen

Steuerwerk mit folgendem Algorithmus gesteuert:

1. Wenn das Startsignal erfolgt, dann werden die Summanden in die Register übernommen und das Übertragsregister wird gelöscht ($A \leftarrow X$, $B \leftarrow Y$, $C \leftarrow 0$).

2. Das Summenbit S und das Übertragungsbit $CNEU$ werden mit Hilfe eines Volladdierers aus den niedrigstwertigen Registerbits A_0, B_0 und dem vorhergehenden Übertrag C gebildet.

3. Der neue Übertrag wird gespeichert ($C \leftarrow CNEU$), und die Register werden um eine Stelle nach rechts geschoben. Gleichzeitig wird das Summenbit in das freiwerdende höchstwertige Bit des A-Registers eingeschrieben ($A \leftarrow 0\_ A_{n-1} \ldots A_1, B \leftarrow S\_ B_{n-1} \ldots B_1$). Die Summe steht im B-Register und der letzte Übertrag (carry out) im C-Register.

    Die Schritte 2 und 3 werden n mal wiederholt.

In der Abb. 3–9 ist dieser Mikroalgorithmus in Form eines Zustandsdiagramms mit den Sprachmitteln von HDL dargestellt. Die Registerzuweisungen erfolgen gleichzeitig mit den Zustandsänderungen, synchronisiert durch den Takt.

```
unit SERIALADD;
input X(3:0), Y(3:0), START;
output SUM(3:0), ENDE;
register A(3:0), B(3:0), C;

perm SUM==A pend
on clock
```

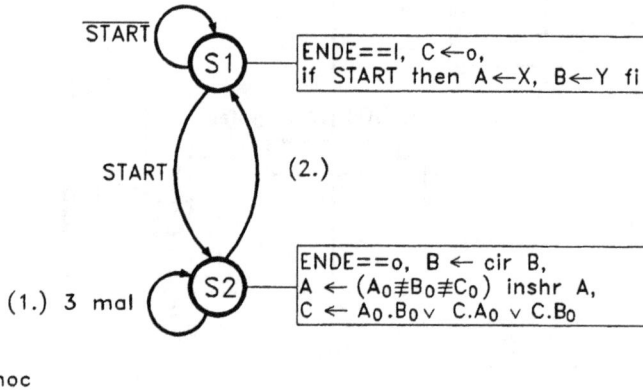

Abb. 3-9: Mikroprogramm für die serielle Addition

3.1.1.6 Akkumulation von Dualzahlen

Die Akkumulation von m Dualzahlen erfolgt am einfachsten durch das Rechenwerk nach Abb. 3-10. Die (Zwischen)Summe wird in den taktgesteuerten Speichern $S1, S2, \ldots$ gespeichert. Zwei Varianten können unterschieden werden, je nachdem, ob für die Überträge taktgesteuerte Speicher vorgesehen werden oder nicht. Sind keine Speicher für die Überträge vorhanden, dann wird mit jedem Taktschritt ein neuer Summand zu der Zwischensumme addiert ($S \leftarrow S + X$). Das Taktintervall muß mindestens $n * T$ groß sein, bei n Stellen und der Verzögerungszeit T durch einen Volladdierer. Bei m Summanden beträgt die Rechenzeit $t = m * n * T$. (Das Summenregister S sei am Anfang gelöscht.) Werden dagegen für die Überträge Speicher vorgesehen, so kann das Taktintervall auf T verringert werden. Dabei werden die Überträge mit jedem Takt nur um einen Schritt nach links geschoben. Nach der Verarbeitung der m Summanden werden noch maximal $(n-1)$ Taktschritte zur Verarbeitung der noch in den Speichern stehenden Überträge benötigt. Die gesamte Rechenzeit beträgt somit $t = m * T + (n-1) * T$. Sie ist damit für $m > 1$ immer kleiner als bei der 1. Variante. Die 2. Variante ist ein Beispiel für ein Fließband-(Pipeline-)Rechenwerk: Die Verarbeitung des Übertrags erfolgt schrittweise, aber gleichzeitig für mehrere Summanden in verschiedenen Bearbeitungsstufen. Durch eine Unterteillung in Bearbeitungsstufen läßt sich bei langen Vektoren die gesamte Rechenzeit erheblich verkürzen.

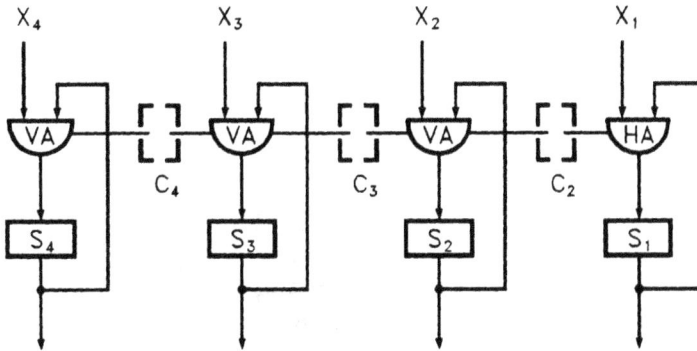

Abb. 3–10: Rechenwerk zur Akkumulation von Dualzahlen

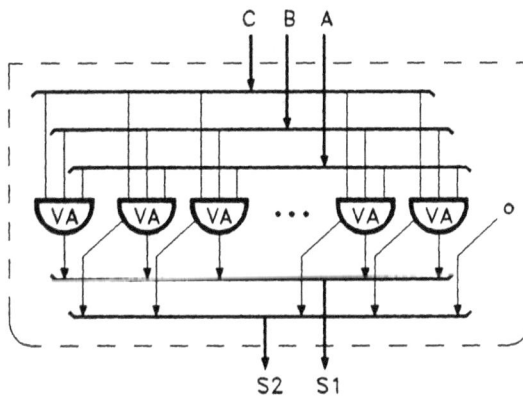

Abb. 3–11: Carry-Save-Addierer (CSA)

Eine weitere Verkürzung der Rechenzeit läßt sich durch spezielle Additionsschaltnetze erzielen. Als Grundbaustein dient der sogenannte *Carry-Save-Addierer* (CSA), der aus drei Summanden zwei Teilsummen (Abb. 3–11) bildet. Der Carry-Save-Addierer besteht aus n Volladdierern. Die Summenbits werden zu der Teilsumme $S1$ zusammengefaßt und die

Übertragsbits zu der Summe $S2$. Die Übertragsbits werden also nicht wie beim Carry-Ripple-Addierer sofort weitergeleitet, sondern werden als $S2$ „gerettet" und müssen in den darauffolgenden Addierstufen verarbeitet werden. Dadurch, daß die Überträge nicht intern weitergeleitet werden, verursacht jeder CSA nur die Laufzeit T, unabhängig von der Anzahl der Stellen n.

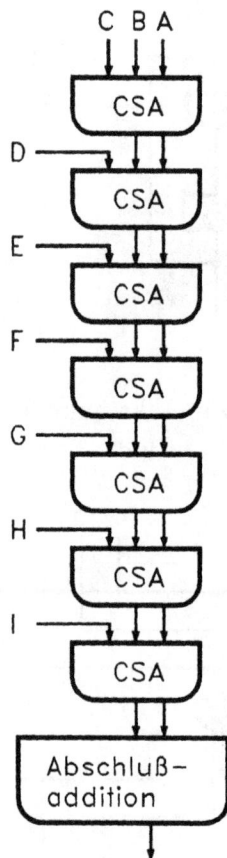

Abb. 3 – 12: Akkumulation von 9 Summanden mit Carry-Save-Addierern

Eine lineare Schaltkette zur Akkumulation von n Dualzahlen besteht aus $m-2$ hinterander geschalteten CSA und einem abschließenden Addierer, der die 2 letzten Summen verarbeitet (Abb. 3 – 12). Die erste Stufe verarbeitet 3 Summanden, jede weitere einen Summanden. Gegenüber $m-1$ hintereinandergeschalteten Carry-Ripple-Addierern ergibt sich nur dann ein Geschwindigkeitsvorteil, wenn die Abschlußaddition weniger als $n * T$ benötigt. Deshalb muß für die Abschlußaddition ein schneller Addierer eingesetzt werden, z. B. ein Carry-Look-Ahead-Addierer.

Die Verarbeitungsgeschwindigkeit läßt sich weiter erhöhen, wenn mehrere CSA in einer Stufe parallel arbeiten. Abb. 3–13 zeigt ein Beispiel für einen sogenannten Additionsbaum (adder tree) nach WALLACE [Wal] für $m = 9$ Summanden. Die Anzahl der CSA beträgt wie bei der linearen Schaltkette $m - 2 = 7$, die Anzahl der CSA-Stufen hat sich aber in dem Beispiel auf 4 reduziert, wodurch sich die Rechenzeit entsprechend verringert. Bei einer anderen Anzahl von Summanden lassen sich ähnliche Additionsbäume konstruieren. Weitergehende Betrachtungen darüber sind in [Wal] und [Gil] zu finden. Das CSA-Prinzip kann auch in Multiplikations- und Divisionsschaltnetzen eingesetzt werden, in denen Zwischenergebnisse akkumuliert werden.

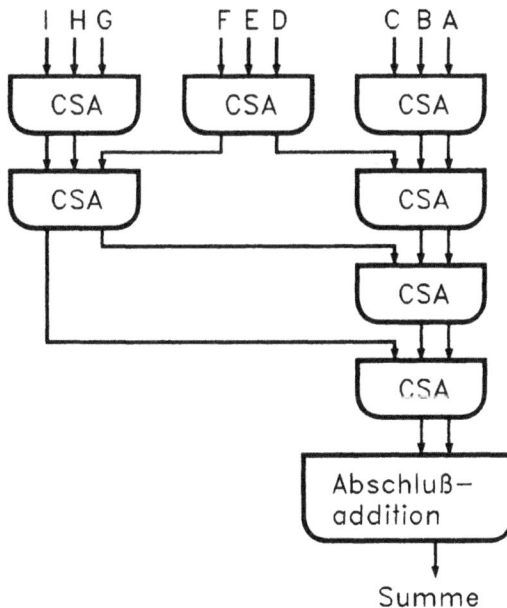

Abb. 3–13: Additionsbaum nach WALLACE für die Akkumulation von 9 Summanden

3.1.2 Subtraktion allgemein

Die Subtraktion von zwei positiven Dualzahlen läßt sich direkt mit Hilfe von Vollsubtrahierern ausführen. Ein Vollsubtrahierer bildet die Differenz der Bits $A_i - B_i - C_i$, die die Werte $+1, 0, -1, -2$ annehmen kann. Sie wird durch das Differenzbit D_i mit der Wertigkeit 1 und dem Borgebit C_{i+1} mit der Wertigkeit -2 dual codiert. Die logischen Gleichungen lauten:

$$D_i = A_i \not\equiv B_i \not\equiv C_i \tag{3.13}$$

$$C_{i+1} = B_i.C_i \vee \overline{A_i}.B_i \vee \overline{A_i}.C_i \,. \tag{3.14}$$

Durch Hintereinanderschalten von Vollsubtrahierern und Weiterleitung der Borgebits entsteht ein Subtraktionsschaltnetz. Es ist aber auch möglich, ein gegebenes Additionsschaltnetz für die Subtraktion zu benutzen. Dazu werden alle B_i negiert, der „carry in"-Eingang auf 1 gesetzt und der entstehende Übertrag 2^n ignoriert (subtrahiert), denn es gilt $B + \overline{B} = 2^n - 1$ und $A - B = (A + \overline{B} + 1) - 2^n$. Entsteht kein Übertrag, so ist $B > A$, so daß auf diese Weise auch ein Größenvergleich vorgenommen werden kann. Oft wird die Subtraktion nicht direkt realisiert, sondern auf die Addition eines negativen Summanden zurückgeführt: $a - b = a + (-b)$. Voraussetzung dafür ist ein Additionswerk, das negative Zahlen verarbeiten kann sowie die Operation „Vorzeichenwechsel" $b \rightarrow -b$ für die gewählte Zahlendarstellung. Bei der Subtraktion in der gebräuchlichsten Zweikomplementdarstellung wird der notwendige Vorzeichenwechsel durch eine Komplementierung gegen 2^n erreicht, d. h. die Zweikomplementzahl B muß in $2^n - B = \overline{B} + 1$ umgeformt werden. Bei der Subtraktion in der Einskomplementdarstellung muß das Komplement gegen $2^n - 1$ gebildet werden, d.h. die Einskomplementzahl B muß in $\overline{B}$ umgeformt werden.

Die Subtraktion $A - B$ von m-stelligen Dezimalzahlen wird auf die Addition des Komplements von B gegen 10^m (Zehnerkomplement) oder gegen $10^m - 1 = 99 \ldots 9$ (Neunerkomplement) zurückgeführt (vergl. Komplementbildung bei BCD-Zahlen, Abschnitte 1.5 und 3.1.7).

3.1.3 Addition von Vorzeichenzahlen

Die Addition von Vorzeichenzahlen erfordert eine getrennte Berechnung für das Vorzeichen und den Betrag der Summe. Sie beinhaltet die Subtraktion, indem das Vorzeichen des zweiten Summanden gewechselt wird. In Abhängigkeit von den Vorzeichen und den Beträgen der Summanden müssen 4 Fällen unterschieden werden :

	Bedingung		Summe	Vorzeich. V_s
1.	$|x| + |y| \leq 2^n - 1,$	$V_x = V_y$	$S[n] = X + Y$	$V_x = V_y$
2.	$|x| + |y| > 2^n - 1,$	$V_x = V_y$	$S[n+1] = X + Y$	$V_x = V_y$
3.	$|x| > |y|,$	$V_x \neq V_y$	$S[n] = X - Y$	V_x
4.	$|x| < |y|,$	$V_x \neq V_y$	$S[n] = Y - X$	V_y

Im 2. Fall wird eine zusätzliche Stelle zur Darstellung des Ergebnisses benötigt und die Überlaufbedingung OV muß gesetzt werden. Aufwendig ist die Abfrage auf größer/kleiner im 3. und 4. Fall. Diese Abfrage kann umgangen werden, indem zuerst für $V_x \neq V_y$ probeweise der Fall 3 durchgeführt wird. Ergibt sich bei der Subtraktion ein negatives Ergebnis – was bei der Durchführung im Zweikomplement leicht feststellbar ist (kein Übertrag) –, dann wird das Ergebnis komplementiert. Die vier Fälle werden durch folgenden Algorithmus erfaßt:

$$\text{if } V_x = V_y \text{ then } [S := X + Y, \; OV := C, \; V_s := V_x = V_y];$$
$$\text{if } OV \text{ then } Summe = S[n+1]$$
$$\text{else } Summe = S[n] \text{ fi}$$
$$\text{fi,}$$
$$\text{if } V_x \neq V_y \text{ then } [S := X - Y = X + \overline{Y} + 1, \; V_s := 0];$$
$$\text{if } C \text{ then } \text{„} S \geq 0 \text{“} \; Summe = S[n],$$
$$\text{else } \text{„} S < 0 \text{“} [Summe = -S[n] = (\overline{S} + 1)[n],$$
$$V_s := 1] \text{ fi}$$
$$\text{fi}$$

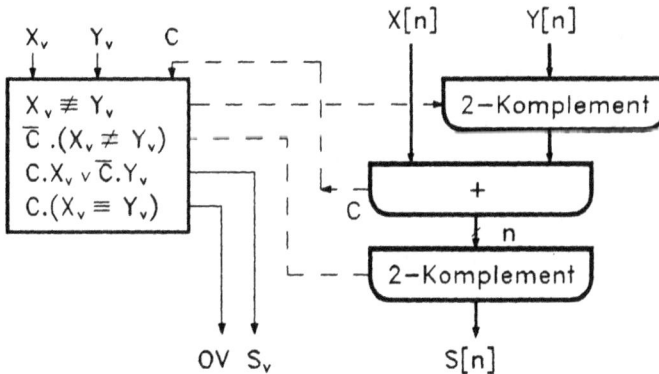

Abb. 3–14: Rechenwerk für die Addition von Vorzeichenzahlen

Wenn die Darstellung der negativen Null (Vorzeichen = 1, Betrag = 0) verboten werden soll, dann muß durch eine Sonderbehandlung verhindert werden, daß eine negative Null bei $V_x \neq V_y$ und $|x| = |y|$ entstehen kann.

Abb. 3–14 zeigt eine mögliche Realisierung, wobei die Subtraktion auf die Addition im Zweikomplement zurückgeführt wird. Für $V_x = V_y$ entspricht der Übertrag C (carry out) der Stelle S_{n+1} und der Überlaufbedingung OV, und für $V_x \neq V_y$ entspricht $C = 0$ der Bedingung $X - Y < 0$. An dem Rechenwerk bzw. einem äquivalenten Algorithmus wird deutlich, daß diese Zahlendarstellung zu aufwendigen Realisierungen führt. Deshalb wird die Addition und Subtraktion von Festkommazahlen in praktisch allen Rechenanlagen im 2-, 1-, 10- oder 9-Komplement durchgeführt, weil dann das Rechenwerk durch ein einfaches Additionsschaltnetz ersetzt werden kann. Nur bei der Addition/Subtraktion von Gleitkommazahlen mit Vorzeichen-Betrag-Darstellung muß dieser oder ein ähnlicher Algorithmus verwendet werden.

3.1.4 Addition von Zweikomplementzahlen

Gegeben seien die beiden Zweikomplementzahlen $X[n]$ und $Y[n]$, gesucht ist die Summe in Zweikomplementdarstellung. Zur Ableitung eines geeigneten Algorithmus verwenden wir die Rückabbildungsgleichung (1.8: $x = X[n] - X_n * 2^n$) für x und y:

$$s \; = \; x + y = X[n] - X_n * 2^n + Y[n] - Y_n * 2^n \; . \tag{3.15}$$

Je nach Größe und Vorzeichen von x und y werden zur Darstellung der Summe n bzw. $n + 1$ Stellen benötigt:

$$s \; = \; S[n] - S_n * 2^n \tag{3.16}$$
$$s \; = \; S[n + 1] - S_{n+1} * 2^{n+1} \; . \tag{3.17}$$

Durch Gleichsetzung von (3.15) mit (3.16) bzw. (3.17) ergibt sich die Summe in Zweikomplementdarstellung

$$
\begin{aligned}
S[n] \; &= \; X[n] + Y[n] \quad \text{„kein Überlauf“} \\
&\quad + (S_n - X_n - Y_n) * 2^n
\end{aligned}
\tag{3.18}
$$
$$
\begin{aligned}
S[n + 1] \; &= \; X[n] + Y[n] \quad \text{„Überlauf“} \\
&\quad + (2S_{n+1} - X_n - Y_n) * 2^n \; .
\end{aligned}
\tag{3.19}
$$

Aus diesen beiden Gleichungen lassen sich in Abhängigkeit von X_n, Y_n, S_n und S_{n+1} sechs verschiedene Fälle entwickeln. Eine gewisse Schwierigkeit ist die Tatsache, daß S_n bzw. S_{n+1} auf beiden Seiten der Gleichungen vorkommt. Dazu überlegen wir uns, daß die Bits S_{n+1} und S_n in Abhängigkeit von den Vorzeichen X_n, Y_n und der Größe der

Summe s nur bestimmte Werte annehmen können, z. B. aus $X_n = 0$ und $Y_n = 0$ und $s \leq 2^{n-1} - 1$ folgt $S_n = 0$. Setzt man diese Abhängigkeiten zwischen X_n, Y_n, S_{n+1}, S_n in die Gleichungen (3.18) und (3.19) ein, so ergibt sich die Tabelle Abb. 3-15.

Fall	X_n	Y_n	S_{n+1}	S_n	Summe		
a1	o	o	(o)	o	$S[n]$	$= X + Y$	
a2	o	o	o	1	$S[n+1]$	$= X + Y$	„Überlauf"
b1	1	1	(1)	1	$S[n]$	$= X + Y - 2^n$	
b2	1	1	1	o	$S[n+1]$	$= X + Y$	„Überlauf"
c1	o	1	(1)	o	$S[n]$	$= X + Y - 2^n$	
c2	o	1	(o)	1	$S[n]$	$= X + Y$	

Abb. 3-15: Die verschiedenen Fälle der Addition im Zweikomplement

```
                      C  OV                           C  OV
a1)   +2    o.o 1 o              a2)   +7    o.1 1 1
      +2    o.o 1 o                    +7    o.1 1 1
      +4  o o.1 o o   o  o             +14   o.1 1 1 o   o  1

b1)   -1    1.1 1 1              b2)   -7    1.o o 1
      -1    1.1 1 1                    -7    1.o o 1
      -2  1 1.1 1 o   1  o             -14   1.o o 1 o   1  1

c1)   +2    o.o 1 o              c2)   +1    o.o o 1
      -1    1.1 1 1                    -7    1.o o 1
      +1  1 o.o o 1   1  o             -6  o 1.o 1 o   o  o

                C = Carry,  OV = Overflow
```

Abb. 3-16: Typische Zahlenbeispiele für die Addition im Zweikomplement

In den Fällen a2 und b2 findet eine Bereichsüberschreitung (Überlauf, Overflow) statt, da das Ergebnis nicht mehr mit n Stellen darstellbar ist. Die hinzukommende Stelle S_{n+1} kann dann als Vorzeichenstelle interpretiert werden. Die Stelle S_{n+1} entspricht dem Übertrag (carry out). Der Übertrag, der in den Fällen b1 und c1 auftritt, gehört nicht zur Darstellung des n-stelligen Ergebnisses und wird deshalb abgeschnitten $(X + Y - 2^n = (X + Y) \bmod 2^n)$.

Es trägt sehr zum Verständnis bei, wenn man sich die sechs typischen Fälle anhand von Beispielen (Abb. 3-16) klar macht.

Der große Vorteil der Addition im Zweikomplement liegt darin, daß alle Fälle in zwei Schritten zusammengefaßt werden können:

1. $S[n] = X + Y$ bilden und den Übertrag S_{n+1} merken. Die Überlaufbedingung berechnen.

2. Wenn kein Überlauf aufgetreten ist ($OV=o$), dann ist die Summe
   gleich $S[n]$, ansonsten gleich $S[n + 1]$.

Die Addition im Zweikomplement führt dadurch zu einem sehr einfachen Rechenwerk (Abb. 3–17). Der Überlauf berechnet sich nach der
Beziehung

$$OV = (X_n \equiv Y_n).(H_{n+1} \not\equiv H_n) \,. \tag{3.20}$$

Dabei sind $H_i(i = 1, \ldots, n)$ die Ausgänge des Additionsschaltnetzes mit
$H_{n+1} = C_{n+1}$ (Abb. 3–17). Wenn die Überträge C_i des Additionsschaltnetzes verfügbar sind, dann kann auch die einfachere Funktion
$OV = (C_{n+1} \not\equiv C_n)$ verwendet werden.

```
register X[n], Y[n], S[n+1], OV;
signal H[n+1];
perm H == X++Y pend "Additionsschaltnetz"
on clock

[1]    S←H, OV←(Xₙ ≡ Yₙ).(H_{n+1} ≢ Hₙ),  next 2

[2]    "if OV=o then Summe = S[n]
                  else Summe = S[n+1] fi"

noc
```

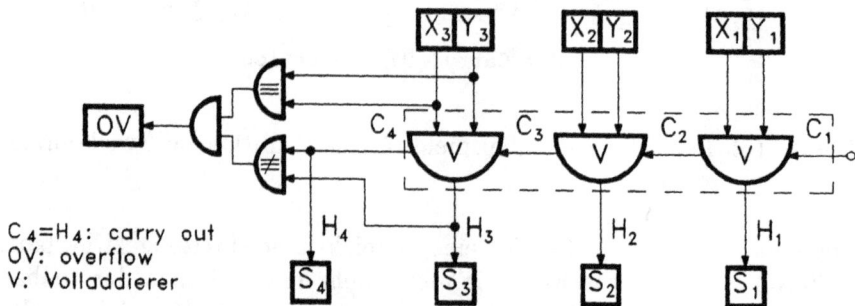

C₄=H₄: carry out
OV: overflow
V: Volladdierer

Abb. 3–17: Zweikomplement-Addition und Rechenwerk für $n = 2$

Es ist nicht unbedingt erforderlich, den Überlauf parallel zur Addition
zu berechnen. Er kann auch nachträglich aus X_n, Y_n, S_n berechnet werden. So eignet sich das folgende Mikroprogramm für die softwaremäßige
Implementierung:

boole $X[n], Y[n], S[n]$;
$S := X + Y$;
if $(X_n Y_n S_n = \text{oo1}) \vee (X_n Y_n S_n = \text{11o})$ then $OV := 1$ fi
„if OV then $Summe = \overline{S_n \text{-} S} = X_n \text{-} S$, evtl. Rechtsschift
    else $Summe = S$ fi"

Wenn bei der Addition ein Überlauf aufgetreten ist, dann reichen die vorgesehen n Stellen nicht mehr aus. Wenn man weiter rechnen will, dann muß man die Summe $S[n+1] = \overline{S_n} S[n]$ um eine Stelle nach rechts verschieben (Division durch 2) und sich merken, daß das Ergebnis doppelt so groß geworden ist. Verallgemeinert man dieses Prinzip, so gelangt man zur Addition im Gleitkomma, die im Abschnitt 3.1.8 beschrieben wird. Es gibt noch eine andere einfache Möglichkeit, auf den möglichen Überlauf zu reagieren, indem eine sogenannte Schutzstelle (realisiert z. B. im Apollo-Guidance-Computer) vorgesehen wird. Dabei wird der Wertebereich von x und y beschränkt, indem vor der Addition $X_n = X_{n-1}$ und $Y_n = Y_{n-1}$ vorausgesetzt werden, d. h. jeder Summand besitzt zwei gleiche Vorzeichenbits. Nach der Addition läßt sich der Überlauf an der Bedingung $S_n \neq S_{n-1}$ erkennen.

Es soll noch einmal daran erinnert werden, daß das Zweikomplement den Nachteil hat, daß der darstellbare Zahlenbereich im Negativen um Eins größer ist als im Positiven. Die Algorithmen für die Komplementbildung, die Multiplikation und Division vereinfachen sich wesentlich, wenn die betragsmäßig größte negative Zahl im Zweikomplement ($1.\text{oo}\dots\text{o}$) verboten wird. Das kann dadurch geschehen, daß beim Auftreten dieser Zahl eine Fehlerbedingung oder die Überlaufanzeige OV gesetzt wird.

3.1.5 Addition von Einskomplementzahlen

Es soll die Summe von zwei Einskomplementzahlen gebildet werden. Unter Verwendung der Rückabbildungsgleichung (1.14) für x und y ergibt sich

$$
\begin{aligned}
s = x + y = \quad & X[n] - X_n * (2^n - 1) \\
& + Y[n] - Y_n * (2^n - 1) \, .
\end{aligned} \tag{3.21}
$$

Zur Darstellung der Summe werden n Stellen benötigt, wenn keine Bereichsüberschreitung auftritt, und $n+1$ Stellen, wenn sie auftritt:

$$
s = S[n] - S_n * (2^n - 1) \tag{3.22}
$$

$$
s = S[n+1] - S_{n+1} * (2^{n+1} - 1) \, . \tag{3.23}
$$

Durch Gleichsetzen von (3.21) mit (3.22) und (3.23) erhalten wir die Summe in Einskomplementdarstellung:

$$S[n] \;=\; X[n] + Y[n] \qquad \text{„kein Überlauf“}$$
$$+\,(S_n - X_n - Y_n) * (2^n - 1) \tag{3.24}$$
$$S[n+1] \;=\; X[n] + Y[n] \qquad \text{„Überlauf“}$$
$$+\,(2S_{n+1} - X_n - Y_n) * (2^n - 1)S_{n+1} \,. \tag{3.25}$$

Bevor wir aus diesen Beziehungen die verschiedenen Fälle formal ableiten, veranschaulichen wir uns die 6 typischen Fälle (Tabelle Abb. 3–18).

```
                    C  OV                            C  OV
a1)  +2    o.o 1 o            a2)   +7    o.1 1 1
     +2    o.o 1 o                  +7    o.1 1 1
     +4  o o.1 o o    o   o         +14  o.1 1 1 o   o   1

b1)  -1    1.1 1 o            b2)   -7    1.o o o
     -1    1.1 1 o                  -7    1.o o o
     -3  1 1.1 o o                  -15  1.o o o o
     +1         1                   +1          1
     -2  1 1.1 o 1    1   o         -14  1.o o o 1   1   1

c1)  +2    o.o 1 o            c2)   +1    o.o o 1
     -1    1.1 1 o                  -7    1.o o o
      0  1 o.o o o                  -6   1.o o 1    o   o
     +1         1
     +1  1 o.o o 1    1   o

              C = Carry, OV = Overflow
```

Abb. 3–18: Typische Zahlenbeispiele für die Addition im Einskomplement

Aus diesen Beispielen können wir entnehmen, daß wir das richtige Ergebnis nur dann erhalten, wenn in den Fällen b1, b2 und c1 eine Eins hinzuaddiert wird. Diese Einserkorrektur (end around carry) muß genau dann durchgeführt werden, wenn der Übertrag (carry out) $S_{n+1} = 1$ geworden ist. Diese Aussagen werden formal bestätigt, indem in den Gleichungen (3.24) und (3.25) die gültigen Kombinationen von X_n, Y_n, S_{n+1}, S_n eingesetzt werden (Tabelle Abb. 3–19). Die Subtraktion von 2^n in den Fällen b1, c1 wird einfach durch Abschneiden auf n Stellen realisiert: $X + Y + 1 - 2^n = (X + Y + 1) \bmod 2^n$.

Wie bei der Addition im Zweikomplement wird auch hier nur ein einfaches Additionsschaltnetz benötigt (Abb. 3–20). Der herausgehende Übertrag (carry out) wird einfach mit dem hereingehenden Übertrag (carry in) verbunden, wodurch die Einserkorrektur automatisch durchgeführt wird. Allerdings ist mit dieser Rückkopplung eine zusätzliche Zeitverzögerung verbunden. Wenn wir vor der Wahl stehen, für ein Rechenwerk entweder das Eins- oder das Zweikomplement zu verwenden, dann werden wir uns im allgemeinen für das Zweikomplement entscheiden, weil dann ein normales Additionschaltnetz verwendet werden kann, keine negative Null stört und keine Einserkorrektur notwendig ist. Bei der seriellen Addition, bei der in jedem Schritt ein Summenbit und ein Übertragsbit berechnet werden, würde die Einserkorrektur zu einem zweiten Durchlauf führen. Allerdings darf man nicht außer Betracht lassen, daß im Zweikomplement die betragsmäßig größte negative Zahl eine Sonderbehandlung erfordert. Im Einskomplement gestalten sich dagegen Multiplikation, Division und Komplementbildung einfacher.

Fall	X_n	Y_n	S_{n+1}	S_n	Summe		
a1	o	o	(o)	o	$S[n]$	$= X + Y$	
a2	o	o	o	1	$S[n+1]$	$= X + Y$	„Überlauf"
b1	1	1	(1)	1	$S[n]$	$= X + Y + 1 - 2^n$	
b2	1	1	1	o	$S[n+1]$	$= X + Y + 1$	„Überlauf"
c1	o	1	(1)	o	$S[n]$	$= X + Y + 1 - 2^n$	
c2	o	1	(o)	1	$S[n]$	$= X + Y$	

Abb. 3-19: Die verschiedenen Fälle der Addition im Einskomplement

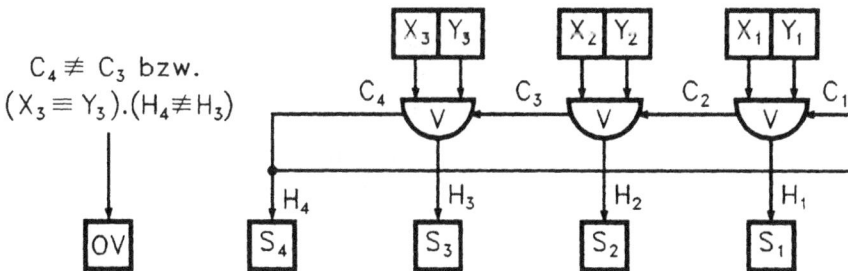

Abb. 3-20: Rechenwerk für die Einskomplement-Addition für $n = 2$ Stellen

3.1.6 Doppelwort-Addition

Angenommen wir besitzen ein Rechenwerk, das 16-stellige Dualzahlen addieren kann. Falls wir eine 32-Bit-Addition benötigen, müssen wir sie auf die 16-Bit-Addition zurückführen. Dabei werden zuerst die niederwertigen 16 Bits addiert und der Übertrag zwischengespeichert. Anschließend werden die höherwertigen 16 Bits unter Berücksichtigung des vorhergehenden Übertrags addiert. Dieses Prinzip kann sowohl auf positive Dualzahlen als auch auf Zweikomplementzahlen angewandt werden, und es kann entsprechend auf mehr als zwei Worte erweitert werden (Mehrwort-Addition).

Das folgende (Mikro-)Programm in der Sprache HDL beschreibt die Addition der Zweikomplementzahlen $X = X2\_X1$ plus $Y = Y2\_Y1$.

$$\begin{aligned}
&\text{boole } OV, (X2, X1, Y2, Y1)[n], (S2, S1)[n+1]; \\
&S1 := X1 ++ Y1; \qquad\qquad\quad \text{„}S1_{n+1} = CARRY1\text{“} \\
&S2 := X2 ++ Y2 + S1_{n+1}; \qquad \text{„}S2_{n+1} = CARRY2\text{“} \\
&OV := (X2_n \equiv Y2_n).(S2_{n+1} \not\equiv S2_n) \\
&\qquad\quad \vee (S2[n]\_S1[n] = \text{1oo}...\text{o}) \text{ „Sonderfall“} \\
&\text{„if } OV = \text{o then } Summe = S2[n]\_S1[n] \\
&\qquad\qquad \text{else } Summe = S2[n+1]\_S1[n] \text{ fi“}
\end{aligned}$$

Die Überlaufbedingung wird zweckmäßigerweise auch dann gesetzt, wenn die kleinste darstellbare Zahl ($S = \text{1oo}...\text{o}$) entsteht.

3.1.7 Addition von binärcodierten Dezimalzahlen

Die Addition von binärcodierten Dezimalzahlen wird auf die dezimale Addition der einzelnen BCD-Ziffern $X\langle i\rangle$ und $Y\langle i\rangle$ unter Berücksichtigung der Überträge zurückgeführt. Die dezimale Addition der BCD-Ziffern wird meist auf die *duale* Addition (Addition von Dualzahlen) zurückgeführt, wobei eine Korrektur mit +6 durchgeführt werden muß, falls eine unerlaubte Ziffer > 9 entsteht.

Die duale Addition von zwei BCD-Ziffern und dem Übertrag C aus der vorhergehenden Ziffern-Addition ergibt die fünfstellige duale Zwischensumme

$$Z[5] = X\langle i\rangle \; ++ \; Y\langle i\rangle + C \,, \tag{3.26}$$

die zwischen 0 und 19 liegen kann (Tabelle Abb. 3–21). Gesucht ist aber die Zwischensumme in BCD-Darstellung $S[5]$, die sich aus $Z[5]$ durch Korrektur mit +6 ergibt, wenn $Z[5] > 9$ ist:

$$S[5] \;=\; Z[5] + 6 * (Z[5] > 9) \,. \tag{3.27}$$

Z[5]		S[5]			Z[5]		S[5]	
0	o oooo	0	o oooo		10	o lolo	16	l oooo
1	o oool	1	o oool		11	o loll	17	l oool
2	o oolo	2	o oolo		12	o lloo	18	l oolo
3	o ooll	3	o ooll		13	o llol	19	l ooll
4	o oloo	4	o oloo		14	o lllo	20	l oloo
5	o olol	5	o olol		15	o llll	21	l olol
6	o ollo	6	o ollo		16	l oooo	22	l ollo
7	o olll	7	o olll		17	l oool	23	l olll
8	o looo	8	o looo		18	l oolo	24	l looo
9	o lool	9	o lool		19	l ooll	25	l lool

Abb. 3–21: Dualzahl $Z[5]$ und BCD-Zahl $S[5]$

Dabei stellt das Bit S_5 den neuen Übertrag in die nächste BCD-Stelle dar und ist ein Kennzeichen für $Z[5] > 9$. Dieses 1. Verfahren läßt sich formal wie folgt beschreiben:

> boole $(X, Y, S)[4n], Z[5]$; „$Z_5 = C = $ Übertrag"
> $Z_5 := 0$; „Übertragsspeicher löschen"
> for $i := 1$ to n do
> $Z := X\langle i\rangle + Y\langle i\rangle + Z_5$; „Duale Addition"
> if $Z > $ lool then $Z := Z + $ ollo fi; „Korrektur"
> $S\langle i\rangle := Z[4]$
> od

Dabei sind die 4 Bits der i-ten BCD-Stelle $(4i : 1 + 4(i - 1))$ durch $\langle i\rangle$ gekennzeichnet. Seriell läßt sich die BCD-Addition mit Hilfe von zwei 4 Bit breiten Schieberegistern und einem Dezimaladdierer durchführen (Abb. 3–22).

Zahlenbeispiel: $98 + 47 = 145$

```
     lool  looo
  +  oloo  olll
     1111        > 9
           ollo  +6      Korrektur
        1  olol
     lllo        > 9
     ollo        +6      Korrektur
  1  oloo  olol  = 145
```

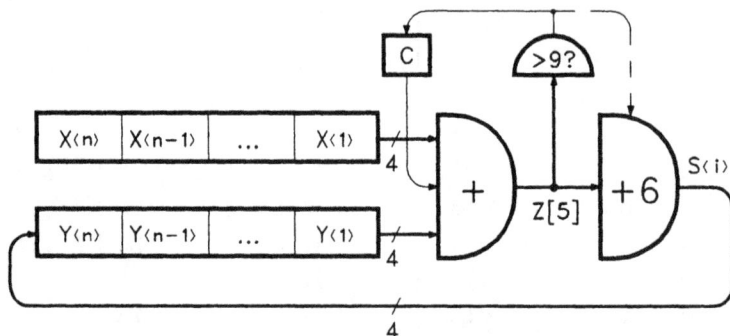

Abb. 3–22: Serielle Addition von BCD-Zahlen

Das 1. Verfahren hat zwei Nachteile: (1) die Abfrage > 9 ist hardwaremäßig oder softwaremäßig relativ aufwendig, und (2) die BCD-Ziffern müssen nacheinander korrigiert werden.

Deshalb wird die Abfrage > 9 meist auf die Abfrage > 15 zurückgeführt, indem auf die duale Zwischensumme probeweise $+6$ addiert wird. Entsteht ein Übertrag (der dem Dezimalübertrag entspricht), so ist die duale Zwischensumme > 9 und die Korrektur war richtig. Entsteht kein Übertrag, so muß die Korrektur durch Subtraktion von 6 rückgängig gemacht werden. Formal ergibt sich der Dezimalübertrag zu

$$(Z[5] > 9) \;=\; ((Z[5] + 6) > 15) = (Z[5] + 6)_5 \,. \tag{3.28}$$

Damit ergibt sich aus (3.27)

$$
\begin{aligned}
S[5] &= Z[5] + 6 * (Z[5] + 6)_5 \\
S[5] &= (Z[5] + 6) - 6 * \overline{(Z[5] + 6)_5} \,.
\end{aligned} \tag{3.29}
$$

Das 2. Verfahren lautet somit für ein paralleles Rechenwerk:

1. Zu jeder BCD-Ziffer $X\langle i\rangle$ des ersten Summanden $+6$ addieren. Überträge zwischen den Tetraden (4-Bit-Gruppen) können nicht auftreten.

2. Dazu den zweiten Summanden dual addieren: $S := (X + 66 \ldots 6) + Y$. Alle Überträge zwischen den Tetraden für den 3. Schritt merken.

3. Von jeder BCD-Stelle, die keinen Übertrag erzeugt hat, 6 abziehen (durch Addition von $-6 = \text{lolo}$ in Zweikomplementdarstellung). Dabei dürfen die entstehenden Überträge zwischen den Tetraden nicht weitergeleitet werden.

Ein Rechenwerk für diesen Algorithmus erfordert, neben der dualen Addition, für jede Tetrade einen Übertragsspeicher, um in Abhängigkeit davon die Korrektur im 3. Schritt durchführen zu können. Außerdem muß zur Durchführung des 3. Schrittes die Weiterleitung des Übertrages nach jeder Tetrade unterbrechbar sein.

Zahlenbeispiel: $18 + 47 = 65$

```
     oool  looo        1   8
   + ollo  ollo       +6  +6
     olll  lllo        7  14
     oloo  olll       +4  +7
_____1  olol       +1   5     14 + 7 = 21 = 15₁₆
   o  lloo           12
     lolo           +10         entspricht  − 6
  (1) ollo  olol    (1)  6       12 + 10 = 22 = 16₁₆
     ollo  olol                  = 65
```

Das 3. hier geschilderte Verfahren besteht aus zwei Teilen: duale Addition (1.) und BCD-Korrekturaddition (2. und 3.).

1. Addiere die Summanden dual ($Z := X + Y$) und merke alle Überträge C_i zwischen den Tetraden.

2. Addiere testweise zu allen Tetraden dual $+6$ ($T := Z + 66 \ldots 6$) und merke alle neuen Überträge D_i zwischen den Tetraden.

3. Ist entweder ein Übertrag C_i oder ein Übertrag D_i entstanden, so wird $T\langle i \rangle$ als gültige Summenziffer übernommen, andernfalls $Z\langle i \rangle$ plus D_{i-1} (if $C_i \vee D_i$ then $S\langle i \rangle := T\langle i \rangle$ else $S\langle i \rangle := Z\langle i \rangle + D_{i-1}$ fi).

Ein Additionswerk für BCD-Zahlen eignet sich gleichzeitig zur Addition von 10-Komplement-Zahlen. Der Wert der Summe darf dann zwischen $-50 \ldots 0$ und $49 \ldots 9$ schwanken, ohne daß eine Bereichsüberschreitung auftritt. Eine Bereichsüberschreitung kann daran erkannnt werden, daß bei gleichen Vorzeichen der Summanden durch die Addition ein Vorzeichenwechsel hervorgerufen wird. Das Vorzeichen ist implizit in der höchstwertigen BCD-Ziffer enthalten (vergleiche Abschnitt 1.5).

Die Subtraktion von zwei positiven BCD-Zahlen (bei der Vorzeichen-Betrag-Darstellung) kann auf die Addition des 10-Komplements zurückgeführt werden:

1. Addiere zum ersten Operanden den negierten zweiten Operanden plus Eins. Merke die Überträge in die nächsten BCD-Stellen (nur für den 2. Schritt).

2. Subtrahiere 6 von allen BCD-Stellen, die keinen Übertrag erzeugt haben. Die Subtraktion wird auf die Addition von -6 im 2-Komplement (`1010`) zurückgeführt, wobei die Überträge nicht weitergeleitet werden dürfen. Merke den Übertrag aus der höchstwertigen BCD-Stelle.

3. Wenn ein Übertrag aus der höchstwertigen BCD-Stelle entstanden ist, dann ist das Ergebnis negativ in 10-Komplement-Darstellung. Wenn eine Vorzeichen-Betrag-Darstellung gewünscht wird, dann muß das Vorzeichen negativ gesetzt werden und das Ergebnis muß rückkomplementiert werden. Zur Bildung des 10-Komplements wird zuerst das 2-Komplement durch Negation und Addition von $+1$ gebildet. Von allen BCD-Stellen, die keinen Übertrag erzeugt haben, muß 6 abgezogen werden (durch Addition von `1010`).

3.1.8 Addition von Gleitkommazahlen

Im Gegensatz zur Addition von Festkommazahlen ist die Addition von Gleitkommazahlen wesentlich komplizierter, weil die Exponenten und Mantissen getrennt behandelt werden müssen. Gesucht ist die normalisierte Mantisse ms und der Exponent es der Summe

$$s \;=\; x+y = ms * b^{es} = mx * b^{ex} + my * b^{ey} \;. \tag{3.30}$$

Bevor die Addition der Mantissen vorgenommen werden kann, muß der kleinere Exponent an den größeren angepaßt werden. Dazu muß die Mantisse, die zu dem kleineren Exponenten gehört, um so viele Stellen nach rechts geschoben werden, wie die Differenz der Exponenten beträgt.

$$ms * b^{es} \;=\; \begin{cases} (mx + my * b^{-(ex-ey)}) * b^{ex} & ey \leq ex \\ (my + mx * b^{-(ey-ex)}) * b^{ey} & ex \leq ey \;. \end{cases} \tag{3.31}$$

Im Anschluß an die Mantissen-Addition wird die Summe meist normalisiert. Besitzt die (positive) Mantisse ms k führende Nullen, so wird die Operation

$$\begin{aligned} ms &:= ms * b^k && \text{„Linksschift um k Stellen“ und} \\ es &:= es - k && \text{„Exponent erniedrigen“} \end{aligned} \tag{3.32}$$

durchgeführt. Beim Linksschift der Mantisse werden von rechts Nullen nachgezogen. Um den mittleren Rundungsfehler zu verringern, kann man auch einmal die Ziffer $b/2$ nachziehen (Rundung auf Intervallmitte). Die Mantissen-Addition kann auch mit höherer Genauigkeit durchgeführt werden, so daß die Stellen, die beim Anpassen der Exponenten nach rechts geschiftet werden, nicht verloren gehen. Diese

Stellen können dann beim Normalisieren/Runden nach der Mantissen-Addition wieder verwendet werden. Die Vermeidung bzw. Minimierung von Rundungsfehlern ist bei numerischen Berechnungen von großer Bedeutung [Kie]. Die Subtraktion annähernd gleich großer Zahlen sollte möglichst vermieden werden (durch Umformulierung des Programms, z. B. $x_1 - x_2 + x_3 - x_4 = (x_1 + x_3) - (x_2 + x_4)$), weil dabei führende Stellen ausgelöscht und beim anschließenden Normalisieren vorher nicht vorhandene Nullen nachgezogen werden.

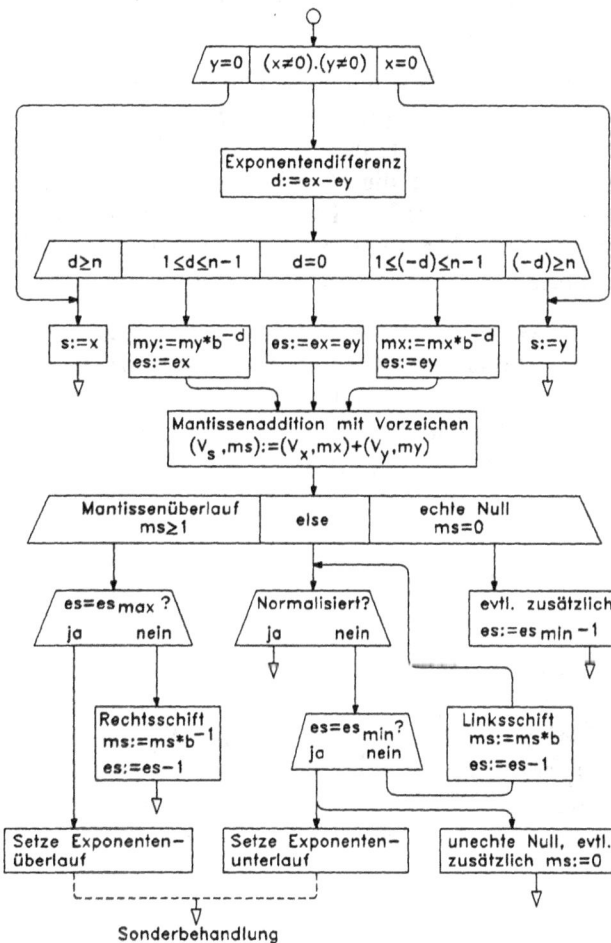

Abb. 3–23: Addition von Gleitkommazahlen
$$(V_s, ms, es) := (V_x, mx, ex) + (V_y, my, ey)$$

Das Erniedrigen der Exponenten beim Normalisieren kann das Unterschreiten des zulässigen Exponentenbereichs $es \in \{es_{min} : es_{max}\}$ zur Folge haben. Das Ergebnis ist dann so klein geworden, daß es nicht mehr darstellbar, aber noch nicht $= 0$ ist. Das Ergebnis wird entweder als unechte Null (Kleiner Wert) weitergeführt oder gleich der echten Null gesetzt. Die echte Null entsteht nur dann, wenn $x = -y$ ist, weil dann die Summenmantisse $= 0$ wird. Die Null wird häufig durch $(ex_{min} - 1)$ und $mx = 0$ (vergl. Abschnitt 1.6) codiert. Wird der Exponent als Charakteristik dargestellt, dann entspricht $(ex_{min} - 1)$ der Charakteristik $EX = 0$. Die Bildung der Differenz d der Exponenten kann durch Addition des 2-Komplements EY' auf EX und anschließende Negation der Vorzeichenbits vorgenommen werden.

Bei der Mantissen-Addition kann ein Mantissenüberlauf entstehen, d. h. $|ms| \geq 1$. Es wird also eigentlich eine Stelle mehr zur Darstellung benötigt. Durch einen Schift nach rechts mit Nachziehen der entstandenen Übertragsstelle wird die Mantisse normalisiert. Der Exponent muß dabei um 1 erhöht werden. Das gelingt aber nur, wenn der Exponent noch nicht seinen Maximalwert erreicht hat, anderenfalls muß die Exponentenüberlaufbedingung gesetzt werden.

Der Ablauf der Gleitkommaaddition ist als Flußdiagramm (Abb. 3 – 23) dargestellt. Dabei gilt: Die Mantissen mx, my sind positiv, normalisiert (< 1 und $\geq b - 1$) mit n Stellen hinter dem Komma. Bei der Mantissen-Addition werden die Vorzeichen V_s, V_x, V_y berücksichtigt (vergl. Abschnitte 1.2, 1.6 und 3.1.3).

3.2 Multiplikation

3.2.1 Multiplikation von Dualzahlen

Die Multiplikation der (positiven) Dualzahl $X[n]$ mit der (positiven) Dualzahl $Y[m]$ ergibt ein $(n + m)$-stelliges Produkt $P[n + m] = X[n] * Y[m]$. Meist wird die gleiche Stellenzahl $n = m$ gewählt. Aus Gründen der Übersichtlichkeit vereinbaren wir im folgenden $X = X[n]$ und $Y = Y[n]$.

Wir wollen uns nun überlegen, wie man die Multiplikation auf einfachere Operationen wie Addition, Schift und logische Operationen zurückführen kann. Das Auflösen in eine Folge einfacher Operationen kann nach folgendem Schema erfolgen:

1.   Spezifikation der Operation op (X, Y)

2. Zerlegung der Operanden in Teiloperanden mit dem Ziel, die Operation in Teiloperationen zu zerlegen; z. B. werden die Operanden in eine arithmetische oder logische Summe von Teiloperanden zerlegt.

3. Anwendung der Operation auf alle Paare von Teiloperanden und Aufstellung einer Folge von Teiloperationen, z. B. in Form eines rekursiven Gleichungssystems.

4. Umwandlung in ein Programm, abstraktes Mikroprogramm, synchrones Mikroprogramm oder paralleles Mikroprogramm, je nachdem, ob eine Realisierung als sequentielles Programm, synchrones Schaltwerk oder Schaltnetz angestrebt wird (vergl. Abschn. 2.17).

Eine derartige Vorhergehensweise bezeichnet man als Top-Down-Methode, bei der das komplexe Gesamtproblem schrittweise in einfachere Teilprobleme zerlegt wird. Die angegebenen vier Schritte charakterisieren eine mögliche Top-Down-Methode zur Zerlegung arithmetischer Operationen.

Wenn der Multiplikator $Y[n]$ in eine Summe zerlegt wird, dann ergibt sich:

$$P = X * Y = X * Y_1 + 2^1 * X * Y_2 + \cdots + 2^{n-1} * X * Y_n \ . \quad (3.33)$$

Diese Beziehung läßt sich in ein HORNER-Schema umformen, wobei es zwei Möglichkeiten gibt. Man kann zuerst das höchstwertige Bit Y_n auswerten und das Teilprodukt $X * Y_n$ bilden, oder man wertet zuerst das niedrigstwertige Bit Y_1 aus.

Fall 1: Beginn mit der höchstwertigen Stelle Y_n

Ausklammern von (3.33) ergibt:

$$P = (\cdots(\ \underbrace{(X * Y_n)2 + X * Y_{n-1}}_{P^1})2 + \cdots + X * Y_2)2 + X * Y_1 \ .$$

Daraus ergibt sich das rekursive Gleichungssystem

$$
\begin{aligned}
P^0 &= 0 \\
P^1 &= 2 * P^0 + X * Y_n \\
P^2 &= 2 * P^1 + X * Y_{n-1} \\
&\ \vdots \\
P^n &= 2 * P^{n-1} + X * Y_1 \ . \quad (3.34)
\end{aligned}
$$

Der Algorithmus kann jetzt in einer höheren Programmiersprache formuliert werden, z. B. in HDL:

boole $X[n], Y[n], P[2n]$;   „Produkt $P = X$ mal Y"
$P := 0$;
for $i := 0$ to $n - 1$ do
$P := P * 2 + X * Y_{n-i}$ od

Wie sieht jetzt eine Hardware-Realisierung der Multiplikation aus? Dazu wird der Algorithmus in eine harwarenahe Darstellung überführt. Hier wird ein synchrones Mikroprogramm (Abb. 3–24) auf der Basis von HDL benutzt. Zur besseren Übersicht wird der Ablauf als Zustandsdiagramm dargestellt. Die Zustandsübergänge („next" in HDL) erfolgen synchronparallel mit den Registerzuweisungen. Das Rechenwerk, das sich aus dem Mikroprogramm herleitet, ist zu aufwendig, da es ein $2n$-stelliges Additionsschaltnetz erfordert. Aus diesem Grunde wird man die Multiplikation nicht mit dem höchstwertigen Bit Y_n beginnen.

register X[n], Y[n], XV, YV, P[2n], PV;

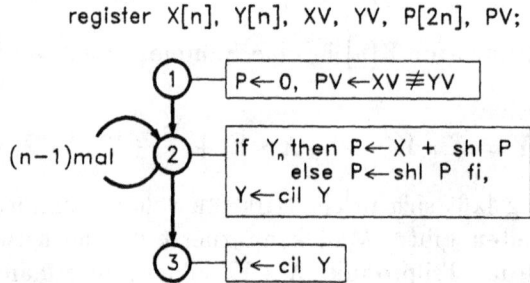

Abb. 3–24: Serien-parallele Multiplikation, Fall 1

Fall 2: Beginn mit der niedrigstwertigen Stelle Y_1

Mit der Abkürzung $\hat{X} = X * 2^n$ ergibt sich aus (3.33):

$$P = (\cdots(\underbrace{(\hat{X} * Y_1)}_{P^1} *2^{-1} + \hat{X} * Y_2) *2^{-1} + \cdots + \hat{X} * Y_n) * 2^{-1} \; .$$

Daraus folgt das Rekursionsschema:

$$P^0 = 0$$
$$P^1 = (P^0 + \hat{X} * Y_1) * 2^{-1}$$
$$P^2 = (P^1 + \hat{X} * Y_2) * 2^{-1}$$
$$\vdots$$
$$P^n = (P^{n-1} + \hat{X} * Y_n) * 2^{-1} \; . \tag{3.35}$$

Ein etwas verkürztes Rekursionsschema ergibt sich, wenn $\hat{X} = Y * 2^{n-1}$ gesetzt wird, so daß die letzte Multiplikation mit 2^{-1} entfallen kann. Der zu (3.35) gehörige Algorithmus lautet mit den Sprachmitteln von HDL:

> boole $X[n], Y[n], P[2n]$;   „Produkt $P = X$ mal Y"
> $P := 0$;
> for $i := 1$ to n do
> $P := (P + X\_oo\ldots o*Y_i)/2$ od .

X_oo...o bedeutet eine Verschiebung von X um n Stellen nach links (das entspricht $X*2^n$), und die Division durch $2 = 1o$ kann durch einen Schift nach rechts um eine Stelle bewerkstelligt werden. Die Multiplikation mit Y_i kann durch die Und-Funktion ersetzt werden.

```
register (X, Y, P2)[n], XV, YV, PV; signal H[n+1];
perm H == P2 ++ X pend    "Additionsschaltnetz mit Übertrag"
```

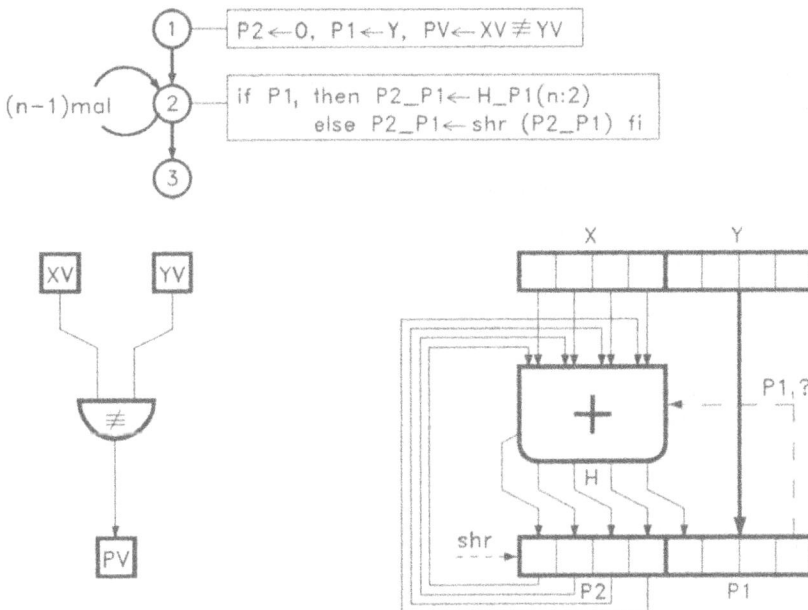

Abb. 3–25: Serien-parallele Multiplikation mit Rechenwerk

Aus diesem Algorithmus läßt sich wieder ein synchrones Mikroprogramm und ein zugehöriges Rechenwerk entwickeln (Abb. 3–25). Das Multiplikationsrechenwerk wurde in vielen Rechenanlagen nach diesem Prinzip konstruiert. Dabei entspricht $P2$ dem Akkumulator und $P1$ dem erweiterten Akkumulator. Das Register für Y kann eingespart werden, wenn Y am Anfang in $P1$ steht.

Zahlenbeispiel: $(+15) * (-9) = -135$
$$V_x = \text{o} \quad |X| = 1111$$
$$V_y = 1 \quad |Y| = \text{lool}$$

Zustand			
1		P2_P1 ← oooo lool	Vp ← 1
2	H=o 1111	P2_P1 ← olll lloo	
2		P2_P1 ← ooll lllo	
2		P2_P1 ← oool 1111	
2	H=1 oooo	P2_P1 ← looo olll	„gleich -135"
3			

Häufig wird die Mikrooperation $P2\_P1 \leftarrow H\_P1_{n:2}$ in zwei aufeinanderfolgende Operationen zerlegt, und zwar in

$$CARRY\_P2 \leftarrow P2 ++X; \quad P2\_P1 \leftarrow CARRY \, \text{inshr} \, (P2\_P1) \, .$$

Die erste Mikrooperation entspricht einer Addition, die auch anderweitig benötigt wird, und die zweite einem Rechtsschift über beide Akkumulatoren.

3.2.2 Multiplikation von Zweikomplementzahlen

3.2.2.1 Grundsätzliche Methode

Wenn zwei n-stellige Zweikomplementzahlen $X = X[n]$ und $Y = Y[n]$ dual miteinander multipliziert werden, so ergibt sich ein $2n$-stelliges Zwischenergebnis, das noch korrigiert werden muß, um das Produkt $P[2n]$ in Zweikomplementdarstellung zu erhalten. Die notwendigen Korrekturen lassen sich durch das Einsetzen der Rückabbildungsgleichungen (1.8) für x, y und p ermitteln.

$$
\begin{aligned}
p &= x * y = (X - X_n * 2^n) * (Y - Y_n * 2^n) \quad \text{und} \\
p &= P[2n] - P_{2n} * 2^{2n} \, .
\end{aligned}
$$

Durch Gleichsetzung ergibt sich daraus

$$P[2n] = (X - X_n * 2^n) * (Y - Y_n * 2^n) + P_{2n} * 2^{2n} \, . \tag{3.36}$$

Die Vorzeichenstelle muß folgender Beziehung gehorchen:

$$P_{2n} = X_n \neq Y_n = \overline{X_n}.Y_n \vee X_n.\overline{Y_n} = \overline{X_n}.Y_n + X_n.\overline{Y_n} \, . \tag{3.37}$$

Einsetzen von (3.37) in (3.36) ergibt

$$P[2n] = X * Y - X_n * 2^n Y - Y_n * 2^n X$$

$$+ \underbrace{X_n Y_n 2^{2n} + \overline{X_n} Y_n 2^{2n}}_{=Y_n 2^{2n}} + \underbrace{X_n \overline{Y_n} 2^{2n} + \overbrace{X_n Y_n 2^{2n}}^{=0}}_{=X_n 2^{2n}} - X_n Y_n 2^{2n} .$$

Für den Fall $X_n = Y_n = 1$ muß 2^{2n} abgezogen werden, indem das Übertragsbit in die Stelle 2^{n+1} mit der Wertigkeit 2^{2n} nicht beachtet wird (mod 2^{2n}). Damit erhält man allgemein:

$$\begin{aligned} P[2n] = (X * Y \quad &+ \quad X_n * 2^n(2^n - Y) \\ &+ \quad Y_n * 2^n(2^n - X)) \bmod 2^{2n} . \end{aligned} \tag{3.38}$$

Diese Beziehung läßt sich in 4 Fälle aufspalten:

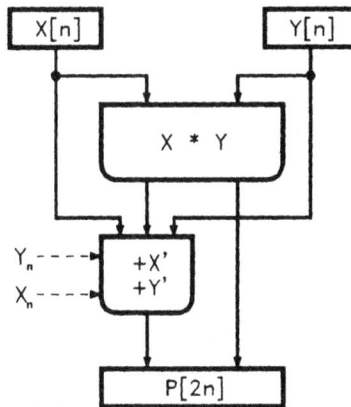

Abb. 3–26: Rechenwerk für die Multiplikation im Zweikomplement

1. $X_n = 0$, $Y_n = 0$: $P[2n] = X * Y$
   x und y sind positiv: es ist keine Korrektur notwendig.

2. $X_n = 0$, $Y_n = 1$: $P[2n] = X * Y + 2^n(2^n - X)$
   x ist positiv, y negativ: das Komplement von X, verschoben um n Stellen nach links, muß addiert werden.

3. $X_n = 1$, $Y_n = 0$: $P[2n] = X * Y + 2^n(2^n - Y)$
   x ist negativ, y positiv: das Komplement von Y, verschoben um n Stellen nach links, muß addiert werden.

4. $X_n = 1 , Y_n = 1$:
    $P[2n] = X * Y + 2^n(2^n - Y) + 2^n(2^n - X) - [2^{2n}]$
    x und y sind negativ: die Komplemente von X und Y, verschoben
    um n Stellen nach links, müssen addiert werden. Der entstehende
    Übertrag wird nicht beachtet.

Zahlenbeispiel für den 4. Fall:

```
        X[5] = 1 o o 1 1        x = -13
        Y[5] = 1 o 1 1 o        y = -10


        1 o o 1 1 * 1 o 1 1 o
                  o o o o o
                1 o o 1 1
              1 o o 1 1
            o o o o o
          1 o o 1 1
          1 1 o 1 o o o 1 o
          o 1 1 o 1              +2^5(2^5 - X[5])
          o 1 o 1 o                          +2^5(2^5 - Y[5])
        1 o o 1 o o o o o 1 o
```

$$+2^5(2^5 - X[5])$$
$$+2^5(2^5 - Y[5])$$

Eine prinzipielle Lösung für das Rechenwerk zeigt Abb. 3–26. Außer
dem Multiplikationsschaltnetz ist ein Additionsschaltnetz für die Korrektur notwendig. Bei einer Realisierung als Schaltkette wird man versuchen, die notwendigen Korrekturen schon während der Multiplikation schrittweise zu berücksichtigen, d.h. die Kettenglieder führen dann
schon Teilkorrekturen durch.

Bei der bisher betrachteten Methode wird auch der Sonderfall 1oo...o
mal 1oo...o $(-2^{n-1}$ mal $-2^{n-1})$ noch richtig erfaßt. Schließen wir
diesen Sonderfall aus, dann genügen $2n - 1$ Stellen zur Darstellung des
Produkts. Wie bei der 2-Komplement-Addition ist es also durchaus sinnvoll, die Zahl 1oo...o zu verbieten. Bei den weiteren Multiplikationsmethoden wird versucht, mit möglichst wenig Schritten auszukommen
und die Korrekturen schon während der eigentlichen Multiplikationen
durchzuführen. Eine gute Darstellung der meisten der hier geschilderten Verfahren ist auch in [Chu-2] zu finden.

3.2.2.2 Burks-Goldstine-von-Neumann-Methode

Bei dieser Methode werden die Zweikomplementzahlen ohne Vorzeichen
multipliziert. Die betragsmäßig größten Operanden $(-2^{n-1} = 1oo...o)$
sind verboten. Die notwendigen Korrekturen lassen sich wieder unter

Verwendung der Rückabbildungsgleichung $X = X[n] - X_n * 2^n$ und der Beziehung $X[n] = X[n-1] + X_n * 2^{n-1}$ ermitteln:

$$P[2n-1] = X[n-1] * Y[n-1] + X_n 2^{n-1}(2^n - Y[n-1])$$
$$+ Y_n 2^{n-1}(2^n - X[n]) - X_n Y_n 2^{2n-1} . \qquad (3.39)$$

Der Term $-X_n Y_n 2^{2n-1}$ bedeutet, daß der entstehende Übertrag in die Stelle P_{2n} nicht beachtet werden darf, d.h. das Ergebnis wird modulo 2^{2n-1} betrachtet.

Zahlenbeispiel:

```
X[5] = 1 o o 1 1        x = -13
Y[5] = 1 o 1 1 o        y = -10


 o o 1 1 * o 1 1 o
           o o o o
         o o 1 1
       o o 1 1
     o o o o
     o o 1 o o 1 o
   o 1 1 o 1              +2^4(2^5 - X[5])
   1 1 o 1 o                        +2^4(2^5 - Y[4])
 1 o 1 o o o o o 1 o
```

Nachteilig bei dieser Methode ist, daß im Anschluß an die Multiplikation zwei Korrekturen durchgeführt werden müssen. Man kann nun die Korrektur mit dem Komplement von Y schon während der Multiplikation erledigen, so daß nur noch die Korrektur mit dem Komplement von X übrig bleibt. Dadurch braucht Y auch nicht mehr bis zum Schluß aufgehoben zu werden.

Die Korrektur von $2^{n-1}(2^n - Y[n-1])$ in (3.39) kann wie folgt umgeformt werden:

$$2^{n-1}(2^n - Y[n-1]) = 2^{n-1}(2^{n-1} - Y[n-1] + 2^{n-1})$$
$$= 2^{n-1}(Y'[n-1] + 2^{n-1})$$
$$= 2^{n-1}(\overline{Y[n-1]} + 2^{n-1} + 1) \qquad (3.40)$$

Die Methode von BURKS-GOLDSTINE-VON-NEUMANN [Bur] besteht nun darin, während der Multiplikation eine 1 nachzuziehen, wenn $X_n = 1$ und $Y_i = o$ ist. Damit wird die Korrektur um $2^{n-1} * \overline{Y[n-1]}$ schrittweise durchgeführt. Am Schluß muß dann noch die Konstante $2^{n-1}(2^{n-1} + 1)$ dazu addiert werden. Die Addition der Konstanten kann für den Fall $X_n = 1$ und $Y_n = 1$ mit der Korrektur $2^{n-1}(2^n - X[n])$ zusammengefaßt werden, so daß insgesamt höchstens ein Korrekturschritt erforderlich ist.

Zahlenbeispiel zur Methode von Burks-Goldstine-von-Neumann:

$$X[5] = 1 \, o \, o \, 1 \, 1 \qquad x = -13$$
$$Y[5] = 1 \, o \, 1 \, 1 \, o \qquad y = -10$$

```
o o 1 1 * o 1 1 o
        1 o o o o   .
      + o o 1 1      .
      o 1 o 1 1      .
    + o o 1 1        .    Nachziehen von Y‾_i
    o 1 o o o        .
  + o o o o          .
  1 o 1 o o          .
+ 1 o o o 1          .    Korrekturkonstante 2^{n-1}(2^{n-1}+1)
+ o 1 1 o 1          2^{n-1}(2^n - X[n])
1 o 1 o o o o o 1 o
```

Eine ähnliche Methode besteht darin, den vollständigen Multiplikanden $X[n]$ mit dem Multiplikator $Y[n-1]$ ohne Vorzeichen zu multiplizieren. Unter Verwendung der Rückabbildungsgleichung $y = Y[n-1]-Y_n*2^{n-1}$ ergibt sich:

$$P[2n-1] = X[n]*Y[n-1] + X_n 2^n (2^{n-1} - Y[n-1])$$
$$+ Y_n 2^{n-1}(2^n - X[n]) - X_n Y_n 2^{2n-1} . \qquad (3.41)$$

Der Term $-X_n Y_n 2^{2n-1}$ bedeutet, daß ein auftretender Übertrag in die Stelle P_{2n} ignoriert werden muß.

Zahlenbeispiel:

$$X[5] = 1 \, o \, o \, 1 \, 1 \qquad x = -13$$
$$Y[5] = 1 \, o \, 1 \, 1 \, o \qquad y = -10$$

```
1 o o 1 1 * o 1 1 o
          o o o o o
        1 o o 1 1
      1 o o 1 1
      o o o o o
    o 1 1 o 1          +2^4(2^5 - X[5])
    1 o 1 o                +2^5(2^4 - Y[4])
1 o 1 o o o o o 1 o
```

Auch bei dieser Methode kann durch Nachziehen einer 1 für $X_n = 1$ und $Y_i = o$ die Korrektur mit dem Komplement von Y schrittweise durchgeführt werden. Am Schluß muß noch eine 1, verschoben um n Stellen, addiert werden.

3.2.2.3 Erste Methode von Robertson

Die nachträgliche Korrektur mit dem Komplement von Y kann auch dadurch vermieden werden, daß X nach links mit seinem Vorzeichen erweitert wird. Dadurch ist sichergestellt, daß sich beim Aufaddieren der Partialprodukte $X * Y_i$ für $X_n = 1$ (x negativ) und $Y_n = 0$ (y positiv) immer eine negative Zwischensumme ergibt. Das Produkt ergibt sich mit $y = Y[n-1] - Y_n * 2^{n-1}$ zu

$$p = x * Y[n-1] + Y_n * 2^{n-1}(-x) . \tag{3.42}$$

Bei der schrittweisen Auswertung dieser Gleichung werden x und p im Zweikomplement mit einer ausreichenden Anzahl von Stellen angesetzt.

Zahlenbeispiel:

$$X[5] = 1 \, 0 \, 0 \, 1 \, 1 \qquad x = -13$$
$$Y[5] = 1 \, 0 \, 1 \, 1 \, 0 \qquad y = -10$$

```
1 0 0 1 1 * 0 1 1 0
        0 0 0 0 0 0    .
      + 1 0 0 1 1      .   Wenn Zwischenergebnis
      1 1 0 0 1 1      .   negativ, dann immer
    + 1 0 0 1 1        .   1 nachziehen
    1 0 1 1 0 0        .
  + 0 0 0 0 0          .
  1 1 0 1 1 0              = x * Y[n-1]
+ 0 1 1 0 1
1 0 1 0 0 0 0 0 1 0                +2^4(2^5 - X[5])
```

Die Methode von ROBERTSON hat den Vorteil, daß die Korrektur mit dem Komplement von Y durch das Nachziehen von Einsen nach dem Aufaddieren der Teilprodukte vorgenommen werden kann. Das Zwischenergebnis wird das erste Mal negativ, wenn $X_n = 1$ und $Y_i = 1$ ist. Damit alle weiteren Zwischenergebnisse negativ bleiben, muß danach immer eine 1 nachgezogen werden.

Abb. 3–27 zeigt den Ablauf und das Rechenwerk der serien-parallelen Addition nach der 1. Methode von ROBERTSON. Im Zustand 2 wird für $X_i = 1$ ($P1_1 = 1$) der Multiplikand x zum Akkumulator $P2$ addiert, und das Vorzeichen X_n wird nachgezogen. Wenn $Y_i = 0$ ist, dann wird das vorhandene Vorzeichen $P2_n$ nachgezogen (arithmetischer Schift). Im Zustand 3 wird für $P1_1 = 1$ das Komplement von X addiert. Das $(2n-1)$-stellige Produkt im Zweikomplement steht dann linksbündig in $P2$ und $P1$, mit dem Vorzeichen $P2_n$. Das Bit $P1_1$ enthält das alte

register $(X,Y,P2,P1)[n]$;

① — $P2 \leftarrow 0, \; P1 \leftarrow Y$

(1.)
(n−2)mal
② — if $P1_1 = o$ then $P2\_P1 \leftarrow P2_n$ inshr $P2\_P1$
else $P2\_P1 \leftarrow X_n$ inshr $(P2+X)\_P1$ fi

③ — if $P1_1 = l$ then $P2 \leftarrow P2 + X'$ fi   "$X' = \bar{X} + 1$"

$(P1_1 = o)$.Zustand 2 — $H == P2$
$(P1_1 = l)$.Zustand 2 — $H == P2+X$
$(P1_1 = l)$.Zustand 3 — $H == P2+X'$

H

$\overline{X_n}.\overline{P1_1} \vee \overline{P2_1}$ — Rechtsschift

Abfrage $Y_i = P1_1$

$P2$ $P1$

Y

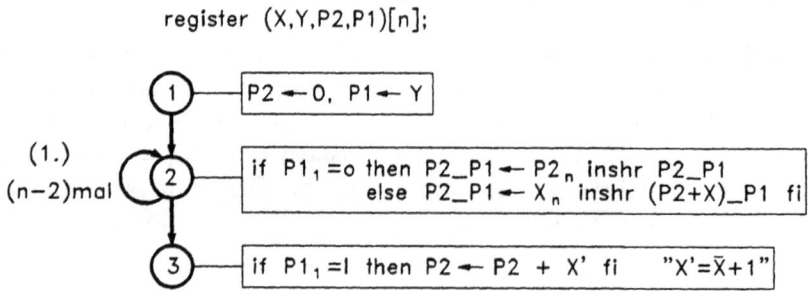

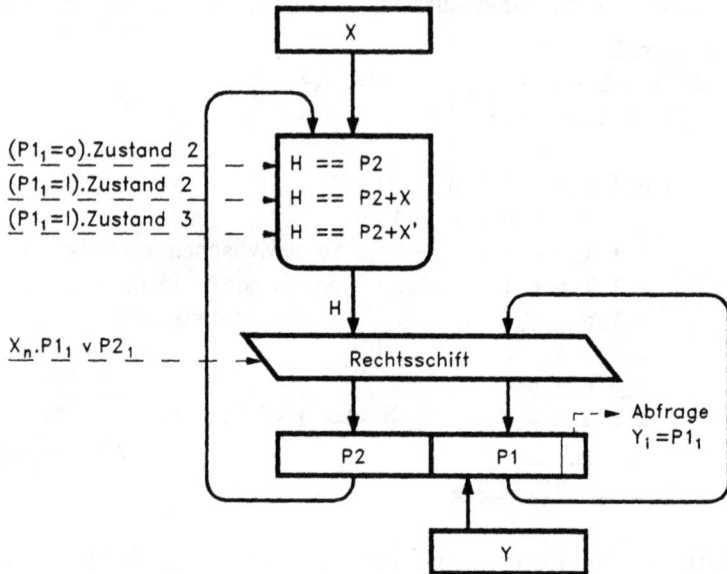

Abb. 3–27: Zustandsdiagramm für die serien-parallele Multiplikation im Zweikomplement

Vorzeichen von Y und ist für das Produkt ohne Bedeutung. Durch einen arithmetischen Schift nach rechts könnte man $P1_1$ herausschieben, und das Produkt stünde dann rechtsbündig mit zwei Vorzeichen in $P2$ und $P1$.

104

Zahlenbeispiel zur ersten Methode von ROBERTSON:

$$X = 1 \text{ o o } 1 \text{ } 1 \qquad x = -13 \qquad Y = 1 \text{ o } 1 \text{ } 1 \text{ o} \qquad y = -10$$
$$X' = \text{o } 1 \text{ } 1 \text{ o } 1$$

Zustand

1	P2_P1 <- o o o o o 1 o 1 1 <u>o</u>	
2	P2_P1 <- o o o o o o 1 o 1 <u>1</u>	arithmetischer Schift
	1 o o 1 1	$+X$
2	P2_P1 <- 1 1 o o 1 1 o 1 o <u>1</u>	Schift, $X(n)$ nachziehen
	(1)o 1 1 o o	$+X$
2	P2_P1 <- 1 o 1 1 o o 1 o 1 <u>o</u>	Schift, $X(n)$ nachziehen
2	P2_P1 <- 1 1 o 1 1 o o 1 o <u>1</u>	arithmetischer Schift
	o 1 o o o	$+X'$, Korrektur
3	P2_P1 <- <u>o 1 o o o o o 1 o</u> 1	
4		

3.2.2.4 Zweite Methode von Robertson

Die erste Methode von ROBERTSON erfordert eine nachträgliche Korrektur mit dem Komplement von X, wenn Y negativ ist. Prinzipiell besteht die Möglichkeit, auch das Komplement von X schon seriell während der schrittweisen Addition zu berücksichtigen. Allerdings muß dann zusätzlich das Komplement von X zur Verfügung stehen, und eine weitere Additionsstelle muß bereitgestellt werden. Um die nachträgliche Korrektur zu vermeiden, hat ROBERTSON [Rob] vorgeschlagen, x und y vor der Multiplikation zu negieren, wenn y negativ ist. Dann ist y immer positiv, und die Multiplikation wird auf die beiden Fälle $X_n = $ o, $Y_n = $ o und $X_n = 1, Y_n = $ o reduziert. Bei dieser Methode ist also am Anfang ein zusätzlicher Schift erforderlich, wenn $Y_n = 1$ ist. Das Rechenwerk wird dadurch komplizierter und der Multiplikator $Y = 1$oo...o muß wegen der nicht möglichen Komplementbildung verboten werden.

3.2.2.5 Algorithmus von Booth

Der Algorithmus von BOOTH (A. D. BOOTH und K. H. V. BOOTH [Boo]) erfordert keine nachträglichen Korrekturen. Er basiert auf der Zerlegung einer Dualzahl $Y[n]$ in eine $n + 1$-stellige ternäre Zahl, deren Ziffern die Werte +1, o, -1 annehmen können. Durch eine einfache Umformung ergibt sich

$$Y[n] \quad = \quad \sum_{i=1}^{n} Y_i * 2^{i-1}$$

$$= \sum_{i=1}^{n+1} (Y_{i-1} - Y_i) * 2^{i-1} \quad \text{mit } Y_{n+1} = Y_0 = 0 . \tag{3.43}$$

Beispiel:

$$+10 = \text{1o1o}_2 = (+1,-1,+1,-1,0) \;=\; \text{1111o}$$
$$\phantom{+10 = \text{1o1o}_2 = (+1,-1,+1,-1,0) \;=\;} \text{+-+-}$$

Für eine Zweikomplementzahl $Y[n]$ gilt $y = Y[n] - Y_n * 2^n$. Ersetzt man $Y[n]$ durch (3.43), dann folgt

$$y = \sum_{i=1}^{n} (Y_{i-1} - Y_i) * 2^{i-1} \quad \text{mit } Y_0 = 0 . \tag{3.44}$$

Diese Beziehung ist eine andere Form der Rückabbildungsgleichung vom Zweikomplement auf den Wert y. Die Ziffern der ternären Zahl ergeben sich dabei direkt aus der Differenz zweier aufeinanderfolgender Ziffern der Zweikomplementzahl.

Die Produktbildung können wir, wie bei den Vorzeichenzahlen (Abschnitt 3.2.1, Fall 2), in ein Gleichungssystem umformen:

$$p = x * y = x * \sum_{i=1}^{n} (Y_{i-1} - Y_i) * 2^{i-1} \tag{3.45}$$

Mit $\hat{x} = x * 2^n$ folgt daraus

$$
\begin{aligned}
p^0 &= 0 \\
p^1 &= (p^0 - (Y_1 - 0) * \hat{x}) * 2^{-1} \\
p^2 &= (p^1 - (Y_2 - y_1) * \hat{x}) * 2^{-1} \\
&\;\;\vdots \\
p^n &= (p^{n-1} - (Y_n - Y_{n-1}) * \hat{x}) * 2^{-1} \tag{3.46}
\end{aligned}
$$

Die letzte Multiplikation mit 2^{-1} kann entfallen, wenn $\hat{x} = x * 2^{n-1}$ gesetzt wird. Diese Gleichungen können wie folgt interpretiert werden: In Abhängigkeit von zwei aufeinanderfolgenden Ziffern der Zweikomplementzahl $Y[n]$ wird x addiert, subtrahiert, oder es wird keine Operation durchgeführt (abgesehen von dem anschließenden Schift):

$$
\begin{aligned}
Y_i Y_{i-1} = \text{o 1}: &\quad \text{Addition} \\
\text{1 o}: &\quad \text{Subtraktion} \\
\text{o o}: &\quad \text{keine Operation} \\
\text{1 1}: &\quad \text{keine Operation} .
\end{aligned}
$$

register X[n], Y[n], P(2*n:0);

signal H[n];   "Ausgang des Additionsschaltnetzes"

equal P2[n] = P(2*n:n+1), P1[n] = P(n:1);

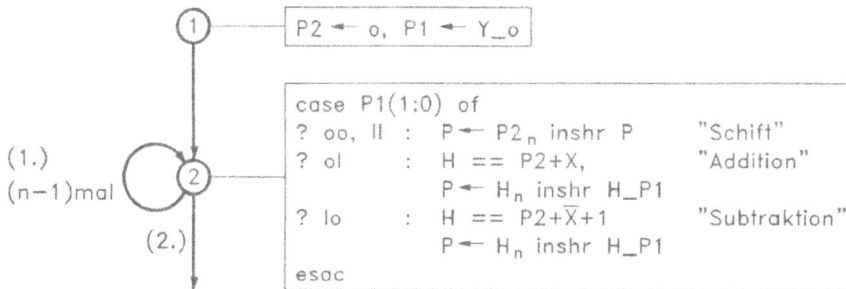

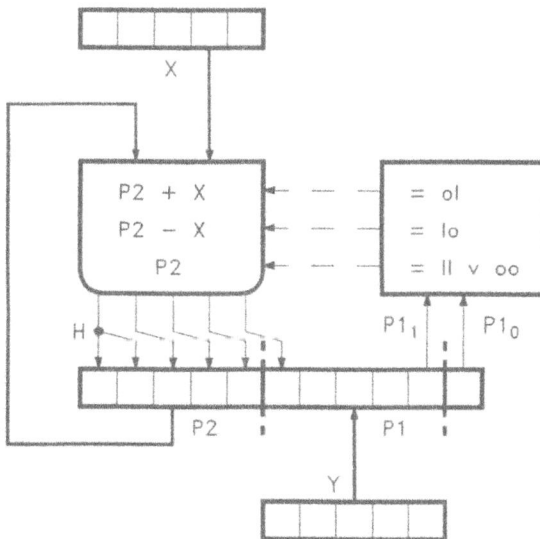

Abb. 3–28: Mikroalgorithmus und Rechenwerk für die Multiplikation nach BOOTH

Abb. 3–28 zeigt das synchrone Zustandsdiagramm und das Rechenwerk für die Multiplikation von 2-Komplementzahlen nach dem Algorithmus von BOOTH. Subtraktion und Addition wird zweckmäßigerweise im 2-Komplement durchgeführt, da die Operanden im 2-Komplement zur Verfügung stehen. Dann sind die Teilergebnisse Pi auch 2-Komplementzahlen. Da zwei aufeinanderfolgende Additionen oder Subtraktionen nicht möglich sind, kann kein Überlauf auftreten. An jede Operation schließt sich ein arithmetischer Rechtsschift an. Der letzte Rechtsschift, der eigentlich überflüssig ist, bewirkt, daß das Produkt rechtsbündig in den Registern $P2$ und $P1$ steht.

Zahlenbeispiel zur Multiplikation nach BOOTH:

$$x = -13 \qquad y = -10$$
$$X = 1\ o\ o\ 1\ 1 \qquad Y = 1\ o\ 1\ 1\ o$$
$$X = o\ 1\ 1\ o\ 1 \qquad Y = 1\ 1\ o\ 1\ o$$
$$- \quad + \quad -$$

Zustand		
1	P <- o o o o o,1 o 1 1 o,o	
2	P <- o o o o o,o 1 o 1 1,o	Schift
	o 1 1 o 1	$+X'$
2	P <- o o 1 1 o,1 o 1 o 1,1	Schift
2	P <- o o o 1 1,o 1 o 1 o,1	Schift
	1 o 1 1 o	$+X$
2	P <- 1 1 o 1 1,o o 1 o 1,o	Schift
	o 1 o o o	$+X'$
2	P <- <u>o o 1 o o,o o o 1 o</u>,1	Schift

3.2.3 Parallele Multiplikation

Die bisher behandelten Multiplikationsmethoden liefen serien-parallel ab. Die Teilprodukte wurden parallel berechnet, aber seriell aufaddiert. Diese Algorithmen können natürlich noch weiter zerlegt werden, indem auch die Addition seriell ausgeführt wird. Das dauert aber im allgemeinen zu lange. Um auf besonders kurze Ausführungszeiten zu kommen, kann die Multiplikation parallel durch ein Schaltnetz ausgeführt werden. Die einfachste Lösung wäre es, alle möglichen Produkte in Form einer Tabelle in einem Festwertspeicher abzuspeichern. Allerdings würde man für einen 16-Bit-Multiplizierer bereits einen Speicher mit 2^{32} Speicherworten benötigen. Eine andere Möglichkeit besteht darin, die Multiplikations-Tabelle logisch zu minimieren und in Form einer Schaltmatrix, die als programmierbarer Baustein (PLA) hergestellt werden kann, zu realisieren. Der Aufwand läßt sich dadurch beträchtlich reduzieren, aber es werden speziell programmierte Schaltmatrizen benötigt. Der Aufwand ist dann aber immer noch ziemlich hoch, weil die Realisierung durch ein zweistufiges Schaltnetz (als Schaltmatrix) nicht die strukturellen Eigenschaften dieser Funktion berücksichtigt. Denn die Multiplikation kann in eine Hintereinanderschaltung von Teilfunktionen zerlegt werden, und das ist gerade die allgemein bekannte Realisierung durch eine zweidimensionale Schaltkette. Obwohl diese Lösung nicht die kleinste Rechenzeit der Tabellenlösung aufweist, ist sie ein guter Kompromiß zwischen Aufwand und Rechenzeit.

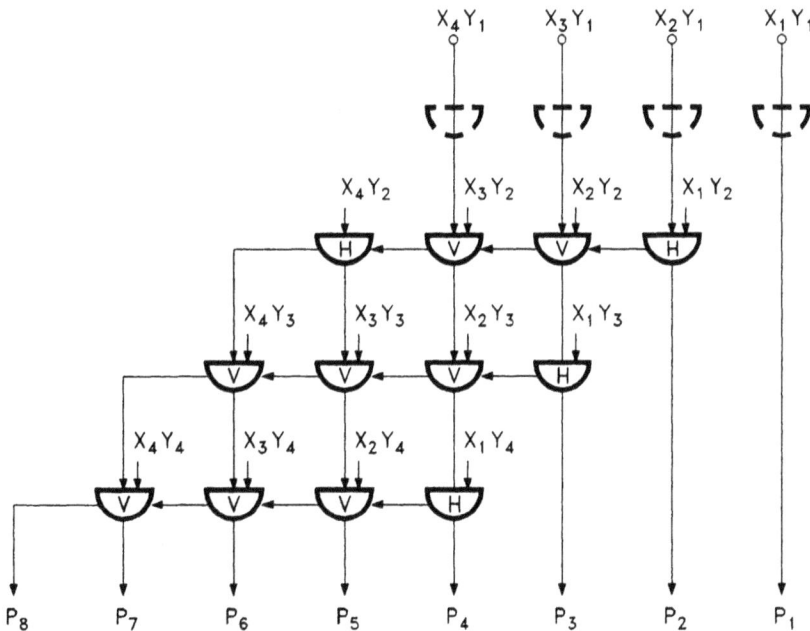

Abb. 3–29: Multiplikationsschaltnetz für Dualzahlen

Die bisher betrachteten Multiplikationsalgorithmen können direkt für eine Schaltkettenrealisierung herangezogen werden, denn auch in einer Schaltkette wird das Ergebnis schrittweise berechnet, wenn auch asynchron. Eine naheliegende, einfache Schaltkette zur Multiplikation positiver Dualzahlen auf der Basis des Carry-Ripple-Addierers zeigt Abb. 3–29 für $n = m = 4$. Für die Multiplikation eines n-stelligen Multiplikanden $X[n]$ mit einem m-stelligen Multiplikator $Y[m]$ werden $(m-1)*n - m$ Volladdierer und n Halbaddierer benötigt. Die maximale Rechenzeit beträgt $t = [n + (m-2)*2]*T$, mit $T =$ Laufzeit durch einen

Voll- oder Halbaddierer. Durch Anwendung der *Carry-Save-Technik* (siehe Abschnitt 3.1.1.6), d.h. durch eine Verarbeitung der Überträge in der nächsten Stufe, läßt sich die Multiplikationsschaltkette nach Abb. 3-30 entwickeln. Die Rechenzeit hat sich dabei auf $t = (m-2) * T$ plus die Zeit für die Abschlußaddition verringert.

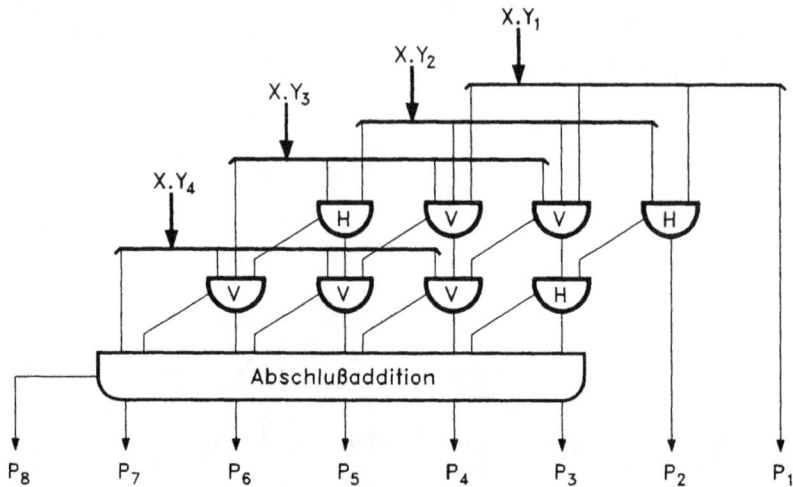

Abb. 3-30: Multiplikationsschaltnetz mit Carry-Save-Addition

Auf die im folgenden behandelten Schaltketten läßt sich die Carry-Save-Technik ebenso anwenden. Dabei wird der Übertrag nicht „horizontal" vom Volladdierer (i, j) in den Volladdierer $(i, j+1)$, sondern „schräg nach unten" in den Volladdierer $(i+1, j+1)$ weitergeleitet. Dabei ist i der Stufenindex (zählt von oben nach unten) und j der Spaltenindex (zählt von rechts nach links).

Wenn man eine größere Zahl von Multiplikationen hintereinander ausführen will (z.B. bei der Verarbeitung von Vektoren, Vektorrechenwerke in Hochleistungsrechnern), dann wird man die Multiplikationsschaltketten als Pipeline unter Verwendung der Carry-Save-Technik aufbauen. Dazu müssen zwischen den s Stufen Register eingefügt werden. Um das erste Ergebnis zu berechnen, werden s Takte benötigt. Mit jedem Takt kann dann ein weiteres Ergebnis berechnet werden, weil sich in den Registern der vorausgehenden Stufen schon die nachfolgenden Teilergebnisse befinden. Bei langen Vektoren kann man durch diese Pipeline-Technik die Rechenzeit beinahe auf $1/s$ reduzieren.

Multiplikationsschaltketten für die Multiplikation von Zweikomplementzahlen zeigen die Abb. 3–31 und 3–32. Die Schaltkette (Abb. 3–31) arbeitet nach der 1. Methode von ROBERTSON. Die Oder-Gatter dienen dazu, die Korrektur mit dem Komplement von Y zu erzeugen. Dazu wird die Funktion $X_n.Y_i \lor P_{2n}$ nachgezogen (vergl. Abb. 3–27). Das Komplement von X wird anschließend addiert, falls $Y_n = 1$ ist. Die Schaltkette besitzt nur $2n - 1$ Ausgänge, da nur ein Vorzeichen benötigt wird. Wenn die Schaltkette auch den Sonderfall 1oo...o mal 1oo...o berechnen soll, dann muß das Schaltnetz für Y um eine Stelle erweitert werden. Für das Produkt $X[n]$ mal $Y[m]$ beträgt die maximale Rechenzeit $t = [n + (m - 2) * 2] * T$ Laufzeiten. Die Rechenzeit läßt sich reduzieren, wenn die einzelnen Addierschaltnetze mit Übertragsvorausberechnung (Carry Look Ahead) versehen werden oder die Carry-Save-Technik eingesetzt wird.

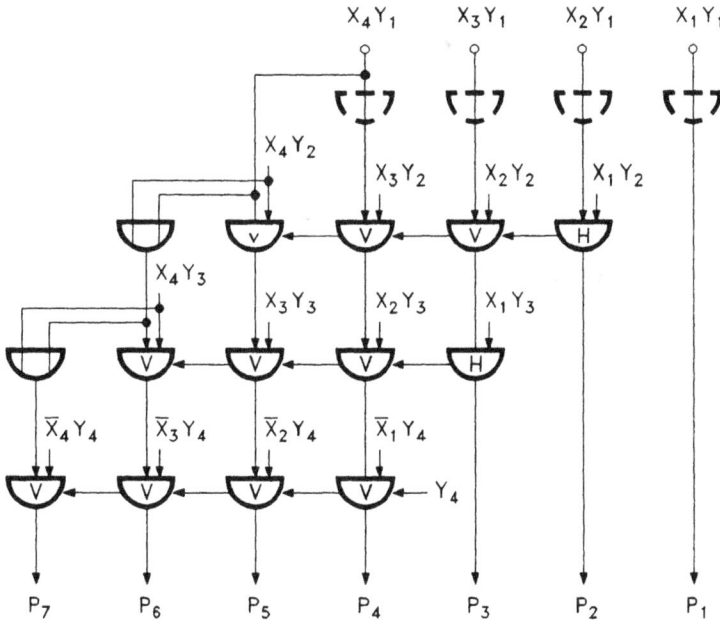

Abb. 3–31: Multiplikationsschaltkette für Zweikomplementzahlen

Die Schaltkette von BAUGH und WOOLEY (Abb. 3–32) arbeitet im wesentlichen nach der Methode von BURKS-GOLDSTINE-VON-NEUMANN [BaW]. Mit dem Ansatz

$$p = P[2n] - P_{2n} * 2^{2n} ,$$
$$x = X[n - 1] - X_n * 2^{n-1} ,$$

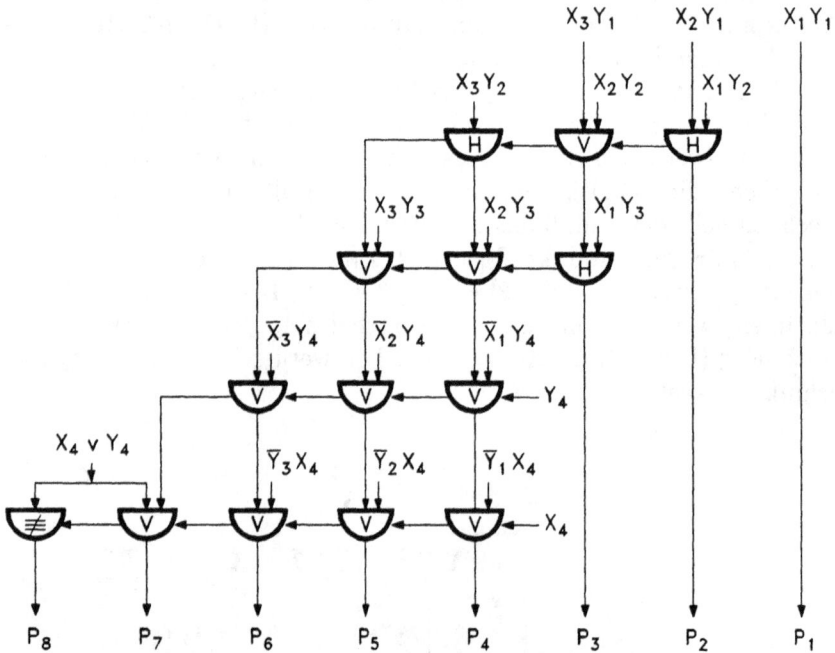

Abb. 3–32: Multiplikationsschaltkette nach BAUGH/WOOLEY

$$y = Y[n-1] - Y_n * 2^{n-1}$$

ergibt sich

$$P[2n] = X[n-1] * Y[n-1] + X_n 2^{n-1}(\overline{Y[n-1]} + 1)$$
$$+ Y_n 2^{n-1}(\overline{X[n-1]} + 1) + \text{Korrektur} \qquad (3.47)$$

$$\text{Korrektur} = 2^{2n-2}(X_n \vee Y_n) + 2^{2n-1}(X_n \vee Y_n) - X_n Y_n 2^{2n} . (3.48)$$

Der letzte Term entspricht dabei einem Übertrag in die Stelle 2^{2n}, der nicht beachtet wird. Für die Korrektur lassen sich auch andere Beziehungen aufstellen, vergleiche [Bln]. Die maximale Rechenzeit beträgt $t = (3n - 2) * T$ für das $2n$-stellige Produkt. Im Gegensatz zu der Schaltkette nach der 1. Methode von ROBERTSON wird auch hier noch das Produkt 1o...o mal 1o...o richtig gebildet. Wird dieser Sonderfall nicht benötigt, dann kann das Exklusiv-Oder-Gatter für P_8 entfallen.

Man kann auch den Algorithmus von BOOTH in eine Schaltkette umsetzen (Abb. 3–33). In Abhängigkeit von den beiden Steuersignalen Y_i

und Y_{i-1} muß jede Zelle addieren, subtrahieren oder nur durchschalten können. Die logischen Gleichungen für eine Zelle lauten

$$ADD = \overline{Y_i}.Y_{i-1} \qquad SUB = Y_i.\overline{Y_{i-1}}$$

$$S = A := \begin{cases} A \not\equiv B \not\equiv C & \text{für } ADD, \ SUB \\ A & \text{sonst} \end{cases}$$

$$C := \begin{cases} A.B \vee A.C \vee B.C & \text{für } ADD \\ \overline{A}.B \vee \overline{A}.C \vee B.C & \text{für } SUB \\ \text{Don't care} & \text{sonst} \end{cases}$$

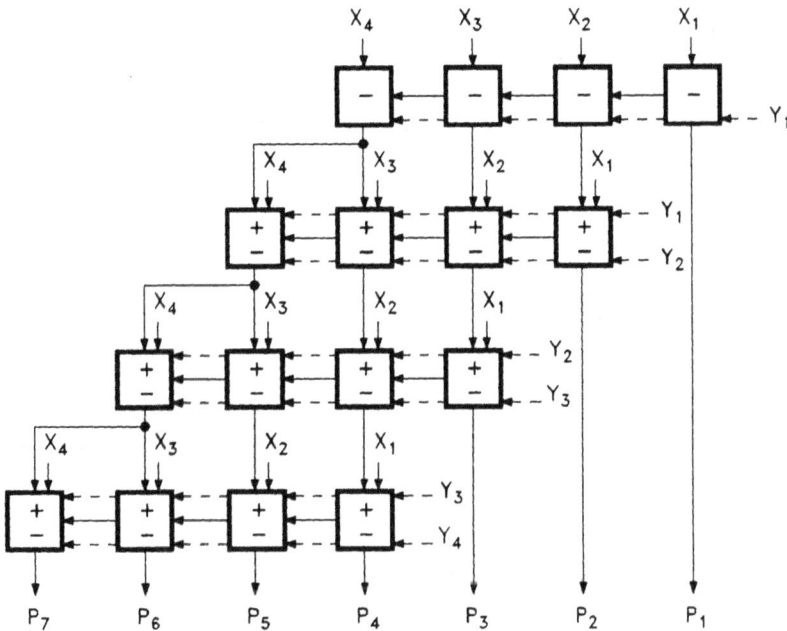

Abb. 3-33: Multiplikationsschaltkette nach BOOTH

Für den Sonderfall $X[n] = 1oo...o$ ergibt sich ein falsches Ergebnis. Dieser Multiplikand sollte möglichst verboten werden, denn die Komplementbildung ist dafür nicht möglich. Falls dieser Sonderfall dennoch erfaßt werden soll, dann muß die Schaltkette nach links um eine Stelle (Schutzstelle) erweitert werden.

Dieser Algorithmus wurde in einem Multiplizierbaustein der Firma „Advanced Micro Devices" realisiert. Jeder Baustein kann eine 4 × 2 Bit-

Multiplikation im 2-Komplement durchführen, so daß er zwei Zeilen der Schaltkette (Abb. 3–33) ersetzen kann. Der interne Aufbau des Bausteins besteht aus einem Schifter, Komplementierer und Addierer. In Abhängigkeit von drei aufeinanderfolgenden Bits kann dieser Baustein fünf Operationen durchführen: Addieren, Subtrahieren, Doppelt Addieren oder Doppelt Subtrahieren (durch internes Schiften) und Durchschalten.

Multiplikationsschaltketten, die für die Gleitkommamultiplikation benutzt werden, können vereinfacht werden, weil die Mantissen eine feste Länge haben. Das doppelt so lange Produkt muß auf die Hälfte der Stellenzahl gerundet werden, so daß ein Teil der Multiplikationsschaltkette auf der rechten Seite entfallen kann. Für einen 8×8 Bit-Multiplizierer brauchen dann nur 11 Stellen berechnet zu werden, die auf 8 gerundet werden, und für einen 16×16 Bit-Multiplizierer brauchen nur 20 Stellen berechnet zu werden. Der Fehler ist dann kleiner als die Hälfte des Wertes der niedrigstwertigen Stelle des gültigen Produkts. (Der maximale Fehler läßt sich ermitteln, indem die nicht verarbeiteten Stellen mit Einsen besetzt und aufaddiert werden.)

3.2.4 Doppelwort-Multiplikation

Wie bei der Doppelwort-Addition soll die Rechengenauigkeit auf das Doppelte erhöht werden. Die beiden $2n$-stelligen positiven Dualzahlen $A = A2\_A1$ und $B = B2\_B1$ sollen unter Verwendung der $n \times n$-stelligen Multiplikation (realisiert als Festwertspeicher, Schaltnetz, Rechenwerk oder Befehl) miteinander multipliziert werden. Der Algorithmus ergibt sich aus der Beziehung:

$$P = (A2\_A1) * (B2\_B1) = (A2 * 2^n + A1) * (B2 * 2^n + B1)$$
$$P = (A2 * B2) * 2^{2n} + (A2 * B1 + A1 * B2) * 2^n + A1 * B1 .$$

Stehen ausreichend viele Hardware-Bauelemente zur Verfügung, dann läßt sich diese Formel direkt als Schaltnetz realisieren (Abb. 3–34). Wenn nur je ein Multiplikationsbaustein und ein Additionsbaustein zur Verfügung stehen, dann kann das Produkt $P = P4\_P3\_P2\_P1$ schrittweise berechnet werden. $H1$ bis $H7$ sind Zwischenspeicher für die Teilprodukte, und C bis F dienen zum Speichern der Überträge.

Ein sequentielles Programm lautet:

```
boole (A2, A1, B2, B1, H8, H7, H6, H5, H4, H3, H2, H1,
       P4, P3, P2, P1)[n], C, D, E, F;
1. H2_H1 := A1 * B1;      H4_H3 := A1 * B2;
```

2. $H6\_H5 := A2 * B1;$ $H8\_H7 := A2 * B2;$

3. $P1 \quad\;\; := H1;$ $C\_P2 \quad := H2 + +H3;$

4. $D\_P2 \;\; := P2 + +H5;$ $E\_P3 \quad := H4 + +H7 + C;$

5. $F\_P3 \quad := P3 + +H6 + D;$

6. $P4 \quad\;\; := H8 + E + F;$

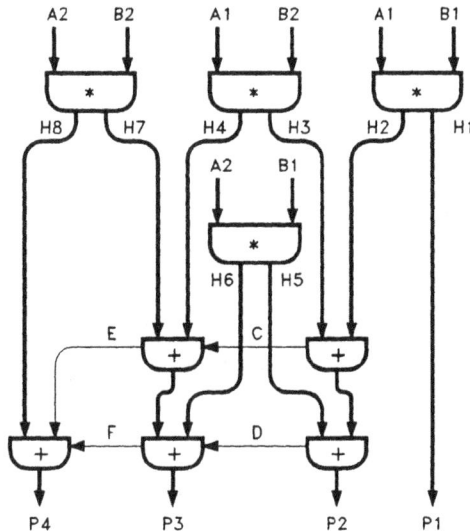

Abb. 3–34: Parallele Doppelwort-Multiplikation

Das Programm benötigt zur Ausführung 10 Operationen. Wenn zwei Operationen parallel ausgeführt werden können, so werden nur noch 6 Schritte benötigt, entsprechend den oben aufgeführten Zeilen. Dabei sind die Zeilen 2 und 3 vertauschbar. Wenn 4 Operationen parallel ausgeführt werden können, dann können die 1. und 2. Zeile zusammengefaßt werden, so daß sich die Anzahl der Schritte auf das Minimum von 5 reduziert. Eine weitere Reduzierung der Schrittanzahl ist nur möglich, indem mächtigere Operatoren (z. B. Addition von 3 Operanden mit Überträgen) zur Verfügung gestellt werden.

3.2.5 Multiplikation von binärcodierten Dezimalzahlen

Da die Multiplikation von binärcodierten Dezimalzahlen aus Gründen des Aufwands meist nur seriell erfolgt, wird hier nur ein serielles Rechenwerk betrachtet. Zur Multiplikation von n-stelligen BCD-Zahlen

$(X = X_n X_{n-1} \ldots X_1,\ Y = Y_n Y_{n-1} \ldots Y_1)$ werden ein n-stelliges Multiplikandenregister X, ein $(n+1)$-stelliger Akkumulator $P2$, ein n-stelliges Multiplikatorregister $P1$ und ein Addierer für BCD-Ziffern (4-Bit-Addierer mit Pseudotetradenkorrektur) mit Übertragsflipflop C benötigt (Abb. 3-35). Alle Register sind 4 Bit breit, um die BCD-Ziffern stellenweise speichern und verarbeiten zu können. Im folgenden Algorithmus wird für die i-te Registerstelle à 4 Bit die Schreibweise $\langle i \rangle$ benutzt:

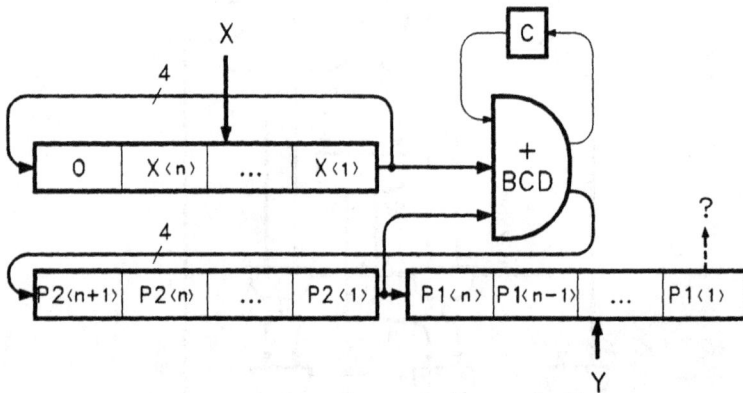

Abb. 3-35: Serielles Multiplizierwerk für binärcodierte Dezimalzahlen

1. Das Multiplikandenregister X wird mit dem Multiplikanden X und das Multiplikatorregister $P1$ mit dem Multiplikator Y geladen. Der Akkumulator wird gelöscht ($P2 := 0$).

   Die folgenden Schritte 2 und 3 werden n mal ausgeführt.

2. Die Stelle $P1\langle 1 \rangle$ des Multiplikatorregisters (entspricht zuerst $Y\langle 1 \rangle$, dann $Y\langle 2 \rangle$, usw.) wird abgefragt. Dann wird der Multiplikand X $Y\langle i \rangle$-mal in den Akkumulator addiert ($P2 := P2 + X * Y\langle i \rangle$). Jede einzelne Addition erfordert $n+1$ Schritte, wenn sie, wie hier, seriell durchgeführt wird.

3. Die beiden Register ($P2\_P1$) werden um eine Stelle nach rechts geschoben, wobei die Ziffer $P2\langle i \rangle$ nach $P1\langle n \rangle$ gelangt und $P2\langle n + 1 \rangle := 0$ gesetzt wird.

4. Das Produkt mit $2n$ BCD-Stellen steht in den beiden Registern ($P2\_P1$), wobei $P2\langle n + 1 \rangle = 0$ ist.

Es läßt sich leicht verifizieren, daß durch diesen Algorithmus, nämlich

$$P := 0; \; Z := X * 10^n;$$
$$\text{for } i := 1 \text{ to } n \text{ do } P := (P + Z * Y_i)/10 \text{ od}$$

die dezimale Multiplikation durchgeführt wird. Das Vorzeichen des Produkts wird bei vorzeichenbehafteten BCD-Zahlen getrennt ermittelt.

3.2.6 Multiplikation von Gleitkommazahlen

Die Multiplikation von Gleitkommazahlen ist im Vergleich zur Addition von Gleitkommazahlen einfach. Die Mantissen der beiden Operanden werden miteinander multipliziert und die Exponenten zur Basis b werden unabhängig davon addiert.

$$
\begin{aligned}
p &= x * y = mp * b^{ep} = (mx * b^{ex}) * (my * b^{ey}) \\
&= (mx * my) * b^{ex+ey}
\end{aligned}
$$

Geht man für mx und my von normalisierten Mantissen $1/b \leq m < 1$ aus, dann liegt die Produkt-Mantisse zwischen den Grenzen

$$b^{-2} \leq |mp| < 1 \; . \tag{3.49}$$

Das bedeutet, daß das Produkt nicht notwendigerweise normalisiert ist. Wenn die höchstwertige Ziffer der Mantisse gleich Null ist, dann muß die Mantisse um eine Stelle nach links geschoben werden, und der Exponent muß um Eins erniedrigt werden.

Wird der Wertebereich des Exponenten nach oben oder unten überschritten, dann wird die Überlaufanzeige (Overflow) oder die Unterlaufanzeige (Underflow) gesetzt.

Es folgt eine allgemeine, algorithmische Beschreibung für normalisierte Gleitkommazahlen, in der die Darstellungsform noch nicht festgelegt ist. Anweisungen, die in eckigen Klammern eingeschlossen und durch ein Komma getrennt sind, können parallel ausgeführt werden:

```
if    (x = 0) ∨ (y = 0)   then p := 0
else  mp := mx * my;
      if    1/b ≤ |mp| < 1   „normalisiert"
            then ep := ex + ey
      else  „b⁻² ≤ |mp| < 1/b"  „Normalisieren"
      [ep := ex + ey - 1, mp := mp * b] fi;
      [if ep > ep_max then   „Exponentenüberlauf" fi,
       if ep < ep_min  then   „Exponentenunterlauf, evtl. p := 0" fi]
fi.
```

Wenn mx und my n-stellig sind, sollte die Multiplikation mindestens auf $n+1$ Stellen genau ausgeführt werden, damit beim Normalisieren eine gültige Ziffer nachgezogen werden kann. Als Darstellungsform für die Mantisse eignet sich am besten die Vorzeichen-Betrag-Darstellung oder Einskomplementdarstellung. Von der Benutzung der Zweikomplementdarstellung für die Mantisse ist abzuraten, da Sonderbehandlungen bei der Multiplikation und dem Normalisieren für die betragsmäßig größte negative Mantisse erforderlich werden.

3.3 Division

Die Division ist die schwierigste Grundrechenart, für die eine Reihe ganz unterschiedlicher Berechnungsmethoden existiert. Die einfachste, aber aufwendigste Methode besteht darin, alle Quotienten in einer Tabelle (Festwertspeicher oder minimiertes Schaltnetz) direkt abzuspeichern. Meist werden die Quotientenziffern jedoch ziffernweise durch fortlaufende Subtraktionen und Vergleiche ermittelt. Bei den iterativen Verfahren (z. B. NEWTONsche Näherung) wird die Genauigkeit des Quotienten schrittweise verbessert, ausgehend von einem Startwert. Die Rechenzeit wird dabei umso kleiner, je genauer der Startwert (größere Startwertabelle) gewählt wird. In diesem Abschnitt werden nur die klassischen Divisionsverfahren behandelt, die auf der Addition und Subtraktion basieren, und nicht iterative Methoden, die die Multiplikation voraussetzen, siehe z. B. [Wal, Str].

In den folgenden Betrachtungen beschränken wir uns auf die ganzzahlige Division, bei der der *Quotient* (ganzzahlig) und der *Rest* aus der Beziehung

$$(Rest) = (\text{Dividend}) - (Quotient)*(\text{Divisor}) \quad \text{bzw.}$$

$$(Quotient) = \frac{(\text{Dividend}) - (Rest)}{(\text{Divisor})}$$

ermittelt werden.

Der echte Quotient (rationale Zahl) ergibt sich durch Addition von (Rest)/(Divisor) zu dem ganzzahligen Quotienten.

Für die ganzzahlige Division sind im wesentlichen drei Verfahren gebräuchlich:

1. die Vergleichsmethode,

2. die Methode mit Rückstellen des Restes und

3. die Methode ohne Rückstellen des Restes.

Bei der allgemein bekannten Vergleichsmethode wird durch einen Vergleich festgestellt, wie oft der Divisor in den höherwertigen Teil des Dividenden paßt. Diese Anzahl ergibt eine Quotientenstelle. Der Dividend wird dann sukzessive um das Teilprodukt (Quotientstelle mal Divisor) verringert und steht dann für einen erneuten Vergleich zur Verfügung. Die Division ist beendet, wenn der Rest kleiner als der Divisor ist. Für die Realisierung dieser Methode benötigt man ein Vergleichsschaltnetz mit b Entscheidungen, wenn b die Basis des Zahlensystems ist.

Besonders einfach gestaltet sich die Division für Dualzahlen, weil das Vergleichsschaltnetz nur die Aussagen „Divisor paßt" und „Divisor paßt nicht" liefern muß. Wenn der Divisor in den höherwertigen Teil des Dividenden paßt, dann wird das Quotientenbit = 1 gesetzt, und der Divisor wird stellenrichtig vom Dividenden subtrahiert. Im anderen Falle wird das Quotientenbit = o gesetzt und keine Subtraktion durchgeführt. Mit jedem neuen Schritt wird eine weitere Stelle des Dividenden mit zum Vergleich heranzogen.

Bei der Methode „Mit Rückstellen des Restes" wird das Vergleichsschaltnetz eingespart, indem der Divisor maximal $(b-1)$-mal vom höherwertigen Teil des Dividenden abgezogen wird. Ergibt sich bei der k-ten Subtraktion ein negativer (Zwischen-)Rest, dann ist das ein Kennzeichen dafür, daß der Divisor nur $(k-1)$-mal in den betrachteten Teil des Dividenden paßt. Bei Auftreten eines negativen (Zwischen-)Restes wird eine Korrektur durch Addition des Divisors (Rückstellen des Restes) angeschlossen. Diese Methode wird im Dividierwerk für binärcodierte Dezimalzahlen (Abschnitt 3.3.4) angewandt.

Die Methode „Ohne Rückstellen des Restes" kommt mit weniger Schritten als die Methode mit Rückstellen des Restes aus. Dabei wird ein negativer (Zwischen-)Rest nicht zurückgestellt, sondern im nächsten Rekursionsschritt weiterverarbeitet, indem der Dividend maximal $(b-1)$-mal addiert wird. Immer wenn ein positiver (Zwischen-)Rest entsteht, wird im darauffolgenden Rekursionsschritt subtrahiert und umgekehrt. Ensteht zum Schluß des Verfahrens ein negativer Rest, so muß dieser durch Addition des Divisors korrigiert werden. Die Methode ohne Rückstellen des Restes wird im folgenden Abschnitt für Dualzahlen entwickelt.

3.3.1 Division von Dualzahlen

Bei der Divisionsaufgabe sind der Dividend p und der Divisor d vorgegeben. Gesucht ist der ganzzahlige Quotient q und der Rest r, wobei die Beziehung

$$r = p - q * d \qquad \text{mit} \qquad 0 \leq r < d \qquad (3.50)$$

erfüllt sein muß. Die Division wird zunächst für Dualzahlen mit einem vorgestelltem Bit, das den Wert o hat, betrachtet.

$$
\begin{aligned}
p = P[2n-1] &= \text{o } P_{2n-2}\ldots P_1 \\
q = Q[n] &= \text{o } Q_{n-1}\ldots Q_1 \\
d = D[n] &= \text{o } D_{n-1}\ldots D_1 \\
r = R[n] &= \text{o } R_{n-1}\ldots R_1 \; .
\end{aligned}
$$

Die vorgestellte Bitstelle kann bei Vorzeichenzahlen zur Codierung des Vorzeichens benutzt werden. Diese Stelle wird auch bei der späteren Betrachtung der Division im Zweikomplement benötigt.

Bei der Division kann ein Divisionsüberlauf entstehen, wenn der Quotient nicht mit den verfügbaren Stellen dargestellt werden kann. Wenn $n-1$ Stellen für den Betrag des Quotienten vorgesehen sind, dann darf er nicht größer als $2^{n-1}-1$ werden. Wenn kein Überlauf auftreten soll, dann müssen die folgenden Bedingungen erfüllt sein:

$$
\begin{aligned}
0 &\leq \; q \leq 2^{n-1}-1 \\
0 &\leq \; q * d + r \leq (2^{n-1}-1) * d + r < 2^{n-1} * d \\
0 &\leq \; p \leq 2^{n-1} * d \; .
\end{aligned} \tag{3.51}
$$

Der um $n-1$ Stellen verschobene Divisor d muß also größer als der Dividend p sein. Diese Bedingung muß vor Beginn der eigentlichen Division abgefragt werden. Dieser Test kann durch ein Vergleichsschaltnetz oder durch die Test-Subtraktion $(p - 2^{n-1} * d < 0)$ erfolgen.

Wir wollen zuerst die Vergleichsmethode entwickeln. Dabei wird vom Dividenden schrittweise (Quotient mal Divisor) abgezogen, wobei gleichzeitig die unbekannten Quotientenbits ermittelt werden.

$$
\begin{aligned}
R &= P - (Q_n Q_{n-1} \cdots Q_1) * D \\
R &= P - Q_n * D * 2^{n-1} - Q_{n-1} * D * 2^{n-2} - \cdots Q_1 * D \tag{3.52} \\
R &= ((P 2^{-(n-1)} - Q_n * D)2 - Q_{n-1} * D)2 - \cdots Q_1 * D \; . \tag{3.53}
\end{aligned}
$$

Daraus folgt das Rekursionsschema

$$
\begin{aligned}
R^n &= P * 2^{-(n-1)} - Q_n * D \\
R^{n-1} &= R^n * 2 - Q_{n-1} * D \\
&\;\;\vdots \\
R^1 &= R^2 * 2 - Q_1 * D \; . \tag{3.54}
\end{aligned}
$$

Bei der Vergleichsmethode wird zuerst überprüft, ob der Divisor in den höherwertigen Teil des Dividenden paßt $(D \leq 2R^i)$. Wenn der Divisor paßt, dann wird das Quotientenbit $Q_{i-1} = 1$ gesetzt und die Subtraktion $R^{i-1} = 2R^i - D$ führt zu einem positiven (Zwischen-)Rest. Die Realisierung des Vergleichs erfordert eine Vergleichsoperation oder ein Vergleichsschaltnetz, die bei der *Methode mit Rückstellen des Restes* eingespart werden können. Der i-te Schritt $R^{i-1} := R^i * 2 - Q_{i-1} * D$ kann wie folgt umgeformt werden:

$$R^{i-1} := R^i * 2 - D;$$
$$\text{if } R^{i-1} < 0 \text{ then } Q^{i-1} := \text{o}; \ R^{i-1} := R^{i-1} + D; \ \text{„Rückstellen“}$$
$$\text{else } Q^{i-1} := 1; \quad \text{fi} .$$

Dabei wird in jedem Schritt zuerst der Divisor probeweise subtrahiert; wird der Teilrest R^{i-1} negativ, dann war die Subtraktion unberechtigt ($Q_{i-1} = \text{o}$), und der Teilrest wird durch Addition von D zurückgestellt.

Das umständliche Rückstellen des Restes wird bei der *Methode ohne Rückstellen des Restes* vermieden. Eine Umformung der Gleichung (3.52) ergibt

$$R = P - D * 2^{n-1} + (1 - 2Q_n)D * 2^{n-2} + \cdots$$
$$+ (1 - 2Q_2)D + (1 - Q_1)D . \tag{3.55}$$

Daraus folgt das Rekursionsschema (3.56)

$$R^n = P * 2^{-(n-1)} - D \qquad \rightarrow \quad Q_n = (R_n \geq 0)$$
$$\text{if } Q_n = 1 \text{ then „Überlauf“}$$
$$R^{n-1} = R^n * 2 + (1 - 2 * Q_n) * D \rightarrow Q_{n-1} = (R_{n-1} \geq 0)$$
$$\vdots$$
$$R^1 = R^2 * 2 + (1 - 2 * Q_2) * D \rightarrow Q_1 = (R_1 \geq 0)$$
$$R = R^1 + (1 - Q_1) * D \qquad .$$

Im ersten Schritt wird durch Subtraktion von D die Überlaufbedingung $p < 2^{n-1} * d$ abgefragt. Wenn $R_n < 0$ ist, dann tritt kein Überlauf auf, und Q_n ist gleich o. Im zweiten Schritt wird der Divisor D addiert, und Q_{n-1} ist gleich 1 für $R^{n-1} \geq 0$. In den darauffolgenden Schritten wird D subtrahiert bzw. aufaddiert, je nachdem, ob der vorhergehende Teilrest positiv oder negativ ist. Entsteht am Ende ein negativer Rest R^1 ($Q_1 = \text{o}$), dann muß als Korrektur der Divisor addiert werden. Die teilweise notwendige Subtraktion wird zweckmäßigerweise im 2-Komplement durch Addition des Komplements $\overline{D} + 1$ durchgeführt. Das negierte Vorzeichen des Teilrestes gibt dann direkt das gesuchte Quotientenbit an ($Q_i = \overline{R_n^i}$).

Im folgenden wird ein Dividierwerk für positive Dualzahlen beschrieben, das die Division eines $2n$-stelligen Dividenden (o $P_{2n-1} \ldots P_1$ o) durch einen n-stelligen Divisor (o $D_{n-1}\ldots D_1$) realisiert. Als Ergebnis entsteht ein n-stelliger Quotient (o $Q_{n-1}\ldots Q_1$) und ein n-stelliger Rest (o $R_{n-1}\ldots R_1$). Die Vorzeichen müssen getrennt behandelt werden.

Das Dividierwerk (Abb. 3–36) enthält ein Register D zur Aufnahme des Divisors, zwei Register R und Q, die zu Beginn den Dividenden enthalten und am Ende den Rest und den Quotienten aufnehmen, sowie einen Addierer/Subtrahierer. Die Division erfolgt nach dem Algorithmus ohne Rückstellen des Restes (vergl. Abb. 3–37):

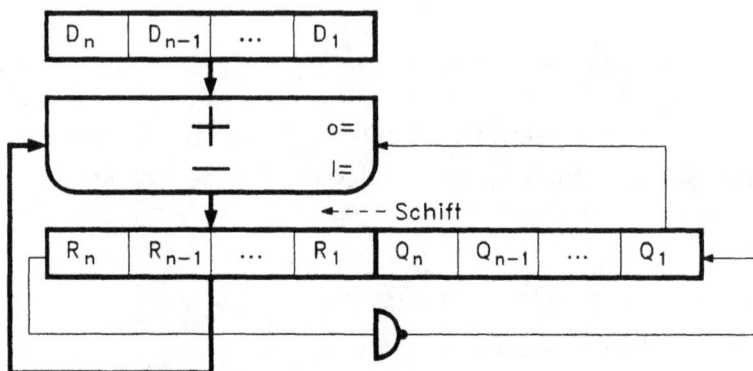

Abb. 3–36: Dividierwerk für Dualzahlen

1. Das Register D wird mit dem Divisor und die Register R_Q werden mit dem Dividenden geladen.

2. Der Divisor wird vom Inhalt des R-Registers, der den höherwertigen Teil des Dividenden enthält, subtrahiert, um einen möglichen Divisionsüberlauf festzustellen ($R \leftarrow R - D$). Die Subtraktion muß einen negativen Zwischenrest R ergeben (d. h. $R_n = 1$), denn nur dann ist der Quotient mit n Stellen darstellbar. Ist $R_n = $ o, dann wird die Überlaufanzeige gesetzt und die Division abgebrochen.

   Die Schritte 3 und 4 werden ($n - 1$) mal durchgeführt.

3. Die Register R_Q werden um eine Stelle nach links geschoben und Q_1 wird gleich R_n gesetzt.

4. Wenn $Q_1 = $ o ist, dann wird D zu R addiert ($R \leftarrow R + D$), andernfalls wird D von R subtrahiert ($R \leftarrow R - D$).

5. Nur das Q-Register wird nach links geschoben, und R_n wird nachgezogen. Wenn der Rest negativ ist ($R_n = 1$), dann muß die Korrektur $R \leftarrow R + D$ durchgeführt werden.

122

register D[n], R[n], Q[n], OV;

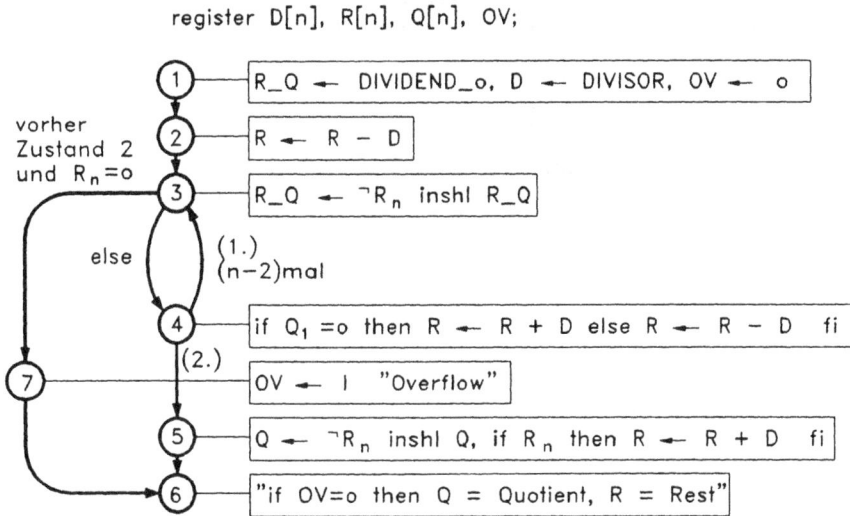

Abb. 3–37: Mikroalgorithmus für die Division von Dualzahlen

Es besteht die Möglichkeit, die Zustände 3 und 4 des Zustandsdiagramms zusammenzufassen, um dadurch die Rechenzeit zu verkürzen.

Zahlenbeispiel: $34/5 = 6$ Rest 4

```
                    P_Q = o 1 o o o 1 o  = DIVIDEND_o
                      D = o 1 o 1        = DIVISOR
                     D' = 1 o 1 1
        Zustand
           1        R_Q ← o 1 o o o 1 o o
           2          R ← 1 1 1 1 1          +D'
           3        R_Q ← 1 1 1 o 1 o o o    shl
           4          R ← o o 1 1            +D
           3        R_Q ← o 1 1 1 o o o 1    shl
           4          R ← o o 1 o            +D'
           3        R_Q ← o 1 o o o o 1 1    shl
           4          R ← 1 1 1 1 1          +D'
           5        R_Q ← o 1 o o o 1 1 o    +D, shl Q
                          ‾‾‾‾‾   ‾‾‾‾‾
                            4       6
```

3.3.2 Division von Zweikomplementzahlen

Die Lösung der Divisionsaufgabe $p - q * d = r$ wird nun auf negative Zahlen, dargestellt im Zweikomplement, erweitert. Es zeigt sich, daß relativ aufwendige Korrekturen zur Erzielung des richtigen Resultats erforderlich sind. Unter Verwendung der Rückabbildungsgleichung (1.8) ergibt sich der Rest für einen $(2n - 1)$-stelligen Dividenden zu

$$
\begin{aligned}
R[n] \; = \; & P[2n - 1] - P_{2n-1} * 2^{2n-1} + R_n * 2^n \\
& - (Q[n] - Q_n * 2^n) * (D[n] - D_n * 2^n) \; .
\end{aligned}
\tag{3.57}
$$

Dabei ist zu beachten, daß das Vorzeichen des Quotienten und des Restes gleich $P_{2n-1} \not\equiv D_n$ sein muß. Als Dividend wird die betragsmäßig größte negative Zahl $P = 100\ldots0$ verboten, da sie nicht komplementiert werden kann. In Abhängigkeit von den Vorzeichen lassen sich 4 Fälle unterscheiden:

Fall 1: p und d positiv

Die Division wird wie für positive Dualzahlen nach dem Algorithmus im Abschnitt 3.3.1 durchgeführt.

Fall 2: p negativ, d positiv

Im Prinzip kann dieser Fall auf Fall 1 zurückgeführt weden, indem P vorher und Q und R nachher komplementiert werden. Umständlich ist dabei die Komplementbildung des $(2n - 1)$-stelligen Dividenden, der meist in zwei Registern abgespeichert wird. Eleganter, aber auch nicht wesentlich einfacher ist es, direkt mit den Zweikomplementzahlen zu rechnen. Die dafür notwendigen Korrekturen werden im folgenden ermittelt. Grundsätzlich ist festzustellen, daß die bisher betrachteten Divisionsalgorithmen nur für positive Dualzahlen funktionieren. Die Methoden „Mit" und „Ohne Rückstellen des Restes" gehen von einem positiven Dividenden und einem positiven Divisor aus, wobei am Ende des Algorithmus nur ein positiver Rest erlaubt ist. Ein negativer Dividend wird im Zweikomplement durch eine positive Dualzahl repräsentiert, wodurch bereits die Forderung nach einem positiven Dividenden und Divisor erfüllt ist. Da der Divisionsalgorithmus nur einen positiven „Rest" liefert, muß untersucht werden, welche Bedeutung diesem „Pseudorest" zukommt und wie der generierte „Pseudoquotient" korrigiert werden muß. Je nach Größe des Restes löst der Algorithmus nämlich zwei unterschiedliche Gleichungen.

Fall 2a: Rest gleich Null

Es wird die Gleichung $0 = p - q * d$ gelöst, die im Zweikomplement lautet:

$$
0 = P - Q * D + D * 2^n - 2^{2n-1} \; .
\tag{3.58}
$$

Unter Verwendung von (3.55) für die Division ohne Rückstellen des Restes ergibt sich:

$$
0 = \underbrace{P - D * 2^{n-1} + D * 2^n}_{= \, +D * 2^{n-1}} + (1 - 2 * Q_n) * D * 2^{n-2} + \cdots \; .
\tag{3.59}
$$

Im Gegensatz zur Division von positiven Dualzahlen wird am Anfang der Divisor addiert und nicht subtrahiert, wobei gleichzeitig der Term -2^{2n-1} (vergl. 3.58) durch Abschneiden des entstehenden Übertrages berücksichtigt wird. In dem Rekursionsschema (3.56) ist nur die erste Zeile zu ersetzen:

$$R^n = P * 2^{-(n-1)} + D \quad \longrightarrow \quad Q_n = (R^n \geq 0) . \tag{3.60}$$

Im Fall 2 und Fall 4, der auf Fall 2 zurückgeführt wird, kann der betragsmäßig größte negative Quotient $q = -2^{n-1}$ entstehen. Möchte man diesen Wert von der weiteren Verarbeitung wegen der zu erwarteten Komplikationen bei der Komplementbildung ausschließen, so setzt man die Überlaufbedingung bei $R^n \leq 0$, ansonsten bei $R^n < 0$ ($Q_n = o$).

Fall 2b: Negativer Rest

Für $-d < r < 0$ wird die Gleichung

$$\hat{r} \;=\; r + d = p - (q - 1) * d = p - (\hat{q} * d) \tag{3.61}$$

gelöst [Hof-4], denn der Wert des $2K$-Dividenden ist um den Rest kleiner. Der Divisionsalgorithmus liefert einen Pseudorest $\hat{r}$, der die Bedingung $0 < \hat{r} < d$ erfüllt und einen Pseudoquotienten $\hat{q}$. Zur Ermittlung des gesuchten Quotienten und des Restes müssen folgende Korrekturen angeschlossen werden:

$$r := \hat{r} - d \quad \text{und} \quad q := \hat{q} + 1 . \tag{3.62}$$

In Zweikomplementdarstellung wird also zunächst folgende Gleichung aufgelöst:

$$\hat{R} = P - \hat{Q} * D + D * 2^n - 2^{2n-1} . \tag{3.63}$$

Zur Auflösung dieser Beziehung wird das gleiche Rekursionsschema wie für den Fall 2a verwendet. Ob bei dieser Auflösung der richtige Quotient oder der Pseudoquotient entstanden ist, läßt sich erst zum Schluß feststellen. Wenn dann der Rest gleich Null ist, dann ist der Quotient richtig. Ist er > 0, dann muß der Divisor abgezogen und der Pseudoquotient um 1 erhöht werden.

Fall 3: p positiv, d negativ

Dieser Fall wird auf Fall 1 zurückgeführt, indem der Divisor vorher ($D := 2^n - D$) und der Quotient nachher ($Q := \overline{Q} + 1$) komplementiert werden. Die Komplementbildung des Quotienten kann schon während der Auflösung vorgenommen werden, indem die anfallenden Quotientenbits negiert werden. Zum Schluß muß dann noch $+1$ addiert werden, damit die Komplementbildung vollständig wird.

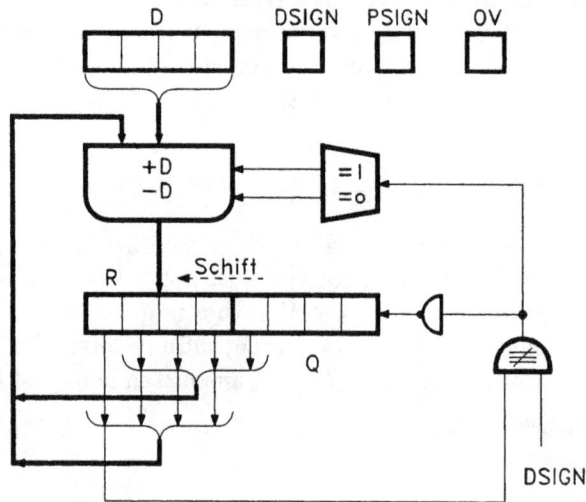

Abb. 3-38: Rechenwerk für die Division im Zweikomplement

Fall 4: p negativ, d negativ

Dieser Fall wird auf Fall 2 zurückgeführt, indem der Divisor vorher ($D :=$ $2^n - 1$) und der Quotient nachher komplementiert werden. Ensteht kein Pseudorest ($\hat{R} = 0$), dann ist $Q := \hat{Q} + 1$; wenn ein Pseudorest ($\hat{R} > 0$) entsteht, dann müssen die Korrekturen $R := R - D$ und $Q :=$ $2^n - (\hat{Q} + 1) = \overline{\hat{Q}}$ durchgeführt werden. Dabei kann die Negation des Quotienten schon bitweise während der Abarbeitung erfolgen.

Abb. 3-38 zeigt das Rechenwerk und Abb. 3-39 das synchrone Mikroprogramm für die Division im Zweikomplement. Daran anschließend werden die verschiedenen Fälle der Division anhand von Beispielen (Abb. 3-40) veranschaulicht.

Zur Verdeutlichung werden das 3. und 6. Zahlenbeispiel aus Abb. 3-40 nach dem Algorithmus aus Abb. 3-39 schrittweise durchgerechnet.

register D[n], R[n], Q[n], DSIGN, PSIGN, OV;

①─── R_Q ← DIVIDEND_o, D ← DIVISOR   "P=Dividend"

②─── PSIGN ← R_n, DSign ← D_n
if $R_n \neq D_n$ then R ← R + D else R ← R − D fi

$\binom{1.}{(n-2)mal}$

③─── Q ← ($R_n \equiv$ DSIGN) inshl Q,
if $R_n \neq$ DSIGN then R ← (Q_n inshl R) + D
                  else R ← (Q_n inshl R) − D   fi

(2.)
else
vorher
Zustand 2   ④─── Q ← ($R_n \equiv$ DSIGN) inshl Q,
und   if R_n then if ¬DSIGN then R ← R + D
$R_n \equiv$ PSIGN   else R ← R − D   fi fi

⑦─── OV ← I   "Overflow"

⑤─── if (PSIGN . (R≠0)) $\neq$ DSIGN then Q ← Q + 1 fi,
if (PSIGN . (R≠0)) then if DSIGN then R ← R + D
                       else R ← R − D fi fi

⑥─── "Q = Quotient, R = Rest"

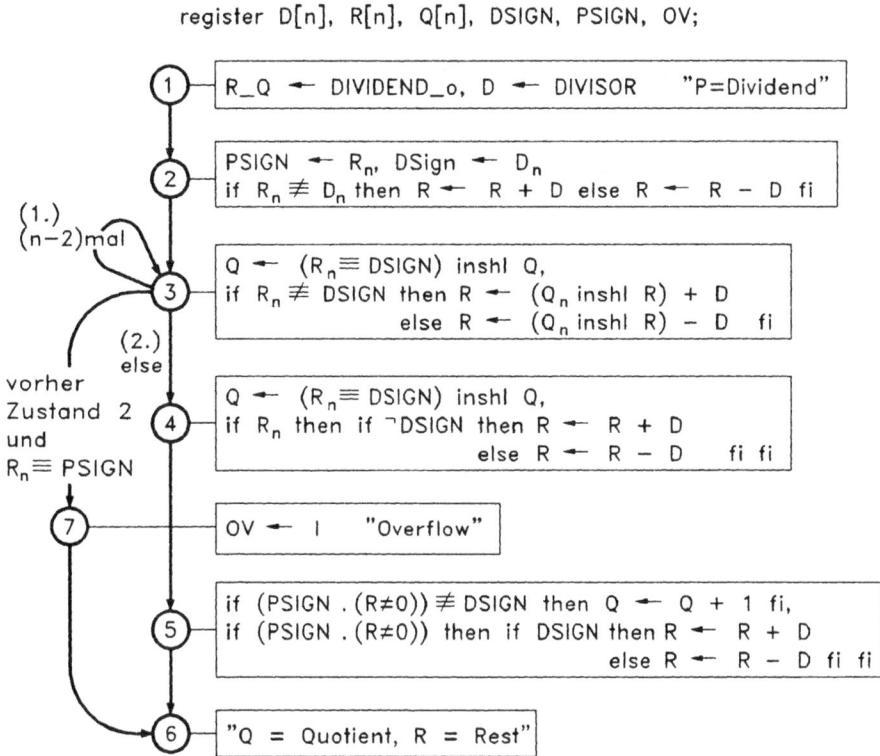

Abb. 3–39: Mikroalgorithmus für die Division im Zweikomplement

3. Beispiel: $7/3 = 2$ Rest 1

```
P = o.o 1 1 1   p = 7
D = o.1 1       d = 3
D'= 1.o 1
```

Zustand
```
1    R_Q <-  o o 1 1 1 o
2           [+D']
     R   <-  1 1 o            PSIGN ← o, DSIGN ← o
3           [+D ]            shl
     R_Q <-  o o o 1 o o
3           [+D']            shl
     R_Q <-  1 1 o o o 1
4           [+D ]            shl Q
     R_Q <-  o o 1 o 1 o     „Rest u. Quotient, keine Korr."
             ‾‾‾‾‾ ‾‾‾‾‾
               1     2
```

127

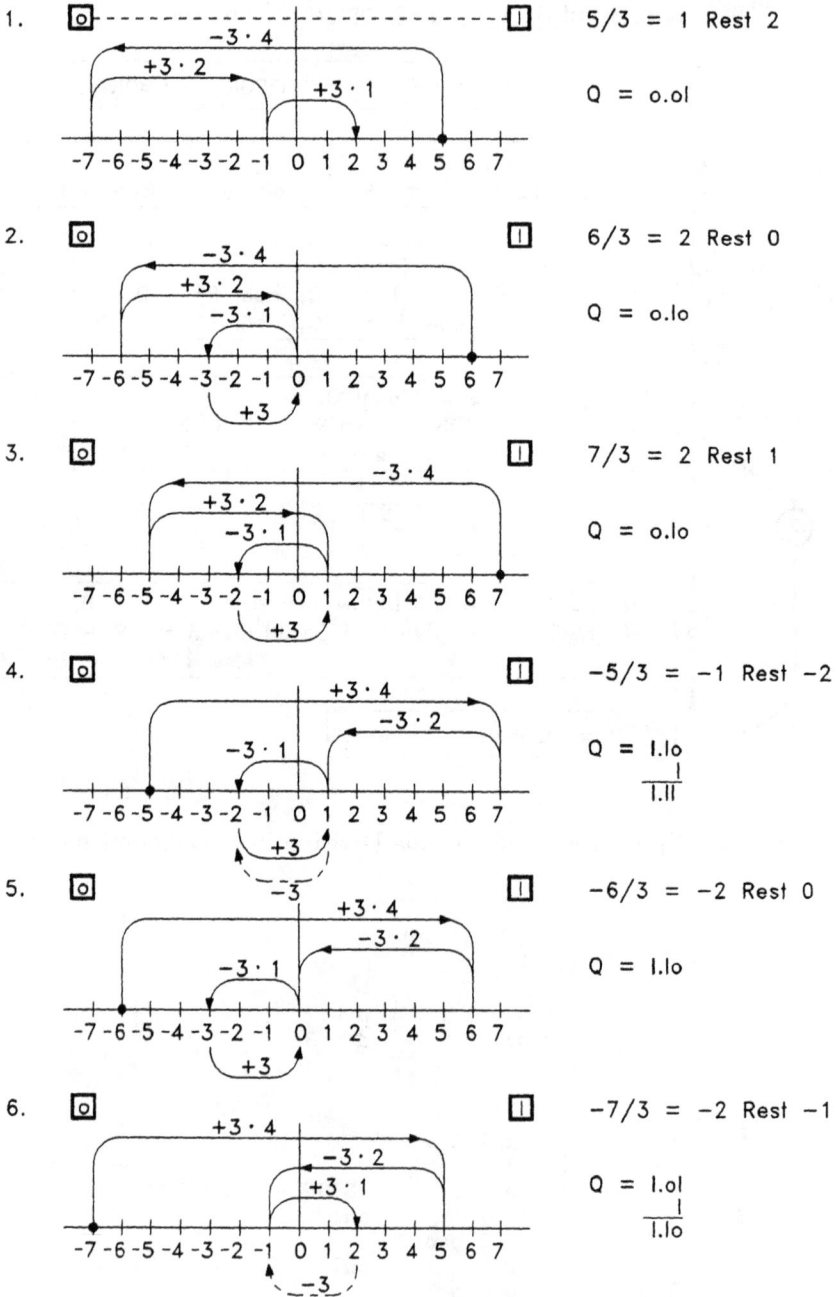

Abb. 3–40: Anschauliche Beispiele für die Division im Zweikomplement

7. |I| - |0| 5/−3 = −1 Rest 2
    −3 · 4
    +3 · 2
    +3 · 1
    -7 -6 -5 -4 -3 -2 -1 0 1 2 3 4 5 6 7   Q = 1.lo
                                                        |
                                                      ‾1.ll‾

8. |I| |0| 6/−3 = −2 Rest 0
    −3 · 4
    +3 · 2
    −3 · 1
    -7 -6 -5 -4 -3 -2 -1 0 1 2 3 4 5 6 7   Q = 1.ol
    +3 |
                                                      ‾1.lo‾

9. |I| |0| 7/−3 = −2 Rest 1
    −3 · 4
    +3 · 2
    −3 · 1
    -7 -6 -5 -4 -3 -2 -1 0 1 2 3 4 5 6 7   Q = 1.ol
    +3 |
                                                      ‾1.lo‾

10. |I| |0| −5/−3 = 1 Rest −2
    +3 · 4
    −3 · 2
    −3 · 1
    -7 -6 -5 -4 -3 -2 -1 0 1 2 3 4 5 6 7   Q = o.ol
    +3

11. |I| −3 |0| −6/−3 = 2 Rest 0
    +3 · 4
    −3 · 2
    −3 · 1
    -7 -6 -5 -4 -3 -2 -1 0 1 2 3 4 5 6 7   Q = o.ol
    +3 |
                                                      ‾o.lo‾

12. |I| |0| −7/−3 = 2 Rest −1
    +3 · 4
    −3 · 2
    +3 · 1
    -7 -6 -5 -4 -3 -2 -1 0 1 2 3 4 5 6 7   Q = o.lo
    −3

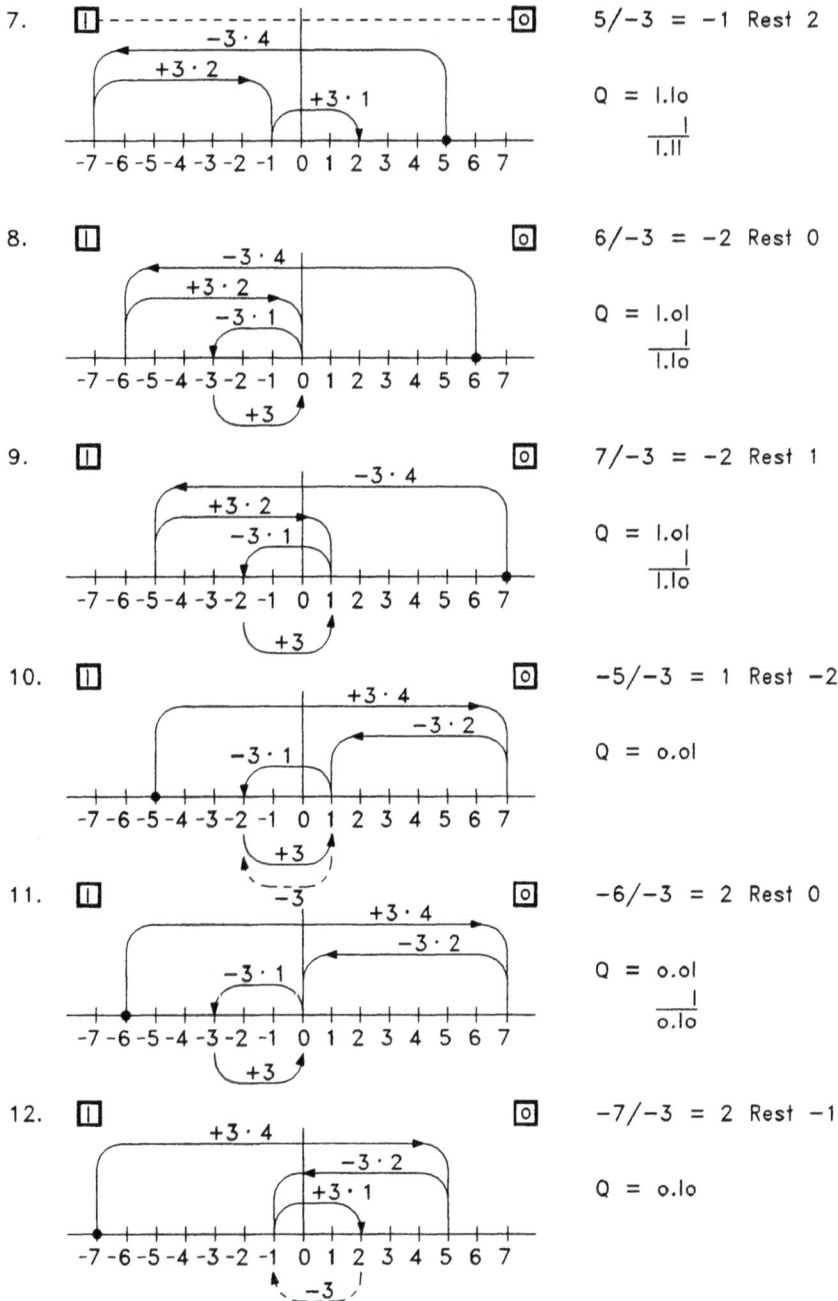

Abb. 3−41: Anschauliche Beispiele für die Division im Zweikomplement

6. Beispiel: $-7/3 = -2$ Rest -1

```
P  = 1.1 o o 1   p = -7
D  = o.1 1       d =  3
D' = 1.o 1
```

```
Zustand
   1    R_Q <-  1 1 o o 1 o
   2            [+D ]
        R   <-  o o 1              PSIGN <- o, DSIGN <- o
   3            [+D']              shl
        R_Q <-  1 1 1 1 o 1
   3            [+D ]              shl
        R_Q <-  o 1 o o 1 o
   4                               shl Q
        R_Q <-  o 1 o 1 o 1
   5            [+D'] [+1 ]        „Korrektur"
        R_Q <-  1 1 1 1 1 o        „Rest und Quotient"
                 -1     -2
```

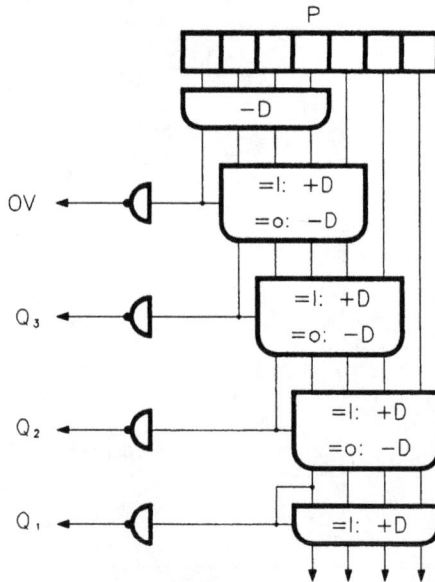

Abb. 3–42: Divisionsschaltkette für Dualzahlen

3.3.3 Parallele Division

Die bisher betrachteten Divisionsalgorithmen lassen sich natürlich auch als parallele Schaltkette realisieren, indem jeder Zeit-Schritt in einen Raum-Schritt (Schaltkettenglied) umgesetzt wird. Auch hier erweist sich die „Methode ohne Rückstellen des Restes" als die günstigste. Abb. 3–42 zeigt eine Divisionsschaltkette für positive Dualzahlen. Dabei wird der 7-stellige Dividend P durch den 4-stelligen Divisor D dividiert und der 3-stellige Quotient Q und der 4-stellig Rest R werden berechnet. Jede Stufe der Schaltkette besteht aus einem Addierer/Subtrahierer, der durch das von links eintreffende Steuersignal kontrolliert wird. Die Subtraktion wird im Zweikomplement durchgeführt. Die Verbindung des Divisors D mit den Addierern/Subtrahierern ist in Abb. 3–42 nicht eingezeichnet.

Die parallele Division für Zweikomplementzahlen erfordert eine aufwendige Schaltkette, die durch eine räumliche Abwicklung des Algorithmus nach Abb. 3–37 gewonnen werden kann. Abb. 3–43 zeigt als Beispiel das Divisionsschaltnetz für einen 7-stelligen Dividenden P und einen 4-stelligen Divisor D. Durch die vorletzte Stufe wird der Rest bzw. Pseudorest positiv gemacht. Ist bei negativen Dividenden der Pseudorest $= 0$, dann wird in der letzten Stufe der Pseudorest korrigiert und der Pseudoquotient um $+1$ erhöht (Gleichung 3.62).

3.3.4 Division von binärcodierten Dezimalzahlen

Die Division von binärcodierten Dezimalzahlen wird anhand eines Dividierwerks beschrieben, das die Division eines $(2n-2)$-stelligen positiven Dividenden $(P_{2n-2}\ldots P_1)_{\text{BCD}}$ durch einen $(n-1)$-stelligen positiven Divisor $(D_{n-1}\ldots D_1)_{\text{BCD}}$ seriell durchführt. Als Ergebnis ensteht der Quotient $(0\,Q_n\,_1\ldots Q_1)_{\text{BCD}}$ und der Rest $(0\,R_{n-1}\ldots R_1)_{\text{BCD}}$. Die Vorzeichen müssen getrennt behandelt werden. Das Dividierwerk (Abb. 3–44) enthält ein Register D zur Aufnahme des Divisors, zwei Register R und Q, die zu Beginn den Dividenden enthalten und am Ende den Rest und den Quotienten aufnehmen, sowie einen BCD-Addierer/Subtrahierer für eine BCD-Stelle. Alle Register sind 4 Bit breit.

Die Division erfolgt nach der Methode mit Rückstellen des Restes, wobei die Schreibweise $\langle i \rangle$ für die i-te Registerstelle á 4 Bit benutzt wird:

1. Das Register D wird mit dem Divisor $(0\,D_{n-1}\ldots D_1)_{\text{BCD}}$ und die Register R_Q werden mit dem Dividenden $(0\,P_{2n-2}\ldots P_1\,0)_{\text{BCD}}$ geladen. Der Zähler Z wird gelöscht ($Z := 0$).

2. Der Divisor wird vom Inhalt des R-Registers, der den höherwer-

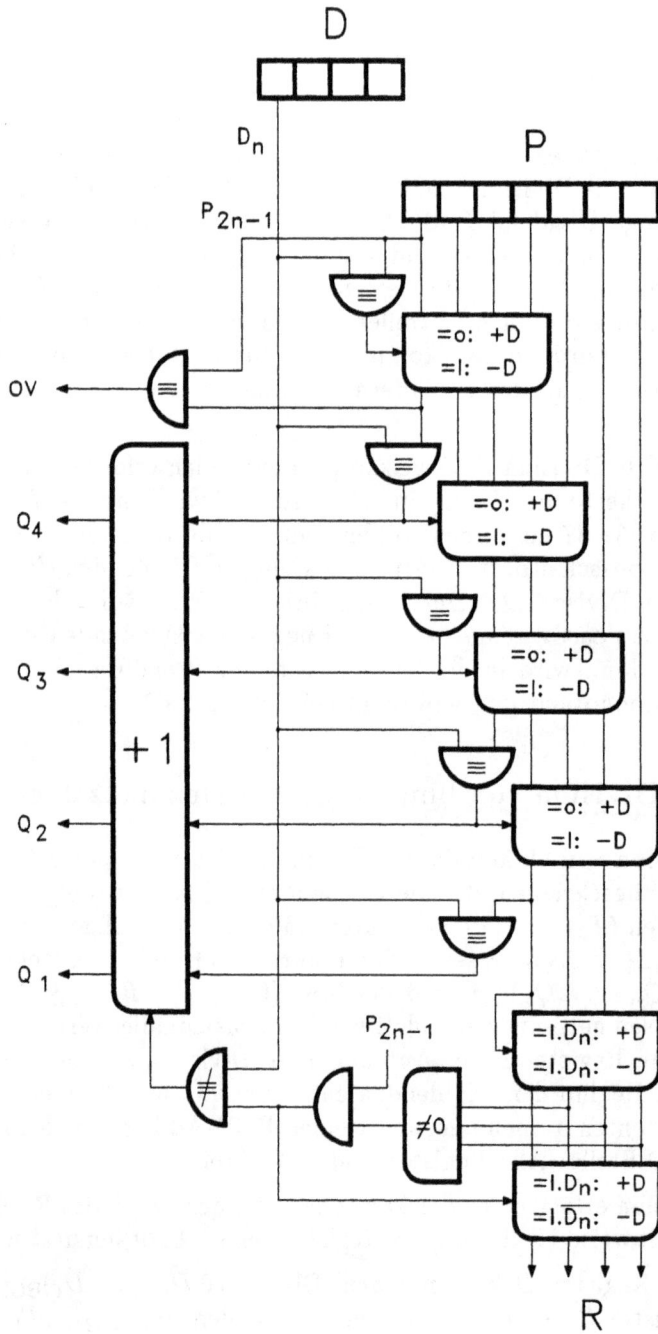

Abb. 3–43: Divisionsschaltkette für Zweikomplementzahlen

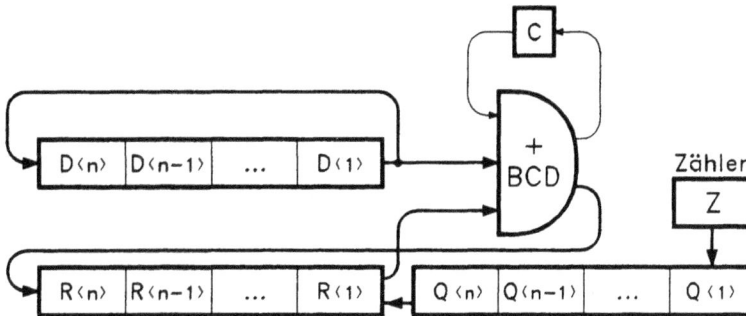

Abb. 3 – 44: Dividierwerk für binärcodierte Dezimalzahlen

tigen Teil des Dividenden enthält, teilweise subtrahiert, um einen möglichen Divisionsüberlauf festzustellen ($R := R - D$). Die Subtraktion erfolgt wie die Addition ziffernweise in n Schritten. Ergibt die Subtraktion ein positives Ergebnis ($R\langle n \rangle = 0$), dann wird die Überlaufanzeige gesetzt und die Division abgebrochen. Bei einem negativen Ergebnis ($R\langle n \rangle \neq 0$) wird die Testoperation rückgängig gemacht ($R := R + D$).

Die folgenden Schritte 3 und 4 werden ($n - 1$)-mal wiederholt.

3. Die Register R_Q werden um eine Stelle nach links geschoben, und der Inhalt des Zählers wird nach $Q\langle 1 \rangle$ gebracht ($Q\langle 1 \rangle := Z$).

4. Von dem R-Register, das den Zwischenrest enthält, wird der Divisor so oft abgezogen, bis der Zwischenrest < 0 wird ($R\langle n \rangle \neq 0$). Der Zähler zählt dabei die Anzahl der ausgeführten Subtraktionen bis auf die letzte. Daran anschließend wird die letzte Subtraktion wieder rückgängig gemacht ($R := R + D$).

5. Das Q-Register wird um eine Stelle nach links geschoben, und $Q\langle 1 \rangle$ wird mit dem Inhalt des Zählers geladen ($Q\langle 1 \rangle := Z$).

3.3.5 Division von Gleitkommazahlen

Zwei Gleitkommazahlen werden dividiert, indem ihre Mantissen dividiert und ihre Exponenten zur Basis b subtrahiert werden:

$$q \;=\; x/y = mq * b^{eq} = (mx/my) * b^{ex-ey} \;. \tag{3.64}$$

Geht man von normalisierten Mantissen aus, d. h. $1/b \leq |mx| < 1$ und $1/b \leq |my| < 1$, dann liegt die Quotienten-Mantisse zwischen den Grenzen

$$1/b < mq < b \; . \qquad\qquad (3.65)$$

Die Mantisse kann also betragsmäßig größer als 1 werden. Wenn dann die entstandene Übertragsstelle noch verfügbar ist, kann die Mantisse zum Normalisieren um eine Stelle nach rechts geschoben und der Exponent um Eins erhöht werden. Wenn die Übertragsstelle nicht verfügbar ist, d. h. wenn bei der Division der Mantissen nur Quotienten < 1 auftreten dürfen, dann muß vor der Division der Dividend der Mantisse um eine Stelle nach rechts geschoben werden. Dann liegt die Quotienten-Mantisse zwischen b^{-2} und 1, so daß die Mantisse ggf. durch einen Linksschift normalisiert werden muß. Die vorher herausgeschobene Stelle des Dividenden kann zur Erhöhung der Genauigkeit zum Normalisieren aufgehoben werden. Der folgende Algorithmus beschreibt die Division für normalisierte Gleitkommazahlen, wobei davon ausgegangen wurde, daß die Übertragsstelle gemerkt werden kann. In eckige Klammern eingeschlossene und durch Kommas getrennte Anweisungen können parallel ausgeführt werden.

[if $(x = 0).(y = 0)$ then „Undefiniert" fi,
if $(x \neq 0).(y = 0)$ then „Unendlich groß" fi,
if $(x = 0).(y \neq 0)$ then $q := 0$, „Null" fi,

if $(x \neq 0).(y \neq 0)$ then $mq := mx/my$; „Übertragsstelle merken"
    if $1/b \leq |mq| < 1$ „normalisiert"
    then $eq := ex - ey$
    else „$1 \leq |mq| < b$"[$eq := ex - ey + 1, mq := mq/b$] fi;
    [if $eq > eq_{max}$ then „Exponentenüberlauf" fi,
    if $eq < eq_{min}$ then „Exponentenunterlauf, evtl. $q := 0$" fi]
fi]

Bei der Division können verschiedene Fehler auftreten:

1. Undefiniertes Ergebnis (0/0)

2. Division durch 0 ($x/0 = \infty$)

3. Quotient zu groß (Exponentenüberlauf)

4. Quotient zu klein (Exponentenunterlauf).

Die beiden ersten Fälle werden oft zu dem Fehler „Division durch Null" zusammengefaßt. Manchmal werden auch die Fälle 1, 2 und 3 zu einer allgemeinen Überlaufbedingung zusammengefaßt, und bei Exponentenunterlauf (unechte Null) kann der Quotient gleich Null gesetzt werden.

Auf solche Rundungen muß der Anwender gefaßt sein, so daß die numerischen Ergebnisse mit der entsprechenden Skepsis interpretiert werden müssen.

3.4 Konvertierung zwischen Zahlensystemen

In diesem Abschnitt werden Konvertierungen von ganzen Zahlen zur Basis a in Zahlen zur Basis b betrachtet. In Rechenanlagen sind hauptsächlich Konvertierungen zwischen Dualzahlen (interne Darstellung) und Dezimalzahlen (externe Darstellung oder interne Darstellung als BCD-Zahl) notwendig.

Gegeben sei eine m-stellige ganze Zahl zur Basis a (Darstellung im Quellsystem), die in eine n-stellige ganze Zahl zur Basis b (Darstellung im Zielsystem) konvertiert werden soll.

$$A = (A_m A_{m-1} \ldots A_1)_a \quad \to \quad (B_n B_{n-1} \ldots B_1)_b = B \qquad (3.66)$$

Die beiden Zahlen sollen natürlich den gleichen Wert ($A = B$) besitzen. Die Werte lassen sich als Potenzsumme oder durch das Horner-Schema berechnen:

$$\begin{aligned}
A &= A_m * a^{m-1} + \cdots + A_2 * a + A_1 & (3.67) \\
B &= B_n * b^{n-1} + \cdots + B_2 * b + B_1 & (3.68) \\
A &= (\cdots (A_m * a + A_{m-1}) * a + \cdots + A_2) * a + A_1 & (3.69) \\
B &= (\cdots (B_n * b + B_{n-1}) * b + \cdots + B_2) * b + B_1 & (3.70)
\end{aligned}$$

Die verschiedenen Konvertierungsverfahren lassen sich aus diesen Beziehungen durch Gleichsetzen herleiten.

3.4.1 Summationsmethode

Die Summationsmethoden ergibt sich durch Gleichsetzung von

$$\sum_{i=1}^{m} A_i * a^{i-1} = B .$$

Um B zu erhalten, müssen aus den Ziffern A_i (dargestellt im Quellsystem zur Basis a) die Summanden $A_i * a^{i-1}$ (dargestellt im Zielsystem zur Basis b) ermittelt werden und im Zielsystem aufaddiert werden. Die Summanden werden am einfachsten einer Tabelle (Abb. 3-45) entnommen: $TAB(A, i) = A * a^{i-1}$. Nach dieser Methode lassen sich Hexadezimalzahlen in Dezimalzahlen wie folgt umwandeln:

1. Lies aus der Tabelle für jede Hexadezimalziffer (Zeile) mit ihrer zugehörigen Stellenwertigkeit (Spalte) den äquivalenten dezimalen Summanden.

2. Addiere alle Summanden dezimal. Die Summe ist die gesuchte Dezimalzahl.

Hexadezimal-ziffer	Stellenwertigkeit					
	$*16^0$	$*16^1$	$*16^2$	$*16^3$	$*16^4$	$*16^5$
0	00	000	0000	00000	000000	00000000
1	01	016	0256	04096	065536	01048576
2	02	032	0512	08192	131072	02097152
3	03	048	0768	12288	196608	03145728
4	04	064	1024	16384	262144	04194304
5	05	080	1280	20480	327680	05242880
6	06	096	1536	24576	393216	06291456
7	07	112	1792	28672	458752	07340032
8	08	128	2048	32768	524288	08388608
9	09	144	2304	36864	589824	09437184
A	10	160	2560	40960	655360	10485760
B	11	176	2816	45056	720896	11534336
C	12	192	3072	49152	786432	12582912
D	13	208	3328	53248	851968	13631488
E	14	224	3584	57344	917504	14680064
F	15	240	3840	61440	983040	15728640
	Äquivalenter dezimaler Summand					

Abb. 3–45: Konvertierungstabelle für Hexadezimalzahlen in Dezimalzahlen

Dieser Algorithmus eignet sich auch zur Umwandlung von Dualzahlen in BCD-Zahlen. Dazu werden die Dualzahlen durch Zusammenfassen von Gruppen zu je 4 Bits in Hexadezimalzahlen überführt und die Tabellenwerte als BCD-Zahlen codiert, die dann BCD-mäßig aufaddiert werden.

Zahlenbeispiel:

$$
\begin{array}{rcr}
& F18C_{16} & \\
= & F000 & 61440 \\
+ & 100 & 256 \\
+ & 80 & 128 \\
+ & C & 12 \\
\hline
& & 61836_{10}
\end{array}
$$

Die Umwandlung von Dualzahlen in BCD-Zahlen kann auch mit Hilfe einer vereinfachten Tabelle erfolgen, in der die Potenzen von 2 in BCD-Darstellung enthalten sind. Der Algorithmus lautet dann

$B := 0;$

for $i := 1$ to m do if $A_i = 1$ then $B := B +_{\text{BCD}} (2^{i-1})_{\text{BCD}}$ od ,

wobei die BCD-Addition verfügbar sein muß.

Nach dem gleichen Prinzip lassen sich auch Dezimalzahlen in Hexadezimalzahlen wie folgt umwandeln.

1. Lies aus der Tabelle (Abb. 3–46) für jede Dezimalziffer (Zeile) mit ihrer Stellenwertigkeit (Spalte) den äquivalenten hexadezimalen Summanden.

2. Addiere alle Summanden hexadezimal. Die Summe ist die gesuchte Hexadezimalzahl.

Dezimal-ziffer	Stellenwertigkeit						
	$*10^0$	$*10^1$	$*10^2$	$*10^3$	$*10^4$	$*10^5$	$*10^6$
0	0	00	000	0000	00000	00000	000000
1	1	0A	064	03E8	02710	186A0	0F4240
2	2	14	0C8	07D0	04E20	30D40	1E8480
3	3	1E	12C	0BB8	07530	493E0	2DC6C0
4	4	28	190	0FA0	09C40	61A80	3D0900
5	5	32	1F4	1388	0C350	7A120	4C4B40
6	6	3C	258	1770	0EA60	927C0	5B8D80
7	7	46	2BC	1B58	11170	AAE60	6ACFC0
8	8	5D	320	1F40	13880	C3500	7A1200
9	9	5A	384	2328	15F90	DBBA0	895440
	Äquivalenter hexadazimaler Summand						

Abb. 3–46: Konvertierungstabelle für Dezimalzahlen in Hexadezimalzahlen

Dieser Algorithmus eignet sich auch zur Umwandlung von BCD-Zahlen in Dualzahlen. Anstelle der hexadezimalen Addition kann die Addition von Dualzahlen benutzt werden, wenn jede Hexadezimalziffer wie üblich durch 4 Bits codiert wird.

Zahlenbeispiel:

$$
\begin{array}{lrr}
& 61836_{10} & \\
= & 60000 & EA60 \\
+ & 1000 & 3E8 \\
+ & 800 & 320 \\
+ & 30 & 1E \\
+ & 6 & 6 \\
\hline
& F18C_{16} & = 1111\ 0001\ 1000\ 1100
\end{array}
$$

3.4.2 Divisionsmethode

Die Divisionsmethode ergibt sich durch Gleichsetzung von

$$A = (\cdots(B_n b + B_{n-1})b + \cdots + B_2)b + B_1 .$$

Bei der sukzessiven ganzzahligen Division durch b stellen die Reste die gesuchten Ziffern $B_1, B_2, \ldots, B_n$ dar. Der Algorithmus lautet

> for $j :=1$ to n do
> „1.“ $[(B_i)_a := \text{Rest}(A/(b)_a), ; A := A/(b)_a]$ „im Quellsystem“
> „2.“ $(B_i)_b := (B_i)_a$ od   „Ziffernumcodierung“

Dabei erfolgt die Division und die Restbildung im Quellsystem. Das Trennzeichen „ ; “ zwischen den Operationen bedeutet, daß die Operationen nacheinander oder gleichzeitig (synchron) durchgeführt werden können. Im allgemeinen ist im zweiten Schritt einer Ziffernumcodierung notwendig, insbesondere wenn $b > a$ ist.

Beispiel: Dezimalzahl $\rightarrow$ Dualzahl

$$
\left.
\begin{array}{rcl}
196/2 &=& 98 \quad R \quad 0 \\
98/2 &=& 49 \quad R \quad 0 \\
49/2 &=& 24 \quad R \quad 1 \\
24/2 &=& 12 \quad R \quad 0 \\
12/2 &=& 6 \quad R \quad 0 \\
6/2 &=& 3 \quad R \quad 0 \\
3/2 &=& 1 \quad R \quad 1 \\
1/2 &=& 0 \quad R \quad 1
\end{array}
\right\} \text{1loo oloo}
$$

Beispiel: Dualzahl $\rightarrow$ Dezimalzahl

$$
\left.
\begin{array}{rcl}
\text{1loo oloo / 1olo} &=& \text{1o oll R ollo} \\
\text{1 ooll / 1olo} &=& \text{1 R lool} \\
\text{1 / 1olo} &=& \text{o R ooo1}
\end{array}
\right\} 196
\tag{3.71}
$$

Die Divisionsmethode wird in Rechenanlagen kaum verwendet, da sie die zeitaufwendige Division voraussetzt. Sie eignet sich hauptsächlich für die Umwandlung von Dezimalzahlen in andere Zahlensysteme durch den Menschen.

3.4.3 Multiplikationsmethode

Die Multiplikationsmethode ergibt sich durch Gleichsetzung von

$$(\cdots(A_m * a + A_{m-1}) * a + \cdots + A_2) * a + A_1 = B .$$

Daraus folgt der Algorithmus

$B := 0;$
for $i := m$ to 1 do
„1." $(A_i)_b := (A_i)_a$ „Ziffernumcodierung"
„2." $B := B * (a)_b + (A_i)_b$ „Rechnung im Zielsystem"
od

Im 1. Schritt ist im allgemeinen eine Ziffernumcodierung notwendig, insbesondere wenn $b < a$ ist. Die Multiplikation mit der Basis a und die Addition der Ziffer A_i wird dann im Zielsystem durchgeführt. Die gesuchte Zahl B ergibt sich als Ganzes nach Ausführung des Algorithmus.

Beispiel: Dezimalzahl 196 → Dualzahl

$$(\overbrace{\text{oool}}^{1} * \text{1olo} + \overbrace{\text{1ool}}^{9}) * \text{1olo} + \overbrace{\text{ollo}}^{6} = \text{1100 0100}$$

Beispiel: Dualzahl 1100 0100 → Dezimalzahl

$$\overset{1}{} \quad \overset{1}{} \quad \overset{o}{} \quad \overset{o}{} \quad \overset{o}{} \quad \overset{1}{} \quad \overset{o}{} \quad \overset{o}{}$$
$$(((((((1*2 + 1)*2 + 0)*2 + 0)*2 + 0)*2 + 1)*2 + 0)*2 + 0 = 196$$

Aus dem obigen allgemeinen Algorithmus ergibt sich speziell für die Umwandlung von Dualzahlen in BCD-Zahlen:

boole $A(m : 1), B(4 * n : 1);$
$B := 0;$
for $i := m$ to 1 do
$B := B + B + A_i$ od   „+ BCD-Addition, $B + B = 2B$" .

Und speziell für die Umwandlung von BCD-Zahlen in Dualzahlen ergibt sich folgender Algorithmus:

boole$A(4 * m : 1), B(n : 1);$
$B := 0;$
for $i := m$ to 1 do $A(4 * i : 1 + 4 * (i - 1))$

$$B := \underbrace{(\text{shl}B) + (3\text{shl}B)}_{= B * \text{1olo}} + \overbrace{A\langle i \rangle} \quad \text{od} \quad \text{„Dualaddition"}$$

Die Multiplikation mit $10 = 2 + 8$ läßt sich dabei durch zwei Linksschifts implementieren.

4. Gliederung in Funktionseinheiten

4.1 Hierarchische Gliederung von Systemen

Ein digitales System ist eine digital arbeitende Funktionseinheit, die sich aus (Teil-)Funktionseinheiten baumartig zusammensetzt oder in sie zerlegt werden kann. Die *hierarchische Gliederung* (Zerlegung bzw. Zusammensetzung) einer Funktionseinheit sei wie folgt charakterisiert:

Die Funktionseinheit F besteht aus n (Teil-)Funktionseinheiten $F_1, F_2, \ldots, F_n$. Dabei übernimmt F_1 eine Sonderrolle, weil sie die restlichen Funktionen zu einem Ganzen zusammenfügt (Abb. 4–1):

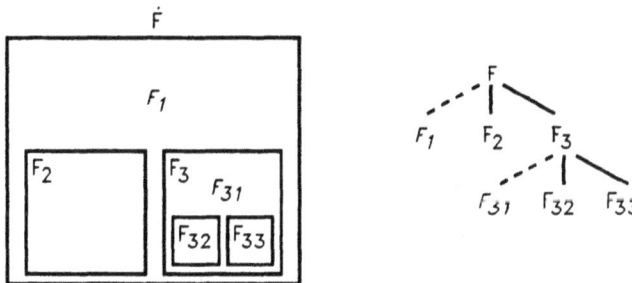

Abb. 4–1: Hierachische Gliederung, ein Beispiel

$$F = F_1\{F_2, F_3, \ldots, F_n\} \ .$$

Die Teilfunktionseinheiten können wieder aus Teilfunktionseinheiten bestehen:

$$F_i = F_{i,1}\{F_{i,2}, F_{i,3}, \ldots, F_{i,n(i)}\} \ .$$

Diese Gliederung läßt sich über weitere Ebenen fortsetzen, bis man zu den Basisfunktionseinheiten gelangt, die nicht weiter zerlegbar sind oder als Einheit betrachtet werden.

Je nachdem, welche Aufgaben die Funktionseinheiten F_i übernehmen, lassen sich die Gliederungen mit Bedeutungen unterlegen:

Funktionseinheit = Verbindungsnetz{Teilfunktionseinheiten}

Funktionseinheit = Steuerung{Teilfunktionseinheiten}

Funktionseinheit = Komposition{Teilfunktionseinheiten} .

Allgemein läßt sich eine Gliederung als

Komponente = Komposition{Teilkomponenten}

Komponente := Komposition{Komponenten}

beschreiben. Das Zeichen := soll die Möglichkeit der mehrfachen rekursiven Ersetzung zum Ausdruck bringen. Anstelle des Begriffs *Komposition* könnte man auch synonyme Begriffe wie *Einbettung, Umschließung, Integration* oder *Verknüpfung* verwenden.

Das Konzept der hierarchischen Gliederung kann man auch auf andere Systeme anwenden, wie die folgenden Beziehungen exemplarisch zeigen:

System = Komposition{Teilsystemen}

Architektur = Komposition{Teilarchitekturen}

Architektur := Architektur{Architekturen}

Algorithmus = Ablauf{Teilalgorithmen/Objekten/Daten}

Algorithmus = Steueralgorithmus{Teilalgorithmen/Objekten/Daten}

Algorithmus := Algorithmus{Algorithmen}

Maschinenprogramm = Folge{Maschinenbefehlen}

Programm = Ablauf{Unterprogrammen, Anweisungen}

Programm := Programm{Programmen} .

Diese Beziehungen können wir auch zur Definition von Begriffen heranziehen:

Eine *Architektur* ist eine Gliederung; sie besteht aus Teilarchitekturen und einer Komposition, die die Teilarchitekturen zu einem Ganzen vereint.

Ein *Algorithmus* ist eine Gliederung; sie besteht aus Teilalgorithmen/Objekten und einem Ablauf, der sie benutzt.

4.2 Steueroperationssystem

Die Gliederung in Teilfunktionseinheiten richtet sich im allgemeinen nach den vorliegenden oder identifizierbaren Teilaufgaben. Als besonders zweckmäßig hat sich die Gliederung einer Funktionseinheit in ein Steuerwerk und ein Operationswerk erwiesen. Eine solche Gliederung soll *Steueroperationssystem* heißen:

> *Steueroperationssystem*
> $= Verbindungsnetz\{Steuerwerk,\ Operationswerk\}$
>
> $= (Verbindungsnetz \cup Steuerwerk)\{Operationswerk\}$
> $= Steuerwerk^V\{Operationswerk\}$.

Das Verbindungsnetz verbindet dabei das Steuerwerk mit dem Operationswerk und stellt die Verbindungen mit der Umgebung her (Abb. 4–2a). Integriert man das Verbindungsnetz in das Steuerwerk, dann erhält man ein modifiziertes *Steuerwerk^V*, das das Operationswerk einbettet (Abb. 4–2b). Man könnte auch das Verbindungsnetz in das Operationswerk integrieren, so daß dann das Operationswerk das Steuerwerk einbetten würde (Abb. 4–2c).

> *Verbindungsnetz $\cup$ Operationswerk$\{Steuerwerk\}$*
> $= Operationswerk^V\{Steuerwerk\}$

Man sieht also, daß verschiedenene Sichtweisen/Gliederungen für ein und dasselbe System möglich sind in Abhängigkeit davon, wie man das System logisch „durchschneidet". Ebenso kann eine Architektur nicht eindeutig gegliedert werden, weil je nach Sichtweise beliebige Schnitte möglich sind. Allerdings gibt es bestimmte Kriterien, wie minimale Kommunikation und unabhängige parallel ausführbare Aufgaben, durch die die Menge der Gliederungen eingeschränkt wird.

Welche Aufgabenteilung besteht nun zwischen dem Steuerwerk und dem Operationswerk? Das *Steuerwerk* liefert Steuerbefehle in bestimmter Reihenfolge an das Operationswerk und trifft Entscheidungen nach den eintreffenden Bedingungen und Eingabedaten. Die zeitliche und logische Aufeinanderfolge der Steuerbefehle sowie die Analyse der Bedingungen und Eingabedaten wird durch ein im Steuerwerk gespeichertes Programm bestimmt.

Das *Operationswerk* führt in Abhängigkeit von den Steuerbefehlen die gewünschten Operationen auf Daten aus, die von der Umgebung kommen und in Speicherelementen zwischengepeichert werden. Es liefert

143

außerdem Bedingungen (Rückmeldungen) an das Steuerwerk und Ausgabedaten an die Umgebung.

Der Steuerbefehl wird meist über eine Reihe von Steuerleitungen, über die Steuersignale (Werte) gesendet werden, an das Operationswerk weitergegeben. Die Bedingung wird ebenso über eine Reihe von Bedingungsleitungen, auf denen sich Bedingungssignale (Werte) befinden, an das Steuerwerk zurückgemeldet. Die Verbindungsleitungen ermöglichen also das richtige Zusammenspiel der beiden Werke.

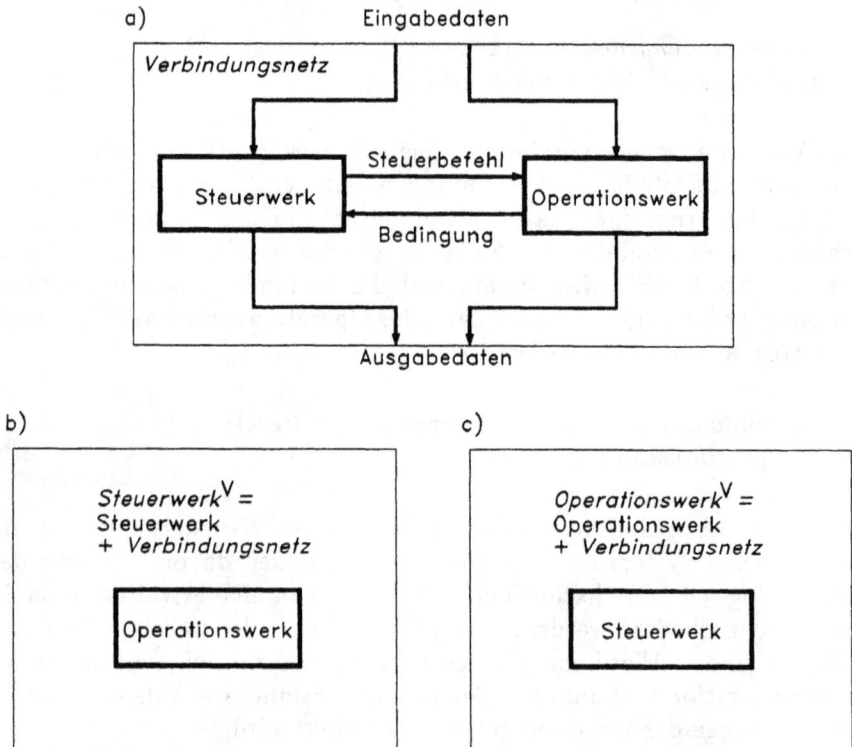

Abb. 4-2: Steueroperationssystem

Steuerwerk und Operationswerk sind jeweils aus Speicherelementen und logischen Schaltnetzen aufgebaut. Trotzdem unterscheiden sie sich hinsichtlich ihrer inneren Struktur. Das Steuerwerk ist im Hinblick auf eine möglichst effiziente Analyse von Bedingungen und die Synthese von Steuerbefehlen strukturiert. Das Operationswerk ist dagegen zur effizienten Durchführung der gewünschten Operationen ausgelegt. Das

Operationswerk eines Rechners stellt einen Satz von Operationen auf Daten bereit und besitzt wegen der vorhandenen Register und Speicher eine viel größere Anzahl von inneren Zuständen als das Steuerwerk.

Die Zustände, die das Steuerwerk annimmt, können als Programmzustände aufgefaßt werden. In Abhängigkeit von den vorliegenden Bedingungen durchläuft das Steuerwerk eine bestimmte festgelegte Folge von Programmzuständen, die wiederum Steuerbefehle für das Operationswerk erzeugen:

$$[Bedingung \implies] \; Programmzustandsänderung \implies Steuerbefehl \, .$$

Das Operationswerk transformiert dagegen in Abhängigkeit von der gewünschten Operation den Datenzustand:

$$Steuerbefehl \implies Datenzustandsänderung \; [\implies Bedingung] \, .$$

Der Informationsfluß vom Steuerwerk zum Operationswerk ist normalerweise wesentlich größer als umgekehrt, weil mehr Steuerbefehle gesendet als Bedingungen empfangen werden. Das Steuerwerk kann sich über längere Zeiträume autonom verhalten, indem es seinen Programmzustand unabhängig von Bedingungen verändert. Die eckigen Klammern in den obigen Beziehungen sollen diesen Sachverhalt ausdrücken.

Das Steuerwerk kann als der *aktive* Teil, das Operationswerk als der *passive* Teil angesehen werden, denn das Operationswerk stellt dem Steuerwerk bestimmte Operationen zur Verfügung, die das Steuerwerk nach Belieben benutzen kann. Meist steht der vollständige Satz von Operationen zu jedem Verarbeitungszeitpunkt zur Verfügung, und die Wirkung des Steuerbefehls ist unabhängig von einem sich ändernden inneren Zustand (abgesehen vom Datenzustand). Im Gegensatz dazu bewirkt eine Bedingung nur dann eine Programmzustandsänderung, wenn das Steuerwerk sich in einem Zustand befindet, in dem die Bedingung ausgewertet wird.

4.3   Mikrooperationen

Eine *Mikrooperation* ist durch eine bestimmte Wirkung auf einer Menge von Objekten definiert. Für das Automatenmodell (Abb. 4–3) lassen sich die Objekte und die darauf definierten Wirkungen präzisieren. Die Objekte sind der Zustand s des Automaten, die Eingangssignale x und die Ausgangssignale y. Eine Mikrooperation ist eine *Zustandsoperation* oder eine *Ausgangsfunktion* oder eine parallel ausführbare Kombination von Zustandsoperationen und/oder Ausgangsfunktionen. Eine

Ausgangsfunktion liefert den Wert der booleschen Funktion $g_i(s, x)$ an eine Ausgangsvariable $y_i == g_i$. Eine *Zustandsoperation* besteht aus der Berechnung eines Wertes durch die Zustandsfunktion $f_i(s, x)$ und dessen Zuweisung an eine Zustandsvariable $s_i := f_i$ bzw. $s_i \leftarrow f_i$.

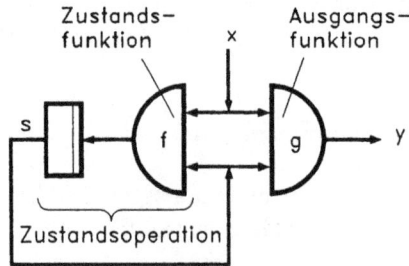

Abb. 4 – 3: Automatenmodell

Wir unterscheiden *asynchrone* und *synchrone* Mikrooperationen. Eine asynchrone Mikrooperation enthält Zuweisungen an ungetaktete Speicherzellen (**boole**), eine synchrone Mikrooperation enthält Zuweisungen an taktgesteuerte Register (**register**).

Eine *asynchrone* Mikrooperation wird zu einem Zeitpunkt t_0 gestartet und wird spätestens zum Zeitpunkt $t_1 > t_0$ beendet. Die Ausführungsdauer $t_1 - t_0$ der Mikrooperation kann konstant oder variabel sein. Eine asynchrone Mikrooperation A := f(B,C,D,...) besteht aus drei Schritten:

1. Werte B, C, D, ... aus den Speicherzellen lesen,

2. Werte durch die Funktion f miteinander verknüpfen,

3. Ergebnis in die ausgewählte Speicherzelle schreiben (A := f).

Die *synchrone* Mikrooperation unterscheidet sich von der asynchronen Mikrooperation durch die synchrone Zuweisung an ein Register, das intern aus zwei Speicherzellen besteht (vergl. Abschnitt 2.5). Die synchrone Mikrooperation A <- f(B,C,D, ...) besteht aus einer Folge von zwei asynchronen Mikrooperationen (3 Schritte + Übernahme).

1. AH := f(B,C,D, ...)   „Zwischenspeichern"
2. A := AH   „Übernehmen"

Die erste Mikrooperation wird innerhalb der Zeit t_0 bis t_1 und die zweite innerhalb der Zeit t_2 bis t_3 durchgeführt (mit $t_0 < t_1 < t_2 < t_3$). Normalerweise erfolgen die synchronen Mikrooperationen unter dem Einfluß eines Taktes, wobei t_0 durch die positive (bzw. negative) Taktflanke und t_2 durch die negative (bzw. positive) Taktflanke gegeben sind.

Um die Leistungsfähigkeit eines digitalen Systems zu erhöhen, ist es wünschenswert, Mikrooperationen zeitlich parallel auszuführen. Zwei asynchrone Mikrooperationen (`A1:=f(B1,C1,...)`, `A2:=f(B2,C2,...)`) lassen sich nur dann parallel ausführen, wenn die Zielspeicherzellen verschieden sind (`A1` $\neq$ `B1`) und wenn keine Zielspeicherzelle als Quellspeicherzelle verwendet wird (`A1`$\neq$`B2,C2,...` und `A2`$\neq$`B1,C1,...`). Wenn diese sogenannten „BERNSTEINschen Bedingungen" erfüllt sind, dann können die beiden Mikrooperationen parallel oder in beliebiger Reihenfolge ausgeführt werden (*kollaterale* Ausführungsreihenfolge). Entsprechendes gilt für mehr als zwei Mikrooperationen.

Synchrone Mikrooperationen besitzen gegenüber asynchronen Mikrooperationen den Vorteil, daß sie nur dann nicht parallel ausgeführt werden können, wenn die gleichen Zielregister angesprochen werden. Wegen der Master-Slave-Struktur der Register können sie quasi gleichzeitig (parallel in einem Taktintervall) als Quelle und als Ziel benutzt werden. In der Hardware gibt es im allgemeinen eine Reihe synchroner Mikrooperationen, die parallel ausgeführt werden können, wodurch sich die Leistungsfähigkeit der Hardware gegenüber der Software erklärt.

Wir wollen weiterhin *erzeugende* und *kombinierte* Mikrooperationen unterscheiden. Nehmen wir z. B. an, daß die drei erzeugenden Mikrooperationen

$$E1 = (\texttt{A1 := C1}), \; E2 = (\texttt{A2 := C2}), \; E3 = (\texttt{A3 := C3})$$

gegeben sind. Insgesamt können daraus 8 verschiedene kombinierte Mikrooperationen (einschließlich NOP = keine Operation) gebildet werden:

$$NOP, E1, E2, E3, \{E1, E2\}, \{E1, E3\}, \{E2, E3\}, \{E1, E2, E3\} \; .$$

D. h. die Menge aller kombinierten Mikrooperationen ist die Potenzmenge aus den erzeugenden Mikrooperationen. Unter den kombinierten Mikrooperationen können sich *nicht verträgliche* Kombinationen befinden, die zu Fehlern wegen Verletzung der BERNSTEINschen Bedingungen (s. o.) führen können. Durch eine geeignete Codierung des Mikrobefehls wird man solche nicht verträglichen Kombinationen im allgemeinen von vornherein ausschließen (siehe Abschnitt 5.7.6). Weiterhin können relativ selten auftretende, verträgliche Kombinationen durch die Codierung ausgeschlossen werden. Die Menge aller codierten Kombinationen von Mikrooperationen definiert die Menge der *Mikrobefehle*.

In einer Menge von kombinierten Mikrooperationen sind diejenigen *erzeugende* Mikrooperationen, die sich nicht durch Kombinationen anderer

Mikrooperationen erzeugen lassen. Eine Menge kombinierter Mikrooperationen läßt sich in der Regel durch verschiedene Mengen erzeugender Mikrooperationen erzeugen.

Der Begriff *Mikrooperation* rührt daher, daß die Mikrooperationen die nächst einfacheren, kleinen Operationen sind, auf die die Maschinenbefehle zurückgeführt werden. Führt man die Mikrooperationen wiederum auf eine Folge von Teiloperationen zurück, dann nennt man diese *Nanooperationen*. Führt man weiterhin die Nanooperationen auf Teiloperationen zurück, dann nennt man diese *Picooperationen*.

In einem Steueroperationssystem werden Mikrooperationen sowohl im Steuerwerk als auch im Operationswerk durchgeführt. Die Mikrooperationen im Steuerwerk können den Programmzustand ändern, die im Operationswerk den Datenzustand. *Bedingte Mikrooperationen* sind solche, die nur beim Eintreffen der entsprechenden Bedingung ausgeführt werden.

4.4 Allgemeines über Rechenwerke

Ein Rechenwerk ist ein Operationswerk, das eine bestimmte Menge arithmetischer und logischer Mikrooperationen ausführen kann.

Wir wollen spezielle, universelle und programmierbare Rechenwerke unterscheiden. *Spezielle* Rechenwerke sind im Hinblick auf eine bestimmte Operation/Anwendung entworfen worden. Sie beinhalten spezielle Hardwarekomponenten und spezielle Mikrooperationen, die, falls erforderlich, durch ein spezielles Steuerwerk gesteuert werden.

Universelle Rechenwerke dagegen stellen Mikrooperationen zur Verfügung, die zur Implementierung einer Vielzahl von Operationen bzw. Algorithmen geeignet sind und durch ein Programm/Mikroprogramm/Steuerwerk aufgerufen werden.

Programmierbare Rechenwerke sind Rechenwerke, bei denen sich die Mikrooperationen, genaugenommen die Zustands- und Ausgangsfunktionen, programmieren lassen.

Im Kapitel 3 wurden spezielle Rechenwerke/Mikroalgorithmen behandelt, die hinsichtlich des Steuerablaufs sowie der Mikrooperationen und Bedingungen an die gewünschte arithmetische Operation angepaßt wurden.

Die meisten universellen Rechenwerke bestehen aus drei Untereinheiten (Abb. 4–4): (1) Registerspeicher (auch Registersatz, Registerfile genannt), (2) arithmetische und logische Einheit (ALU) und (3) Abfrageschaltnetz. Eine Rechenoperation läuft etwa wie folgt ab: Zur

Vorbereitung der Operation werden die Operanden aus einem übergeordneten Speicher (z. B. Hauptspeicher oder Cache) in den Registerspeicher gebracht. Durch Angabe der Registeradressen werden die gewünschten Operanden aus dem Registerspeicher ausgelesen. Sie werden anschließend in der ALU durch die Angabe eines bestimmten ALU-Operationscodes k_i miteinander verknüpft. Das Ergebnis $k_i(OP1, OP2)$ wird dann durch die Angabe der Zieladresse zurück in den Registerspeicher gebracht. Wenn keine weiteren Mikrooperationen auf dem Ergebnis ausgeführt werden sollen, kann es zurück in den übergeordneten Speicher transportiert werden. In dem Moment, wo die Operanden die ALU passieren, fragt das Abfrageschaltnetz bestimmte Zustände der Operanden oder des Ergebnisses ab. Typische Abfragen sind z. B. *Überlauf* (Overflow), *Übertrag* (Carry), *Null* (Zero), *Parität* (Parity), *Vorzeichen* (Sign). Sie werden meist in speziellen Bedingungsflipflops, in einem Teil des Operandenspeichers oder in einem Statusregister festgehalten, bevor sie vom Steuerwerk ausgewertet werden. Das Abfrageschaltnetz kann realisierungstechnisch mit der ALU zusammengefaßt werden.

In Abhängigkeit von der Interpretation und dem Speicherplatzbedarf der Daten/Datentypen werden vom Rechenwerk die verschiedensten Operationen verlangt. Die Daten können z. B. als Dualzahlen, Dezimalzahlen, Zeichen, Adressen, Befehle, Kontrollwörter usw. interpretiert werden. Die verschiedenen Datenformate (Skalar, Vektor, Matrix, Struktur) benötigen eine unterschiedliche Anzahl von zu speichernden Bits. Je nach der benötigten Verarbeitungsgeschwindigkeit und dem zulässigen Aufwand wird man die Datenwege auf eine bestimmte Anzahl von Bits beschränken (die kleiner oder gleich dem größten zu verarbeitenden Datenformat sind z. B. $1, 4, 8, 16, 24, 32, 48, 60, 64, 80, 128, \ldots$), so daß größere Datenformate zwangsläufig in kleinere zerlegt werden müssen. Würde man die Datenwegbreite nach dem größten Datenformat wählen, so würden die Datenwege bei der Verarbeitung kleinerer Datenformate nur schlecht ausgenutzt werden.

Die zeitliche Verarbeitung der Daten kann seriell, parallel, sequentiell oder simultan erfolgen. Bei der seriellen Verarbeitung wird das zu bearbeitende Datenformat in kleine Einheiten zerlegt (z. B. in Bits oder Bytes), die zeitlich nacheinander verarbeitet werden. Die parallele Verarbeitung ist durch die gleichzeitige Verarbeitung des vollständigen Datenformats gekennzeichnet. Bei der simultanen Verarbeitung werden gleichzeitig mehrere voneinander unabhängige Rechenoperationen ausgeführt, die bei der sequentiellen Verarbeitung nur nacheinander ausgeführt werden können.

Der Realisierungsaufwand für ein Rechenwerk steigt mit der Anzahl der Schnittstellensignale (Eingabewerte, Ausgabewerte, Registeradres-

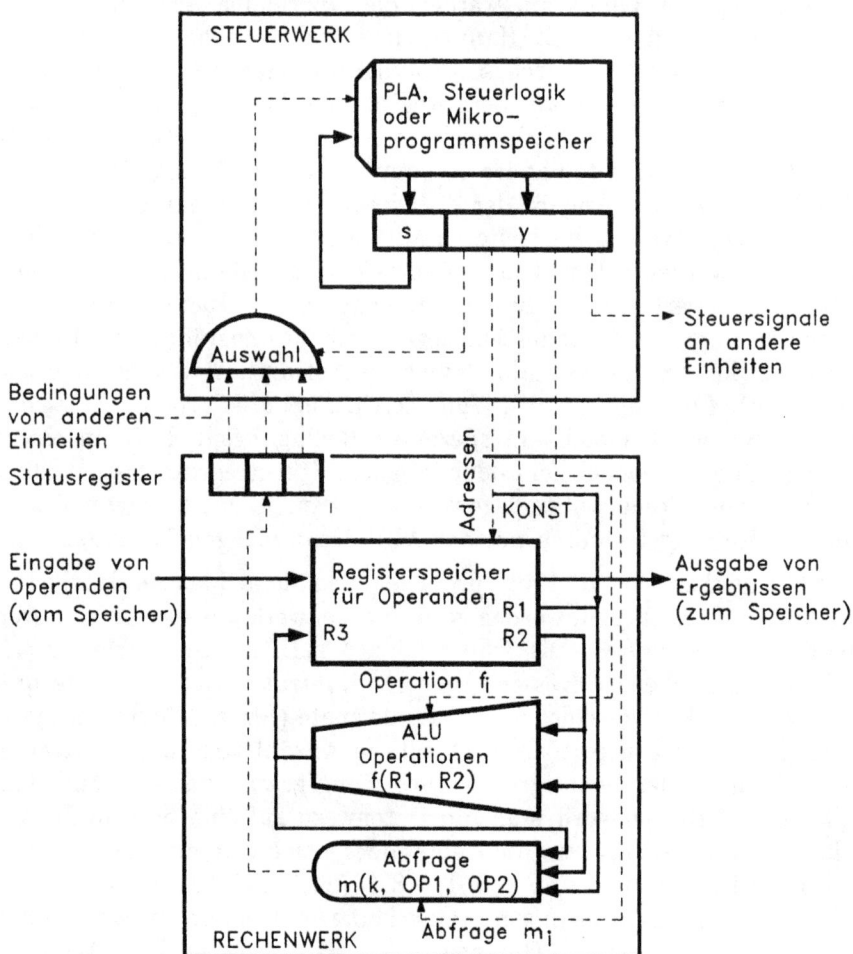

STEUERWERK

PLA, Steuerlogik
oder Mikro-
programmspeicher

s   y

Auswahl

Steuersignale
an andere
Einheiten

Bedingungen
von anderen
Einheiten

Statusregister

Adressen

KONST

Eingabe von
Operanden
(vom Speicher)

Registerspeicher
für Operanden   R1

R3   R2

Ausgabe von
Ergebnissen
(zum Speicher)

Operation f_i

ALU
Operationen
f(R1, R2)

Abfrage
m(k, OP1, OP2)

RECHENWERK   Abfrage m_i

Abb. 4-4: Struktur eines universellen Rechenwerks mit Steuerwerk

sen, Rechenoperationscode), die Einfluß auf die Anzahl, Mächtigkeit
und Ausführungsgeschwindigkeit der Rechenoperationen haben. Ein
Rechenwerk mit einem hohen Maß an Parallelarbeit erfordert einen breiten Steuerbefehl. Je breiter aber der Steuerbefehl für das Rechenwerk
gemacht wird, desto breiter muß auch der Mikrobefehl werden. Allgemeine Untersuchungen zeigen, daß die Leistung eines Systems nicht linear mit dem Aufwand an Hardware zunimmt, sondern etwa mit der
Wurzel oder logarithmisch. (Auf Grund des Kommunikationsanteils
kann sogar die Leistung sinken, wenn ein Problem auf zu viele Re-

chenwerke/Prozessoren verteilt wird.) Deshalb ist es günstiger, für ein System mit nicht extremen Geschwindigkeitsanforderungen ein einfaches Rechenwerk zu wählen, dessen Komponenten gut ausgenutzt werden.

Beim Entwurf eines Rechenwerks kann man sich die Frage stellen, ob es einen minimalen Satz von Mikrooperationen gibt, aus dem sich alle gewünschten Operationen zusammensetzen lassen. Theoretische Untersuchungen haben gezeigt, daß allein eine SHEFFERoperation über n-stelligen Registern, z. B. $R^i := (\min(R^i, R^j)+1) \bmod 2^n$, ausreicht, um daraus alle anderen n-stelligen Funktionen $\{0,1\}^n \times \{0,1\}^n \to \{0,1\}^n$ zu erzeugen. In der Praxis ist dieses Ergebnis nicht anwendbar, weil zu viele SHEFFERoperationen zur Realisierung einer Funktion hintereinander ausgeführt werden müßten. Auch durch die drei Zustandsfunktionen *Nand, Schift-Rechts, Schift-Links* lassen sich bereits alle n-stelligen Funktionen erzeugen. In der Praxis wird man aber die Anzahl der erzeugenden Mikrooperationen so erweitern, daß die Implementierung der gewünschten Operationen nicht zu umständlich wird. Deshalb realisiert man mindestens die grundlegenden, einfach verständlichen logischen Funktionen wie *Negation, Und, Oder, Exklusiv-Oder* sowie die *Addition* (in verschiedenen Varianten) und verschiedene *Schiftoperationen*. Die Schiftoperationen können wiederum auf den Transport von einzelnen Bits in einem Register zurückgeführt werden. Um diese Funktionen auf den Inhalten beliebiger Speicherzellen und Register durchführen zu können, müssen entsprechende Transportoperationen zwischen den Hauptspeicherzellen, Registern und Ein-/Ausgabeleitungen vorgesehen werden. Zur Durchführung von Verzweigungen in Mikroprogrammen müssen außerdem Abfragen des Rechenwerkszustands realisiert werden. VAN DER POEL [Poe] hat gezeigt, daß bereits ein einziger Maschinenbefehl zur Programmierung genügt, der die Subtraktion und einen bedingten Sprung beinhaltet, dessen praktische Anwendbarkeit aber zu umständlich ist. Allgemein kann man sagen, daß es programmierunfreundlich ist, wenn man zu viele erzeugende Mikrooperationen kombiniert, und es nicht möglich ist, die erzeugenden Mikrooperationen einzeln auszulösen.

Allgemeine Rechenwerke unterscheiden sich durch die Anzahl der Ein-/Ausgabeleitungen, durch die Anzahl der in ihnen enthaltenen Register und durch die Anzahl und Art der durchführbaren Mikrooperationen. Die einfachsten Rechenwerke enthalten keine Register, es sind Schaltnetze (ALUs), die bestimmte Funktionen $f_i(X_1, X_2, \ldots)$ realisieren. Beispielsweise realisiert die 4-Bit-ALU LS181 folgende Funktionen (a, b und s sind 4 Bit breit):

$a,\ a \vee b,\ a \vee \bar{b},\ \ \ 1111,\ a.b,\ b,\ a \equiv b,\ \bar{a} \vee b$

$\bar{a},\ \overline{a \vee b},\ \bar{a}.b,\ \ \ \text{oooo},\ \overline{a.b},\ \bar{b},\ a \not\equiv b,\ a.\bar{b}$

Addition: $c_{out\_s} = a + b + c_{in}$, Subtraktion: $c_{out\_s} = a + \bar{b} + c_{in}$,

Inkrement: $c_{out\_s} = a + 1$, Linksschift: $c_{out\_s} = a + a = a\_o$.

Das nächst einfachere Rechenwerk besitzt ein einziges Register, das auch als Akkumulator A bezeichnet wird. Dadurch läßt sich zunächst ein Operand zwischenspeichern $(A \leftarrow X_1)$ und danach eine zweistellige Operation durchführen $Y == g(X_2, A)$. Der Akkumulator kann auch zum Speichern des Ergebnisses $A \leftarrow Y$ für weitere Mikrooperationen verwendet werden. Das Rechenwerk mit einem Akkumulator besitzt gegenüber dem Rechenwerk ohne Akkumulator den Vorteil, daß bei zweistelligen Operationen die Operanden X_1, X_2 seriell über einen Weg X übertragen werden können. Um die Datentransporte zwischen dem Hauptspeicher und dem Rechenwerk zu reduzieren und um parallel Mikrooperationen durchführen zu können, besitzen viele Rechenwerke eine größere Anzahl (z. B. $8, 16, 32, 64, 128$) von Registern. Der Aufwand für die Eingangsleitungen kann sich dadurch beträchtlich erhöhen, weil die Registeradresse(n) zur Auswahl der spezifischen Operanden dem Rechenwerk mitgeteilt werden müssen. Um Adreßbits einzusparen, kann man neben dem Registersatz, den man normal adressiert, noch einen Akkumulator für den zweiten Operanden verwenden, den man nicht explizit adressieren muß. Eine große Anzahl von Registern hat den weiteren Nachteil, daß bei Programmunterbrechungen und Prozeßumschaltungen entsprechend viele Register gerettet bzw. neu geladen werden müssen. Deshalb wurden schon Rechner (insbesondere für Realzeitanwendungen) entwickelt, die mehrere Registersätze besaßen, die bei einem Prozeßwechsel einfach umgeschaltet wurden.

In den sogenannten *Superskalar*-Rechnern werden mehrere Rechenoperationen parallel (mehr als eine Operation pro Takt und Befehl) durchgeführt. Sie besitzen entweder mehrere weitgehend voneinander unabhängige Rechenwerke oder einen Registerspeicher mit Multiport-Zugriff (z. B. 4-fach-Lesezugriff und 2-fach-Schreibzugriff), an die mehrere ALUs angeschlossen sind (Abb. 4–5). Diese Technik wurde auch schon früher in Hochleistungsrechnern und in mikroprogrammierbaren Rechnern benutzt, bevor der Begriff *„Superskalar"* geprägt wurde. Auch in Rechnern mit sogenannter VLIW-Architektur (very long instruction word) werden viele Rechenoperationen gleichzeitig durchgeführt.

Um die Rechenleistung eines Rechners zu erhöhen, kann man anstelle eines universellen Rechenwerks n spezielle Rechenwerke benutzen, die für die häufigsten Datentypen optimiert sind. In der Tat wurde diese Technik bei Großrechnern (z. B. CDC 6600) entwickelt und ist heute

ALUs oder spezielle
Funktionseinheiten
für int, real, ...

```
Hauptspeicher/Cache  ⟷  ┌──────────────┬──────────────┐     ┌────────────────┐
                        │              │              │ ⟵─ │ Operationen  1 │
                        │ Gemeinsamer  │ Organisation │     └────────────────┘
                        │ Register-    │ des          │     ┌────────────────┐
                        │ speicher     │ parallelen   │ ⟵─ │ Operationen  2 │
                        │              │ Zugriffs     │     └────────────────┘
                        │              │              │            ⋮
                        │              │              │     ┌────────────────┐
                        │              │              │ ⟵─ │ Operationen  n │
                        └──────────────┴──────────────┘     └────────────────┘
```

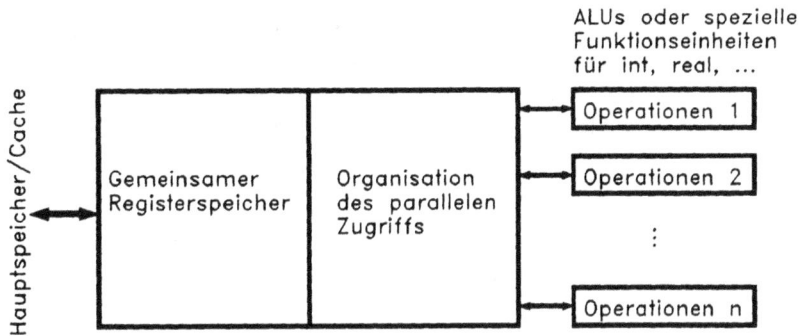

Abb. 4–5: Ein Registersatz und n ALUs

auch in leistungfähigen Mikroprozessoren (z. B. Motorola 88110) zu finden. Dabei werden spezielle Rechenwerke für Integer-Operationen, Gleitkomma-Operationen (teilweise getrennt für Skalare und Vektoren), BCD-Arithmetik, grafische Operationen usw. vorgesehen, die in der Regel auch gleichzeitig aktiviert werden können. Im Extremfall kann man für jeden Datentyp ein separates Datentyprechenwerk (Abb. 4–6) vorsehen.

Beim Entwurf eines universellen Rechenwerks ist darauf zu achten, daß die ansprechbaren Mikrooperationen programmierfreundlich definiert werden, d. h. daß es nur wenige oder keine Spezialregister gibt, auf denen spezielle Operationen erklärt sind. Für den Programmierer ist es am angenehmsten, wenn er die möglichen Mikrooperationen auf einem

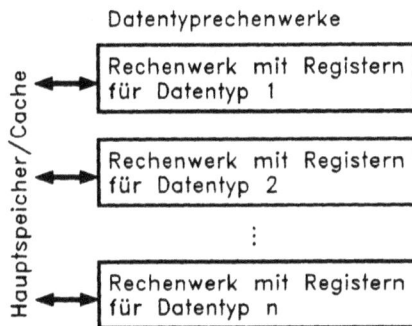

Datentyprechenwerke

```
                        ┌──────────────────────────┐
Hauptspeicher/Cache ⟷  │ Rechenwerk mit Registern │
                        │ für Datentyp 1           │
                        └──────────────────────────┘
                        ┌──────────────────────────┐
                    ⟷  │ Rechenwerk mit Registern │
                        │ für Datentyp 2           │
                        └──────────────────────────┘
                                    ⋮
                        ┌──────────────────────────┐
                    ⟷  │ Rechenwerk mit Registern │
                        │ für Datentyp n           │
                        └──────────────────────────┘
```

Abb. 4–6: n Datentyprechenwerke

beliebigen Tupel von Registern ausführen kann und wenn er die erzeugenden Mikrooperationen einzeln oder kombiniert aufrufen kann. Die Programmierfreundlichkeit hängt stark mit dem regulären Aufbau des Rechenwerks zusammen. Man kann auch sagen: je einfacher sich die Funktionsweise des Rechenwerks beschreiben läßt (z. B. in HDL), desto einfacher läßt es sich programmieren.

Die Programmierfreundlichkeit ist natürlich nicht der einzige Entwurfsgesichtspunkt, denn die begrenzte Anzahl der Schnittstellensignale, der begrenzte Realisierungsaufwand und die geforderte Leistung erzwingen oft die unregelmäßigen Strukturen der heutzutage benutzten Rechenwerke.

Die Mikrooperationen der Rechenwerke werden im Hinblick auf die zu implementierenden Maschinenoperationen/Anwendungen entworfen und optimiert. Wenn sich die Anforderungen ändern, d. h. wenn andersartige Maschinenoperationen implementiert werden sollen, dann können die einmal definierten Mikrooperationen nicht mehr optimal sein. Es wird deshalb vorgeschlagen, in solchen Fällen *programmierbare* Rechenwerke zu verwenden. Bei programmierbaren Rechenwerken müssen sich die Zustandsfunktionen (ALU-Verknüpfungsfunktionen) und Ausgangsfunktionen (Bedingungsfunktionen) programmieren lassen. Die Programmierbarkeit kann durch einen Festwertspeicher (ROM) oder eine Schaltmatrix (PLA) realisiert werden.

Leistungsfähige und parallel arbeitende Rechenwerke benötigen einen hohen Steuerungsaufwand, so daß die Maschinenbefehle, aus denen die Steuerbefehle abgeleitet werden, schnell aus dem Hauptspeicher geholt werden müssen. Außerdem benötigen solche Rechenwerke einen höheren Datenverkehr zwischen Hauptspeicher und dem(den) Registerspeicher(n).

Die mittlere Zugriffszeit auf Daten und Befehle läßt sich durch verschiedene Methoden erhöhen, wie Verschachtelung (Interleaving) von Speicherbänken, Einfügen eines Pufferspeichers (Cache) zwischen Haupt- und Registerspeicher, Assoziativspeicher zur Unterstützung von Adreßberechnungen, Befehlsvorausschau (Instruction-Look-Ahead) sowie Überlappung von Befehlshol- und Ausführungsphasen (Befehlspipelining).

Wir wollen noch einige Hinweise auf anders geartete Rechenwerke geben, die im Zusammenhang mit der historischen Entwicklung der Rechenanlagen stehen. Der ILLIAC IV [Bar, Bouk] gehört zur Klasse der sogenannten SIMD-Rechner (single instruction multiple data). Er besaß 64 miteinander gekoppelte Rechenwerke, die mit lokalen Speichern ausgestattet waren. Ein übergeordnetes Steuerwerk erteilte den 64 Rechenwerken einen gemeinsamen Befehl, der unterschiedlich interpretiert werden konnte. Z. B. werden die lokalen Operandenadressen ADR^i aus der übergeordneten Basisadresse $BASE$, dem Inhalt des gemeinsamen Indexregisters X und den Inhalten der lokalen Indexregister X^i nach der Beziehung $ADR^i = BASE + X + X^i$ ermittelt. Durch diese Adressierungstechnik können die Elemente von Vektoren und Matrizen simultan verarbeitet werden.

Von HOLLAND [Hol] und GONZALES [Gon] sind ebenfalls Rechnerstrukturen mit matrixförmig angeordneten Prozessoren/Rechenwerken vorgeschlagen worden. Bei dem HOLLAND-Rechner wurden für die einzelnen Befehlsschritte nacheinander verschiedene Module aktiviert. Das Programm lief auf einem bestimmten Weg durch die Prozessor-Matrix, wobei Simultanarbeit durch Verzweigen möglich war. Der GONZALES-Rechner bestand aus drei matrixförmigen Elementen, der Programm-Ebene, der Kontroll-Ebene und der Rechner-Ebene. Die Ebenen arbeiteten überlappend, und in jedem Befehl wurde die Adresse des nächsten Befehls angegeben.

Die Rechner CDC STAR-100 [Hin] und TI-ASC [Wat] verwendeten neben anderen das Prinzip der Fließbandarbeit (Pipelining), das besonders gut für Vektoroperationen geeignet ist. Dieses sogenannte *arithmetische Pipelining* ist inzwischen zu einer Standardtechnik geworden, die auch in vielen Mikroprozessoren angewandt wird.

Abb. 4–7 zeigt das Prinzip für die Gleitkomma-Addition von zwei Vektoren mit den Komponenten X_i und Y_i. Die einzelnen Schritte der Operationen werden in verschiedenen Stufen bearbeitet. Während z. B. die Stufe 2 die Operanden (X_4, Y_4) bearbeitet, kann die Stufe 1 schon die folgenden Operanden (X_5, Y_5) bearbeiten. Wenn alle Stufen fertig sind, dann können die Teilergebnisse an die folgenden Stufen weitergegeben werden. Durch diese Methode lassen sich heutzutage 10 bis 1000 Millionen von 32-Bit-Gleitkomma-Operationen pro Sekunde (MFLOPS, mega floating point operations) ausführen. Durch dieses Pipelining läßt sich ein hoher Durchsatz erzielen, wenn die Vektoren ausreichend lang sind und die Füllzeit (start up time, Latenzzeit) der Pipeline vernachlässigt werden kann. Bei gefüllter Pipeline wird mit jedem Schiebetakt ein neues Ergebnis produziert, wenn keine Fehler (z. B. bei Überlauf, Unterlauf) auftreten, die Sonderbehandlungen erfordern. Nach einem anderen Prinzip arbeitete der STARAN-Rechner [Rud]. Er besaß einen mehrdimensionalen Speicher, der zur Emulation eines Assoziativspeichers diente. Das Rechenwerk bestand aus 256 Einzelbit-Rechenwerken, wodurch maximal 256 Vektoren parallel, aber bitseriell verarbeitet werden konnten.

Die bisher betrachteten Rechenwerke arbeiteten nach dem Prinzip der

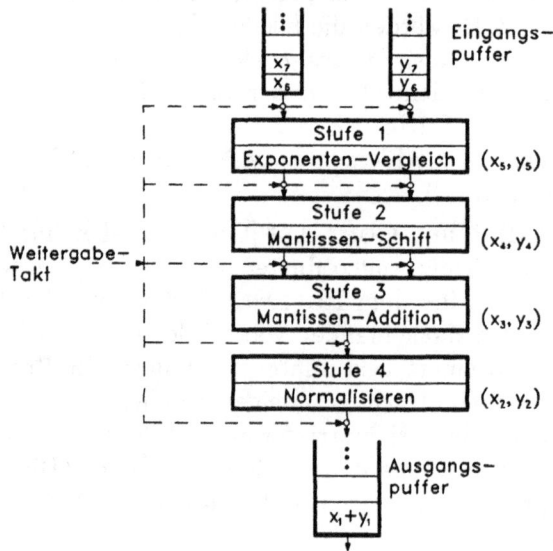

Abb. 4 – 7: Gleitkomma-Addition-Pipeline

expliziten Adressierung der Operanden in den Registern. Zur Bearbeitung verschachtelter Ausdrücke müssen außerdem explizit Hilfsregister angeben werden. Das Keller-(Stack-)Rechenwerk unterstützt hardwaremäßig die Abarbeitung verschachtelter Ausdrücke und benötigt
keine explizite Adressierung von Registern. Es wurde z. B. im Rechner BURROUGHS B6700 [Bur] und in verschiedenen Taschenrechnern
verwendet. Ein Stack ist eine Aneinanderreihung von n Registern
(**register** STACK(1:n,1:m)) oder Speicherzellen. Ein typischer Befehlssatz auf einem Stack lautet:

```
1. PUSH <CONST>        S(2:n) <- S(1:n-1), S1 <- CONST

2. PUSH <MEMORYADR>    S(2:n) <- S(1:n-1), S1 <- MEMORYADR

3. POP  <MEMORYADR>    MEMORYADR <- S1, S(1:n-1) <- S(2:n)

4. MOP                 S1 <-  mop (S1)

5. DOP                 S1 <- dop(S1,S2), S(2:n-1) <- S(3:n)
```

Durch die PUSH-Befehle wird entweder eine Konstante oder der Inhalt
einer Hauptspeicherzelle MEMORYADR auf den Stack gebracht, d. h. in das
oberste Register S1 (auch „top of stack" genannt). Alle weiteren Inhalte rutschen um eine Position nach unten. Durch den POP-Befehl

156

wird der Inhalt des obersten Registers in eine Speicherzelle transportiert, alle weiteren Inhalte rutschen um eine Position nach oben. Durch den MOP-Befehl wird der Inhalt des obersten Registers durch einen monadischen Operator (z. B. Negation) verändert. Durch den DOP-Befehl werden die beiden Inhalte der obersten Register durch einen dyadischen Operator miteinander verknüpft und in das oberste Register gebracht, alle weiteren Werte rutschen um eine Position nach oben. Beliebig geklammerte arithmetische Ausdrücke werden zuerst in die umgekehrte Polnische Notation transformiert und können dann direkt ausgeführt werden.

Beispiel:

Ausdruck:	Y + 2*(W+V) -> Z
Polnische Notation:	Y 2 W V + * + Z :=
Befehlsfolge:	PUSH Y, PUSH 2, PUSH W, PUSH V,
	+, *, +, POP Z .

Vorteilhaft ist es, daß nur für den Zugriff auf den Hauptspeicher Adressen angegeben werden müssen, nicht aber für die Operationen auf dem Stack. Dadurch kann der Adressierungsaufwand im Steuerbefehl und in der Hardware eingespart werden, so daß diese Technik besonders vorteilhaft bei parallel arbeitenden Rechenwerken eingesetzt werden kann.

4.5 Verschiedene Realisierungen von Steuerwerken

Ein Steuerwerk läßt sich wie ein Schaltwerk durch folgende Beziehungen beschreiben:

$$
\begin{array}{lll}
s' = f(x,s) & \text{Zustandsfunktion} & \\
y = g(x,s) & \text{Ausgangsfunktion} & \\
s(t+1) = s'(t) & \text{Zeitverhalten} & (4.1)
\end{array}
$$

mit t = Folge von Zeitintervallen, in denen der Zustand stabil ist

s = Zustand, Adresse

s' = Folgezustand, Folgeadresse

x = Eingangssignale, Bedingung

y = Ausgangssignale, Steuerbefehl .

Im allgemeinen werden s, s', x und y durch boolesche Vektoren repräsentiert. Der Zustand besteht dann aus Zustandsvariablen, die Bedingung aus Bedingungssignalen/Bedingungsvariablen und der Steuerbefehl aus Steuersignalen/Steuervariablen.

In den Gleichungen (4.1) stellen f und g Abbildungen dar, die hardwaremäßig z.B. durch Schaltnetze realisiert werden. Man kann sagen, daß in den Schaltnetzen die Abbildungen gespeichert sind. Das *Hardware-Steuerwerk* und das *Mikroprogramm-Steuerwerk* (MP-Steuerwerk) unterscheiden sich nur durch die Art, wie diese Abbildungen realisiert werden. Vereinfachend gesagt zeichnet sich das Hardware-Steuerwerk dadurch aus, daß die Schaltnetze durch ein Gatternetzwerk oder eine Schaltmatrix (PLA) fest verdrahtet und meist logisch minimiert werden. Dagegen werden in einem MP-Steuerwerk die Schaltnetze durch einen Festwertspeicher realisiert, der auch als Mikroprogrammspeicher bezeichnet wird. Das MP-Steuerwerk ist leicht programmierbar, indem der Inhalt des Festwertspeichers (das Mikroprogramm) ausgetauscht wird. Das Hardware-Steuerwerk ist dagegen schwerer änderbar, wenn es als Gatternetzwerk fest verdrahtet ist. Wenn es aber mit Hilfe einer programmierbaren Schaltmatrix realisiert wird, ist es ähnlich leicht wie ein MP-Steuerwerk änderbar.

Im nächsten Abschnitt wird zunächst das Prinzip des MP-Steuerwerks erklärt, und dann werden die verschiedenen Hardware-Steuerwerke dargestellt.

4.5.1 Mikroprogramm-Steuerwerk

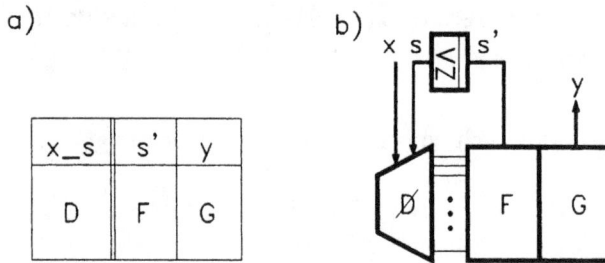

Abb. 4–8: Übergangstabelle (a) und Mikroprogramm-Steuerwerk (b)

Wenn die Funktionen f und g in die disjunktive (oder konjunktive) Normalform gebracht werden, dann lassen sie sich direkt durch einen Festwertspeicher (Read-Only-Memory) realisieren. Diese Realisierung wird als *Mikroprogramm-Steuerwerk* (MP-Steuerwerk) bezeichnet. Das Speicherwort mit dem Index i enthält den Mikrobefehl F(i)_G(i), der durch eine Kombination des booleschen Eingangsvektors x mit dem Zustandsvektor s ausgewählt wird. Bei einem einfachen MP-Steuerwerk ergibt sich der Index i direkt durch den Wert der Dualzahl x_s.

Jede Funktion eines Schaltwerks läßt sich in Form einer Übergangstabelle (Wahrheitstabelle) angeben, in der links die Eingangssignale x und
die momentanen Zustände s stehen und rechts die neuen Zustände s'
und die Ausgangssignale y. Die linke Seite der Tabelle wird als Decodiermatrix D bezeichnet, während die rechte Seite aus der Flußmatrix
(oder Folgematrix) F und der Ausgangsmatrix (oder Steuermatrix) G
besteht (Abb. 4-8). Wenn wir die Zeilen der Decodiermatrix als Dualzahlen auffassen, die aufsteigend geordnet sind, dann bezeichnen wir
die Decodiermatrix als Dualmatrix $\mathcal{D}$ und die Wahrheitstabelle als dual
geordnet. Diese dual geordnete Wahrheitstabelle läßt sich direkt durch
einen Festwertspeicher realisieren (Abb. 4-8b). Die Dualmatrix $\mathcal{D}$ wird
als Decoder realisiert, der die Zeile i = x_s aus dem Speicher auswählt.
Damit werden der Folgezustand s' = F(i) und der Steuerbefehl y =
G(i) ausgelesen. Für jeweils eine Taktperiode wird der Zustand s
im Verzögerungsglied VZ (D-Flipflops) zwischengespeichert. An dieser
Stelle können wir den Übergang von der Hardware zur Software erkennen. Das wesentliche Element der Software, der Befehl, kristallisiert sich
heraus. Er lautet:

[s] s' == F(x_s) , Y == G(x_s)   oder

[s] next F(x_s) , do G(x_s)   oder

[s] $j = 0 \ldots 2^{m-1}$: if x=j then (next F(j_s), do G(j_s)) fi)

Diese drei symbolischen Befehle sollen das gleiche ausdrücken, und
der Leser möge sich über die softwaremäßige Interpretation der Übergangstabelle als Liste von Befehlen Klarheit verschaffen. Die Marke
s entspricht dem Befehlzählerstand, s' dem Sprungziel und y den
auszuführenden Operationen. Jeder Befehl besteht aus 2^m Zeilen
(Feldern), die über den Speicher verteilt sein können. Dabei ist
m die Anzahl der x-Komponenten. Jede Zeile enthält eine Abfrage
"if x = j then", ein Sprungziel "next F(j_s)" und einen Operati-
onsteil "do G(j_s)". In der Ausdrucksweise einer Programmiersprache entspricht die Übergangstabelle einem Programm, das aus 2^n Case-
Befehlen besteht, wobei n die Anzahl der s-Komponenten ist (zur Verdeutlichung wurde next durch goto ersetzt):

```
s:  case x of
    ?0:     goto F(0_s), do G(0_s)
    ?1:     goto F(1_s), do G(1_s)
      . . .
    ?k:     goto F(k_s), do G(k_s)     k = 2^m − 1
    esac
```

Die einzelnen Zeilen jedes Befehls sind über den Speicher im Abstand 2^n verteilt. Würde man x und s vertauschen, so würden alle 2^n Zeilen eines Befehls ohne Abstand hintereinander stehen. Die Übergangstabelle kann somit als Hardware (PLA, Schaltnetz) oder als Software (Liste von Befehlen) aufgefaßt werden.

Die in dem Mikroprogrammspeicher gespeicherten Befehle werden als *Mikrobefehle* bezeichnet, eine Folge von Mikrobefehlen als *Mikroprogramm*.

Durch die Verwendung von Mikroprogramm-Steuerwerken können die Vorteile der Hardware (insbesondere die hohe Verarbeitungsleistung) mit den Vorteilen der Software (wie Flexibilität, Austauschbarkeit, Strukturierung) kombiniert werden.

Als Beispiel betrachten wir einen einfachen Ablauf (Abb. 4−9). Der zu realisierende Mikroalgorithmus ist in Abb. 4−9a als Zustandsdiagramm dargestellt, aus dem übersichtlich die einzelnen Schritte hervorgehen. Eine äquivalente Darstellung ist die Form des synchronen Mikroprogramms (siehe Abschnitt 2.17), das aus einer Anzahl von Mikrobefehlen besteht. Zu jedem Zustand (in eckigen Klammern) gehört genau ein Mikrobefehl, der die Mikrooperationen (z. B. Y1==X1 im Zustand 0) und die möglichen Sprungziele angibt. Die Anweisung "next 3" bedeutet (siehe HDL-Definition), daß mit dem synchronisierenden Takt in den Zustand 3 gesprungen wird. Wir gehen nun von der Software (Abb. 4−9b) zur Hardware (Abb. 4−9c) über. Das Verhalten des Schaltwerks ist jetzt in der Übergangstabelle enthalten, die sich direkt zur Realisierung durch ein MP-Steuerwerk (Abb. 4−9d) eignet. Ein Bezug zu den symbolischen Mikrobefehlen und damit zur Mikroprogrammierung ist aus der Übergangstabelle ersichtlich. Gemäß der obigen Betrachtungweise läßt sich diese Übergangstabelle aber als ein Mikroprogramm auffassen, bestehend aus 4 Mikrobefehlen. Der Mikrobefehl 0 besteht aus (F(0)_G(0), F(4)_G(4)), der Mikrobefehl 1 aus (F(1)_G(1), F(5)_G(5)), der Mikrobefehl 2 aus (F(2)_G(2), F(6)_G(6)) und der Mikrobefehl 3 aus (F(3)_G(3), F(7)_G(7)). Die Realisierung als MP-Steuerwerk ist leicht zu verstehen. Der Zustand des Steuerwerks wird in den Verzögerungselementen

a)

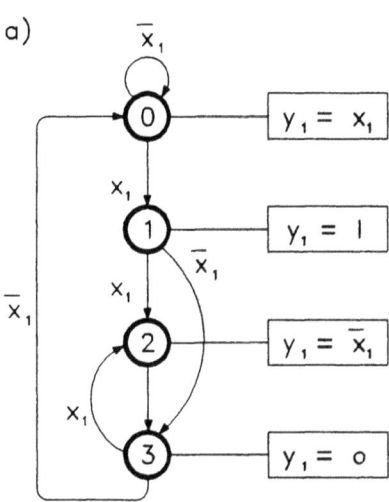

b)

[0] $y_1 == x_1$, if $\bar{x}_1$ then next 0
                 else next 1 fi

[1] $y_1 == 1$, if $\bar{x}_1$ then next 3
                 else next 2 fi

[2] $y_1 == \bar{x}_1$, next 3

[3] $y_1 == 0$, if $\bar{x}_1$ then next 0
                 else next 2 fi

c)

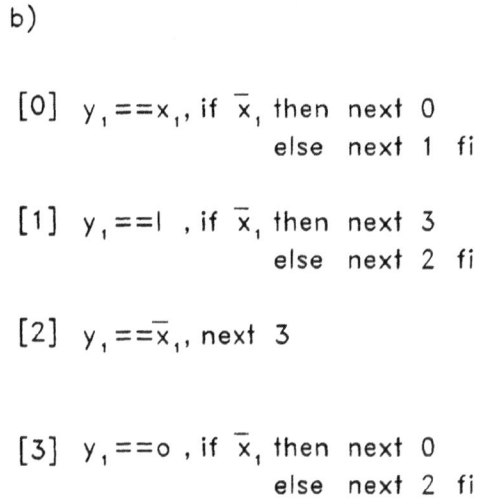

d)

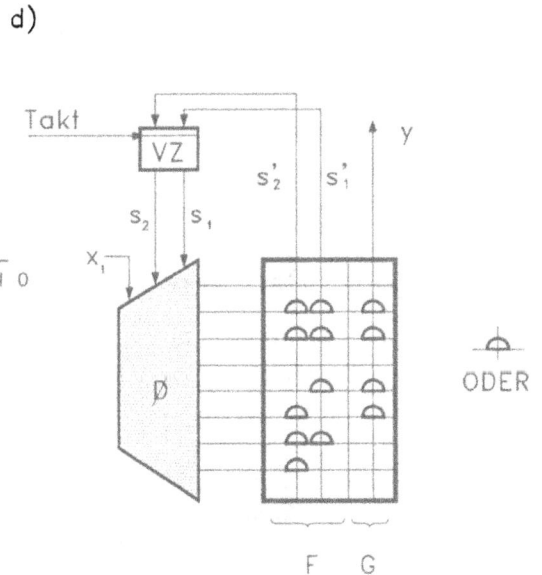

Abb. 4–9: Verschiedene Formen eines synchronen Ablaufs: Zustandsdiagramm (a), Mikroprogramm (b), Übergangstabelle (c),
Realisierung (d)

161

VZ (getaktete D-Flipflops) festgehalten. Der Zustand s und die Bedingung x wählen mit Hilfe der Decodiermatrix $\not{D}$ eine bestimmte Zeile im Speicher aus. Die i-te Stelle (Adresse) des Speichers entspricht dem dualen Wert des booleschen Vektors x_s. Aus dem Speicher F_G wird der Mikrobefehl F(i)_G(i) = s'_y ausgelesen. Wenn z.B. x_s = loo ist, dann lautet der Steuerbefehl Y1 = 1, und das Steuerwerk schaltet mit dem Takt in den Zustand s' = ol weiter.

Zur Wiederholung: Ein Mikroprogramm-Steuerwerk besteht hauptsächlich aus einem im Speicher abgelegten Mikroprogramm. Auf die Mikrobefehle wird über eine Adresse, die im Adreßregister s (Zustandsregister, Mikrobefehlszähler) gespeichert ist, zugegriffen. Zwischen einem Hardware-Steuerwerk und einem MP-Steuerwerk besteht bis auf die Realisierung kein Unterschied, denn beide Steuerwerke können die gleichen Steuerbefehle der Übergangstabelle an das Operationswerk liefern. Das Mikroprogramm-Steuerwerk kann deshalb in seiner reinen Form das gleiche wie ein Hardware-Steuerwerk leisten.

Bevor wir uns ausführlicher mit den verschiedenen Typen von MP-Steuerwerken befassen, wollen wir zum Vergleich und zur Einordnung die verschiedenen Realisierungen von Hardware-Steuerwerken besprechen. Insbesondere das Matrix-Steuerwerk (Abschnitt 4.5.2.3) ist eine Realisierung, die wieder zunehmend an Bedeutung gewonnen hat. Diese moderne Form des Hardware-Steuerwerks hat sehr viele Gemeinsamkeiten mit dem MP-Steuerwerk, so daß man sich als Logik-Entwerfer überlegen muß, welche Art der Realisierung für den Anwendungsfall am günstigsten ist.

4.5.2 Hardware-Steuerwerke

Bei einem Hardware-Steuerwerk wird die Zustands- und Ausgangsfunktion nicht durch einen MP-Speicher, sondern durch die Zusammenschaltung (Verdrahtung) von Logikbausteinen festgelegt. Dadurch ist der realisierte Mikroalgorithmus nicht mehr so leicht austauschbar (programmierbar). In der englischsprachigen Literatur wird in diesem Zusammenhang von *Random-Logic* oder *Hardwired-Control* gesprochen. Der Begriff Random-Logic deutet darauf hin, daß es sich dabei um eine mehr oder weniger zufällige Zusammenschaltung logischer Bausteine handeln kann. Die Random-Logic besitzt also, im abwertenden Sinne betrachtet, keine regelmäßige Struktur und ist daher schwer durchschaubar, überprüfbar und änderbar, ähnlich wie ein schlecht strukturiertes Assemblerprogramm. Das muß natürlich nicht bedeuten, daß festverdrahtete Logik etwas Schlechtes an sich ist. In den Fällen, bei denen sehr schnelle oder sehr einfache Abläufe zu realisieren sind, kann nicht auf das Hardware-

Steuerwerk verzichtet werden. Wenn zur Realisierung der Zustands- und Ausgangsfunktion Schaltmatrizen verwendet werden, dann entsteht ein Matrix-Steuerwerk, das sich ähnlich wie ein Mikroprogramm-Steuerwerk programmieren läßt.

4.5.2.1 Schritt-Steuerwerk

Das Schritt-Steuerwerk (siehe z. B. [Spe]) ist eine sehr interessante und einfache Form der Realisierung eines gegebenen synchronen Ablaufs. Der durch ein Zustandsdiagramm vorgegebene Algorithmus kann direkt in diese Realisierungsform umgesetzt werden. Jeder Zustand wird durch ein D-Flipflop ersetzt. Jeder Pfeil mit einer Bedingung X wird durch

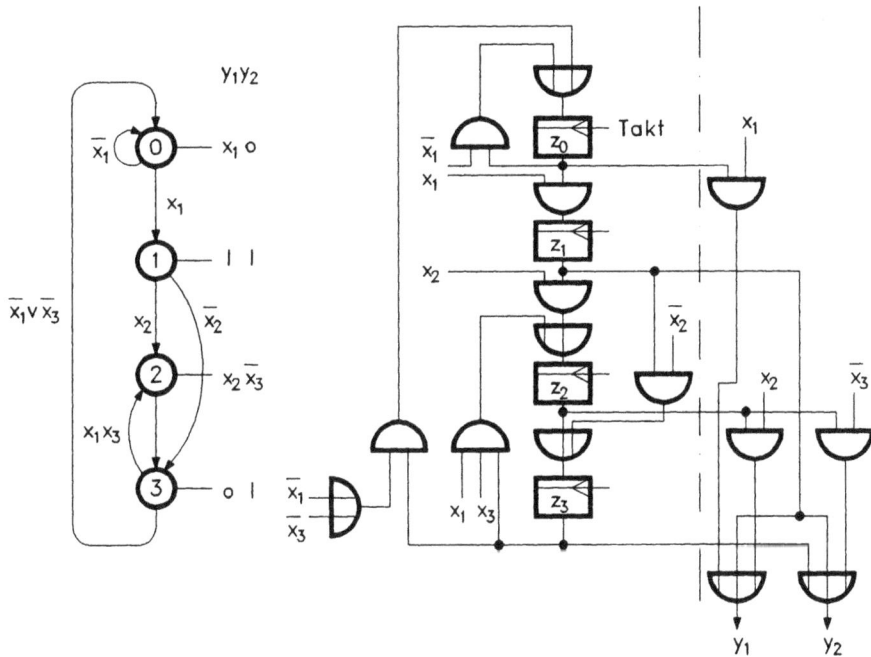

Abb. 4 – 10: Zustandsdiagramm (a) und Schritt-Steuerwerk (b)

eine Verbindung ersetzt, die für $X=1$ geschlossen und für $X=o$ offen sein muß. Das Pfeilende wird mit dem Ausgang des Flipflops verbunden, die Pfeilspitze mit dem Eingang des Flipflops. Wenn mehrere Pfeile in einen Zustand münden, dann werden die Verbindungen durch ein Oder-Gatter vereinigt. Abb. 4 – 10 zeigt links das Zustandsdiagramm und rechts die

163

Realisierung als Schritt-Steuerwerk. Der momentane Zustand ist durch das Fliflop gekennzeichnet, das den Wert 1 besitzt. Beim Verlassen des Zustands wird das Flipflop zurückgesetzt, und das Flipflop des nächsten Zustands wird gesetzt. Ein großer Vorteil des Schritt-Steuerwerks ist die Übereinstimmung mit der Struktur des Algorithmus. Dadurch ist das Steuerwerk leicht überprüfbar und kann einfach modifiziert werden. Für die Realisierung können auch bei kleineren Änderungen anstelle der D-Flipflops JK- oder getaktete RS-Flipflops verwendet werden, und die Oder-Gatter lassen sich durch „Wired-Or"-Verbindungen ersetzen.

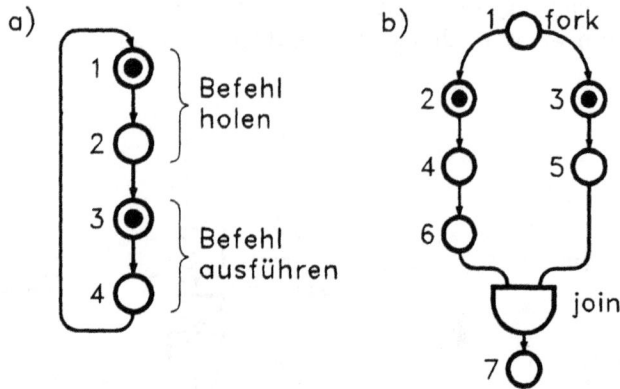

Abb. 4–11: Steuerung von parallelen Mikroprogrammen, Pipelining (a) und Synchronisierung (b)

Mit dem Schritt-Steuerwerk lassen sich auch Prinzipien wie „Pipelining" (siehe Abschnitt 5.10) oder die Synchronisierung von parallelen Mikroprogrammen durch „fork" und „join" verwirklichen. Das geschieht durch gleichzeitiges Aktivieren mehrerer Zustände (Flipflops). Abb. 4–11a zeigt vereinfachend die Möglichkeit zur Steuerung einer Pipeline. Es können gleichzeitig die Zustände (1, 3) und (2, 4) aktiv sein. In den Zuständen (1, 2) wird z. B. ein Befehl geholt, der in den Zuständen (3, 4) ausgeführt wird. Das Holen des nächsten Befehls kann dann mit der Ausführung des momentanen Befehls überlappt werden. Abb. 4–11b zeigt diese Möglichkeit. Vom Zustand 1 wird gleichzeitig zu den Zuständen 2 und 3 (fork) verzweigt. Erst wenn beide Zweige durchlaufen sind, wird der Zustand 7 erreicht (join). In der Realisierung kann dazu ein Und-Gatter verwendet werden.

Ein Nachteil des Schritt-Steuerwerks ist die große Anzahl der benötigten Flipflops, die allerdings erst bei größeren Steuerwerken ins Gewicht

164

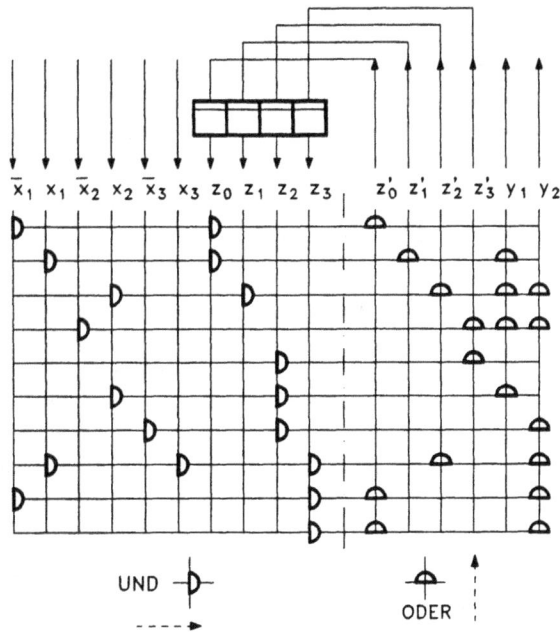

Abb. 4-12: Schritt-Steuerwerk mit einer Schaltmatrix

fällt. Weiterhin könnte man die unstrukierte Verdrahtung des Steuerwerks bemängeln. Durch die Verwendung von Schaltmatrizen, die früher als Diodenmatrizen und heute als integrierte Schaltungen (PLA) realisiert werden, läßt sich auch das Schritt-Steuerwerk einfach, strukturiert und änderungsfreundlich aufbauen (Abb. 4-12). Dieser sytematische Aufbau erinnert an den regelmäßigen Aufbau eines MP-Steuerwerks. In der Tat unterscheidet sich diese Form vom MP-Steuerwerk nur dadurch, daß die Zustandscodierung und die Abfrage der Bedingungssignale freier als beim MP-Steuerwerk festlegbar ist (vergleiche Abb. 4-8). Deshalb kann das Schritt-Steuerwerk, realisiert mit Schaltmatrizen, auch als die allgemeinste Form eines synchronen MP-Steuerwerks bezeichnet werden. An diesem Beispiel ist deutlich geworden, wie sich die Eigenschaften eines Schaltwerks verändern, wenn die Random-Logic durch strukturierte Logik, wie es Schaltmatrizen sind, ersetzt wird.

4.5.2.2 JK-Flipflop-Steuerwerk

Das als klassisch zu bezeichende Steuerwerk wird mit JK-Flipflops und logischen Gattern realisiert. Beim Entwurf geht man meist von der Übergangstabelle aus. Sie kann aus der Automatentafel durch Codierung der Eingangssignale, Zustände und Ausgangssignale gewonnen werden. Sie läßt sich auch leicht aus dem Mikroalgorithmus, der in Form eines Zustandsdiagramms oder einer sprachlichen Beschreibung vorgegeben ist, ermitteln. Als Zustandscode wird oft ein Code minimaler Länge benutzt, bei dem man mit der geringsten Anzahl von Flipflops auskommt. Der Aufwand eines Schaltwerks wird außerdem durch die Anzahl der Gatter bestimmt, die zur Realisierung der Zustandsfunktion $f(x,s)$ und Ausgangsfunktion $g(x,s)$ benötigt werden. Da die Codierung der Eingangs- und Ausgangssignale meist schon durch das Operationswerk festgelegt ist, kann nur noch der Zustandscode so variiert werden, daß diese Schaltnetze möglichst einfach werden. Das Problem der Auffindung eines optimalen Zustandscodes ist bisher noch nicht zufriedenstellend gelöst worden. Es gibt eine Reihe von Ansätzen (z. B. [Dol], Simulated Annealing, Genetische Algorithmen), bei denen meist iterativ nach besseren Lösungen gesucht wird. Das Problem ist auch auf grund der heute zur Verfügung stehenden billigen komplexen Logikbausteine nicht mehr von sehr großer Bedeutung. Außerdem kann ein relatives Optimum leicht durch eine Variation des Zustandscodes gefunden werden, insbesondere mit Hilfe eines Rechnerprogramms. Besteht die Ausgangsfunktion y aus sehr vielen Variablen, dann empfiehlt es sich meist, einen Code nicht minimaler Länge zu wählen (z. B. 2-aus-n oder 1-aus-n, n = Anzahl der Zustände), weil dann das Ausgangsschaltnetz besonders einfach wird. Die Methoden zur Ermittlung der minimalen Ansteuergleichungen für die JK-Flipflops sind in den meisten Büchern über Schaltwerksentwurf beschrieben (z. B. [Gil]).

Betrachten wir das Beispiel nach Abb. 4–10a. Aus diesem Zustandsdiagramm ergibt sich die Übergangstabelle nach Abb. 4–13, wenn die Zustände dual codiert werden. Die 6. und 7. Zeile werden für die variablen Ausgangsfunktionen $y_1 = x_2$ (oder *if x_2 then $y_1 = 1$ else $y_1 = o$ fi*) und $y_2 = \bar{x}_3$ benötigt. Der Folgezustand von $s_0 s_1 = 1o$ ist $s'_0 s'_1 = 11$, der durch die 5. Zeile definiert wird. (Wenn die 6. oder 7. Zeile angesprochen wird, dann wird außerdem die 5. Zeile angesprochen.) In dieser zusammengefaßten Übergangstabelle können also mehrere Zeilen gleichzeitig aktiviert werden. Die zugehörigen Folgezustandswerte s'_i und Ausgangswerte y'_i werden dabei „verodert". Deshalb kann in der 6. und 7. Zeile ein beliebiger Folgezustand eingetragen werden. Für das am häufigsten eingesetzte JK-Flipflop mit der Übergangsgleichung $s' = j.\bar{s} \vee \bar{k}.s$

berechnen sich die Ansteuergleichungen j_i und k_i wie folgt:

Betrachte nur die Zeilen $s_i = 0$: $s'_i = j_i \Rightarrow j_i$

Betrachte nur die Zeilen $s_i = 1$: $s'_i = \overline{k_i} \Rightarrow k_i = \overline{s'_i}$.

	Eingangssignale	Alter Zustand	Neuer Zustand	Ausgangssignale	Ansteuergleichungen	
	$x_1 x_2 x_3$	$s_0\ s_1$	$s'_0\ s'_1$	$y_1\ y_2$	$j_0\ k_0$	$j_1\ k_1$
1.	0 – –	0 0	0 0	0 0	0 –	0 0
2.	1 – –	0 0	0 1	1 0	0 –	1 0
3.	– 1 –	0 1	1 0	1 1	1 –	0 1
4.	– 0 –	0 1	1 1	1 1	1 –	0 0
5.	– – –	1 0	1 1	0 0	– 0	1 –
6.	– 1 –	1 0	1 1	1 0	– 0	0 –
7.	– – 0	1 0	1 1	0 1	– 0	0 –
8.	1 – 1	1 1	1 0	0 1	– 0	0 1
9.	0 – –	1 1	0 0	0 1	– 1	0 1
10.	– – 0	1 1	0 0	0 1	– 1	0 1

Abb. 4–13: Übergangstabelle

Die restlichen Zeilen ($s_i = 1$ für j_i und $s_i = 0$ für k_i) sind als „Don't Care" (frei wählbare Werte) zu betrachten. Das JK-Flipflop besitzt gegenüber dem D-Flipflop den Vorteil, daß der Ausgang eines Flipflops nicht auf den Eingang desselben Flipflops zurückgekoppelt zu werden braucht, weil diese Verbindung durch Beschaltung der Eingänge erzielt werden kann. In der Übergangstabelle sind die Funktionen j und k für die beiden Flipflops eingetragen. Die zugehörigen minimierten booleschen Gleichungen lassen sich entweder direkt ablesen oder mit Hilfe eines Minimierungsverfahrens berechnen, wenn die Tabelle größer wird.

Die Realisierung des JK-Steuerwerks zeigt Abb. 4–14. Im Vergleich zum Schritt-Steuerwerk ist der Aufwand geringer. Als ein übliches Maß für den Aufwand dient die Summe aller Gattereingänge. Das JK-Steuerwerk benötigt für die Zustandsfunktion 8 und für die Ausgangsfunktion 7 Gattereingänge, während für das Schritt-Steuerwerk nach Abb. 4–4b $19 + 12$ Gattereingänge benötigt wurden.

Das JK-Flipflop-Steuerwerk kann mit relativ wenigen Bauelementen aufgebaut werden und arbeitet sehr schnell. Es eignet sich für kurze Abläufe

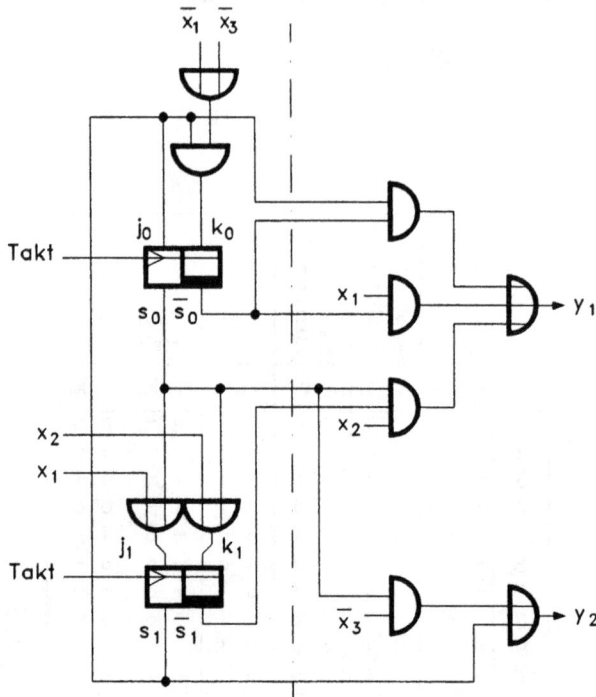

Abb. 4–14: JK-Flipflop-Steuerwerk

mit weniger als ca. 20 Zuständen und weniger als ca. 10 Ausgangssignalen. Bei einer größeren Anzahl von Zuständen bzw. Ausgangssignalen empfiehlt es sich, ein regelmäßig strukturiertes Steuerwerk (Matrix-Steuerwerk, MP-Steuerwerk) zu verwenden.

4.5.2.3 Matrix-Steuerwerk

Das Matrix-Steuerwerk, auch Code-Steuerwerk oder PLA-Steuerwerk genannt, ist ein sehr allgemeines und strukturiertes Steuerwerk. Dabei werden die Zustandsfunktion $f(x, s)$ und die Ausgangsfunktion $g(x, s)$ durch Schaltmatrizen realisiert. Eine Schaltmatrix entspricht in ihrer Funktion einer Diodenmatrix, wobei die Dioden auch durch andere logische Bauelemente wie z. B. Transistoren oder Kondensatoren realisiert sein können. In der heutigen Technologie lassen sie sich auf einer kleinen Siliziumfläche integrieren. Die einzelnen logischen Verbindungen sind frei wählbar und können vom Hersteller oder Anwender festgelegt

168

werden. Eine Schaltmatrix ist also ein allgemeines, programmierbares (im Sinne von frei festlegbares) Schaltnetz, das in der englischsprachigen Literatur als PLA (Programmable Logical Array) oder verallgemeinert als *Functional Memory* [Gar] bezeichnet wird. Es ist sogar möglich, die Dioden durch Gatter zu ersetzen, die jeweils durch ein Flipflop gesteuert werden. Die Funktion des Schaltnetzes ist dann abhängig vom Inhalt der Flipflops und damit dynamisch veränderbar.

Das Matrix-Steuerwerk hat den großen Vorteil, daß die Übergangstabelle, wie sie aus dem Algorithmus entwickelt wurde, direkt auf eine Schaltmatrix abgebildet werden kann. Eine Schaltmatrix besteht aus zwei Teilen, einer Decodiermatrix und einer Codiermatrix. Die Decodiermatrix entspricht der linken Seite der Übergangstabelle, die Codiermatrix der rechten Seite. Ein „Strich" in der Decodiermatrix bedeutet, daß die betreffende Variable nicht abgefragt wird bzw. ihr Wert beliebig sein kann. Eine Kombination mit „Strich" kann man sich aus zwei Kombinationen zusammengesetzt vorstellen, und zwar mit einer o und einer 1 an der betreffenden Stelle.

Abb. 4–15 zeigt die Korrespondenz zwischen der Übergangstabelle (vergl. Abb. 4–9) und der Schaltmatrix. Jede Zeile der Decodiermatrix besteht aus einer Folge von Und-Gattern, jede Spalte aus einer Folge von Oder-Gattern. Eine o bzw. 1 wird dadurch realisiert, daß eine Verbindung zwischen der negierten bzw. nicht negierten Variablen mit dem Zeilendraht hergestellt wird. Für einen Strich in der Decodiermatrix wird überhaupt kein Und-Gatter benötigt. Die Eingangs- und Zustandsvariablen werden gleichzeitig auf bestimmte Kombinationen hin abgefragt. Bei jeder Übereinstimmung werden die entsprechenden Zeilendrähte auf 1 gesetzt. Die Abfrage auf Übereinstimmung kann als assoziative Abfrage eines Namens oder einer Adresse (Vektor x_s) auf vorgegebenen Wertekombinationen interpretiert werden, wobei in jeder Kombination andere Bits ausmaskiert werden können. Die Zeilendrähte werden durch Oder-Gatter mit den Spaltendrähten der Codiermatrix verbunden, und zwar für alle Einsen auf der rechten Seite der Übergangstabelle. Die aus der Codiermatrix hinausgehenden Signale werden 1, wenn mindestens ein Zeilendraht 1 wird, der durch ein Oder-Gatter mit dem Spaltendraht verbunden ist. Im Beispiel (Abb. 4–15a) braucht die erste Zeile nicht realisiert zu werden, da auf der rechten Seite nur Nullen stehen.

Schaltmatrizen lassen sich also direkt nach der Übergangstabelle programmieren. Es empfiehlt sich, die Anzahl der Zeilen der Übergangstabelle vorher zu minimieren, denn dann können entsprechend kleine Schaltmatrizen verwendet werden, selbst bei einer großen Anzahl von Eingangsvariablen.

Aus der Theorie des Schaltwerksentwurfs ist bekannt, daß die disjunktive

a)

$x_1x_2x_3$	$s_0 s_1$	$s'_0 s'_1$	$y_1 y_2$
1.	o – –	o o	o o	o o*
2.	l – –	o o	o l	l o
3.	– l –	o l	l o	l l
4.	– o –	o l	l l	l l
5.	– –	l o	l l	o o
6.	– l –	l o	l l	l o
7.	– – o	l o	l l	o l
8.	l – l	l l	l o	o l
9.	o – –	l l	o o	o l
10.	– – o	l l	o o	o l

*) Diese Zeile braucht nicht
realisiert zu werden, da
auf der rechten Seite nur
Nullen stehen.

b)

x_1 x_2 x_3 s_0 s_1 s'_0 s'_1 y_1 y_2

Decodiermatrix A   F G
Codiermatrizen

UND   ⊐—   ODER   ⟂

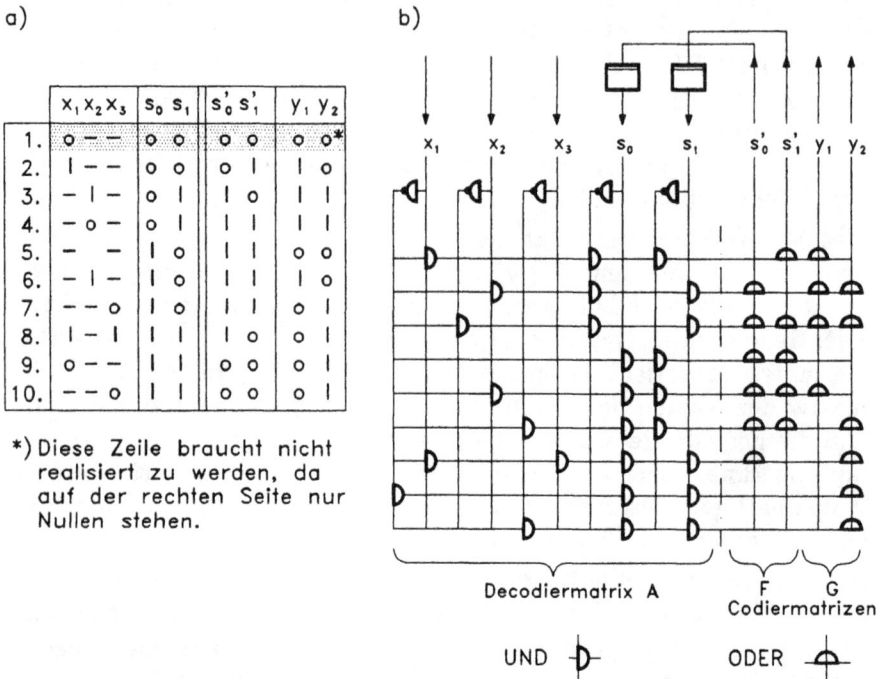

Abb. 4–15: Disjunktive Übergangstab. (a) und Matrix-Steuerwerk (b)

Form der Übergangstabelle ebenso gut mit Nand/Nand-Gattern anstelle von Und/Oder-Gattern realisiert werden kann ($a.b \lor c.d = (a/b)/(c/d)$, Nand = „/"). Sollen dagegen Nor/Nor-Gatter oder Oder/Und-Gatter verwendet werden, dann kann nicht von der bisher verwendeten *disjunktiven* Übergangstabelle ausgegangen werden. Stattdessen muß die *konjunktive Übergangstabelle* benutzt werden. In die disjunktive Übergangstabelle werden alle Kombinationen eingetragen, für die die Ausgangsvariablen 1 werden. Alle nicht eingetragenen Kombinationen bedeuten eine o für die Ausgangsvariablen. Bei der konjunktiven Übergangstabelle ist es umgekehrt. Es müssen alle Kombinationen eingetragen werden, die zu einer o bei den Ausgangsvariablen führen.

Betrachten wir das Problem etwas formaler. Die einzelnen Ausgangsfunktionen f_1 bis f_m sind Abbildungen

$$f_i : \{o,1\}^n \rightarrow \{o,1,*\} , \tag{4.2}$$

wobei n die Anzahl der Eingangsvariablen ist, und $f_i = *$ bedeutet, daß f_i beliebig zu o oder 1 gewählt werden kann (Don't-Care). $f_i^{-1}(1)$ sind alle Kombinationen der Eingangsvariablen, für die $f_i = 1$ gilt (Einsterme). $f_i^{-1}(o)$ sind alle Kombinationen, für die $f_i = o$ gilt (Nullterme). $f_i^{-1}(*)$ sind alle Kombinationen, für die $f_i = *$ gilt (Don't-Care-Terme). Wir können nun drei Mengen von Kombinationen der Eingangsvariablen unterscheiden:

$$E = f_1^{-1}(1) \cup f_2^{-1}(1) \cup \cdots \cup f_m^{-1}(1)$$
$$N = f_1^{-1}(o) \cup f_2^{-1}(o) \cup \cdots \cup f_m^{-1}(o) \qquad (4.3)$$
$$DC = f_1^{-1}(*) \cup f_2^{-1}(*) \cup \cdots \cup f_m^{-1}(*) \,.$$

Die disjunktive Übergangstabelle muß auf der linken Seite alle E-Kombinationen enthalten, die mit einer beliebigen Untermenge von DC zu möglichst wenig Zeilen zusammengefaßt werden können. Man beachte, daß E und N im allgemeinen gemeinsame Terme ($E \cap N \neq 0$) besitzen. Die beiden Tabellen lassen sich, ähnlich wie die disjunktive und konjunktive Minimalform einer Funktion, nicht ohne weiteres erzeugen oder ineinander überführen. Um auf eine Minimalform zu kommen, muß ein Minimierungsverfahren für Funktionsbündel ([Bar], [Hof-5, S. 91 – 95]) verwendet werden. In vielen Fällen kann ohne zu minimieren von der vorgegebenen Tabelle ausgegangen werden, die häufig nicht viel mehr Terme als die minimale enthält. Sucht man eine konjunktive Form zur Realisierung mit Oder/Und- bzw. Nor/Nor-Schaltmatrizen, dann muß die Tabelle alle Kombinationen enthalten, für die irgendeine Ausgangsfunktion zu o definiert ist, d. h. die linke Seite der Tabelle muß gleich der Menge N sein. Zeilen, für die alle Ausgangsvariablen 1 sind, können entfallen. Abb. 4 – 16 zeigt, wie die konjunktive Übergangstabelle in eine Realisierung umgesetzt werden kann.

Es soll jetzt noch eine formale Beschreibung des Matrix-Steuerwerks angegeben werden, die vom theoretischen Standpunkt aus interessant ist, die der mehr praktisch orientierte Leser jedoch übergehen kann.

Zum Verständnis ist es erforderlich, daß man mit den Operatoren der Sprache HDL aus Kapitel 2 vertraut ist. Insbesondere wird das verallgemeinerte innere Matrizenprodukt verwendet, das durch die Sprache APL von IVERSON [Ive] bekannt geworden ist. Anwendungen dieses Matrizenprodukts mit logischen Operatoren finden sich bereits dort [Ive, S. 246 ff.], und weitere interessante Anwendungen für die Schaltwerkstheorie sind in [Gil, Lie, Hof-5] zu finden. Es sei darauf hingewiesen, daß die folgenden Gleichungen in HDL sich ähnlich in der Programmiersprache APL ausdrücken lassen und deshalb zur Simulation von Steuerwerken geeignet sind.

Das Verhalten des Matrix-Steuerwerks läßt sich durch zwei HDL-

a)   b)

	$x_1\ x_2\ x_3$	$s_0\ s_1$	$s'_0\ s'_1$	$y_1\ y_2$
1.	o – –	o o	o o	o o
2.	1 – –	o o	o 1	1 o
3.	– 1 –	o 1	1 o	1 1
4.	– o –	o 1	1 1	1 1 *
5.	– – –	1 o	1 1	o o
6.	– 1 –	1 o	1 1	1 o
7.	– – o	1 o	1 1	o 1
8.	1 – 1	1 1	1 o	o 1
9.	o – –	1 1	o o	o 1
10.	– – o	1 1	o o	o 1

*) Diese Zeile braucht nicht realisiert zu werden, da auf der rechten Seite nur Einsen stehen.

Decodiermatrix B   F   G
Codiermatrizen

ODER   UND

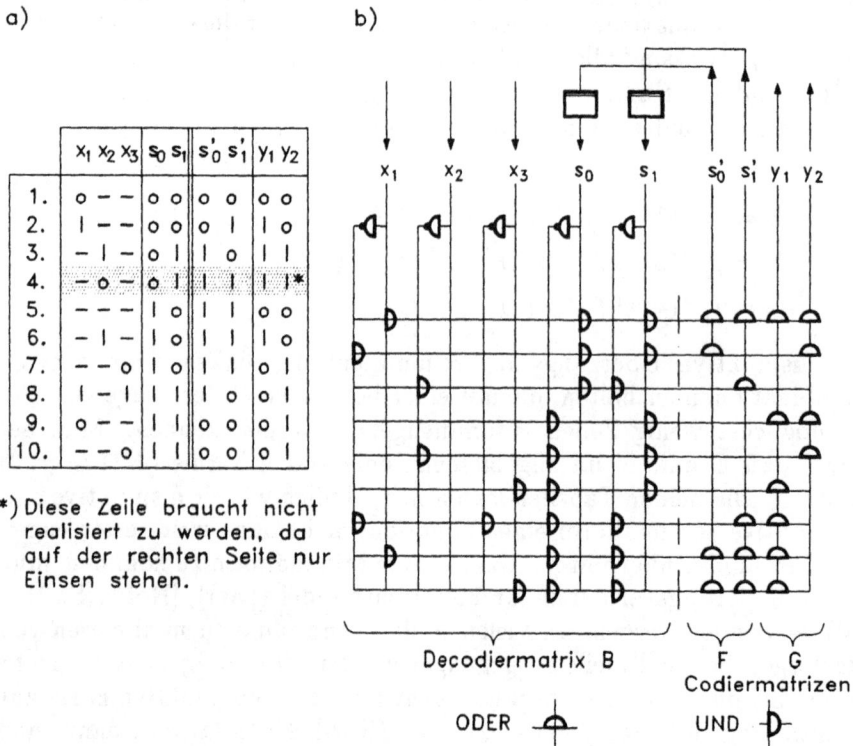

Abb. 4–16: Konjunktive Übergangstab. (a) und Matrix-Steuerwerk (b)

Anweisungen beschreiben:

$$s \;\leftarrow\; ext(x_-s).\vee\, {}^{T}\!A \vee . F \tag{4.4}$$

$$y \;==\; ext(x_-s).\vee\, {}^{T}\!A \vee . G\,. \tag{4.5}$$

Die rechten Seiten werden von links nach rechts fortschreitend unter Beachtung der Priorität der Operatoren berechnet. Aus (4.4) ergibt sich der Folgezustand s', der mit der fallenden (bzw. steigenden) Flanke des Taktes dem Register s zugewiesen wird. Die Ausgangssignale y sind dagegen direkt mit dem Ausgang der Schaltmatrix verbunden. Für den Fall $x = x_0 x_1$ und $s = s_0 s_1$ bedeutet die Funktion $ext(x_-s) = \bar{x}_{0-} x_{0-} \bar{x}_{1-} x_{1-} \bar{s}_{0-} s_{0-} \bar{s}_{1-} s_1$, also die verschachtelte Erweiterung (extension) des gegebenen Vektors um die negierten Variablen. A ist die Decodiermatrix aus der disjunktiven Übergangstabelle, wobei "o" durch o1, "1" durch 1o und "–" durch 11 codiert werden müssen. Die Decodiermatrix kann auch aus der Realisierung nach Abb. 4–15b entnommen werden, wenn jeder Schnittpunkt, der mit einer Diode besetzt ist, durch o und sonst mit 1 besetzt wird. Die Folgematrix F und die Ausgangsmatrix G können ohne Umcodierung direkt aus der Übergangstabelle entnommen werden.

Für die konjunktive Übergangstabelle lassen sich zwei entsprechende Gleichungen angeben:

$$s \quad \leftarrow \quad ext(x\_s) \vee {}^TB \cdot \vee F \qquad\qquad (4.6)$$

$$y \quad == \quad ext(x\_s) \vee {}^TB \cdot \vee G \; . \qquad\qquad (4.7)$$

Für die Decodiermatrix B gilt die Codierung: "o" = ol, "1" = lo und "-" = oo. Die Einsen dieser Matrix entsprechen den Konjunktionen, die die Lage der Schaltelemente (Dioden, Transistoren) angeben. F und G ergeben sich direkt aus der Übergangstabelle, wobei jede Null einer Diode (Disjunktion) entspricht.

Anstelle einer Schaltmatrix (PLA) kann auch ein Speicher mit frei wählbarer Decodierung (Adressierung) verwendet werden. Der Unterschied zur Schaltmatrix besteht darin, daß die Decodiermatrix, die der linken Seite einer Wahrheitstabelle entspricht, keine zusammengefaßten Terme („Striche") enthalten darf. Könnte man Speicher mit frei wählbarer Decodierung verwenden, so bräuchten die decodierten Eingangskombinationen nicht, wie bei einem normalen Speicher, dual aufsteigend geordnet zu sein, und es könnten auch bestimmte Eingangskombinationen weggelassen werden.

In der formalen Beschreibung gelten weiterhin die Gleichungen (4.4) bis (4.7), die sich aber wegen des Fehlens der „Striche" vereinfachen lassen:

$$s \quad \leftarrow \quad x\_s \cdot \equiv {}^TD \vee \cdot F \qquad\qquad (4.8)$$

$$y \quad == \quad x\_s \cdot \equiv {}^TD \vee \cdot G \; . \qquad\qquad (4.9)$$

Man kann diese Gleichungen auch so interpretieren, daß die i-te Zeile der Matrix D_F_G die Adresse D^i und den Inhalt $F^i\_G^i$ enthält. Wenn die externe (variable) Adresse x_s mit der internen (festen) Adresse D^i übereinstimmt, wird der Inhalt $F^i\_G^i$ ausgelesen. Das bedeutet, daß sich ein Speicher mit frei wählbarer Decodierung wie ein Assoziativspeicher bezüglich der Adressen verhält. Ersetzt man die frei wählbare Decodierung D durch die aufsteigend dual geordnete Dualmatrix $\not{D}$ (mit $D^i = i$), dann entsteht der übliche Festwertspeicher.

Festprogrammierte Speicher mit frei wählbarer Decodierung haben keine praktische Bedeutung erlangt, da der Realisierungsaufwand größer als bei Festwertspeichern ist und sie nicht die Vorteile von Schaltmatrizen (Zusammenfassen von Decodierungszuständen) besitzen.

4.5.2.4 Weitere Steuerwerke

In vielen Fällen soll das Steuerwerk eine bestimmte Folge von Steuersignalen in Abhängigkeit von dem zu Beginn angelegten Operationscode liefern. Wenn die Steuersequenz nur von wenigen Bedingungen beeinflußt wird, dann läßt sich das Steuerwerk durch Verwendung eines rücksetzbaren Zählers vereinfachen (Abb. 4–17). Die Funktionsweise dieses Steuerwerks läßt sich wie folgt beschreiben:

```
if RESET then Y==0,        OP <- OPC,        Z <- 0

      else Y==g1(OP,X,Z), RESET==g2(OP,X,Z), Z <- Z+1   fi.
```

Diese Realisierung hat den Vorteil, daß außer der RESET-Leitung keine Folgezustandsleitungen erforderlich sind. Ein Nachteil ist, daß temporäre X-Bedingungen verloren gehen und deshalb im Operationswerk bis zum Ende der Sequenz zwischengespeichert werden müssen, um alternative Wege implementieren zu können. Wenn dieselbe X-Bedingung in k verschiedenen Zuständen des Steuerwerks abgefragt wird, dann muß das Operationswerk daraus k verschiedene Bedingungen erzeugen und zwischenspeichern.

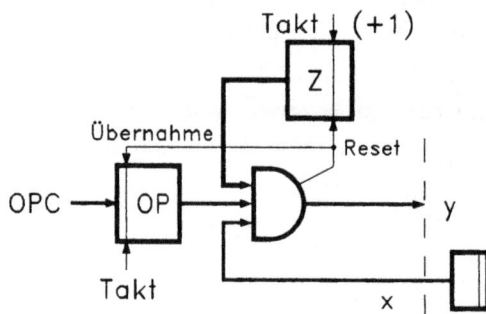

Abb. 4–17: Steuerwerk mit rücksetzbarem Zähler

Kleine Steuerwerke mit wenigen Zuständen und Eingangssignalen lassen sich mit Hilfe von Multiplexern (Abb. 4–18) aufbauen. Alle möglichen Folgezustände und Ausgangssignale werden an die Eingänge der Multiplexer fest angelegt. Die Auswahl der aktuellen Folgeadresse s' und der Ausgangssignale Y erfolgt über die Adresse x_s, die den Multiplexer steuert.

Die formale Beschreibung dieses Steuerwerks lautet in HDL:

```
s' <- F mux (x_s) ,      y == G mux (x_s) .
```

Verglichen mit dem Mikroprogramm-Steuerwerk, das einen Festwertspeicher enthält, muß hier die gesamte Information extern an die
Eingänge der Multiplexer angelegt werden (Nachauswahl). Ein Festwertspeicher enthält dagegen die Information intern, die über den Decoder ausgewählt wird (Vorauswahl).

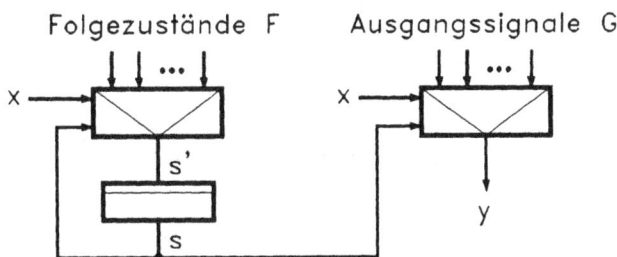

Abb. 4–18: Steuerwerk mit Multiplexern

Wir haben bisher synchron getaktete Steuerwerke betrachtet, die ein
synchrones Operationswerk steuern. Dabei sind wir stillschweigend davon ausgegangen, daß beide Werke unter dem Einfluß des gleichen Taktes arbeiten. Es ist auch nicht sinnvoll, das Steuerwerk schneller oder
langsamer als das Operationswerk laufen zu lassen. Wenn nämlich das
Steuerwerk Befehle schneller erteilen würde, als sie durch das Operationswerk ausgeführt werden könnten, dann gingen entweder Befehle
verloren oder das Steuerwerk müßte auf das langsamere Operationswerk warten. Würde dagegen das Steuerwerk langsamer als das Operationswerk arbeiten, dann müßte das Operationswerk unnötig lange
warten. Die Taktperiode für das Steuer- und Operationswerk wird also
so gewählt, daß in dieser Zeit die Mikrooperationen ausgeführt und der
nächste Mikrobefehl geholt werden können. Problematisch ist diese Regel dann, wenn die Ausführung der Mikrooperationen unterschiedlich
lange dauert, was z. B. dann der Fall ist, wenn die Mikrooperationen
in eine unterschiedliche Anzahl von Unteroperationen (Nanooperationen) aufgelöst werden. Um eine Zeitverzögerung zu vermeiden, ist es
dann am günstigsten, den Takt des Steuerwerks nach der Ausführungszeit der kürzesten Mikrooperation zu wählen. Für längere Mikrooperationen muß dann das Steuerwerk im letzten Steuerzustand so lange
verweilen, bis die Operation beendet ist. Wenn die Dauer der Mikrooperation dem Steuerwerk nicht von vornherein bekannt ist, dann
muß es auf das Eintreffen eines Ausführungs-Ende-Signals (Ready) warten. Die Einführung solcher Rückmelde-Leitungen erhöht natürlich den
Aufwand, gestattet aber eine flexible Anpassung an die verschiedenen

175

Ausführungszeiten. Außerdem gibt das Rückmeldesignal Aufschluß über die korrekte Ausführung der Operation. Durch Verwendung zusätzlicher Rückmeldesignale lassen sich auch mögliche Fehlerzustände anzeigen. Es ist sogar möglich, einen vollkommen asynchronen Prozeß des Operationswerkes (wir können uns als Operationswerk auch einen menschlichen Benutzer vorstellen) durch ein synchrones Steuerwerk zu steuern. Es muß dafür Sorge getragen werden, daß plötzlich auftretende kurzzeitige Zustandsänderungen des Prozesses vom Steuerwerk registriert werden können. Dafür können z. B. asynchron setzbare RS-Flipflops verwendet werden, ähnlich wie bei der Realisierung des Interrupt-Systems eines Prozeßrechners. Das Steuerwerk (bzw. der Prozeßrechner) muß innerhalb einer bestimmten Zeit auf die Zustandsänderung reagieren und eine Antwort bereitstellen. Es darf auf keinen Fall dazu kommen, daß der Prozeß „schneller" als das Steuerwerk läuft, weil er dann außer Kontrolle gerät. Für sehr schnelle zu steuernde Prozesse im Operationswerk müssen also mindestens so schnelle Steuerwerke bzw. Prozeßrechner bereitgestellt werden.

Es stellt sich weiterhin die Frage, wann es zweckmäßig ist, ein nicht getaktetes asynchrones Steuerwerk zu verwenden. Dies erscheint dann sinnvoll, wenn das Operationswerk kurzzeitige Bedingungen liefert, die unverzüglich ausgewertet werden sollen oder wenn kein Taktsignal mit der notwendigen hohen Frequenz zur Verfügung steht. Die Bedingungen beeinflussen dann direkt die Zustandsübergänge. Da die Eingangssignale sich unkoordiniert in jedem Zustand ändern können, muß beim Entwurf darauf geachtet werden, daß alle möglichen Änderungen der Eingangssignale in jedem Zustand betrachtet werden oder daß in jedem Zustand nur eine Bedingung ausgewertet wird. Wegen der Vielfältigkeit der Eingangssignaländerungen werden die asynchronen Steuerwerke schnell komplex und unübersichtlich. Es fehlen offenbar Entwurfsmethoden für größere asynchrone Steuerwerke. Eine gewisse Hilfe bei der theoretischen Behandlung asychroner Systeme bieten die PETRI-Netze [Mil, Gri]. PATIL [Pat] und JUMP [Jum] haben z. B. asynchrone Matrix-Steuerwerke für PETRI-Netze entwickelt. PATIL ist der Meinung, daß sich asynchrone Steuerwerke für sehr schnelle Operationswerke besser eignen, insbesondere, wenn das Steuerwerk und die Operationswerke räumlich zu weit auseinander liegen. Ein gemeinsames Taktsignal würde wegen der Laufzeiten auf den Leitungen (Lichtgeschwindigkeit ca. 1 Nanosekunde für 30 Zentimeter) zu unterschiedlichen Zeiten in den Werken eintreffen und damit das synchrone Zusammenspiel stören. In integrierten Schaltungen spielen diese Laufzeiteffekte zur Zeit noch eine untergeordnete Rolle, so daß das einfacher zu handhabende synchrone Steuerwerk auch in Zukunft dominieren wird.

5. Mikroprogrammierung

5.1 Einführung in die Mikroprogrammierung

Bevor wir in die Einzelheiten gehen, soll ein Teil aus dem interessanten Bericht von CLAPP [Cla] aus dem Jahre 1971 zitiert werden, der einen guten Überblick über die Mikroprogrammierung aus der damaligen Sicht vermittelt. Es folgt die sinngemäße Übersetzung.

„**Einführung.** Ein Entwerfer von Rechner-Hardware und ein Rechner-Anwender oder Programmierer haben zwei verschiedene Ansichten über das, was ein Rechner ist. Für den Hardware-Entwerfer besteht der Rechner aus einer Ansammlung von Hardware-Elementen, von denen jedes eine bestimmte Funktion ausübt, und einer Menge von Verbindungen, die dafür sorgen, daß Daten zwischen diesen Elementen hin und her fließen. Er betrachtet alle Operationen des Rechners unter der Kontrolle des Steuerwerks, das Signale aussendet, wodurch sich die Daten in einer vorgeschriebenen Reihenfolge und mit einer definierten Richtung innerhalb und zwischen den anderen Werken des Rechners bewegen. Der Programmierer andererseits, der den Rechner benutzt, sieht sich selbst so, als ob er die Operationen des Rechners vollkommen durch Befehlsfolgen dirigiert, aus denen sein Software-Programm besteht, gleichgültig, ob er eine höhere Programmiersprache wie FORTRAN oder die Assembler-Sprache benutzt. Das Programm muß in die Maschinenbefehle übersetzt werden, von denen jeder eine Aufforderung an das Steuerwerk darstellt, eine bestimmte Folge von elementaren Hardware-Funktionen zu aktivieren, die letztlich die komplexeren Maschinenbefehle ausführen, so daß beide Betrachtungsweisen richtig sind.

Trotz der Analogie zwischen der Art, wie ein Rechner ein Software-Programm ausführt, und der Art, wie ein Steuerwerk eine Folge von Unteroperationen zur Ausführung bringt, waren die Methoden zur Festlegung und Implementierung von Hardware-Logik und

177

Software-Logik in den Rechnern der 50er Jahre ganz verschieden. Der Programmierer legte eine Folge von Maschinenbefehlen fest, die im Speicher des Rechners abgelegt wurden, und das Steuerwerk sollte sie schrittweise durchgehen und dabei spezielle Operationen ausführen. Der Hardware-Entwerfer benutzte gewöhnlich sequentielle Steuerlogik, um für jeden Maschinenbefehl das Ablaufdiagramm mit seinen notwendigen Verbindungen zu realisieren. Das Steuerwerk bestand aus einer Ansammlung von verschiedenen Hardware-Komponenten und speziellen, fest verdrahteten logischen Abläufen mit vielen Kreuzverbindungen zur gegenseitigen Beeinflussung. Das Ergebnis war so komplex, daß dieses Werk immer schwerer zu verstehen, zu warten und zu verändern war. Im Jahre 1951 schlug WILKES [Wil-1] eine Lösung zur Erhöhung der Zuverlässigkeit von Hardware vor. Er zeigte, daß es durch eine Umordnung der Struktur des Steuerwerks möglich wäre, einen Maschinenbefehl durch eine Folge von Unterkommandos festzulegen. Das Steuerwerk könnte man als eine Matrix betrachten, bestehend aus einer senkrechten Leitung für jedes Kontrollgatter und einer Anzahl von waagerechten Leitungen, die zu allen möglichen Kontrollgattern über die Kreuzungspunkte Zugriff haben. Ein Maschinenbefehl könnte dann durch eine Anzahl von waagerechten Leitungen festgelegt werden, wobei jede einzelne mit einer bestimmten Kombination von den zu aktivierenden Gattern verbunden werden müßte, um die Datenwege wunschgemäß zu steuern. Somit entsprachen die waagerechten Leitungen Unterkommandos oder Schritten, die er *Mikrooperationen* nannte, und die Folge von Schritten für einen Maschinenbefehl wurde als *Mikroprogramm* bezeichnet. Diese Methode bedeutete, daß der Logik-Entwerfer ebenso wie der Software-Programmierer eine Folge von Operationen zur Abarbeitung einer bestimmten Funktion angeben konnte, die auch im Rechner gespeichert werden konnte. Jetzt gab es zwei ähnliche Kontrollebenen: Der Maschinenbefehl des Programmierers und der Mikrobefehl oder der Mikrocode des Logik-Entwerfers.

Obwohl WILKES Schema verblüffend einfach war, so war es doch nicht praktikabel, weil es außerordentlich teuer war. WILKES und seine Kollegen versuchten den ursprünglichen Entwurf zu verfeinern, um eine größere Flexibilität zu erreichen, insbesondere für die Ablauffolge der Mikrooperationen. Andere versuchten, den zeitlichen Ablauf zu verbessern und die Anzahl der Kontrolleitungen zu reduzieren. Nachdem die Hardware-Technologie schnellere Bausteine bereitgestellt hatte, wurde schließlich das Ziel erreicht, effiziente und wirtschaftliche Hardware-Organisationsformen zu realisieren, die den Prinzipien von WILKES entsprachen. Solche Maschinen wurden Rechner mit *gespeicherter Logik* genannt, um zu unterstreichen, daß die Logik nicht festgelegt und fest verdrahtet war. Der Platz, an dem sich das Mikroprogramm befindet, wird Steuerspeicher genannt. Obwohl es die ursprüngliche Absicht der Mikroprogrammierung war, den Entwurf von Steuerwerken zu systematisieren, waren ihre Auswirkungen weiterreichend. Wie WILKES selbst feststellte, war die zugrundeliegende Struktur des Steuerwerks unabhängig von dem wirklichen Maschinenbefehlssatz, der implementiert wurde. Es war nun möglich, einen Befehlssatz in einer späteren Hardware-Entwicklungsphase zu definieren, indem der Inhalt des Steuerspeichers verändert wurde, anstatt das Steuerwerk neu zu entwerfen und zu verdrahten. Er stellte fest, daß durch die Veränderung des Inhalts des Steuerspeichers ein Programmierer in der Lage wäre, einen Befehlssatz zu wählen, der seinen eigenen Bedürfnissen entspricht und ihn während der Programmlaufzeit zu verändern ... Heute stehen Rechner zur Verfügung, die dem Programmierer diese Freiheit geben. Es obliegt ihm jetzt, davon Gebrauch zu machen oder auch nicht.

Der Ausdruck *Mikroprogrammierung* wird in vielen Zusammenhängen gebraucht. In diesem Bericht bezeichnet er die *Vorgehensweise zur Festlegung des Maschinenbefehlssatzes* durch Folgen von Mikrobefehlen, die im Steuerspeicher des Rechners gespeichert werden können. Die hergestellten Mikroprogramme werden mit *Firmware* bezeichnet, ein Begriff, der von OPLER [Opl] geprägt wurde, um sie von der Hardware und der Software zu unterscheiden.

Der Status der Mikroprogrammierung ... Die erste größere Anwendung der Mikroprogrammierung (abgekürzt MP) ergab sich durch IBM mit der Rechnerserie des Systems 360. Jeder Rechnertyp in dieser Serie hat eine unterschiedliche Hardware-Konfiguration, und einige Rechner besitzen einen mikroprogrammierbaren Steuerspeicher. Es wurden Mikroprogramme entwickelt, um die Kompatibilität mit früheren IBM-Maschinen und den Maschinen aus der gleichen Serie zu gewährleisten. Die erste Art von Kompatibilität, die als Emulation bezeichnet wird, ermöglicht die Interpretation des Befehlssatzes eines Rechners wie z. B. des 1410, der sich architektonisch von einer 360er Maschine stark unterscheidet, durch Mikrocode auf der 360. Der Vorteil für den Benutzer besteht darin, daß die Software von einer Maschine nach geringfügigen Änderungen auf einer anderen Maschine zum Laufen gebracht werden kann. Der Erfolg dieser Emulationstechnik ist von der Ähnlichkeit zwischen den beiden Maschinen abhängig, und unter gewissen Bedingungen kann die emulierte Software langsamer laufen, obwohl die neue Maschine in Wirklichkeit leistungsfähiger ist. Zwischen den System-360-Rechnern, bei de-

| | Mikroprogrammspeicher | | | | | Hauptspeicher | | | |
	Baujahr	Wortlänge (Bits)	Größe (K Worte)	Prozessor-zyklus (ns)	Read (R) Write (W)	Größe (kBytes)	Datenwege (Bits)	Zyklus-zeit (ns)	Cache-Zugriff (ns)
IBM 360/30	65	50	8	1000	R	8-64	8	2000	
360/40	65	56	4	625	R	8-256	16	2000	
360/50	65	88	2,75	500	R	32-512	32	2000	
360/65	65	100	2,75	200	R	64-1024	64	800	
360/20	66	60	4	625	R		8	3600	
360/25	68	16	8	900	R/W	16-48	16	1800	
360/85	69	108	2+0,5	80	R+R/W	512-4096	128	960	80
360/145	71	32	16	260	R/W	112-256	64	610	
360/155	71	72	8	115	R/W	256-2048	32	2070	115
360/165	71	108	2+0,5	80	R+R/W	512-3072	64	2000	80
360/125	73	22	8-20	480	R/W	64-256	16	480	
360/115	74	22	16-28	450	R/W	64-192	16	480	
SIEMENS									
4004/45	65	56	4	480	R	16-256	16	1440	
4004/151	71	72	3	225	R	256-2048	32	765	
7.730	74	32	4-32	260	R/W	96-320	64	615(R) 785(W)	
7.755	75	2x56	8	120	R	512-4096	64	615(R) 785(W)	
PDP 11/05	73	40	0,25	150	R	-64	16	980	
11/40	73	56	0,25	140	R+R/W	-256	16	900	
11/45	73	65	0,25	120	R	-256	16	900	
11/70	75	65	0,25	120	R	-2048	16	400	
11/44	80	18	0,5	500	R	64-1024	32	550	275
VAX 11/780	79	99	1	200	R/W	256-8192	32	800	290
INTERDATA									
7/16	70	20	0,75	60	R	8-64	16	750	
M85	72	32	1+1	60	R+R/W	8-64	16	450	(270)
7/32	73	24	1,5	60	R	16-1024	32	750	
8/32	75	32	1,25+0,5	50	R+R/W	16-1024	32	300	
6/16	76	20	0,5	60	R	8-64	16	1000	
BURROUGHS B1726	72	16	2	167	R/W		24	667	
HONEYWELL 4200	66	120	2	125	R/W		24	750	
MICRODATA 1600	70	16	16+1	200	R+R/W	4-32	8	800	
NANODATA QM-1	71	18	2-64	75	R/W		18	750	
RAYTHEON RAC251	70	96	0,5	350	R	16-256	32	1800	
DATASAAB	73	32	32	100	R/W				
S.C.C. MLP900	70	32	2-4	128	R/W	144-18432	36	700	
DIC.SC. META 4	70	32	2	85	R	16-128	16	900	

Abb. 5-1: Mikroprogrammierbare Rechner (Angaben ohne Gewähr)

nen sich die grundlegende Maschinen-Architektur absichtlich ähnelt, wurde die MP dazu benutzt, einen gemeinsamen Befehlssatz für alle Maschinen bereitzustellen, so daß ein Benutzer die Software von einer Maschine auf die andere übertragen kann. Es ist klar, daß solche Anwendungen der MP dem Hersteller helfen, Rechner zu verkaufen, die abwärts- und aufwärtskompatibel bezüglich der Software-Ebene sind. Viele andere Hersteller stimmen mit IBM darin überein, die MP als ein Mittel zur Implementierung eines Rechners zu benutzen. Abbildung 5–1 zeigt einige der früheren mikroprogrammierbaren Maschinen (Anmerkung: vom Verfasser ergänzt). Die Tabelle enthält nicht vollständig alle verfügbaren Rechner, sondern kennzeichnet vielmehr die Anzahl von Rechnern, für die die Mikroprogrammierung sich als geeignet erwiesen hat.

Die Ingenieure waren darin erfolgreich, neue Hardware-Technologien wie z. B. Large Scale Integration (LSI) für den Entwurf von Steuerspeichern anzuwenden und verschiedene Arten von Mikromaschinen zu entwickeln. Am Anfang wurden die Mikroprogramme in Festwertspeichern abgespeichert, um den notwendigen Zeitgewinn gegenüber dem Hauptspeicher zu erzielen. Man konnte einen deutlichen Trend für die Benutzung eines schreibbaren Steuerspeichers erkennen, manchmal in Verbindung mit einem Festwertspeicher. In der jetzt (1971, Anmerkung des Verfassers) angekündigten IBM 370/165 enthält der Festwertspeicher Mikroprogramme zur Kontrolle von grundlegenden Funktionen und der schreibbare Speicher Mikroprogramme zur Steuerung von verschiedenen Ausführungsmodi wie z. B. Emulation und Mikrodiagnose. In den heutigen Rechnern gibt es viele verschiedene Realisierungen des MP-Speichers. Einige davon lassen sich nur durch räumliches Austauschen verändern, andere können mechanisch oder elektronisch verändert werden. Die einfache Austauschbarkeit des Mikroprogramms, die Variationsbreite der Rechnerarchitektur und die Kosten hängen von der jeweiligen Maschine ab. Meist sind jedoch die Steuerspeicher relativ teuer und deshalb viel kleiner als die anderen Speicher der heutigen Rechner; der verfügbare Platz muß deshalb sparsam verwendet werden.

Die Hersteller haben eigene Anstrengungen für die Entwicklung und Anwendung von mikroprogrammierbaren Maschinen unternommen. Die Benutzer dagegen haben sich nicht so intensiv um die Veränderung der gelieferten Rechner bemüht, um sie bezüglich der Befehlslisten und der Rechnerorganisation ihren speziellen Bedürfnissen anzupassen. Es gibt mehrere Gründe dafür:

1.   Viele Hersteller waren damit zurückhaltend, den Benutzern ihre eigene Mikroprogrammierung zu erlauben, insbesondere des-

halb, weil sie nicht die gelieferte Hardware und Software bei veränderter Rechnerarchitektur warten wollten, denn dadurch konnten sich Inkompatibilitäten ergeben. Insbesondere hat sich IBM geweigert, den Benutzern die Möglichkeiten der MP zu überlassen, obwohl die Rechner auf Wunsch an die Spezifikation der Benutzer angepaßt wurden. Andere Firmen, wie z. B. Burroughs, unterstützten den Benutzer durch Beratung und gestatteten die MP unter gewissen Einschränkungen.

2. Obwohl die MP der Software-Programmierung ähnlich ist, erfordert sie genauere Kenntnisse über die Hardware-Merkmale des Rechners, und Zeitbedingungen müssen bei der Auswahl der Mikrobefehlsfolgen berücksichtigt werden. Im allgemeinen läßt sich die Mikromaschine nicht so leicht handhaben, und die Hilfsmittel für die Codierung und das Austesten sind noch nicht so ausgefeilt wie die, die zur Implementierung von Software zur Verfügung stehen.

3. Die Benutzer verstehen nicht ganz die Vorteile, die sich durch die MP ergeben und wann sie angewendet werden soll, obwohl die Idee der MP seit 1951 besteht. Das neuerliche Interesse für diese Technik wird am besten durch die Tatsache unterstrichen, daß das erste Buch über dieses Thema 1970 [Hus] veröffentlicht wurde. Die Anzahl der dokumentierten, bewährten Fälle, bei denen die MP zur Leistungssteigerung von bestimmten Problemen in der Datenverarbeitung beigetragen hat, nimmt laufend zu, was darauf hinweisen könnte, daß die Benutzer ihren Wert zu schätzen gelernt haben ..." (Ende des Zitats)

Dem Zitat von CLAPP sollen noch einige Bemerkungen hinzugefügt werden. Mit „Mikrocode" wird der Binärcode eines Mikroprogramms bezeichnet. Der Binärcode kann z. B. mittels eines Mikroassemblers aus einem symbolischen Mikroprogramm erzeugt werden, ähnlich wie ein Maschinen-Binärprogramm von einem Assembler aus einem Assembler-Programm generiert wird. Für eine bequeme Anwendung sind also Hilfsprogramme wie z. B. ein Editor, ein Übersetzer und ein Simulator zum Austesten der Mikroprogramme erforderlich. Wünschenswert wäre es sogar, einen Compiler zur Verfügung zu stellen, der aus einer höheren Sprache, wie z. B. HDL, direkt in den Mikrocode übersetzt.

In einem mikroprogrammierbaren Rechner bildet das Mikroprogramm die Zwischenschicht zwischen der Benutzer-Maschinenschnittstelle (Maschinenbefehle/Rechnerarchitektur) und der eigentlichen Hardware der Maschine (Register, Speicher, Rechenwerk, Ein-/Ausgabekanäle etc.). Das Mikroprogramm legt fest, welche Maschinenbefehle wie interpretiert werden. Das Mikroprogramm erlaubt also die Gestaltung der Rechnerarchitektur innnerhalb gewisser Grenzen, die durch die Hardware-Betriebsmittel vorgegeben sind.

Der Systementwickler hat dadurch zwei Möglichkeiten: Zum einen kann er die Rechnerarchitektur variieren, optimieren und anwendungsbezogen definieren (z. B. höhere Zwischensprachen für verschiedene Programmiersprachen oder Anwendungen). Zum anderen kann er aus Gründen der Software-Kompatibilität/Portabilität bei einer bestimmten Maschinensprache bleiben und das Mikroprogramm als ein Mittel zur Anpassung an verschieden leistungsfähige Hardware benutzen, die sich auch technologiebedingt weiterentwickelt.

Für den Anwender eines mikroprogrammierbaren Rechners verbietet es sich normalerweise, die Rechnerarchitektur völlig neu zu gestalten, weil er dann nicht mehr mit den vorhandenen Systemprogrammen arbeiten könnte und somit zum Systementwickler werden würde. Er kann aber die vorhandene Rechnerarchitektur erweitern. Dazu müssen im Maschinenbefehl einige Codierungen des Operationscodes frei gelassen werden, die der Anwender nutzen kann. Der Anwender wird dann bestimmte Teile seiner Applikation, die möglichst schnell ablaufen sollen, als Mikroprogramme formulieren, die dann wie Maschinenbefehle aufgerufen werden.

Um die Portabilität der Software zu gewährleisten, wäre es sicherlich vorteilhaft, wenn man eine genormte, universelle Maschinensprache verwenden könnte. Zu diesem Zweck wurden maschinennahe Zwischensprachen wie PS440, PL360, SL3 [Dür] oder Zwischensprachen zur Interpretation höherer Programmiersprachen (z. B. P-Code zur Interpretation von vorübersetzten Pascal-Programmen) definiert. Bisher hat man mit diesen Zwischensprachen zwar eine begrenzte Portabilität erreicht, aber die Effizienz läßt noch zu wünschen übrig. Es entsteht nämlich ein erheblicher Effizienzverlust bei der Abbildung der Zwischensprache auf die Maschinensprache, wenn sich diese Sprachen semantisch (Datentypen, Programmiermodelle, Architekturen) nicht ähnlich sind. Solange sich die Maschinenarchitekturen aufgrund der technologischen Fortschritte immer noch beachtlich weiterentwickeln, wird es kaum gelingen, sich auf eine bestimmte Maschinensprache festzulegen. Deshalb versucht man heute, die Portabilität auf einem höheren Sprachniveau (z. B. Programmiersprache C) zu erreichen. Damit ist aber das grundsätzliche Problem, nämlich die Definition einer fortschrittlichen Zwischensprache, die auch Parallelverarbeitung und verschiedene semantische Modelle zuläßt, sowie ihre effiziente Abbildung auf die Hardware, noch nicht gelöst.

MALLACH hat sich in [Mal] ausführlich mit der *Emulation* auseinandergesetzt. Er definiert sinngemäß: „Ein Emulator besteht aus Hardware,

Mikroprogrammen und Software, die einem Rechnersystem (Wirtsma-schine) hinzugefügt werden, damit es Programme, die für ein anderes Rechnersystem geschrieben werden, ausführen kann. Der Emulator darf aus weniger als diesen drei Komponenten bestehen (z. B. nur aus Mi-kroprogrammen), aber er darf nicht nur aus Software bestehen, dann handelt es sich um einen Simulator." Mikroprogramme werden insbe-sondere zur Nachbildung der Eigenschaften der Zielmaschine benutzt. Die Eigenschaften gliedern sich in die Hardware-Komponenten wie Spei-cher, Register, Zähler, Ein-/Ausgabe-Kanäle und in die Mikroalgorith-men des Steuerwerks. Für die Befehlsliste der Zielmaschine muß ein Interpreter-Mikroprogramm geschrieben werden, das nacheinander die Befehle aus dem nachgebildeten Speicher holt, sie entschlüsselt und ausführt. Probleme ergeben sich meist bei der Nachbildung der Ein-/Ausgabevorgänge wegen der verschiedenen Ein-/Ausgabeschnittstellen und Ein-/Ausgabegeräte. Je stärker sich die Hardware-Komponenten von Zielmaschine und Wirtsmaschine ähneln, desto einfacher und effek-tiver ist die Emulation. Sie ist gegenüber der Simulation durch Software genauer und schneller, weil sich die Hardware-Komponenten durch Mi-krobefehle einfacher nachbilden lassen und zwischen den Befehlen der Zielmaschine und der Hardware (Mikrooperationen) nur eine Interpre-tationsebene existiert. Das Thema der Emulation wird auch in [Chr] ausführlich behandelt (s. a. Erklärung im nächsten Abschnitt).

5.2 Begriffserklärungen

Funktionseinheit. Eine physische Einheit, die ein bestimmtes Ein-/Ausgabeverhalten (eine Funktionsweise) besitzt.

Sie kann direkt oder indirekt (virtuell, durch Interpretation) realisiert sein. Sie kann auch nur temporär verfügbar sein, wenn z. B. auf einem Prozessor von Zeit zu Zeit das Interpreterprogramm gewechselt wird.

Das Ein-/Ausgabeverhalten läßt sich durch die Menge aller Folgen von Ein-/Ausgabewerten (x, y) und deren zeitliche Änderungen beschreiben.

Eine Funktionseinheit läßt sich als Schaltwerk (Automat) mit einem in-neren Zustand realisieren. Zu den einfachsten Funktionseinheiten gehören Schaltnetze, Speicher und Register.

Eine bestimmte Ein-/Ausgabefolge wird häufig auf eine Folge von Opera-tionen zurückgeführt. Zwei Klassen von Operationen können unterschieden werden:

$$\text{Zustandsoperationen} \quad s \leftarrow f(s, x)$$
$$\text{Ausgabefunktionen} \quad y == g(s, x) \ .$$

Die Zustandsoperationen werden auch als O-Funktionen (operational functions) und die Ausgabefunktionen als V-Funktionen (value functions) bezeichnet. Zustandsoperationen können mit Ausgabefunktionen kombiniert werden (vergleiche Mikrooperationen, Abschnitt 4.3).

Prozessor (programmierbare Funktionseinheit). Eine Funktionseinheit, die mindestens einen Programmspeicher enthält und deren Funktionsweise durch das Laden eines Programms in den Programmspeicher festgelegt werden kann. (vergl. „Programm-Maschine" Abschn. 5.4)

Das Programm besteht in der Regel aus einer Folge von Befehlen, die nacheinander analysiert und ausgeführt werden.

Architektur. Eine Architektur besteht aus einer Außen-Architektur und einer Innen-Architektur. Die Außen-Architektur ist durch die Schnittstelle nach außen (die Funktionsweise, Ein-/Ausgabe-Verhalten) gegeben. Die Innen-Architektur ist durch eine Gliederung in Teilfunktionseinheiten (vergl. Abschn. 4.1) *und ihr Zusammenspiel gegeben.*

Je nachdem, auf welcher Ebene man die Architektur betrachtet, kann man einen Präfix hinzufügen, wie z.B. *Funktionelle-Architektur* oder *Register-Transfer-Architektur.*

Architektur (eines Prozessors/Rechners). Die Architektur eines Prozessors ist wegen der Programmierbarkeit variabel und wird erst durch ein konkretes Programm festgelegt. Seine Außen-Architektur ist abhängig von dem gewählten Programm (änderbarer Teil der Innen-Architektur). *Die Architektur eines Prozessors kann also als die Menge aller möglichen programmierbaren Architekturen definiert werden.*

Die Architektur eines Prozessors wird meist durch die Wirkung der Eingangssignale und der Befehle auf die Ausgangssignale und die Teilfunktionseinheiten (insbesondere die Speicher und Register) beschrieben.

(Wenn man den Programmspeicher aus dem Prozessor heraus verlagert, dann fließen die Befehle als Eingabedaten in den Prozessor. In diesem Falle ist die Architektur des Prozessors nicht variabel.)

Einige andere Definitionen des Begriffs „Architektur" zeigen, daß keine allgemeine Übereinstimmung über diesen Begriff herrscht (s. a. [1]):

Dictionary of Architecture and Construction: „...architecture is the art and science of designing building structures in keeping with aesthetic and functional criteria."

Amdahl, Blaauw and Brooks [2]: „The term architecture is used to describe the attributes of a system as seen by the programmer, i.e., the conceptual structure and functional behavior, as distinct from the organization and data flow and control, the logical design and the physical implementation."

Forster [3]: „...the art of designing a machine that will be a pleasure to work with ..."

Chu [4]: „Computer Architecture is an emerging discipline as a result of recent technical advances in computer technology. Instead of merely studying the hardware structural and algorithmic features of a computer system, the scope of computer architecture is being broadened to the conceptual formation and specification of computer systems."

Blaauw [5]: „The architecture of a system can be defined as the functional appearance of the system to the user, its phenomenology".

Bell [6]: „...The activity of building an information processing system will more likely be collecting computer components, the associated basic operating systems and programming languages and then interconnecting them and programming the resulting structure in terms of the components – exactly as we do now within application areas. Computer architecture can be thought of as the satisfaction of constraints imposed by technologists (component providers), implementers (logical designers and system programmers), and market-user-buyer-programmer (problem being solved)".

Stone [7]: „The study of computer architecture is the study of the organization and interconnection of components of computer systems. Computer architects construct computer from basic building blocks such as memories, arthmetic units and buses. From these building blocks the computer architect can construct any one of a number of different types of computers, ranging from the smallest hand-held pocket-calculator to the largest ultrafast super computer"...„The major differences between computers lie in the way the modules are connected together, the performance characteristics of the modules, and the way the computer system is controlled by programs. In short, computer architecture is the discipline devoted to the design of highly specific and individual computers from a collection of common building blocks".

Giloi [8]: „Eine Rechnerarchitektur ist gekennzeichnet durch das Operationsprinzip für die Hardware und die Struktur des Aufbaus der Hardware aus den einzelnen Hardware-Betriebsmitteln ..."

Brooks [9]: Computer Architecture, like any other architecture, is the art of determining the needs of the user of a structure and then designing it to meet those need as effectively as possible within the economic and technological constraints."

(Die zitierte Literatur wird am Ende dieses Abschnitts aufgeführt.)

Interpretierbares Programm. Ein Programm, das aus Befehlen (Programmkomponenten) besteht, die auch für sich allein und ohne Kenntnis nachfolgender Befehle auf einem Prozessor ausgeführt werden können.

Die Ausführung der Programmteile kann erst beginnen oder fortgesetzt werden, wenn die notwendigen Eingabedaten zur Verfügung stehen. Die Wirkung eines Befehls ist meist vom Prozessorzustand, der von vorausgehenden Befehlen beeinflußt wurde, abhängig.

Interpreterprogramm. Ein Programm, das während seiner Ausführung

1. *den nächsten Befehl eines interpretierbaren Programms erkennt und in eine Folge von Operationen übersetzt,*

2. *deren Ausführung auf Funktionseinheiten veranlaßt und*

3. *so oft nach 1. zurückgeht, bis das gesamte zu interpretierende Programm ausgeführt ist.*

Häufig wird derselbe Prozessor zur Erkennung, Übersetzung und zur Ausführung benutzt. Das Interpreterprogramm kann aber auch aus Teilen bestehen, die auf verschiedenen Prozessoren ausgeführt werden.

Interpreter. Ein Prozessor, der ein ausführungsbereites Interpreterprogramm enthält.

Interpretieren. Das Ausführen eines Interpreterprogramms auf einem Prozessor.

Mikroprogrammierung. Das Implementieren eines Algorithmus durch ein Mikroprogramm in der Mikromaschinensprache. Die Mikromaschinensprache besteht aus Mikro(maschinen)befehlen, die die Mikromaschine direkt ausführen kann. In der Regel ist das Mikroprogramm ein Interpreterprogramm zur Interpretation der Maschinenbefehle, wodurch die Maschinenarchitektur festgelegt wird.

Im weiteren Sinne versteht man unter Mikroprogrammierung alle Methoden

- zum Entwurf und zur Realisierung von Mikromaschinen,
- zur Spezifikation, Erstellung, Übersetzung, Transformation, Verifikation, Simulation, Änderung, Wartung, Optimierung, Analyse, Synthese und zum Testen von Mikroprogrammen
- zum Entwurf von Maschinensprachen und Maschinenarchitekturen

Mikro(maschinen)code. Der Binärcode eines Mikroprogramms.

Firmware. Fest abgespeicherte Mikroprogramme.

Mikromaschine. Ein in der Mikromaschinensprache programmierbarer Prozessor. Realisierung der Mikromaschinenarchitektur.

Rechner (Maschine). In der Maschinensprache programmierbarer Prozessor. Realisierung der Rechnerarchitektur.

Mikroprogrammierbarer Rechner. Mikromaschine, die neben dem Mikroprogrammspeicher auch einen (Maschinen-)Programmspeicher besitzt.

Mikroprogrammierter Rechner. *Mikroprogrammierbarer Rechner, der ein ausführungsbereites Interpreter-Mikroprogramm zur Interpretation der Maschinenbefehle enthält.*

Statisch mikroprogrammierbar. *Die Firmware ist auswechselbar.*

Dynamisch mikroprogrammierbar. *Das Mikroprogramm kann während der Ausführung verändert werden.*

Vollständig mikroprogrammierbarer Rechner. *Alle Phasen der Interpretation der Maschinenbefehle (Holen, Decodieren, Ausführen) werden durch ein oder mehrere Mikroprogramme gesteuert. Das Format und die Wirkung der Maschinenbefehle ist im Rahmen der verfügbaren Hardwarekomponenten beliebig durch Mikroprogramme festlegbar.*

Emulation. *Implementierung einer Ziel-Rechnerarchitektur durch Firmware auf einer Mikromaschine (mikroprogrammierbarer Wirtsrechner), deren Mikromaschinenarchitektur nicht speziell im Hinblick auf die zu realisierende Rechnerarchitektur entworfen wurde.*

Man spricht auch dann noch von Emulation, wenn zur Realisierung der Rechnerarchitektur zusätzliche Funktionseinheiten oder Maschinenprogramme (z. B. zur Nachbildung der Ein-/Ausgabevorgänge) benötigt werden.

Zitierte Literatur zum Begriff „Rechnerarchitektur"

[1] A. Bode and W. Händler, Rechnerarchitektur, Grundlagen und Verfahren. Springer Verlag, Berlin Heidelberg New York 1980.

[2] G. M. Amdahl, G. A. Blaauw and F. P. Brooks: Architecture of the IBM-System/360. IBM-Journal for Reseach and Development, Vol. 8, Nr. 2 pp. 87 – 101, April 1964

[3] C. Foster: Computer Architecture. Van Nostrand, New York 1970

[4] Y. Chu: SIGARCH - IEEE Computer Architecture Group News, New York 1972

[5] G. A. Blaauw: Computer-Architektur. Elektronische Rechenanlagen, Vol. 14, Heft 4, pp. 154 – 159, 1972

[6] C. G. Bell: Computer Architecture: Comments on the state-of-the-art. 3. Jahrestagung der Gesellschaft für Informatik, Hamburg 1973, Lecture Notes in Computer Science, Vol. 1, pp. 18 – 24, Springer Verlag, Berlin 1973

[7] H. Stone (ed.): Introduction to Computer Architecture. Science Research Associates Inc., Chicago 1975

[8] W. Giloi: In Lexikon der Informatik und Datenverarbeitung, S. 659. Hrsg.: H.-J. Schneider. Oldenbourg, München 1991

[9]   F. P. Brooks,jr.: Architectural Philosophy. In: Planning a Computer System (W. Buchholz, Ed.) McGraw Hill, New York 1962, 5 – 16

5.3   Prinzipieller Aufbau eines mikroprogrammierbaren Rechners

Ein mikroprogrammierbarer Rechner zeichnet sich dadurch aus, daß er neben dem Hauptspeicher einen Mikroprogrammspeicher enthält. Der Mikroprogrammspeicher ist ein Bestandteil des Mikroprogramm-Steuerwerks.

Die Strukturierung eines mikroprogrammierbaren Rechners kann verschiedenartig erfolgen; eine einzige, allgemein gültige Gliederung in Teilfunktionseinheiten existiert nicht. Es ist aber möglich, eine typische Gliederung eines mikroprogrammierbaren Rechners (Abb. 5 – 2) nach logischen Gesichtspunkten anzugeben.

Er besteht aus einem Mikroprogramm-Steuerwerk und einem Operationswerk.   Das Operationswerk besteht aus dem Datenadreßrechenwerk, Datenspeicher, Datenrechenwerk, Ein-/Ausgabewerk, Programmadreßrechenwerk, Programmspeicher und Befehlsdecoder. Das MP-Steuerwerk besteht aus dem Mikrobefehl-Steuerwerk und dem Mikrobefehl-Operationswerk. Das Mikrobefehl-Operationswerk besteht aus dem Folgeadreßrechenwerk, Mikroprogrammspeicher, Mikrobefehlsdecoder und Steuerdatenrechenwerk.

Der momentane Mikrobefehl wird durch den Mikrobefehlsdecoder in den Mikrobefehlscode MOPC, in die Steuerdaten und die Folgeadreß-daten aufgeschlüsselt. Der Mikrobefehlscode wird an das Mikrobefehl-Steuerwerk weitergegeben, das die zeitliche Abarbeitung des Mikrobefehls im Mikrobefehl-Operationswerk über interne Steuerbefehle und interne Bedingungen steuert. Die Steuerdaten werden als Steuerbefehl an das Operationswerk weitergegeben und dort ausgeführt, gegebenenfalls nach einer vorhergehenden Modifikation durch das Steuerdatenrechenwerk. Aus den Folgeadreßdaten (z. B. Sprungadresse), den Bedingungen und dem Maschinenbefehlscode OPC wird durch das Folgeadreßrechenwerk die Adresse des nächsten Mikrobefehls (Folgeadresse) berechnet.

Das Interpreter-Mikroprogramm zur Interpretation der Maschinenbefehle besteht aus drei Phasen (Mikroprogrammteilen), die für jeden Befehl wiederholt werden:

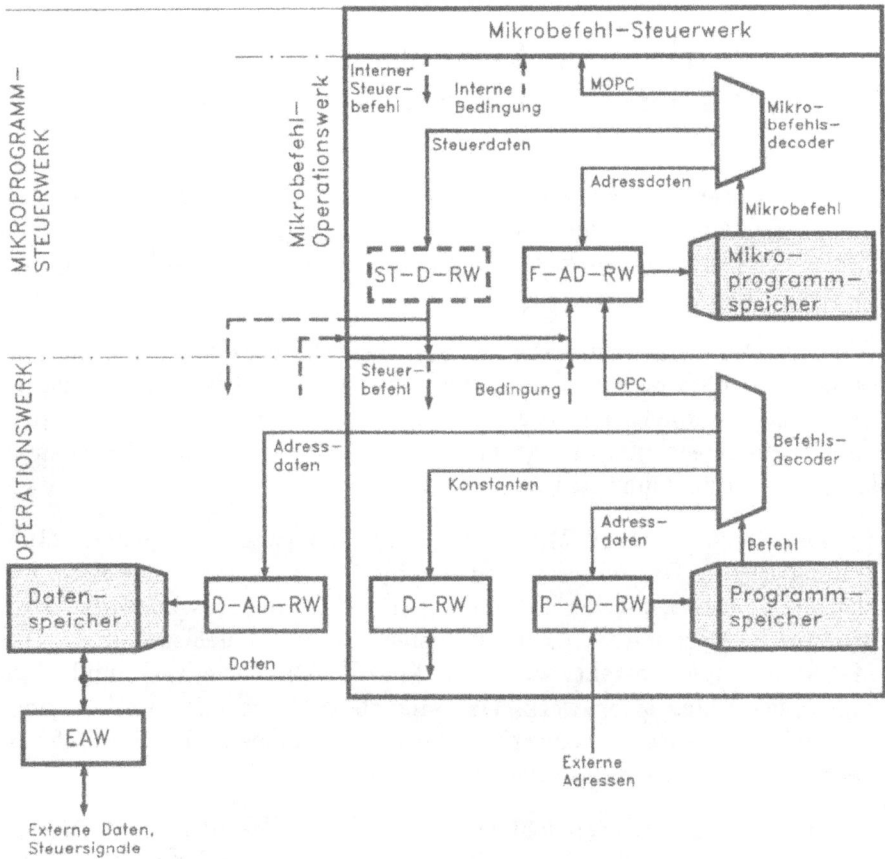

Abb. 5–2: Prinzipielle Gliederung eines mikroprogrammierbaren Rechners

Legend from the figure:

EAW:	Ein–/Ausgabewerk	OPC:	Befehlscode
D–RW:	Datenrechenwerk	ST–AD–RW:	Steuerdatenrechenwerk
D–AD–RW:	Datenadreßrechenwerk	F–AD–RW:	Folgeadreßrechenwerk
P–AD–RW:	Programmadreßrechenwerk	MOPC:	Mikrobefehlscode

Diagram labels:

Mikrobefehl–Steuerwerk

MIKROPROGRAMM–STEUERWERK

Mikrobefehl–Operationswerk

Interner Steuer–befehl — Interne Bedingung — MOPC — Mikro–befehls–decoder

Steuerdaten

Adressdaten

Mikrobefehl

ST–D–RW — F–AD–RW — Mikro–programm–speicher

OPERATIONSWERK

Steuer–befehl — Bedingung — OPC — Befehls–decoder

Adress–daten — Konstanten — Adress–daten — Befehl

Daten–speicher — D–AD–RW — D–RW — P–AD–RW — Programm–speicher

Daten

EAW

Externe Adressen

Externe Daten, Steuersignale

1. Holen	Diese Phase bewirkt das Holen des nächsten Maschinenbefehls aus dem Programmspeicher in ein Befehlsregister.

2. Decodieren	Diese Phase bewirkt die Analyse des Operationscodes und das Verzweigen zum entsprechenden Ausführungsteil.

3. Ausführen	Diese Phase bewirkt die gewünschte Operation in Abhängigkeit von dem erkannten Operationscode. In dieser oder einer speziellen Adressierungsphase wird auch der Programmzähler neu berechnet, der auf den nächsten auszuführenden Befehl zeigt.

In jeder Phase werden durch die Mikrobefehle die notwendigen Folgen von Mikrooperationen angestoßen. Zur Durchsatzsteigerung können die Phasen zeitlich überlappt werden.

Der Befehl wird durch den Befehlsdecoder in den Operationscode OPC, in Adreßdaten zur Adressierung des Datenspeichers, in Konstanten und in Adreßdaten zur Adressierung des Programmspeichers zerlegt. Die Rechenoperationen werden im Datenrechenwerk vorgenommen, wobei der Datenspeicher als Erweiterung der Register des Rechenwerks angesehen werden kann. Das Datenadreßrechenwerk dient zur Berechnung der Adressen der Daten. Die Konstanten (Direktoperanden, Literale) kommen direkt aus dem Befehl und werden in Rechenoperationen benutzt. Das Programmadreßrechenwerk dient zur Berechnung der nächsten Befehlsadresse, gegebenenfalls unter Berücksichtigung externer Adressen (z. B. bei der Auswertung von Interrupts).

Aus der Darstellung (Abb. 5 – 2) ist die Ähnlichkeit des Operationswerks und des Mikrobefehl-Operationswerks zu erkennen. Vom Mikrobefehl-Steuerwerk könnte man weiter ein ähnlich strukturiertes Nanobefehl-Operationswerk abspalten usw.

Die angegebene Gliederung betont den logischen Gesichtspunkt. In der Praxis werden meist bestimmte Funktionseinheiten weggelassen (z. B. das Steuerdatenrechenwerk), vereinfacht (z. B. wird das Folgeadreßrechenwerk durch einen Mikrobefehlszähler ersetzt) oder zusammengefaßt (z. B. können der Datenspeicher und der Programmspeicher zum Hauptspeicher zusammengefaßt werden, und das Datenadreßrechenwerk, Programmadreßrechenwerk und Datenrechenwerk zu einem allgemeinen Rechenwerk).

5.4 Interpretationshierarchien

Rechnersysteme sind im allgemeinen durch das Prinzip der hierachischen Interpretation organisiert. Dabei werden auf eine Basismaschine (die eigentliche Hardware) Programmschichten aufgebracht, die die Basismaschine in Programm-Maschinen verwandeln:

$$Programm\text{-}Maschine = (Programm \rightarrow Basismaschine)\,.$$

In dieser Beziehung soll der Pfeil andeuten, daß das Programm auf der Maschine ausgeführt bzw. von ihr interpretiert wird. Zur Abkürzung können wir $Programm^M = Programm\text{-}Maschine$ schreiben. Manchmal möchte man unterscheiden, ob die Programm-Maschine noch programmierbar ist oder schon programmiert worden ist. Im Falle, daß die Programmierung und Gestaltung noch möglich ist, wird das Programm bzw. die Maschine mit einem Stern versehen:

$$Programm^* = Die\ Menge\ aller\ möglichen\ Programme$$
$$Maschine^* = Die\ Menge\ aller\ gestaltbaren\ Maschinen\,.$$

Wenn also die Gestaltung/Programmierung noch möglich ist, dann lautet die obige Beziehung

$$Programm\text{-}Maschine^* = (Programm^* \rightarrow Basismaschine)\,.$$

Der Stern auf der linken Seite des Gleichheitszeichens kann weggelassen werden, da die Programmierbarkeit auf der rechten Seite durch den Stern schon zum Ausdruck kommt. Wir hatten im Abschnitt 5.2 eine programmierbare Maschine als *Prozessor* bezeichnet.

Um die Schnittstelle der Maschine nach oben (zum Programm) in die Betrachtung mit einzubeziehen, schreiben wir

$$Maschine\ mit\ Schnittstelle\ nach\ oben$$
$$= [Operationen]\ Maschine\,,$$

d. h. die Maschine kann *Operationen* ausführen.

Um die Schnittstelle der Maschine nach unten in die Betrachtung mit einzubeziehen, schreiben wir

$$Maschine\ mit\ Schnittstelle\ nach\ unten$$
$$= Maschine\{Maschinenbefehle\}\,,$$

d. h. die Maschine benutzt *Maschinenbefehle* (sie setzt sich aus Maschinenbefehlen zusammen).

Will man beide Schnittstellen in die Betrachtung einbeziehen, so schreiben wir

$$[Operationen]\ Maschine\{Maschinenbefehle\}$$

bzw.

[programmierte Operationen] Programm{Anweisungen} .

Strenge Interpretationshierarchie. Betrachten wir einen Interpreter mit einer einfachen Interpretionshierachie:

$$Programm \rightarrow Interpreterprogramm \rightarrow Basismaschine \ .$$

Dabei wird das Programm (ein interpretierbares Programm) durch das Interpreterprogramm interpretiert und auf der Basismaschine zur Ausführung gebracht. Dabei können drei Maschinen identifiziert werden:

1. die Basismaschine

2. die Interpreterprogramm-Maschine (*Virtuelle Maschine*)
    $Interpreterprogramm^M = (Interpreterprogramm \rightarrow Basismaschine)$

3. die Programm-Maschine (Software-Maschine)
    $Programm^M = (Programm \rightarrow Interpreterprogramm^M)$.

Wir definieren allgemein eine *strenge Interpretationshierachie*:

$$T_0 \rightarrow T_1 \rightarrow T_2 \rightarrow \cdots \rightarrow T_n \rightarrow H \ .$$

Sie besteht aus dem interpretierbaren Programm T_0, einer Folge von Interpreterprogrammen T_i und der Basismaschine H. Jedes interpretierbare Programm T_{i-1} wird durch das Interpreterprogramme T_i interpretiert, so daß es schließlich auf H ausgeführt werden kann. Wir können eine strenge Interpretationshierachie auch als eine Schichtung von Maschinen $T_i^M = (T_i \rightarrow T_{i+1}^M)$ auffassen, die jeweils T_i ausführen.

$$T_0 \rightarrow (T_1 \rightarrow (T_2 \rightarrow \cdots \rightarrow (T_n \rightarrow H) \cdots))$$

$$T_0^M = (T_0 \rightarrow T_1^M) \quad \text{Software-Maschine}$$

$$T_1^M = (T_1 \rightarrow T_2^M) \quad \text{Virtuelle-Maschine 1}$$

$$\vdots$$

$$T_n^M = (T_n \rightarrow H) \quad \text{Virtuelle-Maschine n}$$

Wir wollen versuchen, ein Rechnersystem als strenge Interpretationshierachie zu modellieren

Software-Maschine =
[Kommandos] Software → [Maschinenbefehle] Rechner .

Diese Beziehung drückt aus, daß mit Hilfe der Software Maschinen konstruiert werden können, die Kommandos ausführen (Abb. 5 – 3a).

Wenn man das Betriebssystem mit einbezieht, kommt man zunächst zu folgendem Modell

$Programm \rightarrow Betriebssystem \rightarrow [Maschinenbefehle]\ Maschine$.

Dieses Modell wird auch als *Schichtenmodell* bezeichnet. Das Schichtenmodell geht von der Vorstellung einer Hierarchie von Sprachebenen aus. Die Sprache einer Schicht wird durch die Sprache der darunterliegenden Schicht interpretiert. Das Schichtenmodell läßt sich nach oben durch Hinzufügen weiterer Software-Schichten und nach unten durch Hinzufügen von Firmware-Schichten fortsetzten. In der Praxis ist diese strenge Hierarchie oft nicht vorhanden, denn oft existieren Teilsprachen, die eine oder mehrere Schichten überspringen. So bringt die obige Beziehung auch nicht zum Ausdruck, daß die Programme auch direkt, unter Umgehung des Beriebssystems, auf die Maschine zugreifen. Wir werden deshalb die strenge Interpretationshierachie weiter unten zu einer komplexen Interpretationshierachie erweitern.

Die im Abschnitt 5.2 definierten Begriffe *Mikromaschine* und *mikroprogrammierbarer Rechner* (Abb. 5 – 3b) können als strenge Interpretationshierachien modelliert werden:

Mikromaschine =
Mikroprogramm* {Mikrobefehle} $\rightarrow$ Basismaschine

Mikroprogrammierbarer-Rechner =
Programm*{Maschinenbefehle*}
$\rightarrow$ Mikroprogramm*{Mikrobefehle} $\rightarrow$ Basismaschine

Mikroprogrammierter-Rechner =
Programm*{Maschinenbefehle}
$\rightarrow$ Mikroprogramm{Mikrobefehle} $\rightarrow$ Basismaschine .

Die Basismaschine führt die Mikrobefehle aus, und das (Interpreter-)Mikroprogramm interpretiert ein (Maschinen-)Programm aus der Menge aller zulässigen Programme (*Programm**). Man kann zwischen dem Mikroprogramm und der Basismaschine eine weitere Schicht einfügen, die *Nanoprogrammebenene*. Das Mikroprogramm wird dann durch das Nanoprogramm interpretiert:

Mikroprogramm $\rightarrow$ [Mikrobefehle] Nanoprogramm
$\rightarrow$ [Nanooperationen] Basismaschine .

Das Nanoprogramm überführt die Mikrobefehle in die eigentlichen Basisoperationen, die auch als Nano- oder interne Mikrooperationen bezeichnet werden. Das Nanoprogramm ist häufig in einem PLA eines Hardware-Steuerwerks (das im Abschnitt 5.9 als Mikrobefehlssteuerwerk bezeichnet wird) versteckt .

Komplexe Interpretationshierarchie. Das Modell der strengen Interpretationshierarchie wird nun zu einer *komplexen Interpretationshier-*

a)

Kommandos		b)			c)		
	(Maschinen–) Programm		Programm			Programm	
						Laufzeitsystem	
Maschinen– befehle						Betriebssystem	
	Maschine (Hardware)	Mikro– befehle	Mikroprogramm			Maschine	
			Mikromaschine				

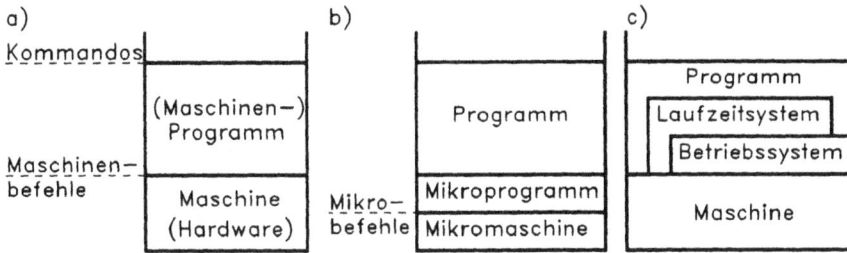

Abb. 5–3: Schichtenmodell einer strengen Interpretationshierarchie (a) und (b), komplexe Interpretationshierarchie (c)

archie erweitert, damit die in der Praxis auftretenden Fälle beschrieben werden können. Eine komplexe Interpretationshierarchie besteht aus mehreren „Interpretationswegen". Dabei werden Teile eines Programms durch verschiedene Interpreterprogramme interpretiert bzw. durch verschiedene Maschinen ausgeführt. Für die drei Komponenten T_0, T_1, H lautet die maximal komplexe Interpretationshierarchie (alle möglichen Wege nach „unten" in Richtung Basismaschine)

$$T_0\{Befehle\text{-}1\} \quad \rightarrow \quad T_1 \quad \rightarrow \quad H$$
$$T_0\{Befehle\text{-}2\} \quad \xrightarrow{\hspace{3cm}} \quad H \ .$$

Das Programm T_0 benutzt zwei Klassen von Befehlen. Die *Befehle*-1 werden von $(T_1 \rightarrow H)$ ausgeführt, während die *Befehle*-2 direkt von H ausgeführt werden. Die Zwischenschicht T_1 wird also zum Teil übersprungen.

Für die vier Komponenten T_0, T_1, T_2, H lautet die maximal komplexe Interpretationshierarchie

$$T_0\{a\} \quad \rightarrow \quad T_1\{e\} \quad \rightarrow \quad T_2 \quad \rightarrow \quad H$$
$$T_0\{b\} \quad \xrightarrow{\hspace{3cm}} \quad T_2 \quad \rightarrow \quad H$$
$$T_0\{c\} \quad \xrightarrow{\hspace{5cm}} \quad H$$
$$T_0\{d\} \quad \rightarrow \quad T_1\{f\} \quad \xrightarrow{\hspace{2cm}} \quad H \ .$$

Die Aufzählung aller in der Implementierung vorkommenden Wege soll *Interpretationsschema* heißen. Eine alternative Darstellungsform ist ein Graph, wobei die Kanten mit den Befehlsklassen (*a* bis *f*) benannt werden können. Man sieht, wie schnell komplexe Interpretationshierarchien unübersichtlich werden, was von der Modularisierung großer Software-Systeme her bekannt ist. Deshalb sollte man das Überspringen von Schichten nur eingeschränkt zulassen (z. B. kann man das Springen in eine schon übersprungene Schicht verbieten).

Jetzt können wir komplexe Interpretationshierarchien benutzen, um die Verhältnisse im einer Rechenanlage besser zu modellieren:

$$Programm\{BS\text{-}Aufrufe\} \rightarrow Betriebssystem\{n,p\} \rightarrow Maschine$$
$$Programm\{n\} \rightarrow Maschine \, .$$

Die Maschine kann nicht-priviliegierte (n) und priviligierte (p) Befehle ausführen. Das Betriebssystem macht von beiden Gebrauch, während das Programm nur die nicht-priviligierten benutzen darf. Das Programm kann aber darüberhinaus BS-Aufrufe benutzen und damit indirekt und kontrolliert priviligierte Aktionen auslösen.

Normalerweise wird in einem Rechnersystem, das ein übersetztes Programm einer höheren Programmiersprache ausführt, noch ein Laufzeitsystem (z. B. zur Speicherverwaltung) geladen. Das Interpretationsschema lautet dann (Abb. 5–3c):

$$
\begin{array}{llllll}
P\{k\} & \rightarrow & LS\{b\} & \rightarrow & BS\{n,p\} & \rightarrow & H \\
P\{b\} & & \longrightarrow & & BS\{n,p\} & \rightarrow & H \\
P\{n\} & & \longrightarrow & & & & H \\
P\{h\} & \rightarrow & LS\{n\} & \longrightarrow & & & H
\end{array}
$$

mit den Abkürzungen: P = Programm, LS = Laufzeitsystem, BS = Betriebsystem, k = Betriebssystem-abhängige Laufzeitkommandos, b = Betriebssystemkommandos, h = Betriebssystem-unabhängige Laufzeitkommandos.

Mit Hilfe der Interpretationsschemata können wir auch gut die verschiedenen Hardware-Realisierungen von Rechnern charakterisieren:

Bei dem Typ-1-Rechner (festverdrahtete Befehle, „in Silizium gegossene" Befehle, nicht mikroprogrammierter Rechner) werden alle Phasen der Befehlsinterpretation und -ausführung direkt durch die Hardware vorgenommen:

$$\{Befehle\ Holen,\ Decodieren,\ Ausführen\} \rightarrow Hardware$$

Bei dem Typ-2-Rechner (voll mikroprogrammierter Rechner) werden alle Phasen der Befehlsinterpretation und -ausführung durch ein Mikroprogramm interpretiert:

$$\{Befehle\ Holen,\ Decodieren,\ Ausführen\}$$
$$\rightarrow Mikroprogramm \rightarrow Hardware$$

Bei dem Typ-3-Rechner (teilweise mikroprogrammierter Rechner) werden bestimmte Phasen, insbesondere das Holen und Decodieren der Befehle, hardwaremäßig realisiert, während das Ausführen durch ein Mikroprogramm interpretiert wird:

$$\{Befehle\ Holen,\ Decodieren\} \rightarrow Hardware$$
$$\{Befehle\ Ausführen\} \rightarrow Mikroprogramm \rightarrow Hardware \, .$$

Durch Mischung können weitere Typen von Rechnern gebildet werden, z. B.

> {Häufige-Befehle Holen, Decodieren, Ausführen} → Hardware
> {Rest-Befehle Holen und Decodieren} → Hardware
> {Rest-Befehle Ausführen} → Mikroprogramm → Hardware

Solche Mischungen sind z. B. in leistungsoptimierten Standard-Mikroprozessoren zu finden.

5.5 Mealy- und Moore-Automat

Mikroprogamm-Steuerwerke stellen in ihren einfachen Realisierungsformen Moore- oder Mealy-Automaten dar. Der Moore-Automat [Moo] unterscheidet sich vom Mealy-Automaten [Mea] dadurch, daß der Ausgangsvektor y nur vom Zustand und nicht außerdem von der Bedingung x zum Zeitpunkt t abhängt:

Mealy: $\quad s' = f(x,s) \quad$ und $\quad y = g(x,s)$ $\qquad$ (5.1)

Moore: $\quad s' = f(x,s) \quad$ und $\quad y = g(s)$ $\qquad$ (5.2)

$$\text{mit} \quad s(t) = s'(t-1)\,.$$

Natürlich lassen sich auch beim Moore-Automaten die Ausgangssignale y durch die Bedingungssignale x beeinflussen. Dies geschieht über den neuen Zustand, wodurch zwangsläufig die Wirkung der Bedingung um ein Taktintervall verzögert wird:

$$y(t) \;=\; g(f(x(t-1), s(t-1)))\,. \qquad (5.3)$$

Somit kann man leicht den Moore-Automaten vom Mealy-Automaten unterscheiden. Nur beim Moore-Automaten befindet sich auf dem Weg von x nach y genau ein Verzögerungsglied.

Die formale Transformation eines Mealy-Automaten in einen Moore-Automaten wird in verschiedenen Büchern über die Automatentheorie (z. B. [Sta]) beschrieben. Sie ist allerdings in der Praxis nur dann brauchbar, wenn die Verzögerung der Ausgangssignale um eine Taktperiode (und ein willkürlich festgelegter erster Ausgangsvektor) kein fehlerhaftes Verhalten in der Umgebung verursacht. Denn bei einer Rückkopplung über das Operationswerk hängen die Eingangssignale von den Ausgangssignalen ab. Dann kann die Verzögerung des Moore-Automaten bewirken, daß die Eingangssignale zu spät im Steuerwerk eintreffen und dadurch zu einem Fehlverhalten führen. Diese Problematik soll an einem Beispiel (Abb. 5–4) erläutert werden. Die formale Transformation (Regeln s. u., im Bild durch Pfeile und Unterstreichungen gekennzeichnet) des Mealy-Automaten (a) ergibt den Moore-Automaten (c) ohne den Zustand 4. Der Abfragezustand 4 wird aber für die korrekte Arbeitsweise benötigt, denn das Bedingungssignal x steht beim Verlassen des Zustands 32 noch nicht zur Verfügung. Der Zustand 10 kann entfallen, weil in ihm keine Operation durchgeführt wird. Wie weiter unten gezeigt wird, kann der Abfragezustand eliminiert werden, wenn anstelle der Bedingung x die um einen Takt vorausberechnete Bedingung $x(t-1) = CARRY$ benutzt wird.

Abb. 5–5 zeigt zwei wichtige Strukturen für die beiden Automatentypen zusammen mit einem Operationswerk, das die Operationen aus dem letzten Beispiel ausführen kann. Erweitert man den Zustandsvektor s' des Mealy-Automaten (Typ 1) um den Ausgangsvektor y durch Zusammenfassen der Schaltnetze F und G, dann ergibt sich der formal äquivalente Mealy-Automat (Typ 2) (Abb. 5–5b). Greift man den Ausgangsvektor nicht hinter, sondern vor dem Schaltnetz ab, dann hat man bereits die übliche formale Mealy/Moore-Transformation durchgeführt. Die Ausgangssignale des so erzeugten Moore-Automaten (Typ 2) entsprechen denen des Mealy-Automaten (Typ 1), nur um eine Taktperiode verzögert. Ein Mealy-Automat läßt sich also in einen formal äquivalenten Moore-Automaten transformieren, indem der Ausgangsvektor um ein Taktintervall verzögert wird.

Die formale Transformation der Übergangstabelle (Abb. 5–4a, b, c) des Mealy-Automaten (Typ 1) in den Mealy-Automaten (Typ 2) und Moore-Automaten (Typ 2) ist in Abb. 5–4a durch Pfeile angedeutet. Allgemein läßt sich die formale Transformation durch die folgenden Regeln (betrachtet zum Zeitpunkt t) beschreiben:

$$s'_{\text{Moore2}} = (s'\_y)_{\text{Mealy1}} = s'_{\text{Mealy2}} \tag{5.4}$$

$$y_{\text{Moore2}} = y\text{-Teil von}(s_{\text{Moore2}}) = y_{\text{Mealy1}}(t-1) \tag{5.5}$$

$$y_{\text{Mealy2}} = y\text{-Teil von}(s'_{\text{Mealy2}}) = y_{\text{Mealy1}}(t) \tag{5.6}$$

$$\text{mit} \quad s(t) = s'(t-1)$$

Es gibt noch eine andere, gleichwertige Möglichkeit, einen Mealy-Automaten in einen Moore-Automaten formal zu transformieren, indem die Eingangssignale des Mealy-Automaten über ein Register um ein Taktintervall verzögert werden (vergleiche die Fälle a und d in Abb. 5–4). Die Übergangstabelle des formal äquivalenten Moore-Automaten (Typ 1) läßt sich durch die Transformationen

$$s'_{\text{Moore1}} = (x\_s')_{\text{Mealy1}}$$

$$y_{\text{Moore1}} = g(s_{\text{Moore1}}) = y_{\text{Mealy1}}(t-1) \tag{5.7}$$

a) MEALY–Automat (Typ 1)

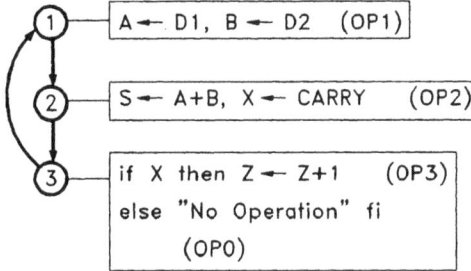

A ← D1, B ← D2   (OP1)

S ← A+B, X ← CARRY   (OP2)

if X then Z ← Z+1   (OP3)
else "No Operation" fi
(OP0)

x	s	s'	y
–	1	2	OP1
–	2	3	OP2
1	3	1	OP3
0	3	1	OP0

b) Übergangstabelle MEALY–Automat (Typ 2)
c) MOORE–Automat (Typ 2)

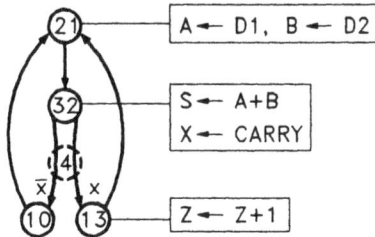

A ← D1, B ← D2

S ← A+B
X ← CARRY

Z ← Z+1

b)

x	s		s'
			y

c)

x	s		
		y	s'
–	1OP3	2OP1	
	1OP0	2OP1	
–	2OP1	3OP2	
1	3OP2	1OP3	
0	3OP2	1OP0	

d) MOORE–Automat (Typ 1)

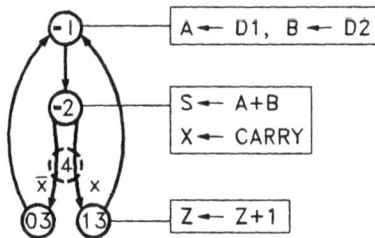

A ← D1, B ← D2

S ← A+B
X ← CARRY

Z ← Z+1

s		s'		y
x				
–	1	–	2	OP1
–	2	1	3	OP2
–	2	0	3	OP2
1	3	–	1	OP3
0	3	–	1	OP0

Abb. 5–4: Zustandsdiagramme und Übergangstabelle für a) Mealy-
Automat (Typ 1), b) Mealy-Automat (Typ 2) c) Moore-
Automat (Typ 2), d) Moore-Automat (Typ 1)

a) Mealy–Automat (Typ 1)

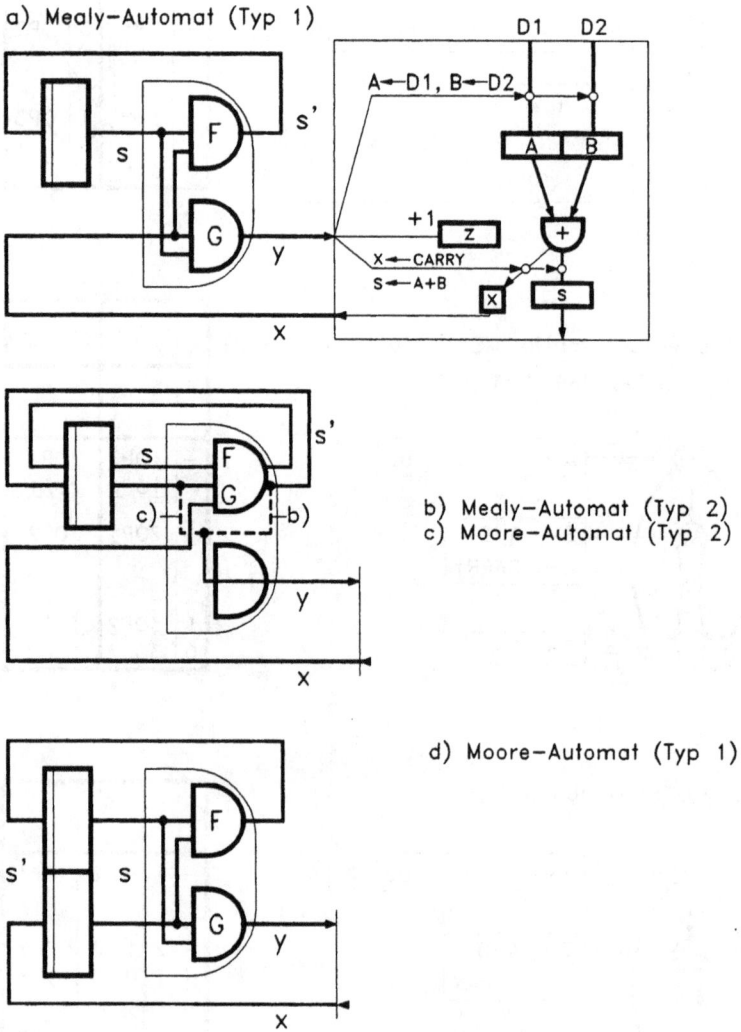

b) Mealy–Automat (Typ 2)
c) Moore–Automat (Typ 2)

d) Moore–Automat (Typ 1)

Abb. 5–5: Die Struktur der verschiedenen Automatentypen

ermitteln (Abb. 5–4d). Bis auf die Zustandscodierung ergibt sich das gleiche Zustandsdiagramm wie für den Moore-Automaten (Typ 2). Um die korrekte Arbeitsweise bei dem gegebenen Operationswerk zu gewährleisten, muß auch hier wegen des verzögerten Eintreffens der Bedingung x der Zustand 4 eingefügt werden.

Die bisherigen Betrachtungen haben gezeigt, daß bei den Transformationen nicht das Steuerwerk für sich allein betrachtet werden darf, sondern daß das Operationswerk mit einbezogen werden muß.

Unter Zugrundelegung der Darstellung nach Abb. 5–6 sind in der Abbildung 5–7 alle möglichen Kombinationen der Zusammenschaltung zweier beliebiger Automatentypen dargestellt. Die verschiedenen Kombinationen unterscheiden sich in der Anzahl der dazwischenliegenden Register und deren Positionen (Abb. 5–6, Positionen 1, 2, 3, 4). Die Kombination 0 bedeutet eine Zusammenschaltung zweier Mealy-Automaten, die aber praktisch unbrauchbar ist, weil durch die asynchrone zyklische Rückkopplung unerwünschte Zustandsänderungen (verursacht durch „Hazards" oder „Races") hervorgerufen werden können. Die Kombination 1 unterscheidet sich von der Kobination 3 nur scheinbar, denn es ist eine Anschauungssache, ob man das Register dem Steuerwerk an der Postion 2 oder dem Operationswerk an der Position 3 zuordnet. Durch ein Verschieben des Zwischenspeichers 2 in die Position 3 wird das Steuerwerk von einem Moore- in einen Mealy-Automaten und das Operationswerk von einem Mealy- in einen Moore-Automaten transformiert. Ebensowenig unterscheiden sich die Kombinationen 2 und 4 voneinander. Auch die Kombinationen 5 und 6 unterscheiden sich nur durch die verschieden interpretierte Stellung der Register.

Zur Bewertung der verschiedenen Kombinationen können die Verarbeitungszeiten herangezogen werden. Für eine vereinfachende Betrachtung nehmen wir an, daß die Schaltnetze des Steuerwerks und des Operationswerks jeweils die gleiche Verzögerungszeit t besitzen. Dann können die Kombinationen 1 bis 4 (Zusammenschaltung eines Mealy- mit einem Moore-Automaten) mit der minimalen Taktperiode von $2t$ betrieben werden. Die Ausführungszeit einer unbedingten oder bedingten Operation benötigt eine Taktperiode. Bei der Zusammenschaltung zweier Moore-Automaten (Kombinationen 5 bis 8) benötigt die Ausführung einer unbedingten Operation eine Taktperiode, aber die Ausführung einer bedingten Operation möglicherweise 2 Taktperioden, wenn auf das Eintreffen der Bedingung gewartet werden muß. Vergleicht man alle Kombinationen bezüglich ihrer mittleren Verarbeitungszeit miteinander, so schneiden die Kombinationen 5 und 6 am besten ab, dann folgen die Kombinationen 1 bis 4 und dann die Kombinationen 7 und 8. Die Kombinationen 5 und 6 sind deshalb am günstigsten, weil die

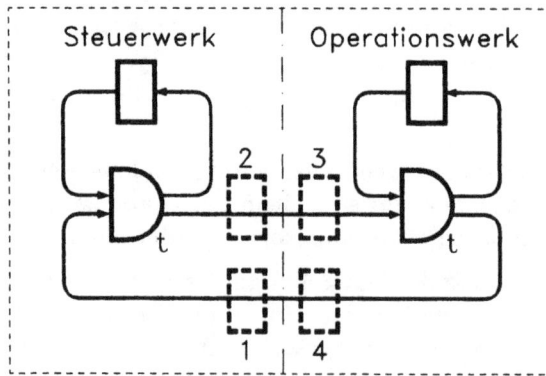

Abb. 5–6: Zusammenschaltung von Steuerwerk und Operationswerk

Verzögerungszeiten von jedem Register zu einem beliebigen anderen Register gleich groß sind. (Der zugrundeliegende „Pipeline"-Effekt wird im Abschnitt 5.10 5.10 ausführlich besprochen.)

Wir wollen die Mealy/Moore-Transformation jetzt noch einmal unter dem Aspekt behandeln, daß die Funktionsweise der Zusammenschaltung Steuerwerk/Operationswerk erhalten bleibt. Die Transformation der Kombination 3 oder 4 in die Kombination 5 oder 6 bei Erhaltung der Gesamtfunktion soll funktionelle Mealy/Moore-Transformation heißen:

(Mealy-Steuerwerk, Moore-Operationswerk) $\Longrightarrow$

(Moore-Steuerwerk, Moore-Operationswerk) .

Kombi-nation	Steuerwerk	Zwischen-speicher		Operations-werk	Minimale Taktperiode
0	Mealy	–	–	Mealy	asynchron
1	Moore (Typ2)	2	–	Mealy	2t
2	Moore (Typ1)	1	–	Mealy	2t
3	Mealy	–	3	Moore (Typ1)	2t
4	Mealy	–	4	Moore (Typ2)	2t
5	Moore (Typ2)	2	4	Moore (Typ2)	t
6	Moore (Typ1)	1	3	Moore (Typ1)	t
7	Moore (Typ2)	2	3	Moore (Typ1)	2t
8	Moore (Typ1)	1	4	Moore (Typ2)	2t

Abb. 5–7: Kombinationen von Mealy- und Moore-Automaten

a)

$$\begin{array}{l} \text{case X of} \\ ?X_1: \text{OP}_1 \\ ?X_2: \text{OP}_2 \\ \dots \\ ?X_q: \text{OP}_q \end{array}$$

b)

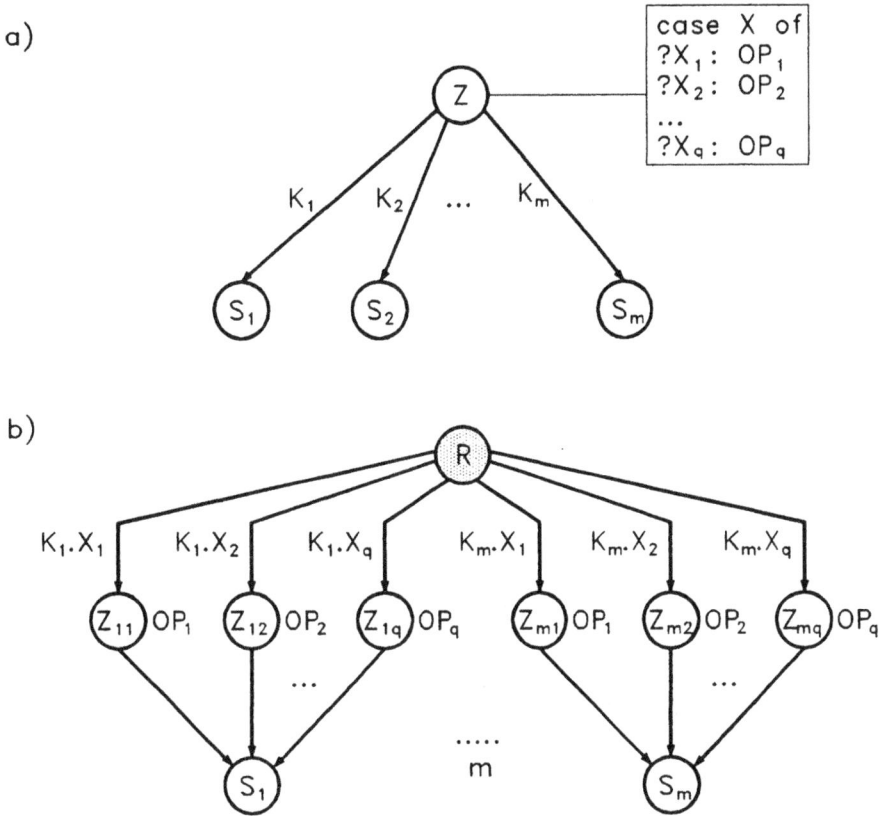

Abb. 5–8: Funktionelle Mealy/Moore-Transformation

Das Moore-Steuerwerk ergibt sich aus dem Mealy-Steuerwerk wie folgt:

1. Zustände mit unbedingten Operationen werden unverändert übernommen.

2. Zustände mit bedingten Operationen werden

   a) zuerst in q sich gegenseitig ausschließende bedingte Operationen (case ... of) umgewandelt (Abb. 5–8a).

   b) Dann wird für jeden solchen Zustand Z ein reiner Abfragezustand R (ohne Operationen) eingeführt, der zum Verzweigen in $m * q$ Folgezustände Z_{ji} benutzt wird. Dabei ist m die Anzahl der vorher vorhandenen Folgezustände S_j. Die Bedingungen für die neuen Folgezustände sind alle Und-Verknüpfungen

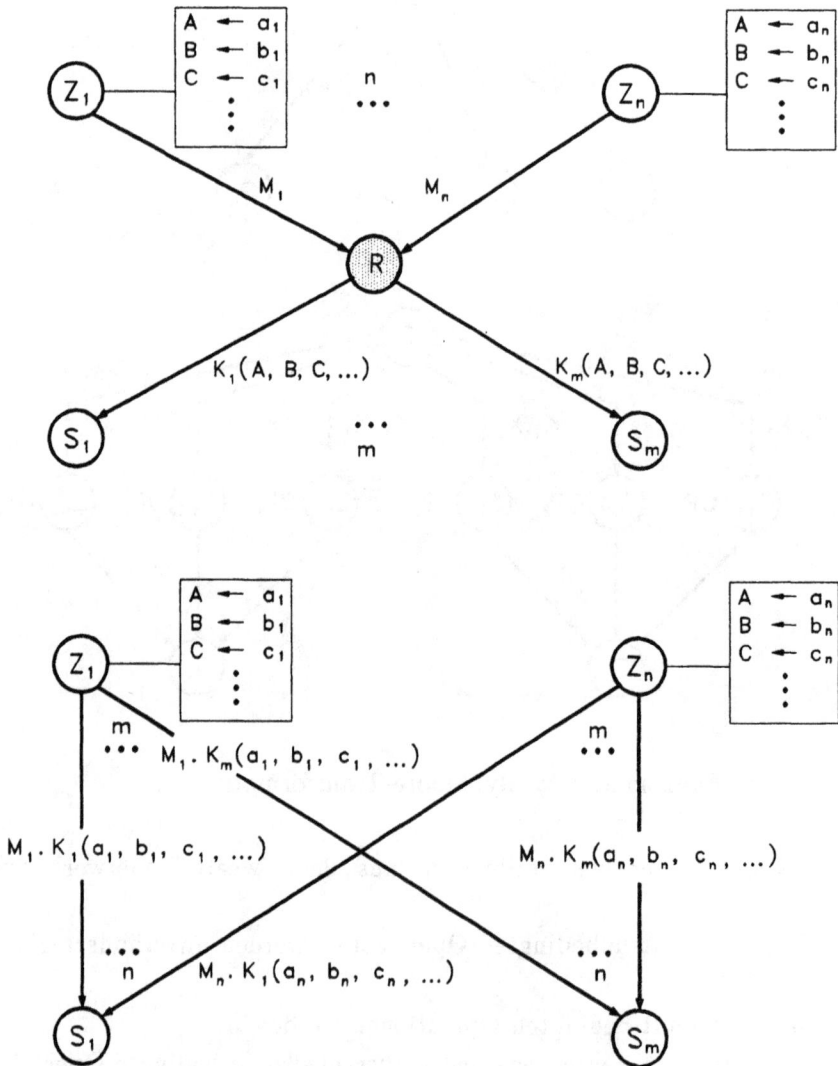

Abb. 5–9: Eliminieren reiner Abfragezustände in Moore-Automaten

der alten Bedingungen K_j mit den case-Bedingungen X_i. Die Operationen OP_i werden allen Zuständen Z_{ji} zugeordnet (Abb. 5–8b).

Bei der funktionellen Transformation ist die Schnittstelle zwischen dem Steuerwerk und dem Operationswerk erhalten geblieben. Dafür wurde das Steuerwerk durch die Einführung der reinen Abfragezustände und die Vervielfachung der Folgezustände verändert.

Außerdem muß das neue Moore-Steuerwerk in der Lage sein, komplexe bedingte Abfragen auszuführen, weil die Bedingungen für die Operationen in die neuen Bedingungen zur Erreichung der neuen Folgezustände verlagert wurden. Wenn die neuen Bedingungen $K_j.X_i$ nicht parallel abgefragt werden können, so müssen sie sequentiell durch die Einführung weiterer Abfragezustände ausgewertet werden.

Die reinen Abfragezustände im transformierten Moore-Steuerwerk verursachen eine verzögerte Ausführung der Operationen. Die Abfragezustände lassen sich eliminieren, wenn die Bedingung schon eine Taktperiode früher zur Verfügung steht bzw. gestellt werden kann, weil dann die Verzweigungen schon in den Zuständen durchgeführt werden können, die den Abfragezuständen vorausgehen. Abb. 5–9 zeigt die notwendigen Transformationsschritte. Z. B. muß der Übergang von R nach $S1$ unter der Bedingung $K_1(A, B, C, \ldots)$ durch n Übergänge von Z_1 bis Z_n nach S_1 unter den Bedingungen $M_1.K_1(a_1, b_1, c_1, \ldots)$ bis $M_n.K_1(a_n, b_n, c_n, \ldots)$ ersetzt werden. Diese Transformation führt, neben dem gleichen funktionellen Verhalten des ursprünglichen Mealy/Moore-Systems, auch zu einem gleichen *zeitlichen* Verhalten, wenn die gleiche Taktperiode benutzt wird. Diese zeitliche und funktionelle Äquivalenztransformation ist nur möglich, wenn die Ausgabeschnittstelle des Operationswerks verändert wird (um einen Takt vorausberechnete Bedingungen) und die Vielzahl der Verzweigungen unter den komplexen Bedingungen parallel im Steuerwerk realisierbar sind.

5.6 Grundsätzliche Architektur von MP-Steuerwerken

Der innere Aufbau eines MP-Steuerwerks kann recht unterschiedlich sein, je nachdem, in wieviel Komponenten man das MP-Steuerwerk zerlegt bzw. aus wieviel Komponenten man es zusammensetzt. Die zentrale Komponente eines MP-Steuerwerks ist der Mikroprogrammspeicher, der die Information über den Folgezustand und über den auszugebenden

Steuerbefehl enthält. Der Mikroprogrammspeicher kann auch aus zwei getrennten Speichern bestehen, wobei der eine die Folgeadressen und der andere die Steuerdaten (z. B. Moore-Steuerwerk, Realisierung A, Abschnitt 5.6.3) enthält.

Teilt man das MP-Steuerwerk in zwei Teile, so kann man es in den Mikroprogrammspeicher und „Mikroprogramm-Analysator" zerlegen (Abb. 5–10a). Der Mikroprogramm-Analysator analysiert das Mikroprogramm (bzw. den adressierten Mikrobefehl) sowie die Bedingung und erzeugt daraus die Adresse für den nächsten Mikrobefehl (Folgeadresse) und den Steuerbefehl. Der Mikrobefehl enthält Folgeadreßdaten und Steuerdaten. Diese Informationsanteile können auch getrennt voneinander verarbeitet werden, indem der Mikroprogramm-Analysator in ein Folgeadreßrechenwerk und ein Steuerdatenrechenwerk (Abb. 5–10b) aufgespalten wird. Das Folgeadreßrechenwerk berechnet aus den Folgeadreßdaten und der Bedingung die aktuelle Folgeadresse. Das Steuerdatenrechenwerk berechnet aus den Steuerdaten und gegebenenfalls aus der Bedingung (in Abb. 5–10 nicht eingezeichnet) den aktuellen Steuerbefehl.

Wenn die Analyse oder Ausführung eines Mikrobefehls eine variable Anzahl von Taktschritten benötigt, dann kann im MP-Steuerwerk ein weiteres Steuerwerk enthalten sein, das Mikrobefehl-Steuerwerk heißen soll (Abb. 5–10c). Das Mikrobefehl-Steuerwerk wird dann zweckmäßigerweise durch ein bestimmtes Feld im Mikrobefehl, den Mikrobefehlsoperationscode, gesteuert. Ausgehend von der Gliederung nach Abb. 5–10b läßt sich die Gliederung nach Abb. 5–10d ableiten, indem vom Steuerdatenrechenwerk und Folgeadreßrechenwerk je ein Steuerwerk abgespalten wird.

Die genannten Gliederungen sind, je nach der Wortstruktur und der Wirkung der Mikrobefehle, mehr oder weniger angemessen. Eine einzige, allen Kriterien genügende Gliederung existiert nicht.

Es sei noch erwähnt, daß die Analyse des Mikroprogramms auch ohne Adressierung erfolgen könnte, wenn das gesamte Mikroprogramm dem Mikroprogramm-Analysator parallel (d. h. alle Mikrobefehle stehen nebeneinander) angeboten würde. Das Auslesen der relevanten Informationen aus dem MP-Speicher mit Hilfe einer Adresse dient nur dazu, die Anzahl der Schnittstellenleitungen zu reduzieren. Der MP-Speicher kann somit als eine Informationsquelle angesehen werden, die die angeschlossenen Systemkomponenten steuert.

Bei dem grundsätzlichen MP-Steuerwerk, das wir schon im Abschnitt 4.5.1 kennengelernt haben, und das noch einmal im Abschnitt 5.6.2 als Mealy-MP-Steuerwerk betrachtet wird, besteht der Mikroprogramm-

a)

Mikroprogramm–
Analysator

MPSP

Steuerbefehl Bedingung

1) Mikrobefehl
2) (Folge–)Adresse
MPSP Mikroprogrammspeicher

b)

MPSP

3) Folgeadreßdaten
4) Steuerdaten
5) Folgeadreßrechenwerk
6) Steuerdatenrechenwerk

c)

Mikrobefehls–Steuerwerk

MPSP

7) Mikrobefehlsoperationscode
8) Interner Steuerbefehl
7+9) Interne Bedingung

d)

MPSP

10) Steuerwerk des
    Folgeadreßrechenwerks
11) Steuerwerk des
    Steuerdatenrechenwerks

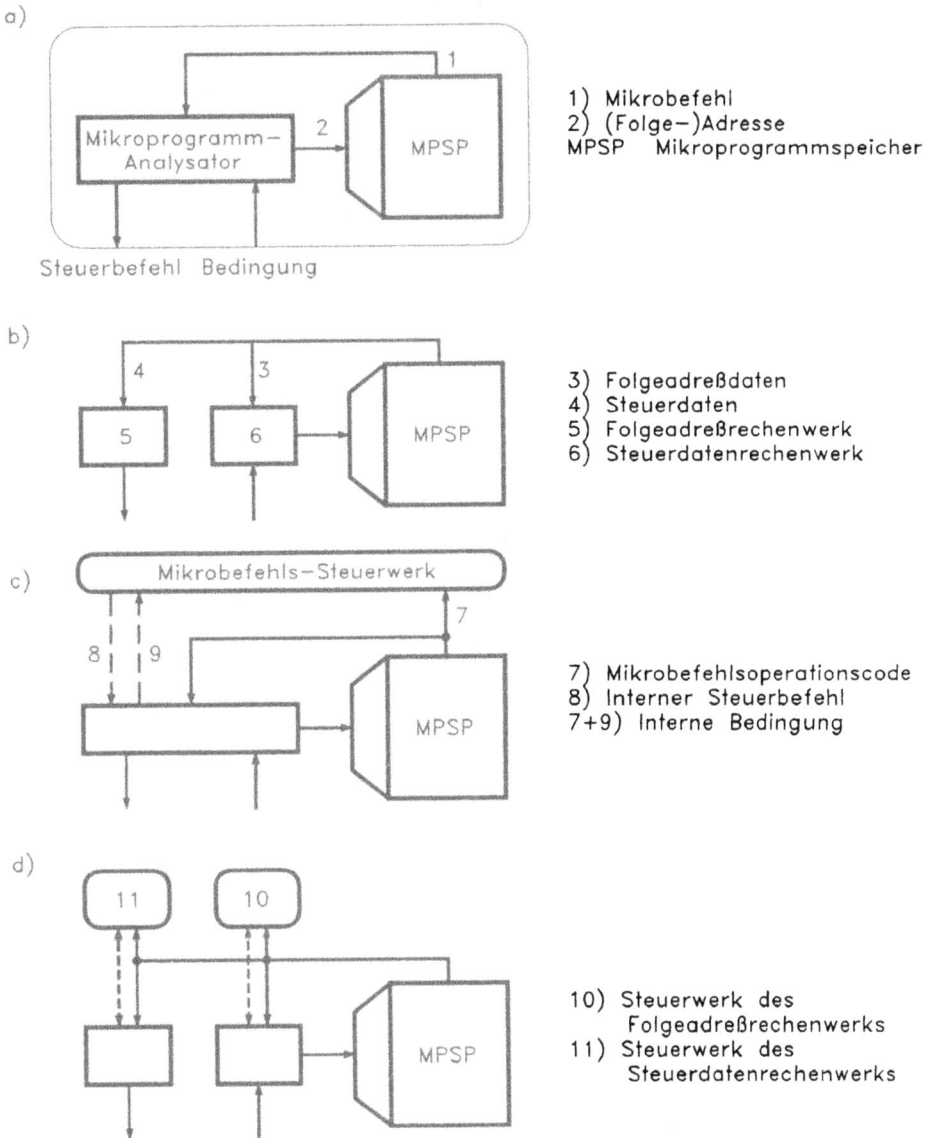

Abb. 5–10: Gliederungen von Mikroprogramm-Steuerwerken

Analysator nur aus dem Adreßregister. In den folgenden Abschnitten werden verschiedene Realisierungsformen von MP-Steuerwerken behandelt, beginnend mit den einfachen Grundformen.

5.6.1 Autonomes Mikroprogramm-Steuerwerk

Aus didaktischen Gründen soll zunächst ein autonomes MP-Steuerwerk vorgestellt werden, bei dem der Ablauf unabhängig von irgendwelchen Eingangssignalen ist. Ein autonomes Steuerwerk entspricht einem Zähler, der sich natürlich auch einfacher realisieren läßt als im folgenden beschrieben.

(Bemerkung: Ein Zähler ist nur dann wirklich autonom, wenn auch der Taktgenerator im Zähler enthalten ist. Wird der Takt von außen zugeführt, dann stellt der Taktgenerator ein übergeordnetes Steuerwerk dar, das den Zähler steuert.)

Folgeadresse im 1-aus-n-Code. Der Mikrobefehl besteht aus der Folgeadresse s' im 1-aus-n-Code und dem Steuerbefehl y. Die Folgeadresse ist mit dem Adreßregister und das Adreßregister mit der Speichermatrix verbunden. Im Beispiel (Abb. 5–11) ist jeweils nur eine der 4 Leitungen des Zustandsvektors s auf 1 gesetzt. Wenn die Leitung $s_0 = 1$ ist, dann wird über das Oder-Gatter die Leitung $s'_1 = 1$ gesetzt. Nach der Wirkung des Taktimpulses wird dann $s_1 = 1$ gesetzt, usw. Die Zustandsleitungen s_i beeinflussen gleichzeitig über die Oder-Gatter der Ausgangsmatrix G die Ausgangssignale y_i.

Die Struktur und das Verhalten dieses Steuerwerks lassen sich in HDL durch boolesche Matrizengleichungen beschreiben:

$$s \leftarrow s \vee . F \qquad \text{und} \qquad y == s \vee . G . \tag{5.8}$$

Darin ist F die boolesche Folgematrix, in der $F_j^i = 1$ ist, wenn sich an dem Schnittpunkt (i, j) ein Oder-Gatter befindet. G ist die boolesche Ausgangsmatrix.

Folgeadresse dual codiert. Wird die Folgeadresse dual codiert, so ergibt sich eine erhebliche Verringerung der Breite des Adreßregisters und der Bits für die Folgeadresse im Mikrobefehl. Dafür ist jetzt eine zusätzliche Decodiermatrix erforderlich, die üblicherweise im Speicherbaustein integriert ist (Abb. 5–12). Diese Form der Speicheradressierung ist bei einer großen Anzahl von Speicherplätzen am wirtschaftlichsten.

Die Funktionsweise läßt sich in HDL wie folgt beschreiben:

$$s \leftarrow F^s, \qquad y == G^s \qquad \text{oder}$$
$$s \leftarrow ((s . \equiv^T \not{D}) \vee . F, \qquad y == (s . \equiv^T \not{D}) \vee . G . \tag{5.9}$$

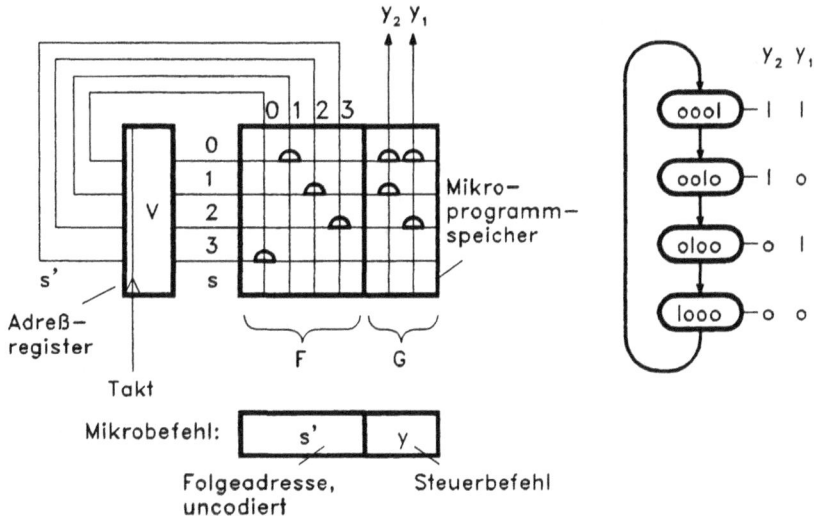

Abb. 5 – 11: Autonomes MP-Steuerwerk mit uncodierter Folgeadresse

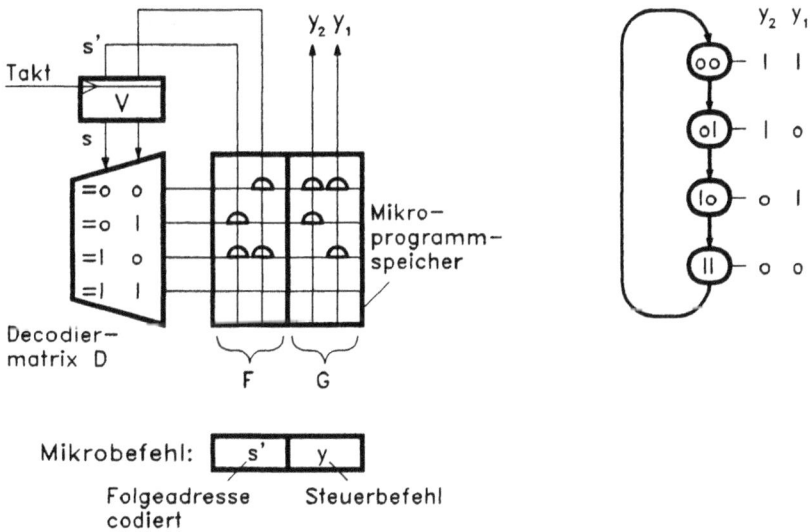

Abb. 5 – 12: Autonomes MP-Steuerwerk mit codierter Folgeadresse

Dabei ist F^s diejenige Zeile aus der Matrix F, die durch den Index s, interpretiert als positive Dualzahl, ausgewählt wird. Die Decodiermatrix, die aus einer Folge aufsteigender Dualzahlen besteht, wird als duale Decodiermatrix oder Dualmatrix $\not D$ bezeichnet.

5.6.2 Mealy-Mikroprogramm-Steuerwerk

Der Ablauf eines autonomen Steuerwerks kann nicht von außen beeinflußt werden. In der Regel werden jedoch Steuerwerke benötigt, deren Abläufe durch Bedingungen beeinflußt werden können. Bei dem universellen Mealy-Automaten hängen deshalb sowohl die Folgeadresse als auch der Steuerbefehl von Bedingungen ab. Im Abschnitt 4.5.1 haben wir bereits ein MP-Steuerwerk kennengelernt, welches als Mealy-MP-Steuerwerk bezeichnet werden kann. (Der Leser möge noch einmal zu diesem Abschnitt zurückgehen.) Dort zeigte sich, daß es die Übergangstabelle eines Automaten realisiert, die in der disjunktiven oder konjunktiven Normalform vorliegt. Wir wollen dieses Beispiel noch einmal betrachten.

Der momentane Mikrobefehl wird durch den Zustand oder die Adresse s festgelegt. Durch die Bedingung x wird entweder die obere oder die untere Hälfte des Mikrobefehls ausgewählt. Die obere Hälfte des Mikroprogramm-Speichers enthält den Algorithmus für $x = o$, die untere den Algorithmus für $x = 1$. Die beiden Teilalgorithmen können durch zwei Zustandsdiagramme dargestellt oder aber zu einem zusammengefaßt werden (Abb. 5 – 13).

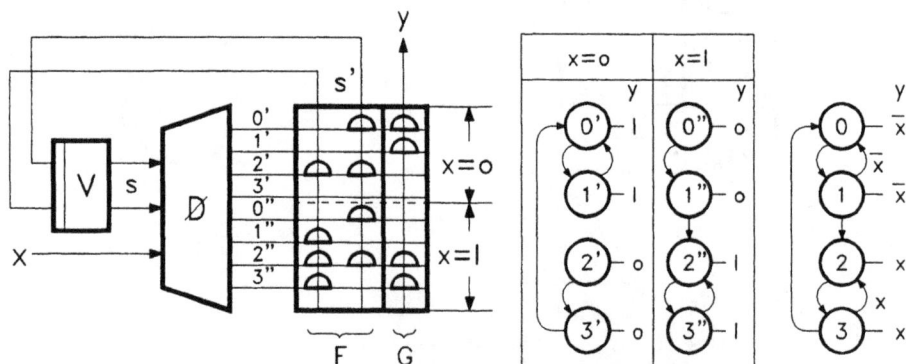

Abb. 5 – 13: Aufbau eines Mealy-Mikroprogramm-Steuerwerks

Im allgemeinen Fall können Zustands-, Eingangs- und Ausgangsvektor beliebig viele Komponenten besitzen. Besteht die Bedingung x aus k

Bits, dann wird der Speicher in 2^k Teile zerlegt, d.h. der Speicheraufwand wächst exponentiell mit der Anzahl der x-Komponenten. Da in der Praxis diese Anzahl meist ziemlich groß ist (z.B. 16), würde man einen sehr großen Speicher benötigen. Enthält der Algorithmus nur wenig Verzweigungen, die außerdem nur von einer Untermenge aller x-Komponenten abhängen, dann wiederholen sich die gleichen Mikrobefehle sehr oft. Man versucht deshalb, die schlechte Ausnutzung des Speichers durch andere Realisierungen (Abschnitt 5.6) zu vermeiden. Das „reine" Mealy-MP-Steuerwerk zeichnet sich durch einen einfachen Aufbau, leichte Programmierbarkeit und Flexibilität aus. Je preiswerter die Speicherbausteine werden, desto eher können die „reinen" MP-Steuerwerke Verwendung finden.

Mit dem Steuerwerk nach Abb. 5–13 läßt sich der folgende symbolische Mikrobefehl ausführen, ausgedrückt in der Sprache HDL:

```
if x=o then next F(o_s) , y == G(o_s)  fi,
if x=1 then next F(1_s) , y == G(1_s)  fi .
```

Der binäre Mikrobefehl, der an der Adresse s steht, setzt sich in diesem Fall aus zwei Wörtern zusammen, die an verschiedenen Stellen des Speichers stehen:

Folgeadressen	Ausgangsvektoren
F(o_s)	G(o_s)
F(1_s)	G(1_s)

Wenn das Bedingungsignal nicht an der höchstwertigen Stelle, sondern an der niedrigstwertigen angreift, dann stehen die beiden alternativen Teile des Mikrobefehls für $x = o$ und $x = 1$ an zwei aufeinanderfolgenden Stellen des MP-Speichers. Er wird dadurch in einen Teil mit geraden und in einen Teil mit ungeraden Adressen aufgespalten.

Wenn die Bedingung x aus k Bits besteht, dann belegt der Mealy-Mikrobefehl 2^k Speicherworte. Der Zeiger s des Adressregisters zeigt gleichzeitig auf diese Speicherworte, von denen ein bestimmtes durch die Bedingung x ausgewählt wird. Die Bedingung übernimmt also die Funktion eines Teil-Zeigers oder einer Teil-Adresse, weshalb man sie auch als einen Teil des Zustands des gesamten Systems auffassen kann. Durch eine Änderung von x ändert sich der Gesamtzustand des Systems, was sich durch unmittelbar darauffolgende asynchrone Änderung des ausgelesenen Mikrobefehlswortes bemerkbar macht.

Die booleschen Matrizengleichungen für dieses Steuerwerk lauten in HDL:

$$s \leftarrow ((x_-s) \; . \equiv \; {}^T\!\not{p}) \vee . \, F = F^{x-s}$$
$$y == ((x_-s) \; . \equiv \; {}^T\!\not{p}) \vee . \, G = G^{x-s} . \tag{5.10}$$

5.6.3   Moore-Mikroprogramm-Steuerwerk

Wie wir im Abschnitt 5.5 festgestellt haben, reagiert ein Moore-Automat langsamer auf die Bedingung als ein Mealy-Automat, weil sich zwischen der Bedingung und dem Steuerbefehl ein Register befindet. Trotzdem kann man nicht sagen, daß sich ein Mealy-Automat besser als Steuerwerk eignet, da seine Leistungfähigkeit im Zusammenspiel mit dem Operationswerk beurteilt werden muß. Ein Moore-Automat bietet gegenüber dem Mealy-Automaten den Vorteil, den Steuerbefehl synchron mit dem Takt ausgeben zu können.

Moore-MP-Steuerwerke lassen sich recht unterschiedlich realisieren. Eine triviale Realisierung besteht darin, ein Mealy-MP-Steuerwerk zu verwenden, bei dem die Ausgangsmatrix unabhängig von x gemacht wird. Dabei wird allerdings unnötigerweise Speicherplatz verschenkt. Die vier wesentlichen Realisierungsformen von Moore-MP-Steuerwerken sind in Abb. 5 – 14 dargestellt. Die Realisierung A besteht aus einem großen Speicher F, der die Folgeadresse in Abhängigkeit von x_s erzeugt und aus einem kleinen Speicher G, der die Steuerbefehle in Abhängigkeit von s erzeugt. Ein Nachteil dieser Lösung ist die Notwendigkeit für zwei getrennte Speicher. Die Realisierung B vermeidet diesen Nachteil, indem alle möglichen Folgeadressen nebeneinander im Speicher stehen. Die aktuelle Folgeadresse wird dann mit Hilfe eines nachgeschalteten Multiplexers, der durch die Bedingung x gesteuert wird, ausgewählt. Ein Nachteil dieser Lösung ist der zusätzliche Aufwand für den Multiplexer, die dadurch mögliche Zeitverzögerung und die große Wortlänge des Speichers. Diese Schwäche läßt sich beheben, wenn der Speicher FB aus einzelnen Teilspeichern für je eine Folgeadresse zusammengesetzt wird, die über Tri-State-Ausgänge (3 Zustände: niederohmig o, niederohmig 1, hochohmig) zusammengeschaltet werden. Mit Hilfe eines durch x gesteuerten Decoders wird der ausgewählte Teilspeicher über ein Freigabe-Signal (enable) in den niederohmigen Zustand versetzt.

Die Realisierung C enthält nur einen Speicher (F, FG). Sie hat den Vorteil, daß die Eingangssignale mit dem Takt synchronisiert werden. Der Nachteil besteht in einem erhöhten Speicheraufwand für die Ausgangsmatrix GC. Die Realisierung D benötigt ebenfalls nur einen Speicher, allerdings ebenfalls mit einem erhöhten Speicheraufwand für die Ausgangsmatrix. Sie hat aber den Vorteil, daß die Ausgangssignale synchron mit dem Takt ausgegeben werden.

Einen Vergleich des Realisierungsaufwands zeigt die Tabelle (Abb. 5 – 15). Dabei besteht x aus $|x|$ Bits, s aus $|s|$ und y aus $|y|$ Bits.

Dabei zeigt sich, daß die Lösungen A und B weniger Aufwand als die Lösungen C und D erfordern. Die Anzahl der Speicherbits für die Lösun-

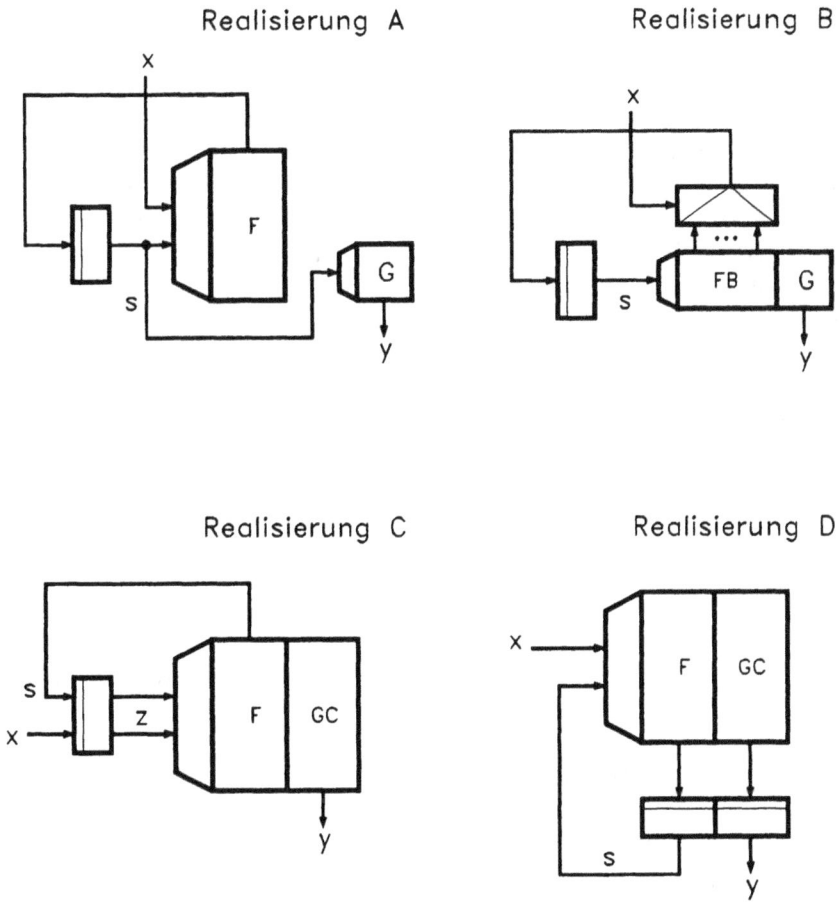

Abb. 5-14: Realisierungsformen von Moore-MP-Steuerwerken

Realisierung	Speicherbits	Registerbits
A	$|s| * 2^{|s|+|x|} + |y| * 2^{|s|}$	$|s|$
B	wie A	$|s|$
C	maximal $(|s| + |y|) * 2^{|s|+|x|}$	$|s| + |x|$
D	wie C	$|s| + |y|$

Abb. 5–15: Aufwand der vier Realisierungen

gen C und D stellt einen Maximalwert dar; in Abhängigkeit vom Algorithmus läßt sich die Anzahl der Speicherbits meist reduzieren (s. u.). Wird dagegen die Verarbeitungsgeschwindigkeit verglichen, so schneiden die Lösungen C und D besser ab. Bei der Betrachtung der Verarbeitungsgeschwindigkeit muß das Operationswerk mit einbezogen werden. Wird als Operationswerk ein verzögerungsfreier Mealy-Automat angenommen, dann ergeben sich die Verzögerungszeiten und minimalen Taktperioden nach der Tabelle (Abb. 5–16).

Reali-sierung	Verzögerungszeiten			Minimale Taktperiode
	$x \rightarrow$ Reg.	Reg. $\rightarrow$ Reg.	Reg. $\rightarrow y$	
A	$t(F)$	$t(F)$	$t(G)$	$t(F) + t(G)$
B	$t(MUX)$	$f(FB) + t(MUX)$	$t(FB)$	$t(FB) + t(MUX)$
C	0	$t(F)$	$t(F)$	$t(F)$
D	$t(F)$	$t(F)$	0	$t(F)$

Abb. 5–16: Verzögerungszeiten der vier Realisierungen

Der Vergleich ergibt, daß bei gleicher Speicherzugriffszeit die Realisierung A nur halb so schnell betrieben werden kann wie die Realisierung C oder D. Wird als Operationswerk auch ein Moore-Automat benutzt, dann empfiehlt sich die Kopplung von zwei gleichartigen Realisierungen (insbesondere C/C oder D/D), weil dann die Taktperiode minimal wird (vergleiche dazu das Pipelining, Abschnitt 5.10).

Die verschiedenen Realisierungen lassen sich in HDL wie folgt beschreiben:

Realisierung A: s <- F(x_s),   y == G(s)

Realisierung B: s <- FB(s) mux x,   y == G(s)

Realisierung C: s == F(z),   y == GC(z), z <- x_s

Realisierung D: s <- F(x_s),   y <- GD(x_s) .

Die symbolischen Mikrobefehle lauten wie folgt, wobei die Steuerbefehle mit C und die Sprungziele mit Li bezeichnet werden.

```
Realisierung A, B:   y == C,   case x of
                               ?0:   next L0
                               ?1:   next L1
                               ?2:   next L2
                               . . .
                               esac

Realisierung C, D:   case x of
                     ?0:   y <- C0, next L0
                     ?1:   y <- C1, next L1
                     ?2:   y <- C2, next L2
                     . . .
                     esac
```

Die verschiedenen Realisierungen lassen sich ineinander transformieren. Ausgehend von der Realisierung A ergeben sich die Speicher der Realisierungen B, C und D wie folgt:

Realisierung B: Die alternativen Folgeadressen müssen nebeneinander stehen.

$$FB^s = F^{0-s}\_F^{1-s}\_\ldots F^{q-s} \qquad \text{für alle } s \text{ mit } q = 2^{|x|} - 1$$

Realisierung C, D: Der Steuerbefehl des Folgezustandes muß bereits im momentanen Zustand angegeben werden (siehe Beispiel 1, Tabelle (Abb. 5–17), die Initialwerte sind durch () gekennzeichnet):

$$GC = GD, \quad GC^i = GD^i = G(F^i) \qquad \text{für alle } i \text{ aus } F.$$

Bei anderen Beispielen ergibt sich, daß bei der Transformation $A \to D, C$ ähnliche Zustände entstehen, die sich durch die gleichen Folgezustände s' und Ausgangssignale y' auszeichnen und deshalb zusammengefaßt werden können. Ähnliche Zustände entstehen in der Realisierung D immer dann, wenn es in der Realisierung A mehrere Zustände gibt, die für alle Bedingungen die gleichen Folgezustände besitzen (siehe Beispiel 2, Tabelle (Abb. 5–18)). Die Transformation in umgekehrter Richtung, z.B. von der Realisierung D nach A, ist in ähnlicher Weise möglich. Dazu müssen die y'-Werte der Realisierung D den Folgezuständen als y-Werte zugeordnet werden. Wenn dabei einem Zustand verschiedene Werte zugeordnet werden, dann muß dieser Zustand entsprechend oft vervielfacht werden. Die Anzahl der benötigten Zustände in der Realisierung A ist gleich der Anzahl der verschiedenen Paare (s', y') der Realisierung D.

Realisierung A   Realisierung D   Realisierung C

x s	s' y
0 (0)	1 (4)
0 1	2 5
0 2	1 6
0 3	3 7
1 0	2 4
1 1	3 5
1 2	0 6
1 3	0 7

x s	s' y'
0 (0)	1 5
0 1	2 6
0 2	1 5
0 3	3 7
1 0	2 6
1 1	3 7
1 2	0 4
1 3	0 4

xd sd	s y
0 0	1 5
0 1	2 6
0 2	1 5
0 3	3 7
1 0	2 6
1 1	3 7
(1)(2)	0 (4)
1 3	0 4

Abb. 5–17: Äquivalente Moore-Realisierungen (Beispiel 1)

Realisierung A   Realisierung D

x s	s' y
0 0	1 4
0 1	0 5
0 2	0 6
1 0	2 4
1 1	0 5
1 2	0 6

x s	s' y'
0 0	1* 5
0 1*	0 4
0 2*	0 4
1 0	2* 6
1 1*	0 4
1 2*	0 4

Die Zustände 1* und 2*
können zusammengefaßt
werden.

Abb. 5–18: Zusammenfassen von Zuständen (Beispiel 2)

5.7 Minimierung des Mikroprogrammspeicher-Aufwands

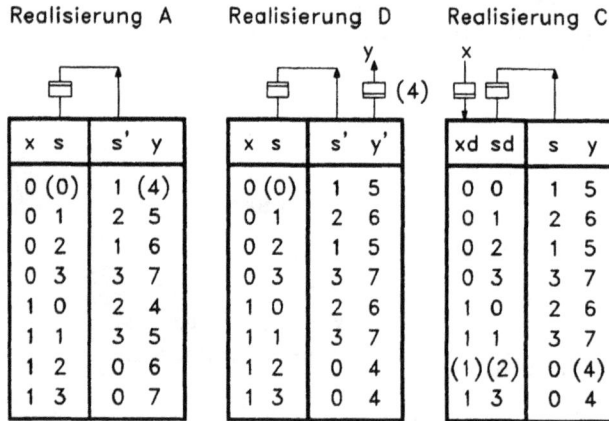

Die reinen MP-Steuerwerke, die wir gerade kennengelernt haben, stellen zwar eine einfache und flexible Realisierungsmöglichkeit dar, aber sie benötigen meist einen unvertretbar großen Mikroprogrammspeicher, weil der Speicheraufwand exponentiell mit der Anzahl der Bedingungssignale ansteigt. Da die maximal mögliche Anzahl von Verzweigungen nur selten ausgenutzt wird, wiederholen sich die gleichen Mikrobefehle im Mikroprogrammspeicher sehr oft. Diese Redundanz läßt sich durch die indirekte Adressierung oder durch die Beschränkung der Anzahl der

Verzweigungen reduzieren. Man kann weiterhin die Tatsache nutzen, daß sich von Mikrobefehl zu Mikrobefehl oft nur wenige Bits ändern oder aber in bestimmter vorhersagbarer Weise.

In den nächsten Abschnitten werden verschiedene Prinzipien zur Einsparung von Speicherplatz aufgezeigt. Dazu ist es erforderlich, den „reinen" MP-Steuerwerken Schaltnetze, Speicher und Register hinzuzufügen, so daß „hybride", nicht so regelmäßig strukturierte Steuerwerke entstehen, die aber weniger Realisierungsaufwand erfordern.

5.7.1 Grundprinzipien

Die Einsparung von Speicherplatz kann sich entweder auf die Erzeugung der Folgeadresse oder auf die Erzeugung der Steuerbefehle oder auf beide Teile beziehen. Die aktuelle Folgeadresse wird aus den Folgeadreßdaten und der Bedingung erzeugt; der aktuelle Steuerbefehl aus den Steuerdaten und ggf. aus der Bedingung. Die Folgeadreßdaten und Steuerdaten sind Informationsanteile, die im wesentlichen im Mikroprogrammspeicher abgelegt sind.

Das Kernstück eines MP-Steuerwerks ist also der MP-Speicher. Um den Aufwand für den MP-Speicher zu reduzieren, kann man die allgemeinere Frage stellen: wie läßt sich Speicheraufwand reduzieren?

Eine allgemein gehaltene Antwort lautet: Der Speicheraufwand läßt sich reduzieren, wenn die gespeicherten Informationsanteile in bestimmten einfachen, bekannten Relationen zueinander stehen. Dann läßt sich „mehr" Information aus „weniger" Informationsanteilen mit Hilfe der Relationen gewinnen.

Wie schon früher festgestellt wurde, ermöglicht ein Speicher die Realisierung einer beliebigen booleschen Funktion. Eine boolesche Funktion läßt sich aber auch durch eine logische Matrix (PLA, siehe Abschnitt 4.5.2.3) oder durch ein Schaltnetz (Zusammenschaltung logischer Gatter) realisieren. Um den Realisierungsaufwand für einen Speicher zu verringern, versucht man, ihn durch einen kleineren Ersatzspeicher und eine Schaltfunktion zu ersetzen. Der Begriff Schaltfunktion soll hier stellvertretend für eine beliebig geartete Realisierung einer booeleschen Funktion stehen. Als Schaltfunktion sind insbesondere PLAs, Multiplexer, Demultiplexer, Decoder, Addierer und Speicher geeignet. Der Ersatzspeicher ($F1$ bzw. $F2$) und die Schaltfunktion ($F2$ bzw. $F1$) lassen sich wie folgt zusammenschalten (Abb. 5–19): (a) Serienschaltung, (b) Parallelschaltung, (c) Parallel-Serienschaltung, (d) Serien-Parallelschaltung, (e) Parallel-Serien-Parallelschaltung (vergl. die Analogie zur komplexen Interpretationshierachie Abschnitt 5.4).

217

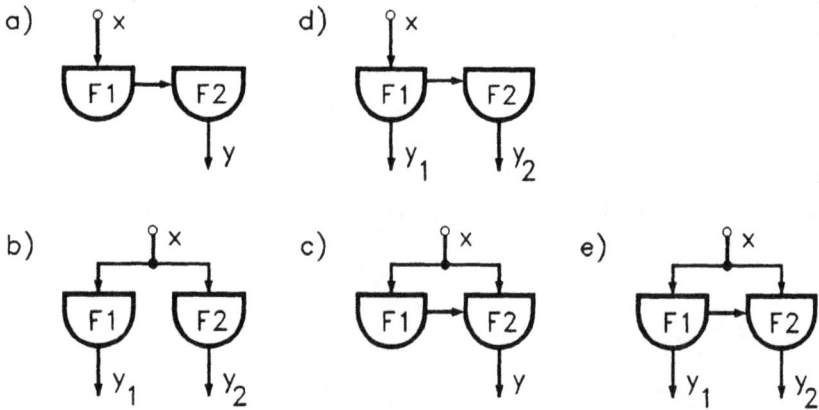

Abb. 5 – 19: Zusammenschaltung von zwei Schaltfunktionen

Dieses Prinzip der Zerlegung einer Schaltfunktion in zwei Komponenten läßt sich entsprechend weiter fortsetzen, indem es auch auf die Komponenten selbst angewendet wird.

Ein Automat (Steuerwerk) benötigt zur Realisierung zwei boolesche Funktionen, die Zustandsfunktion (Berechnung der Folgeadresse) und die Ausgangsfunktion (Berechnung des Steuerbefehls). Die Zustandsfunktion kann nun in $F1$ und $F2$ und die Ausgangsfunktion in $G1$ und $G2$ zerlegt werden (Abb. 5 – 20) wobei für $(F1, G1)$ und $(F2, G2)$ auch gemeinsame Speicher verwendet werden können.

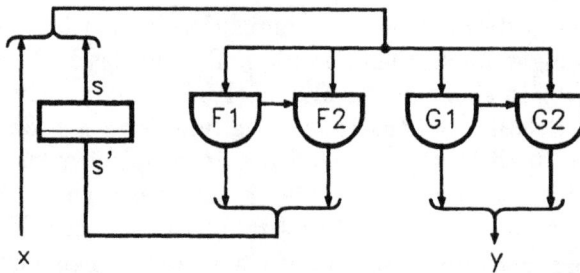

Abb. 5 – 20: Mögliche Zerlegung der Zustands- und Ausgangsfunktion

Im übrigen sei darauf hingewiesen, daß sich eine beliebige boolesche Funktion auch durch ein Schaltwerk oder einen Mikroprozessor nachbilden läßt, dessen Programm in einer Schleife läuft.

5.7.2 Indirekte Adressierung

Durch die indirekte Adressierung läßt sich „vertikale Redundanz" beseitigen. Mit vertikaler Redundanz wollen wir die Wiederholung gleicher Speicherworte bezeichnen. In einem Mikroprogramm treten i. a. bestimmte Mikrobefehle wiederholt auf, so daß die Anzahl (2^c) der verschiedenen Mikrobefehle kleiner als die Länge (2^n) des Mikroprogramms wird. Je mehr Wiederholungen auftreten, desto mehr Speicherplatz läßt sich durch die Verwendung von zwei Speichern einsparen.

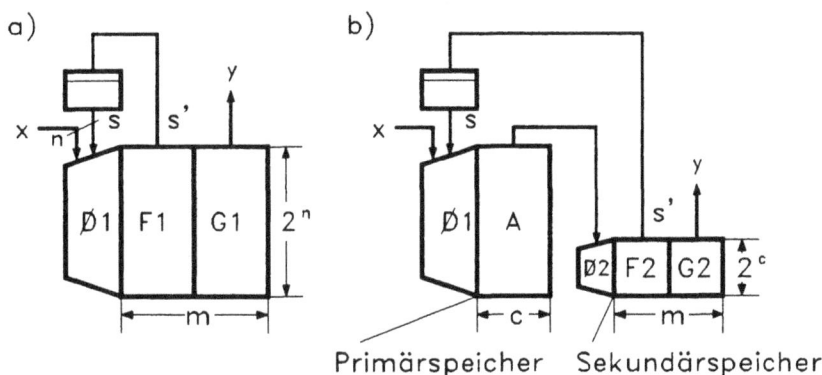

Abb. 5 - 21: Zerlegung des MP-Speichers (a) in Primär- und Sekundärspeicher (b)

Der Mikroprogrammspeicher wird in einen Primärspeicher und in einen Sekundärspeicher (wird auch als *Nanoprogrammspeicher* bezeichnet) zerlegt (Abb. 5 - 21). Jeder benutzte Mikrobefehl wird genau einmal unter einer bestimmten Adresse im Sekundärspeicher abgespeichert. Das Mikroprogramm steht im Primärspeicher und besteht aus einer Folge von Adressen, die auf den Sekundärspeicher einwirken. Diese Form der Adressierung können wir als indirekte Adressierung auffassen:

$$s'\_y = (F2\_G2)^{A^{x-s}} . \qquad (5.11)$$

Der Sekundärspeicher kann auch als Codewandler interpretiert werden, der einen Code minimaler Länge (ohne Redundanz) in einen Code nicht minimaler Länge umwandelt. Der Mikrobefehl des Sekundärspeichers mit m Bits kann so codiert werden, daß er sich zur direkten Ansteuerung des Operationswerks eignet, ohne daß Schaltnetze dazwischen geschaltet werden müssen. Nachteilig bei dieser Lösung ist es, daß sich die Speicherzugriffszeit erhöht und daß zwei Speicher unterschiedlicher Größe benötigt werden, die auch beide programmiert werden müssen. Man kann mit einem Speicher auskommen, wenn man ihn nacheinander im Zeitmultiplex (einmal als Primärspeicher, einmal als Sekundärspeicher) betreibt, so wie es auf der Maschinenebene üblich ist.

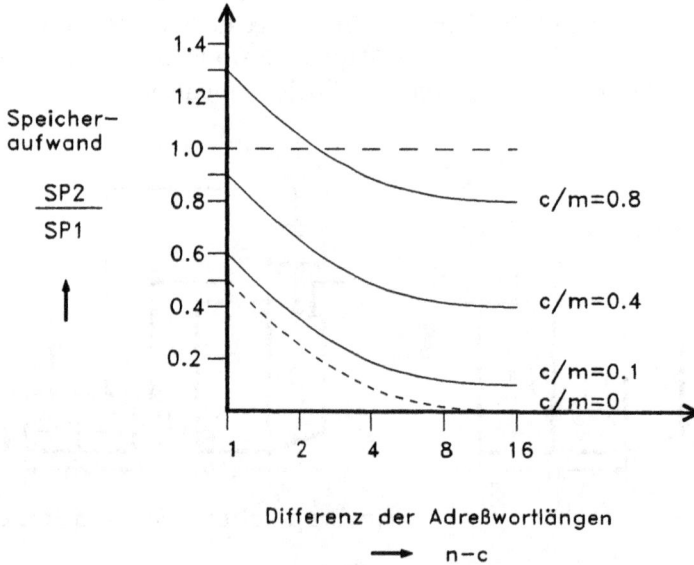

Abb. 5-22: Reduzierung des Speicheraufwands durch indirekte Adressierung

Der Speicheraufwand läßt sich vergleichen, indem die Anzahl der benötigten Speicherbits für beide Lösungen ins Verhältnis gesetzt werden. $SP1$ sei die Anzahl der Bits, wenn ein Speicher verwendet wird (Abb. 5-21a), $SP2$ die Anzahl, wenn zwei Speicher verwendet werden (Abb. 5-21b):

$$SP1 = m * 2^n , \quad SP2 = c * 2^n + m * 2^c \tag{5.12}$$

$$\frac{SP2}{SP1} = \frac{2^c}{2^n} \quad \text{(Anzahl der verschiedenen Mikrobefehle/ Länge des Mikroprogramms)}$$

$$+ \frac{c}{m} \quad \text{(Adreßbreite für die verschiedenen Mikrobefehle/Breite des Mikrobefehls).} \tag{5.13}$$

Dieser relative Aufwand ist in Abb. 5-22 dargestellt. Eine Einsparung

220

ergibt sich für $SP1/SP2 < 1$. Wenn der Wiederholungsfaktor $(n-c) \gg 1$ ist, dann strebt der relative Aufwand gegen den Minimalwert c/m.

Beispiel: $m = 64$, $n = 10$, $c = 9 \implies SP2/SP1 = 0,64$

Das Prinzip der Serienschaltung von zwei Speichern läßt sich auch getrennt voneinander oder ausschließlich auf die Erzeugung der Folgeadressen bzw. Steuerbefehle anwenden. Diese Trennung empfiehlt sich dann, wenn sich diese beiden Anteile unabhängig voneinander und unterschiedlich oft wiederholen.

5.7.3 Relative Adressierung

Durch die relative Adressierung wird versucht, die „relative Redundanz" bezüglich der Folgeadressen zu beseitigen. Unter relativer Redundanz soll verstanden werden, daß benachbarte Speicherworte in einer bestimmten Beziehung zueinander stehen.

Bei den reinen MP-Steuerwerken besteht jede Folgeadresse aus p Bits, damit der gesamte MP-Speicher mit seinen 2^p Wörtern adressiert werden kann. Solange man sich in einem Mikroprogramm in der näheren Umgebung des augenblicklichen Mikrobefehls bewegt, genügt es, eine relative Folgeadresse zu benutzen. Sie gibt den Abstand (positiv oder negativ) zum nächsten Mikrobefehl an. Dadurch kann sie wesentlich kürzer als die absolute Adresse sein. Für größere Sprünge aus dieser Umgebung heraus muß dann ein spezieller Mikrobefehl benutzt werden.

Die neue Folgeadresse s' ergibt sich aus der alten Adresse s durch Addition der relativen Folgeadresse s'_{REL}:

$$s' = s + s'_{REL} . \tag{5.14}$$

Die Realisierung für ein Moore-Steuerwerk (Realisierungstyp B) zeigt Abb. 5−23.

Vom allgemeinen Standpunkt aus gesehen handelt es sich um eine Parallel-Serienschaltung nach Abschnitt 5.7.1. Gegenüber der absoluten Adressierung wird ein zusätzliches Additionsschaltnetz benötigt, das auch eine Zeitverzögerung mit sich bringt. Man versucht deshalb, ohne Additionsschaltnetz auszukommen. Dazu benutzt man eine Basisadresse oder Seitenadresse $PAGE$, die Speicher in gleich große Unterbereiche (Seiten) mit 2^p Worten zerlegt. Die Seitenadresse mit den höherwertigen Bits wird dann solange konstant gelassen, wie man sich innerhalb einer Seite, angegeben durch die relative Adresse s', bewegt:

$$s' = PAGE * 2^p + s'_{REL} . \tag{5.15}$$

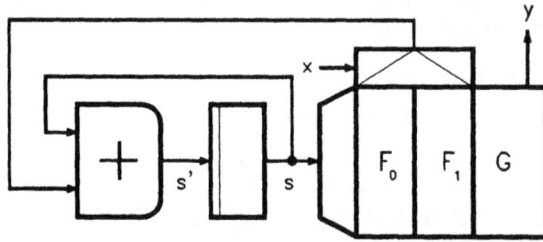

Abb. 5–23: Relative Adressierung

Die Addition kann dann auf die einfachere Zusammenfügung (Konkatenation) $PAGE\_s'_{REL}$ zurückgeführt werden (Abb. 5–24). Dann muß aber eine Möglichkeit zur Änderung der Seitenadresse vorgesehen werden, wenn die Seitengrenze übersprungen werden soll. Die Seitenadresse kann auch zum Starten eines speziellen Mikroprogrammteils an einer definierten Seitennummer benutzt werden, z. B. indem der Operationscode des Maschinenbefehls als $PAGE$ benutzt wird.

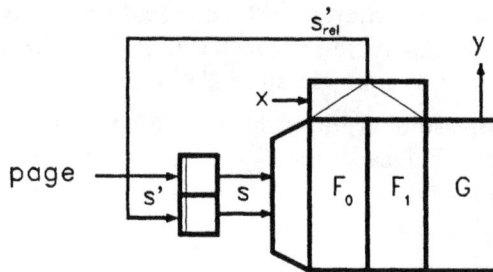

Abb. 5–24: Relative Adressierung ohne Additionsschaltnetz

Man kann auch mit der Bedingung x relativ adressieren, indem sie direkt auf die niederwertigen Bits des Adreßregisters geschaltet wird:

$$s' = PAGE\_s'_{REL}\_x = PAGE * 2^p + s'_{REL} * 2^r + x \ . \tag{5.16}$$

Dies entspricht der Realisierung C nach Abschnitt 5.6.3 mit relativer Adressierung innerhalb einer Seite.

5.7.4 Multiplexen der Eingangssignale

Bei den reinen MP-Steuerwerken wächst der Aufwand exponentiell mit der Wortlänge k der Bedingung x. Da die maximal mögliche Anzahl (2^k) von Verzweigungen nur selten genutzt wird, wiederholen sich die gleichen Mikrobefehle sehr oft. Diese vertikale Redundanz läßt sich erheblich vermindern, wenn nur wenige Komponenten x_i gleichzeitig abgefragt werden. Der Nachteil dieser Lösung ist, daß die Abfragen sequentiell durchgeführt werden müssen, wenn die beschränkte Anzahl von Verzweigungen nicht ausreicht.

Das grundsätzliche Prinzip zeigt Abb. 5–25b im Vergleich zur vollkommen parallelen Abfrage der Bedingungen (Abb. 5–25a). Aus dem Zustand s werden über einen zweiten Speicher B Indizes $B^s = i, j, k, \ldots$ erzeugt, die eine Untermenge der Bedingungssignale definieren. In den meisten Fällen werden zur Auswahl Multiplexer verwendet. Entweder wird nur eine beliebige Komponente x_i ausgewählt oder mehrere beliebige Komponenten $x_i, x_j, x_k, \ldots$ oder eine zusammenhängende Gruppe von Komponenten $x_i, x_{i+1}, x_{i+2}, \ldots$.

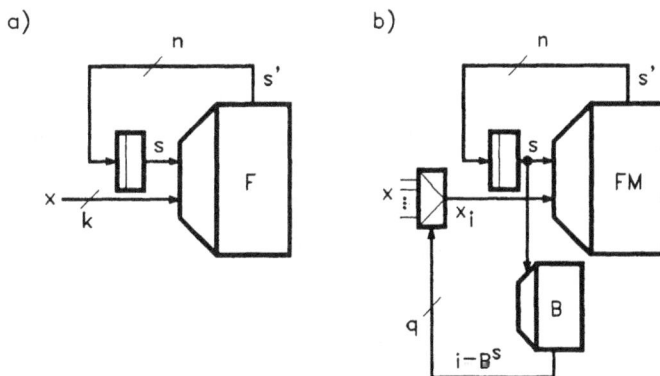

Abb. 5–25: Multiplexen der Eingangssignale

Wenn nur eine der k x-Komponenten ausgewählt wird, dann berechnet sich die Folgeadresse wie folgt:

$$s' == FM^{x_i - s} \quad \text{mit } i = B^s . \tag{5.17}$$

Der Speicheraufwand reduziert sich auf

$$|FM| > |FM|_{\min} = |F|/2^{k-1} + 2^n * \lfloor ld\, k \rfloor_{\text{ganzzahlig}} . \tag{5.18}$$

In dieser Beziehung bedeutet $|F|$ und $|FM|$ die Größe der Speicher in Bits. Der Minimalwert wird umso mehr überschritten, desto mehr parallele Abfragen der Algorithmus enthält, die sequentialisiert werden müssen. In den meisten Fällen ergibt sich aber eine erhebliche Einsparung. Wenn die Ausführung des Algorithmus durch diese Sequentialisierung zu sehr verlangsamt wird, dann können mehrere Multiplexer parallel geschaltet werden, die jeweils eine beliebige Komponente auswählen.

Weiterhin läßt sich Speicherplatz einsparen, wenn in die Menge der x-Komponenten die Konstanten o und 1 aufgenommen werden. Denn bei unbedingten Sprüngen müßte sonst die gleiche Folgeadresse zweimal im Speicher stehen. Durch Auswahl einer dieser Konstanten wird zur Realisierung eines unbedingten Sprungbefehls nur ein definierter Speicherplatz benötigt, weil dann die Folgeadresse unabhängig von x ist.

Die symbolischen Mikrobefehle bezüglich der Folgeadressen lauten dann:

```
1.) if xi=o then next L0 else next L1 fi
    mit L0 = FM(s_o) und L1 = FM(s_1)

2.) next L    "unbedingter Sprung"
```

Wenn p Multiplexer parallel arbeiten, dann lassen sich maximal 2^p Verzweigungen durchführen. Um Speicherplatz zu sparen, sollte man die Anzahl der Verzweigungen variabel halten. Dazu müssen an die Multiplexer alle x-Komponenten und die Konstanten o und 1 angelegt werden. Bei zwei Multiplexern ($p = 2$) können dann folgende Folgeadressen gewählt werden:

```
case x(i)_x(j) of  ?oo:  next L0   "entspricht"
                                   "next FM(s_x(i)_x(j))"
                   ?ol:  next L1
                   ?lo:  next L2
                   ?ll:  next L3  esac
```

Der Indexspeicher in der Realisierung nach Abb. 5–25b läßt sich für kleinere Steuerungen mit wenigen Zuständen eliminieren, wenn man jedem Zustand bestimmte Bedingungen fest zuordnet. Der Nachteil dieser Lösung ist, daß die x-Komponenten den Multiplexereingängen fest zugeordnet (d.h. verdrahtet, nicht programmierbar) und ggf. vervielfacht werden müssen.

Die Multiplexer reduzieren eine große Zahl von Bedingungssignalen auf eine kleine Zahl. An Stelle der Multiplexer können auch andere reduzierende Schaltnetze verwendet werden, z.B. eine Schaltmatrix (PLA), evtl. mit einem nachgeschalteten Multiplexer.

Eine weitere Möglichkeit besteht darin, die Bedingung mit einer Konstanten zu vergleichen, die in einem bestimmten Feld des Mikrobefehls steht. Die reduzierte Bedingung (Mikroentscheidung) berechnet sich dann nach der Beziehung

$$t = (Z = K) = (Z_0 \equiv K_0).(Z_1 \equiv K_1).(Z_2 \equiv K_2). \cdots . \qquad (5.19)$$

Oder man prüft, ob es innerhalb einer Maske, die durch $K_i = 1$ definiert werden kann, mindestens ein Z_i gibt, welches 1 ist:

$$t = \vee/(Z.K) = Z_0.K_0 \vee Z_1.K_1 \vee Z_2.K_2 \vee \cdots . \qquad (5.20)$$

Verallgemeinert man diese Beziehung, dann kann man die Mikroentscheidung auch nach der Funktion $t = \oplus/(Z \circ K)$ bilden, wobei $\oplus$ ein Vergleichsoperator und $\circ$ ein Reduktionsoperator ist (vergl. Operatoren von HDL, Kapitel 2).

Das oben besprochene Prinzip nach Abb. 5–25b läßt sich auf Mealy- und Moore-Automaten anwenden. Beim Mealy-Automaten müssen zusätzlich die bedingungsabhängigen Steuerbefehle $y = f(x, s)$ erzeugt werden, beim Moore-Automaten die bedingungsunabhängigen. Um einen Mealy-Automaten zu realisieren, kann der Speicher F nach Abb. 5–25b um die Ausgangsmatrix G erweitert werden. Eine andere Möglichkeit besteht darin, die Auswahl der Bedingungen für die Steuerbefehle unabhängig von der Auswahl der Bedingungen für die Folgezustände zu realisieren. Denn beim allgemeinen Mealy-Automaten unterscheiden sich diese Bedingungen häufig von den Bedingungen für die Steuerbefehle.

Eine günstige Realisierung für ein Moore-Steuerwerk (Realisierungstyp C, Abschnitt 5.6.3) zeigt Abb. 5–26, bei dem man mit einem Speicher auskommt. Der Mikrobefehl enthält ein zusätzliches Feld B^s, das den Index i für die auszuwählende(n) Komponente(n) angibt. Dieses Steuerwerk ist flexibel und einfach bei geringem Aufwand. Eine gleichwertige Realisierung ergibt sich, wenn der Realisierungstyp D (Abschnitt 5.6.3) zugrunde gelegt wird (Abb. 5–27).

Die Bedingungssauswahl kann auch in zwei Stufen hintereinander erfolgen. Dabei werden die im Operationswerk entstehenden Bedingungen x zuerst mit Hilfe von Schaltfunktionen (Schaltnetz, Schaltmatrix, Speicher) in bestimmte Bedingungsfunktionen $f_1(x), f_2(x), \ldots f_m(x)$ umgewandelt, die in den zu implementierenden Mikroalgorithmen zum Verzweigen benötigt werden (*Mikroentscheidungen*). Mit Hilfe eines Statusfelds SF im Mikrobefehl werden über einen Multiplexer einige Bedingungsfunktionen ausgewählt und in einem Stausregister Z zwischengespeichert, die in den folgenden Mikrobefehlen abgefragt werden sollen (Status-Setzen). Die Ausgangssignale des Statusregisters bilden die

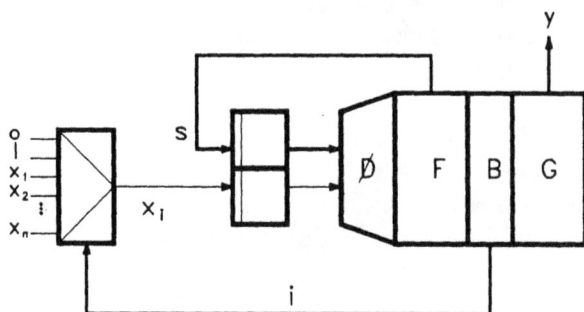

Abb. 5-26: Multiplexen der Eingangssignale für ein Moore-Mikroprogramm-Steuerwerk (Realisierung C)

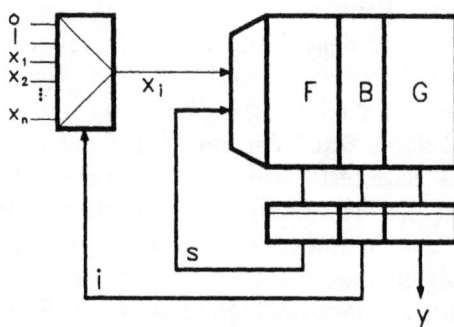

Abb. 5-27: Multiplexen der Eingangssignale für ein Moore-Mikroprogramm-Steuerwerk (Realisierung D)

Menge aller Mikroentscheidungen. Der momentane Mikrobefehl wählt mit Hilfe eines Entscheidungsfelds E die gewünschte Mikroentscheidung aus, die angibt, ob zu der Adresse F^{s-o} oder F^{s-l} gesprungen werden soll (Entscheidungsauswahl). Da die Operationen „Status-Setzen" und „Entscheidungsauswahl" meist nicht gleichzeitig erfolgen müssen, ist es möglich, die beiden Felder E und SF zu einem Feld zusammenzufassen.

5.7.5 Demultiplexen der Ausgangssignale

Das Demultiplexen der Ausgangssignale ist eine Methode zur Verminderung der gruppierten vertikalen Redundanz im Steuerbefehl. Damit ist

226

die zusammenhängende Wiederholung gleicher Teilworte gemeint. Zur Realisierung wird der Steuerbefehl in möglichst gleich große Teilworte (Felder) eingeteilt. Durch einen Mikrobefehl wird nur der gewünschte Teil des Steuerbefehls verändert, während die anderen Teile ihren letzten Wert beibehalten. Dazu muß der gesamte Steuerbefehl in einem Ausgangsregister zwischengespeichert werden. Im ungünstigsten Fall werden m Mikrobefehle benötigt, um alle m Teile des Ausgangsregisters zu verändern. Die dadurch verursachte Zeitverzögerung spielt dann keine Rolle, wenn das Operationswerk langsam in bezug auf das Steuerwerk ist.

Abb. 5–28 zeigt ein Beispiel für die Realisierung dieser Methode. Durch die Adresse $i = B^s$ wird das zu verändernde Teilregister Y^i definiert. Ein Decoder bildet daraus einen 1-aus-n-Code, der den Übernahme-Takt für das ausgewählte Teilregister durchschaltet. Nach der Speicherzugriffszeit wird mit dem Übernahme-Takt das ausgewählte Teilregister mit der Konstanten $G^s = CONST$ geladen. Dieses MP-Steuerwerk erlaubt die Ausführung folgender Operationen:

$$Y^i \leftarrow CONST \quad \text{mit } i = B^s = 0, 1, 2, 3. \tag{5.21}$$

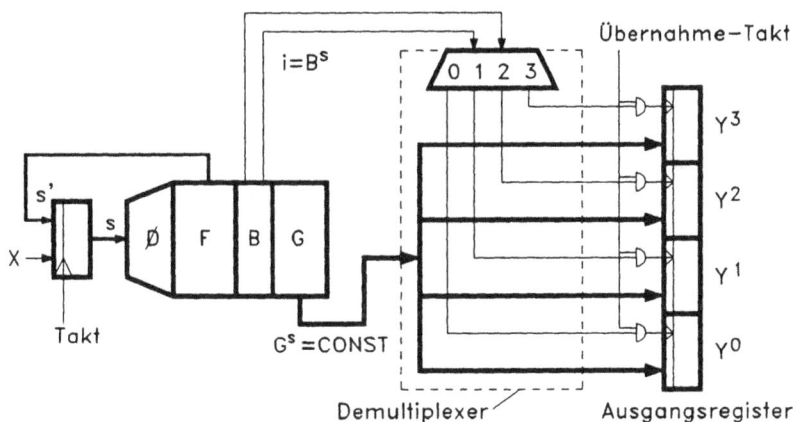

Abb. 5–28: Demultiplexen der Ausgangssignale

5.7.6 Codierung der Steuerdaten

Durch die Codierung der Steuerdaten kann die „horizontale Redundanz" im Mikrobefehl reduziert werden. Horizontale Redundanz ist dann vorhanden, wenn die Länge der Codewörter nicht minimal ist, d. h. wenn bestimmte Codierungen nicht auftreten.

Die aufwendigste und zugleich leistungsfähigste Codierung der Steuerdaten ist die *horizontale Codierung* im 1-aus-n-Code (Abb. 5–29). Für jede erzeugende Mikrooperation wird ein spezielles Bit G_s^j in den Steuerdaten G^s des Mikrobefehls vorgesehen. Je nachdem, welche Bits gesetzt sind, werden beliebige Kombinationen der erzeugenden Mikrooperation simultan ausgeführt. Mathematisch gesprochen, läßt sich ein beliebiges Element aus der Potenzmenge der Menge aller erzeugenden Mikrooperationen auswählen. Dadurch erreicht man eine sehr große Flexibilität, die durch ein sehr breites Steuerdatenfeld erkauft wird. Man bezeichnet die horizontale Codierung auch als *analytischen Code* oder *direkte Kontrolle*, weil die Mikrooperationen direkt gesteuert werden und keine Schaltnetze zur Codeumwandlung benötigt werden.

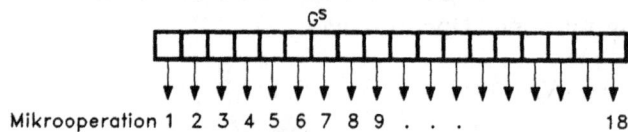

Abb. 5–29: Horizontale Codierung

Die *vertikale Codierung* stellt gegenüber der horizontalen Codierung das andere Extrem dar. Bei der vertikalen Codierung werden die Mikrooperationen nicht nebeneinander (horizontal, simultan), sondern untereinander (vertikal, sequentiell) in aufeinanderfolgenden Mikrobefehlen codiert. Jeder Mikrobefehl kann höchstens eine Mikrooperation im Operationswerk auslösen (Abb. 5–30). Das Steuerdatenfeld entartet zu einem Befehlscode-Feld OPCs, das einen Decoder steuert. Dadurch gelangt man zu einem sehr kurzen Mikrobefehl; die einzelnen Mikrooperationen müssen jedoch nacheinander ausgeführt werden, so daß das Mikroprogramm wesentlich länger wird.

Mikrobefehle, bei denen die Steuerdaten horizontal codiert sind, werden als horizontale Mikrobefehle bezeichnet. Sind die Steuerdaten dagegen vertikal codiert, dann spricht man von vertikalen Mikrobefehlen. In der Praxis realisiert man weder den reinen horizontalen noch den reinen vertikalen Mikrobefehl, sondern man vermischt diese beiden Prinzipien. Solche Mikrobefehle werden dann scherzhaft als *„diagonal"* bezeichnet. Die Begriffe *horizontaler* und *vertikaler* Mikrobefehl werden auch in [Sch, Cas] diskutiert.

228

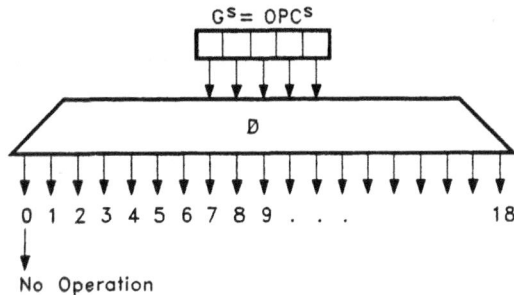

Abb. 5–30: Vertikale Codierung

Die Codierung des Steuerdatenfeldes geht in der Praxis von folgenden Überlegungen aus: Meist sind nicht alle Kombinationen von erzeugenden Mikrooperationen verträglich (siehe Abschnitt 4.3), weil die BERNSTEINschen Bedingungen verletzt werden, z. B. durch die Benutzung des gleichen Zielregisters (z. B. $A \leftarrow A + B$ und $A \leftarrow \overline{A}$). Man sagt auch, daß sich die nicht verträglichen Mikrooperationen gegenseitig ausschließen (mutual exclusive). Man faßt nun alle sich gegenseitig ausschließenden Mikrooperationen zu einer Gruppe zusammen und codiert sie minimal, z. B. im Dualcode. Üblich ist es, die verschiedenen Mikrooperationen auf dem gleichen Zielregister zu einer Gruppe zusammenzufassen. Meist lassen sich mehrere solcher Gruppen bilden, deren Mikrooperationen sich innerhalb jeder Gruppe, nicht aber zwischen den Gruppen ausschließen. Dadurch gelangt man zu einer Aufteilung des Steuerdatenfelds G^s in codierte Unterfelder. Häufig werden auch verträgliche Kombinationen, deren Benutzung unwahrscheinlich ist, durch die Codierung ausgeschlossen. Solche Kombinationen sollen nicht sinnvoll heißen. Die sinnvollen Kombinationen, die sich nicht in mehrere 1-aus-n-Codes decodieren lassen, werden zu einer Restgruppe zusammengefaßt.

Betrachten wir ein Beispiel: Aus einer Tabelle mit allen verträglichen und sinnvollen Kombinationen von 18 Mikrooperationen geht hervor, daß die Mikrooperationen 1 bis 3 sowie 4 bis 6 nicht verträglich sind. Die Kombination einer Mikrooperation aus 1 bis 3 mit einer Mikrooperation aus 4 bis 6 ist aber verträglich. Deshalb können zwei Gruppen ($G1^s$, $G2^s$) gebildet werden, die jeweils durch 2 Bits codiert werden (Abb. 5–31). Bei der Codierung ist zu beachten, daß pro Gruppe auch „keine Mikrooperation" (NOP) codiert werden muß. Durch die beiden Decoder $D1$ und $D2$ lassen sich die ursprünglichen Signale regenerieren. Diese Decoder können sich auch im Operationswerk befinden. Die restlichen

Mikrooperationen 7 bis 18 können gleichzeitig auftreten. Man stellt fest, daß von den 2^{12} möglichen Kombinationen nur 28 sinnvoll sind, die sich durch 5 Bits codieren lassen (Feld RG^s). Zur Codewandlung muß jetzt ein allgemeines Schaltnetz (z. B. ROM, PLA) verwendet werden. Wir erkennen jetzt eine Parallele zur indirekten Adressierung. Das Feld RG^s stellt eine Adresse dar, unter der ein bestimmter Steuerbefehl aufgerufen wird.

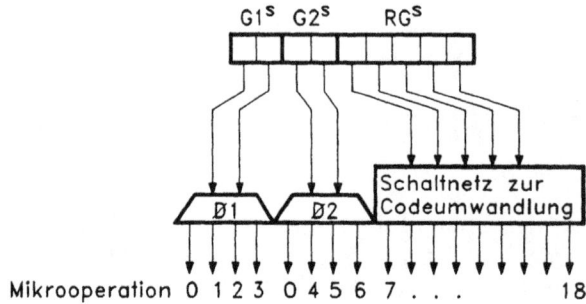

Abb. 5-31: Praktische Codierung

Durch die Codierung des Steuerdatenfeldes läßt sich Speicherplatz einsparen, dafür sind aber zusätzliche expandierende Schaltnetze erforderlich, die den Aufwand erhöhen, die Struktur komplizieren, eine Zeitverzögerung verursachen und eine Quelle von Störungen sein können. Die Flexibilität und Leistungsfähigkeit der einzelnen Mikrobefehle wird durch eine Codierung solange nicht beeinträchtigt, wie alle verträglichen und wahrscheinlichen Kombinationen von erzeugenden Mikrobefehlen codiert werden.

Die Begriffe horizontaler bzw. vertikaler Mikrobefehl beziehen sich auf die Codierung der Steuerdaten. Daneben ist die Codierung der Folgeadreßdaten erforderlich. Denn neben den Mikrooperationen, die im Operationswerk ausgeführt werden, ist mindestens eine Mikrooperation im Mikroprogrammsteuerwerk selbst erforderlich, nämlich das Setzen des Mikrobefehlszählers auf den nächsten auszuführenden Mikrobefehl.

5.7.7 Einteilung der Mikrobefehle in Befehlstypen

Wenn der Mikrobefehl so codiert ist, daß fast alle nützlichen Kombinationen von Mikrooperationen ausgelöst werden können, dann ist er meist noch zu lang. Man nutzt nun die Tatsache aus, daß bestimmte codierte Felder, die z. B. eine Gruppe von Mikrooperationen, Abfragen oder Folgeadressen kennzeichnen, nur selten gleichzeitig benutzt werden. D.h. man zerlegt die Mikrobefehle in Untermengen (Befehlstypen, Befehlsklassen), bei denen die Wahrscheinlichkeit möglichst gering ist, daß sie gleichzeitig benutzt werden. Die Zerlegung muß so gewählt sein, daß sich die Wirkung einer beliebigen Kombination der bedingten und unbedingten erzeugenden Mikrooperationen durch eine möglichst kurze Folge von Mikrobefehlstypen erzielen läßt. Die Mikrobefehlstypen sollen jeweils charakteristische und disjunkte (orthogonale) Merkmale aufweisen, mit denen sich leicht effektive Mikroprogramme schreiben lassen. Die verschiedenen Mikrobefehlstypen werden durch ein Typenfeld oder Mikrobefehlsfeld unterschieden. Das Typenfeld gibt die Länge des Mikrobefehls (Teilwort, Wort, mehrere Wörter) und deren Interpretation an, d.h. in welche Felder der Mikrobefehl mit welcher Bedeutung eingeteilt ist. Es gibt an, wie sich die Folgeadresse aus bestimmten Mikrobedingungen und Sprungadressen berechnet und welche Art von Mikrooperationen durchgeführt werden soll. Die Einteilung in Befehlstypen ist abhängig von der Art und Weise, wie die Folgeadresse im MP-Steuerwerk berechnet wird und wie das Operationswerk strukturiert ist. Befehlstypen lassen sich z.B. nach folgenden Unterscheidungsmerkmalen bilden:

- Interne Mikrooperationen (z.B. Sprung) oder externe Mikrooperationen

- Mikrooperationen auf verschiedenen Registertupeln

- Mikrooperationen auf verschiedenen Operationswerken

- Relativer oder absoluter Sprung

- Bedingter oder unbedingter Sprung

In Abhängigkeit vom Befehlstyp sind die Mikrobefehle in Felder unterschiedlicher Größe und Bedeutung eingeteilt. Typische Felder sind:

1. Felder zur Berechnung der Folgeadresse (Folgeadreßdaten)

    A Verschiedene Sprungadressen oder Adreßteile

    B Auswahl bestimmter Bedingungen

2. Felder zur Auswahl der Mikrooperationen (Steuerdaten)

    A Direktoperanden (Konstanten)

    B Operandenadressen (Quell- und Zielregister)

    C Auszuführende Mikrooperationen auf den durch A und B angewählten Operanden. Dazu gehören Statusoperationen, die Bedingungen erzeugen.

Wegen der begrenzten Wortlänge der Mikrobefehle werden durch das zusätzliche Typenfeld (TYP, MOPC) Befehlstypen gebildet, die nur einen Teil aller möglichen Felder enthalten. Die Einteilung der Befehle in Befehlstypen gelingt am leichtesten, wenn die Felder möglichst gleich groß gemacht werden oder das Vielfache einer bestimmten Bitzahl sind.

Abb. 5–32 zeigt ein Beispiel für eine mögliche Einteilung in Befehlstypen. Typ oo enthält nur eine Sprungadresse F (meist absolut), durch die jeder beliebige Mikrobefehl des MP-Speichers erreicht werden kann. Der bedingte Sprung (Typ ol) enthält z. B. eine relative Sprungadresse F, die dann verwendet wird, wenn die durch E ausgewählte Mikrobedingung wahr ist. Ist sie falsch, dann wird der nächste Mikrobefehl geholt.

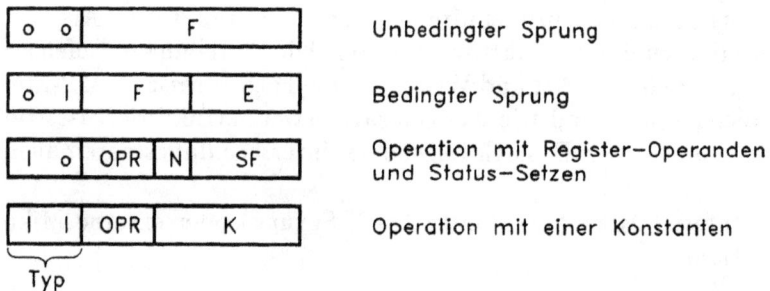

Abb. 5–32: Beispiel einer Einteilung in Befehlstypen

Die Typen lo und 11 bewirken verschiedene Mikrooperationen, nach deren Ausführung zum nächsten Mikrobefehl weitergegangen wird. Typ lo kann eine Mikrooperation mit Register-Operanden, die durch N adressiert werden, durchführen und außerdem das Statusregister setzen. Das Statusfeld SF enthält Angaben über die gewünschte Statusoperation sowie über Quell- und Zielregister der Statusinformation. Der Typ 11 besitzt ein Feld mit einem Direktoperanden oder einer Konstanten K. Die Konstante eignet sich sehr gut als Vergleichsoperand oder zum Setzen von Registern. Es ist deshalb zweckmäßig, die Konstante genauso oder halb so lang wie die Register zu machen.

Bei der Einteilung in Befehlstypen ist man bestrebt, die Mikrobefehle möglichst mächtig zu machen, d.h. es sollen möglichst viele Abfragen, Sprungziele und Mikrooperationen gleichzeitig aktivierbar sein. Dem steht aber die begrenzte Wortlänge entgegen. Es muß also ein Kompromiß zwischen Aufwand, Leistungsfähigkeit und Programmierfreundlichkeit gefunden werden.

5.8 Entwurf eines MP-Steuerwerks

Wir besitzen jetzt genug Kenntnisse, um ein einfaches MP-Steuerwerk entwerfen zu können, das einige der vorher diskutierten Konstruktionsprinzipien verwendet. Zunächst sind die Anforderungen aus der Schnittstelle zu berücksichtigen. In unserem Beispiel sollen 128 Bedingungen X(i) abfragbar und 16 Steuersignale Y(j) generierbar sein. Zusätzlich müssen weitere Anforderungen und Randbedingungen berücksichtigt werden, wie die Verarbeitungsgeschwindigkeit (maximale Zeit zwischen zwei aufeinanderfolgenden Steuerbefehlen bzw. maximale Zeit zwischen der Abfrage einer Bedingung und der Reaktion durch einen Steuerbefehl), die Komplexität der zu implementierenden Steueralgorithmen und der maximale Realisierungsaufwand. Für unser Beispiel wollen wir annehmen, daß die Verarbeitungsgeschwindigkeit nicht außergewöhnlich hoch sein muß, so daß die Bedingungen sequentiell abgefragt werden können. Auch die Komplexität der Steueralgorithmen soll nicht außergewöhnlich hoch sein, so daß der Adreßraum des Mikroprogrammspeichers nicht besonders groß sein muß.

Die Architektur des MP-Steuerwerks wird weitgehend durch die Wirkung der Mikrobefehle festgelegt. Deshalb liegt der Schwerpunkt des Entwurfs in der Definition der Struktur und der Wirkung der Mikrobefehle. Dabei ist die Breite des Mikrobefehls ein wichtiger Entwurfsparameter, der am besten zuerst festgelegt wird. Dabei ist es am günstigsten, den Steuerbefehl direkt im Wort unterzubringen, um auf das umständliche Demultiplexen der Ausgangssignale verzichten zu können. Somit muß die Breite des Mikrobefehls größer als die Breite des Steuerbefehls sein, da außerdem noch der Mikrobefehlsoperationscode, die Bedingungsauswahl und die Folgeadreßdaten untergebracht werden müssen. Am einfachsten wäre es, alle erforderlichen Informationen parallel im Mikrobefehl unterzubringen, wodurch die Architektur sehr einfach und eine hohe Verarbeitungsgeschwindigkeit erzielt werden würde. Der Mikrobefehl würde dann nur aus den Feldern (i, ADR, CONST) bestehen und die Wirkung wäre z. B.

```
Y <- CONST, if X(i) then goto ADR else goto S+1
```
oder
```
Y <- CONST, goto ADR_X(i)   .
```

Um den Aufwand für den Mikroprogrammspeicher zu reduzieren, wird die Breite des Mikrobefehls reduziert und es werden Befehlstypen eingeführt, so daß die Felder des Mikrobefehls verschieden interpretiert werden können. Da die Verarbeitungsgeschwindigkeit nicht besonders hoch sein muß, sollen Ausgabebefehle (Ausgabe eines neuen Steuerbefehls) und Sprungbefehle nur alternativ ausgeführt werden können. Im Falle eines Sprungefehls muß dann dem Operationswerk durch einen speziellen Code (NOP, z. B. =0) mitgeteilt werden, daß es keine Operation (No Operation) ausführen darf.

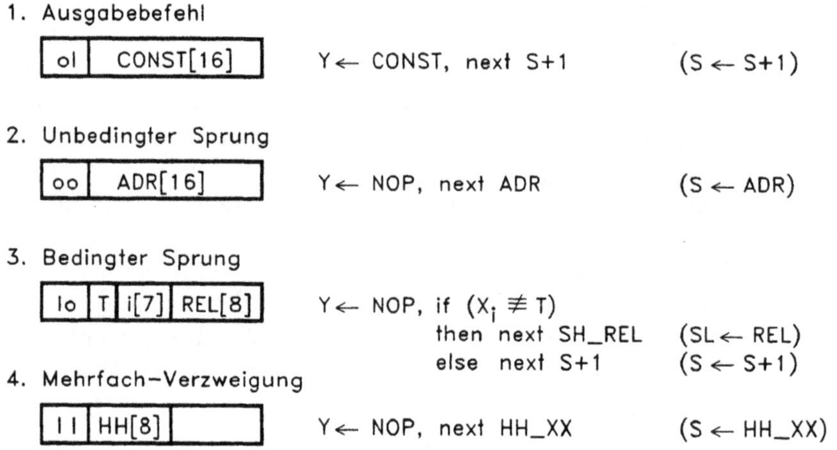

1. Ausgabebefehl

ol	CONST[16]

$Y \leftarrow$ CONST, next S+1 $(S \leftarrow S+1)$

2. Unbedingter Sprung

oo	ADR[16]

$Y \leftarrow$ NOP, next ADR $(S \leftarrow ADR)$

3. Bedingter Sprung

lo	T	i[7]	REL[8]

$Y \leftarrow$ NOP, if $(X_i \neq T)$
then next SH_REL $(SL \leftarrow REL)$
else next S+1 $(S \leftarrow S+1)$

4. Mehrfach—Verzweigung

ll	HH[8]	

$Y \leftarrow$ NOP, next HH_XX $(S \leftarrow HH\_XX)$

Abb. 5–33: Mikrobefehle

Gleichzeitig mit dem Entwurf der Mikrobefehle wird die Größe des Mikroprogrammspeichers festgelegt. Dabei muß beachtet werden, daß ein größerer Adreßraum auch einen breiteren Mikrobefehl erfordert, weil dann die Sprungadressen breiter sind.

Wir haben unter Berücksichtigung der Anforderungen und Nebenbedingungen die Mikrobefehlsliste nach Abb. 5–33 entworfen.

Die beiden vordersten Bits des Mikrobefehls geben den Typ des Mikrobefehls an. Typ 1 dient zur Erzeugung von Steuerbefehlen. Die Typen 2, 3, 4 sind Sprungbefehle, bei denen keine Operation durchgeführt werden kann (Ausgabe von NOP). Durch den Typ 3 wird für T=o die Bedingung X(i) und für T=1 die Bedingung ~X(i) abgefragt. Wenn die Bedingung erfüllt ist, wird der niederwertige Teil SL des Adreßregisters S=SH_SL durch die relative Adresse REL innerhalb der aktuellen Seite ersetzt, die durch SH vorgegeben ist. Durch den Typ 4 kann eine schnelle Mehrfach-Verzweigung aufgrund einer 8-Bit breiten Bedingung XX durchgeführt werden. Dabei wird der höherwertige Teil des Adreßregister SH durch HH ersetzt und der niederwertige SL durch XX. Dadurch wird in eine Tabelle gesprungen, deren Anfang durch SH_0 und deren Distanz (Offset) durch XX bestimmt wird. Die Bedingung XX kann ein

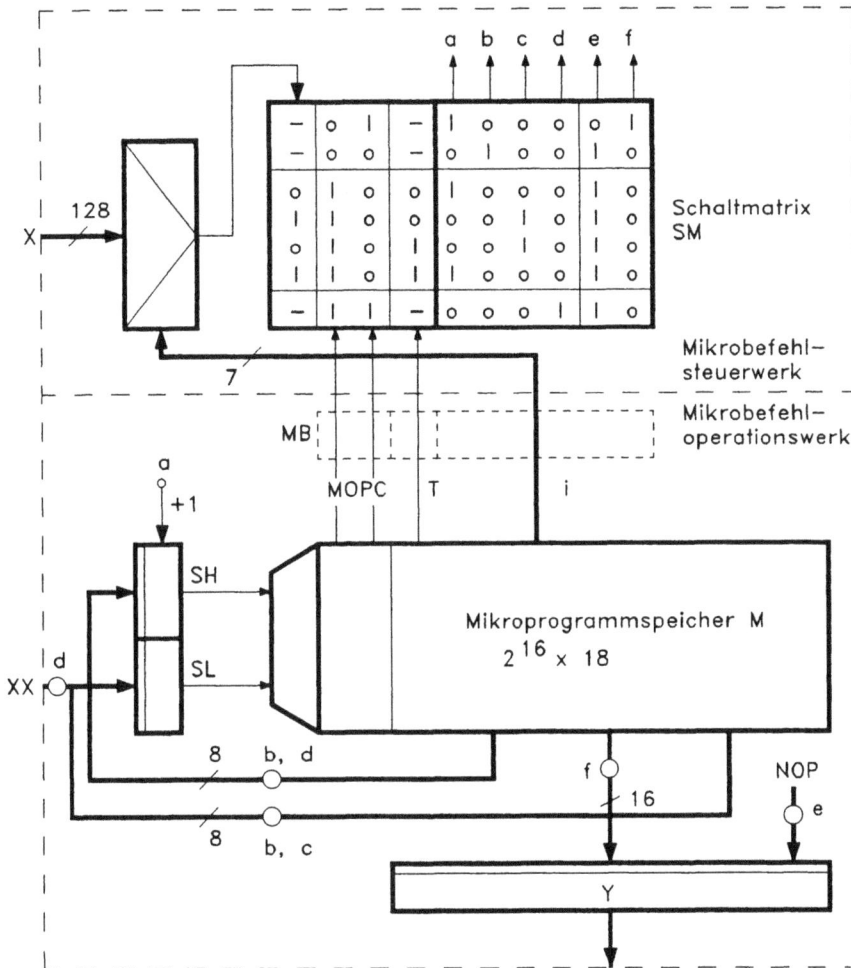

Abb. 5-34: Architektur des Mikroprogramm-Steuerwerks

Teil der Bedingung X oder eine andere Bedingung sein, wie zum Beispiel ein Entscheidungskriterium zur Auswahl eines Steueralgorithmus (z. B. übergeordneter Befehlscode).

Abbildung 5-34 zeigt die Architektur des MP-Steuerwerks als synchrones Schaltwerk, Abb. 5-35 beschreibt die Architektur als HDL-Programm. Das Adreßregister/der Mikrobefehlszähler S=SH_SL adressiert den nächsten Mikrobefehl MB(17:0)=M(S), der nach der Speicherzugriffszeit am Ausgang des MP-Speichers erscheint. Der Mikrobe-

```
unit Mikroprogrammsteuerwerk;
input    X[128], XX[8];
output   register Y[16];
signal   MB(17:0);                "Mikrobefehl"
boole    M('FFFF':0,17:0);
register S[16];                   "Mikroprogrammzaehler"

equal    SH = S(15:8), SL = S(7:0),
         MOPC[2]   = MB(17:16),  "Mikrobefehlscode"
         T         = MB(15),     "Bedingung True/False"
         i[7]      = MB(14:8),   "Bedingungsauswahlindex"
         CONST[16] = MB(15:0),   "Konstante"
         ADR[16]   = MB(15:0),   "Sprungadresse"
         HH[8]     = MB(15:8),   "Seitenadresse"
         REL[8]    = MB(7:0);    "Adr. innerhalb Seite"

const    NOP[16]=0;


on clock
MB==M(S),                         "Mikrobefehl lesen"
case MOPC of
? ol: Y <- CONST,    S <- S+1
? oo: Y <- NOP,      S <- ADR
? lo: Y <- NOP,
      if X(i)#T then SL <- REL  "# = xor"
                     else  S <- S+1 fi
? ll: Y <- NOP,      S <- HH_XX
esac
noc
uend
```

Abb. 5–35: Architektur als HDL-Programm formuliert

fehlsoperationscode MOPC=MB(17:16), die Bedingung X(i) und das Bit
T=MB(15) werden von der Schaltmatrix SM in die internen Steuersignale
a, b, ..., f umgewandelt. Sie lösen Mikrooperationen im MP-Steuerwerk
selbst aus und werden deshalb auch als interne Mikrooperationen bezeichnet; sie lauten:

```
a = (S <- S+1)          e = (Y <- NOP)
b = (S <- ADR)          f = (Y <- CONST)
c = (SL <- REL)
d = (S <- HH_XX)
```

Die Signale a bis d dienen zur Erzeugung der richtigen Folgeadresse.
Die Signale e und f steuern die Übernahme von NOP bzw. CONST in das
Ausgaberegister Y. Die Schaltmatrix läßt sich durch Codierung von a
bis d durch 2 Bits und e, f durch 1 Bit reduzieren, dafür wird aber eine

einfache Zusatzlogik (Decoder, Negierer) benötigt. Die Schaltmatrix läßt sich auch insgesamt durch eine minimierte Logikschaltung ersetzen.

Ein derartiges MP-Steuerwerk kann für die verschiedensten Steueraufgaben verwendet werden, indem ein Mikroprogramm geladen wird, das unter Ausnutzung der Operationen des Operationswerks den gewünschten Mikroalgorithmus implementiert. Die Konstante CONST im Mikrobefehl, der die Steuerdaten enthält, bekommt je nach Operationswerk die Bedeutung spezifischer Mikrooperationen. Der Vorteil gegenüber einem Hardware-Steuerwerk liegt in seiner Flexibilität, da für n verschiedene Steuerungsaufgaben nicht mehr n spezielle Steuerwerke, sondern nur noch n spezielle Mikroprogramme entwickelt zu werden brauchen, sofern das Operationswerk genügend Elementaroperationen zur Verfügung stellt, die zur Ausführung des Algorithmus benötigt werden.

Wenn die Verzögerungszeit durch die Schaltmatrix etwa so groß wie die Zugriffszeit des Mikroprogrammspeicher wird, dann kann zur Durchsatzsteigerung ein Mikrobefehlsregister (gestrichelt gezeichnet) zum Pipelining eingesetzt werden. Daraus folgen aber weitere Änderungen in der Registerstruktur und der Steuerung, weil der Mikrobefehlscode dann um einen Takt verzögert ausgewertet wird.

Der Teil des MP-Steuerwerks, der die Auswertung des Mikrobefehlscodes vornimmt, kann auch als Mikrobefehl-Steuerwerk (s. folgenden Abschnitt) aufgefaßt werden.

5.9   Mikrobefehl-Steuerwerk

Wenn die Analyse oder Ausführung eines Mikrobefehls eine variable Anzahl von Taktschritten benötigt, dann zerlegt man im allgemeinen das MP-Steuerwerk in ein *Mikrobefehl-Steuerwerk* und in ein *Mikrobefehl-Operationswerk* (vergl. Abschnitte 5.3 und 5.6). Das Mikrobefehl-Steuerwerk steuert in Abhängigkeit vom momentanen Mikrobefehlscode das Zerlegen (Decodieren) des Mikrobefehls in die verschiedenen Informationsanteile, die Berechnung der Folgeadresse aus den Bedingungen und den Folgeadreßdaten, die Synthese des Steuerbefehls aus den Steuerdaten und das Holen des nächsten Mikrobefehls. Das Mikrobefehl-Steuerwerk erzeugt dazu interne Steuersignale (Abb. 5-1 und 5-8c), die interne Mikrooperationen im Mikrobefehl-Operationswerk auslösen. Dazu zählen das Hochzählen oder Setzen des Mikrobefehlszählers (Adreßregister des MP-Speichers), die Übernahme des Mikrobefehls vom MP-Speicher in das Mikrobefehlsregister und das Setzen der übrigen Register.

Ähnlich wie das MP-Steuerwerk eines Rechners den nächsten Maschinenbefehl aus dem Hauptspeicher holt, ihn decodiert und in Mikrooperationen zerlegt, holt das Mikrobefehl-Steuerwerk den nächsten Mikrobefehl aus dem Mikroprogrammspeicher, decodiert ihn und zerlegt ihn in interne Mikrooperationen.

Das Mikrobefehl-Steuerwerk wird auch als *Nanoprogramm-Steuerwerk* bezeichnet. Dadurch wird angedeutet, daß unterhalb der Mikroprogramm-Ebene eine weitere Interpretationsebene, die Nanoprogramm-Ebene, existieren kann. Diese ist auch in einigen mikroprogrammierten Rechnern deutlich erkennbar (z.B. in der IBM 370-125). Die Nanooperationen sind jetzt die eigentlich auslösenden elementaren Schritte, die mit dem Elementartakt synchronisiert sind. Nach WILKES müßte man die Nanooperationen aber als Mikrooperationen bezeichnen, da sie auf der untersten Ebene ausgeführt werden. Diese uneinheitliche Begriffsbildung kann man wie folgt klären.

Man bezeichnet alle Operationen, die vom MP-Steuerwerk aus im Operationswerk aktiviert werden können, als Mikrooperationen. Bestehen die Mikrooperationen des Operationswerks aus einzelnen Schritten, so können diese als *interne Mikrooperationen* (oder *Nanooperationen*) *des Operationswerks* bezeichnet werden. Falls das MP-Steuerwerk mehrere Schritte bis zur Bereitstellung der Steuersignale benötigt, die die Mikrooperationen auslösen sollen, dann werden diese als *interne Mikrooperationen* (oder Nanooperationen) *des Steuerwerks* bezeichnet.

Das Mikrobefehl-Steuerwerk steuert das Mikrobefehl-Operationswerk, das aus dem MP-Speicher und dem Mikroprogramm-Analysator besteht. Der Mikroprogramm-Analysator kann in weitere Einheiten zerlegt werden, z.B. in ein Folgeadreßrechenwerk, ein Steuerdatenrechenwerk und in ein Decodierwerk (vergl. Abschnitt 5.6).

Wenn im Operationswerk interne Mikrooperationen ablaufen, dann werden sie von einem Steuerwerk im Operationswerk generiert, das *Mikrooperation-Steuerwerk* heißt. Ein Beispiel dafür ist das Speicher-Steuerwerk des Hauptspeichers eines Rechners, das die komplexe Mikrooperation „Hole einen Datenblock der Länge N" in mehrere interne Mikrooperationen zerlegt. Man kann auch Rechenwerke konstruieren, die komplexe Mikrooperationen, wie z.B. die Gleitkommaaddition, mit Hilfe eines internen Mikrooperation-Steuerwerks durchführen können.

Wird eine Mikrooperation des Operationswerks in eine variable Zahl interner Mikrooperationen zerlegt, dann muß das MP-Steuerwerk auf das Ende der Operation warten. Diese Art von Mikrooperationen bezeichnen wir als zeitvariante Mikrooperationen, weil die Ausführungsdauer variiert. Die einzelnen internen Mikrooperationen einer zeitvariante

Mikrooperation sind für das Steuerwerk unbekannt oder „verdeckt". Das MP-Steuerwerk kann deshalb verdeckte interne Mikrooperationen nicht einzeln auslösen. Das ist auch zweckmäßig, weil sonst das MP-Steuerwerk mit zu vielen speziellen Mikrooperationen belastet werden würde.

Das algorithmisch einfache, aber schnelle Mikrobefehl-Steuerwerk wird meist als Hardware-Steuerwerk realisiert. Für den Entwurf werden die gleichen Methoden angewandt, wie sie in der Literatur über Schaltwerks-entwurf (z. B. [Gil]) beschrieben sind. Zur formalen Beschreibung des internen Mikroalgorithmus können, wie im 3. Kapitel, Übergangstabellen, Zustandsdiagramme oder eine formale Sprache wie HDL benutzt werden. Die formale Beschreibung dient oft als Ausgangspunkt zur Synthese des Schaltwerks.

5.10 Pipelining

Das Pipelining ist ein Prinzip zur Verkürzung der Ausführungszeit einer wiederholten Operation auf n aufeinanderfolgenden Daten (z. B. Vektor-elemente). Wenn zur Ausführung einer Operation die Zeit T benötigt wird, dann wird für n Daten die Zeit $n*T$ benötigt. Diese Zeit läßt sich auf

$$t = (1 + \frac{n-1}{m}) * T$$

reduzieren, wenn die Operation in m Teiloperationen mit der Ausführungs-zeit von je T/m aufgespalten wird und zwischen jeder Bearbeitungsstufe ein Datenspeicher (Pufferregister) vorgesehen wird, so daß die Teil-operationen unabhängig voneinander und gleichzeitig ausgeführt werden können. Die Bearbeitung des ersten Datums benötigt die Zeit T (Füllen der Pipeline), während die Bearbeitung jedes weiteren Datums nur die Zeit T/m länger dauert, weil bei gefüllter Pipeline alle n Daten gleichzeitig teilbearbeitet werden und anschließend an die nächste Bearbeitungsstufe weitergereicht werden. Dieses Prinzip wird z. B. bei der arithmetischen Verarbeitung von Vektoren (*arithmetisches Pipelining*, Gleitkommamultiplikation Abschn. 4.5) oder kontinuierlichen Verarbeitung großer Datenströme durch hintereinandergeschachtelte Prozessoren (*Prozessor-Pipelining*, z. B. Verarbeitung von Radarbildern) eingesetzt.

Wenn sich die Ausführung einer Operation zyklisch wiederholt, dann kann eine *rückgekoppelte Pipeline* verwendet werden, bei der sich die Bearbeitungszeit auf ein $t = T/m$ reduziert, sofern dauernd die gleichen m

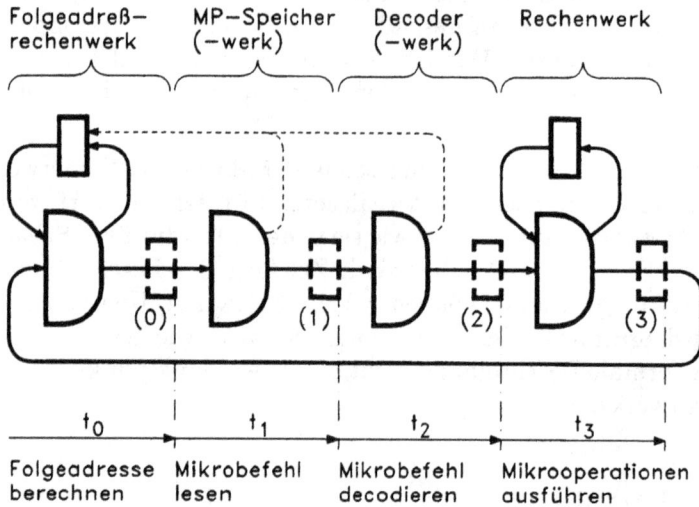

Abb. 5-36: 4-stufige rückgekoppelte Pipeline

Teilschritte zyklisch hintereinander ausgeführt werden. In einem mikroprogrammierbaren Rechner werden nacheinander die Schritte: Mikrobefehl *adressieren*, Mikrobefehl *lesen*, Mikrobefehl *decodieren* und Mikrobefehl *ausführen* für jeden Befehl zyklisch wiederholt, so daß es nahe
liegt, das Mikroprogramm-Steuerwerk zusammen mit dem Rechenwerk
als rückgekoppelte Pipeline (*Mikrobefehlpipelining*) zu realisieren. Eine
prinzipielle 4-stufige Realisierung zeigt Abb. 5-30. Die Pipeline besteht
aus dem Folgeadreßrechenwerk, dem Mikroprogrammspeicher, dem Decoder und dem Rechenwerk. Die minimale Taktrate, mit der die Pipeline
betrieben werden kann, hängt von der Anzahl und Position der Pufferregister ab. Für das Beispiel sind maximal 4 Pufferregister möglich: (1)
Adressregister, (2) Mikrobefehlsregister, (3) Decoderregister, (4) Statusregister. Um asynchrone Rückkopplungen zu vermeiden, ist mindestens
ein Register erforderlich, z. B. das Mikrobefehlsregister. Die Taktperiode muß dann mindestens $t_c = t_0 + t_1 + t_2 + t_3$ betragen. Wenn mehrere
Pufferregister benutzt werden, dann ergibt sich die minimale Taktperiode durch das Maximum der Laufzeiten (den längsten Weg) zwischen
den Ausgängen und Eingängen aller Registerpaare. Die Taktperiode
wird am kleinsten, wenn die Pufferregister so verteilt werden, daß die
Laufzeiten möglichst gleich lang werden.

Die Leistungssteigerung durch den Pipeline-Effekt ist nur solange
gewährleistet, wie die Folgeadressen der Mikrobefehle vorausschauend

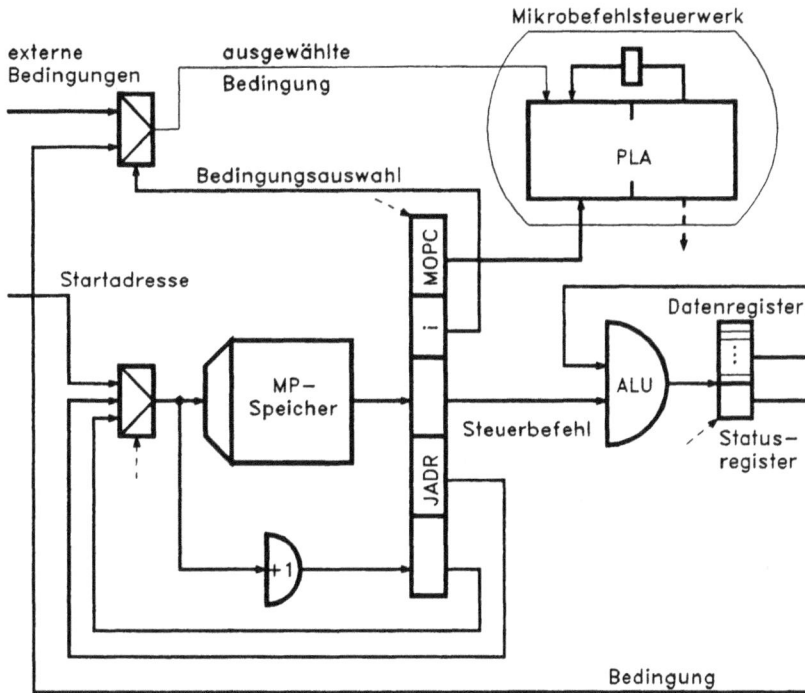

Abb. 5 – 37: MP-Steuerwerk und Rechenwerk als 2-stufige Pipeline

berechnet werden können. Dies ist nur solange der Fall, wie die Mikrobefehle nacheinander abgearbeitet werden, d. h. solange in der Folge der Mikrobefehle kein Sprungbefehl steht. Normalerweise wird während der Ausführung des momentanen Mikrobefehls der nächste Mikrobefehl gelesen und die Adresse des übernächsten Mikrobefehls berechnet. Beim Erkennen eines Sprungbefehls muß die Ausführung des schon geholten nächsten Mikrobefehls verhindert werden, die Sprungadresse berechnet und der an der Sprungadresse stehende Mikrobefehl geholt werden, bevor die Ausführung beginnen kann. D. h. die Pipeline muß neu gefüllt werden und die Ausführung dauert im ungünstigsten Fall $t = T$.

Ein typische prinzipielle Realisierung mit dem Mikrobefehlsregister und dem Statusregister im Rückkopplungsweg zeigt Abb. 5-31. Die Steuerung der Pipeline erfolgt durch das Mikrobefehl-Steuerwerk. Das Mikrobefehl-Steuerwerk wertet den Mikrobefehlsoperationscode MOPC aus und veranlaßt die Durchschaltung der Datenwege sowie die Übernahme in die verschiedenen Register. In dieser Pipeline erfolgt die

Berechnung der Folgeadressen und der Zugriff auf den nächsten Mikrobefehl gleichzeitig zu der Rechenoperation und Statusoperation. Eine Besonderheit dieser Pipeline ist, daß die Ausführung eines Sprungbefehls nicht länger als ein normaler Mikrobefehl dauert. Diese 2-stufige Pipeline kann auch als die Zusammenschaltung zweier Moore-Automaten (vergl. Abschnitt 5.5) angesehen werden.

Wenn man das Pipelining auf das Holen, Decodieren und Ausführen der Maschinenbefehle anwendet, dann spricht man von *Befehlspipelining*, das im Prinzip wie das Mikrobefehlspipelining funktioniert. Wenn die Maschinenbefehle einfach sind (RISC-Befehle), dann ähnelt eine RISC-Befehlspipeline einer Mikrobefehlspipeline.

5.11   Verlagerung

Unter der *vertikalen Verlagerung* (vertical migration) versteht man das Ersetzen einer in der Sprache L implementierten Operation durch eine in der Sprache K implementierte Operation, wobei L und K zusammen mit dem ausführenden Prozessor eine Interpretationshierachie bilden. Wenn K eine Sprache auf einem niedrigerem Sprachniveau ist, d. h. L wird durch K interpretiert, dann spricht man von vertikaler *Verlagerung nach unten*, ansonsten von vertikaler *Verlagerung nach oben*. Typische Beispiele für die vertikale Verlagerung nach unten sind: Das Ersetzen eines Unterprogramms in einer höheren Programmiersprache durch ein Unterprogramm in der Maschinensprache oder das Ersetzen eines Unterprogramms (z. B. Betriebssystemfunktionen) in der Maschinensprache durch ein Mikroprogramm. Ein typisches Beispiel für die Verlagerung nach oben ist das Einführen einer interpretierbaren Zwischensprache für komplexe Programmsysteme wie z. B. Übersetzer.

Gründe für die vertikale Verlagerung nach unten sind: Verringerung der Ausführungszeiten häufig benutzter Operationen, Verbergen der Implementierungsdetails vor dem Anwender, Erhöhung der Zuverlässigkeit durch verminderte Zugriffsrechte des Anwenders, Reduzierung des zu interpretierenden Codes und Vereinfachung der Implementierung durch Erweiterung der interpretierenden Sprache. Außerdem kann der Hersteller seine Urheberrechte auf die Firmware leichter als auf die Software wahren. Gründe für die Verlagerung nach oben sind: Verringerung des Implementierungsaufwands, bessere Verständlichkeit der Programme, einfachere Dokumentation, bessere Änderbarkeit/Wartbarkeit.

In einem Mehrprozessorsystem ist es möglich, Operationen *horizontal* (horizontal migration) zu verlagern. Dies bedeutet die Verlagerung einer Operation von einem Prozessor zu einem anderen, oder die Vertei-

lung der Operation auf mehrere Prozessoren. Die Kontrollfunktionen in
einem Mehrprozessorsystem lassen sich z. B. durch einen zentralen Prozessor wahrnehmen oder aber dezentral auf alle Prozessoren verteilen.
Durch die Aufteilung der Software auf die Prozessoren lassen sich die
Gesamteigenschaften des Systems (z. B. Zuverlässigkeit, Verarbeitungsleistung, Erweiterbarkeit) in weiten Grenzen variieren.

Unter *Hinaus-Verlagerung* (outboard migration) versteht man die Aus-
lagerung einer Operation auf zusätzliche Funktionseinheiten oder Prozessoren, d. h. das Ersetzen von Software durch Hardware. Wegen der
möglichen Parallelverarbeitung und der speziellen Leistungsfähigkeit der
zusätzlichen Hardware kann die Gesamtleistung des Systems beträchtlich erhöht werden. Beispiele dafür sind Graphikprozessoren und Ein-
/Ausgabeprozessoren.

5.12 Übersetzung von Mikroprogrammen

Da die Mikroprogrammierung im Vergleich zur Maschinenprogrammierung schwierig ist, wird man versuchen, dem Mikroprogrammierer
möglichst viele Hilfsmittel bereitzustellen. Das Mikroprogramm schreibt
man üblicherweise mit symbolischen Mikrobefehlen, die, ähnlich wie bei
einem symbolischen Maschinenprogramm, Zeile für Zeile untereinander
angeordnet sind. Die symbolischen Mikrobefehle unterscheiden sich von
den symbolischen Maschinenbefehlen dadurch, daß sie von Maschine zu
Maschine stark variieren und stark auf die reale Hardware der Maschine
bezogen sind. Zur Übersetzung des symbolischen Mikroprogramms in
das binäre Mikroprogramm dient ein Übersetzungsprogramm, das *Mikroassembler* heißt. Der Aufbau des Mikroassemblers entspricht im Prinzip einem Assembler [Bar], der von der symbolischen Maschinensprache
in die binäre Maschinensprache übersetzt. Während das binäre Maschinenprogramm meist direkt in den Hauptspeicher des Rechners geladen
und dann ausgetestet wird, wird man das Mikroprogramm erst simulativ
austesten und später in den Mikroprogrammspeicher bringen. Das hat
verschiedene Gründe. Zum einen lassen sich Fehler in einem geladenen
Mikroprogramm nur äußerst schwer feststellen, zum anderen ist es wirt-
schaftlich nicht vertretbar, einen Festwert-MP-Speicher (z. B. durch die
Herstellung von Masken] falsch zu programmieren. Ähnlich wie bei der
Herstellung von integrierten Schaltungen testet man vorher mit Hilfe eines Simulator-Programms aus, ob die Masken bzw. das Mikroprogramm
richtig sind. Der Mikro-Simulator interpretiert Schritt für Schritt die
binären Mikrobefehle und gibt die Registerinhalte aus, so daß ein Fehler
leicht gefunden werden kann. Erst nach erfolgreicher Korrektur wird das

binäre Mikroprogramm in den MP-Speicher fest eingeschrieben oder in
den schreibbaren MP-Speicher geladen.

Ein schreibbarer MP-Speicher ermöglicht es, während des Rechnens spezielle Mikroprogramme, z. B. zum Testen der Hardware oder zur Unterstützung des Betriebssystems oder der Anwender-Software aus einem
anderen Speicher zu laden. Das Laden kann entweder durch das laufende
Mikroprogramm selbst gesteuert werden, oder das zu ladende Mikroprogramm wird mit Hilfe eines automatischen Kanals blockweise in einen
Teil des MP-Speichers gebracht, der gleichzeitig als Peripheriegerät behandelt wird. Dadurch kann das laufende Mikroprogramm mit dem
Schreiben oder Lesen des MP-Speichers überlappt werden.

Man versucht, auch höhere Programmiersprachen oder Hardware-
Beschreibungssprachen wie APL, CASSANDRE, CDL, HDL und VHDL
zur Mikroprogrammierung einzusetzen. Die einfachste Möglichkeit besteht darin, daß das Operationswerk mit seinen Registern, Speichern,
logischen und arithmetischen Schaltnetzen usw. fest vorgegeben wird
und deshalb in dieser Form auch in der höheren Programmiersprache
deklariert werden muß. Weiterhin dürfen in dem Programm nur die
Mikrooperationen durchgeführt und Bedingungen abgefragt werden, die
im Operationswerk tatsächlich realisiert worden sind. Der Mikroprogrammierer braucht sich jetzt aber nicht mehr an die durch die Mikrobefehle fest vorgegebenen Kombinationen aus Mikrooperationen, Abfragen und Folgezustände zu halten. Er kann diese fest vereinbarten
Grundelemente, die symbolisch ansprechbar sind, in beliebiger Reihenfolge oder Kombination verwenden. Er mikroprogrammiert also die reale
Maschine nicht mit festen, symbolischen Mikrobefehlen, sondern mit
„freien" Mikrobefehlen. Durch einen speziellen, auf das Operationswerk
zugeschnittenen Compiler wird das in der höheren Programmiersprache
formulierte Mikroprogramm in das binäre Mikroprogramm übersetzt.
Im Unterschied zum gewöhnlichen Compiler wird zuerst ein Zwischencode erzeugt, der die maximal mögliche Parallelität der verwendeten
Mikrooperationen und Abfragen angibt. Da das Operationswerk meist
diese maximale Parallelität nicht besitzt, muß der Zwischencode zu der
realen, ausführbaren Parallelität transformiert werden. Ein solcher ex-
perimenteller Compiler wurde u. a. für die Sprache SIMPL [Laz, Ram]
geschrieben. Es ist noch fraglich, ob ein solcher Compiler effiziente
binäre Mikroprogramme für eine echte Maschine erzeugen kann. Besondere Schwierigkeiten entstehen bei der Beschreibung und Übersetzung
von asynchronen und zeitkritischen Mikrooperationen.

Noch allgemeiner ist es, wenn man eine abstrakte Maschine mit Registern, Speichern, Signalen, Mikrooperationen und -entscheidungen frei
definieren kann. Der Compiler muß dann das „höhere" Mikroprogramm

für die abstrakte Maschine in ein binäres Mikroprogramm für die reale Maschine übersetzen. Er muß eine effektive Zuordnung zwischen der abstrakten und realen Maschine finden und muß versuchen, die Parallelität der realen Maschine auszunutzen. Verwandt mit der Übersetzung von Mikroprogrammen ist das Problem der Synthese von Hardware und Mikroprogrammen. Ausgangspunkt ist ein Programm in einer höheren Programmiersprache, gesucht ist eine Hardware-Realisierung, die bestimmten Randbedingungen genügt. Dabei wird die Hardware in einen fest vorgegebenen Teil und einen variablen (aufzufindenden) Teil aufgespalten. Bis jetzt konnten Syntheseverfahren nur für relativ einfache Hardware-Strukturen entwickelt werden.

5.13 Transformation von Mikroprogrammen

Unter einer *Mikroprogramm-Transformation* versteht man die formale Überführung eines bestimmten Mikroprogramms in ein funktional äquivalentes unter Anwendung von Regeln. Dabei versucht man, das Mikroprogramm durch Zusammenfassen, Zerlegen, Verändern von Mikrooperationen und Bedingungen sowie durch Hinzufügen oder Entfernen von Zuständen langsamer, schneller oder redundanzärmer zu gestalten. Dabei soll seine Wirkung, insgesamt gesehen, unverändert bleiben. Die Transformation eines Mikroprogramms hat meist eine Änderung des Operationswerks zur Folge.

Als erster hat sich GLUSHKOV [Glu-1, Glu-2] mit diesem Thema auseinandergesetzt. Von ihm stammt auch die formale Zerlegung eines digitalen Systems in ein Steuerwerk (control automation) und in ein Operationswerk (operational automation). Er definiert eine Algebra für die Mikrooperationen (Operator-Algebra) und eine für die Bedingungen (Bedingungs-Algebra). Ein geordnetes Paar dieser Algebren mit einer bestimmten Anzahl von Operationen und Bedingungen bezeichnet er als Paar von Mikro-Algebren. Die Zurückführung eines beliebigen Operators auf die erzeugenden Operatoren wird als reguläres Mikroprogramm bezeichnet. Für den Entwurf von Digitalrechnern definiert er die folgenden erzeugenden Mikrooperationen und Bedingungen.

e	Einheitstransformation
s_{ij}	Addition des Inhalts des i-ten Registers zu dem j-ten Register
p_i	Addition von $+1$ zum Inhalt des i-ten Registers
r_i	Rechtsschift des i-ten Registers um eine Stelle
L_i	Linksschift des i-ten Registers um eine Stelle
O_i	Löschen des i-ten Registers

a_i Bedingung: der Inhalt des i-ten Registers gleich 0

b_i Bedingung: niedrigstwertige Bit des i-ten Registers gleich 0

Er definiert eine Reihe von Gesetzen für die inversen Mikrooperationen, wie z. B. $L_j s_{ij}^2 = s_{ij} L_j$ $(2 * R^j + R^i + R^i = (R^j + R^i) * 2)$ mit $R^i =$ Inhalt des i-ten Registers. Als Beispiel einer Transformation dient die Multiplikation $R^2 = R^1 * R^3$. Durch eine Transformation über mehrere Schritte überführt er das Mikroprogramm

$$Q = O_2 \underset{a_3}{(} \; s_{12} p_3^{-1}) \quad \text{in}$$

$$Q = O_2 \underset{a_3}{(} \; \underset{b_3}{(} \; e \vee s_{12} p_3^{-1}) L_1 r_3).$$

Die äquivalenten Mikroprogramme würden in HDL lauten:

```
R2 := 0;              R2 := 0
while R3/=0 do        while R3/=0 do
R2 := R2+R1;          if R3(0) then R2 := R2+R1; R3 := R3-1 fi
R3 := R3-1 od         R1 := shl R1; R3 := shr R3 od .
```

Die Multiplikation durch Abzählen wird durch diese Transformation in die übliche serien-parallele Multiplikation überführt.

Einen ähnlichen Weg beschreitet ITO [Ito], der versucht, eine Theorie der Mikroprogrammierung aufzustellen. Aufbauend auf GLUSHKOV definiert er eine Reihe von Axiomen und Sätzen zur Transformation von regulären Mikroprogrammen. Er zeigt, daß sich jeder Automat als ein System von Gleichungen von regulären Mikroprogrammen darstellen läßt.

Von LJAPUNOV [Lja] wurde eine ähnliche Operatorschreibweise zur Darstellung und Transformation entwickelt. Die Elemente seiner "primitiven" Programmiersprache bestehen aus Operatoren (Anweisungen), logischen Bedingungen und einem Einsprung- bzw. Aussprungpfeil, mit denen er bedingte und unbedingte Sprünge angeben kann. Das obige Mikroprogramm würde in seiner Schreibweise lauten:

$$Q = O_2 \overline{a_3} \overset{2}{\uparrow} \overset{1}{\downarrow} s_{12} p_3^{-1} 0 \overset{1}{\uparrow} \overset{2}{\downarrow} \quad .$$

Das gleiche Mikroprogramm lautet in HDL:

```
    R2 := 0;
1:  if R3=0 then goto 2 fi
    R2 := R2+R1;    R3 := R3-1;
    goto 1;         2:  . . .
```

Diese Operatorschreibweise wurde von STÜRZ und CIMAMDER [Stü] zu einer Synthesesprache für logische Systeme erweitert, die auch eine Abfrage von Flanken zuläßt und eine Mehrfachverzweigung enthält. Sie stützen sich auf JANOW [Jan] und geben anwendbare Transformationsregeln an.

STABLER [Sta] hat seine Regeln zur Transformation von Mikroprogrammen anschaulich beschrieben. Zur Darstellung von Algorithmen bedient er sich einer einfachen Hardware-Beschreibungssprache. Durch Anwendung der Regel 1 wird ein Register im Operationswerk entfernt, wodurch sich der Aufwand im Steuerwerk erhöht. Regel 2 ist die Inverse von Regel 1. Durch mehrfache Anwendung dieser Regeln kann man das Steuerwerk in das Operationswerk oder das Operationswerk in das Steuerwerk transformieren. Diese Regeln zeigen, daß die Trennlinie zwischen Steuerwerk und Operationswerk nicht eindeutig festgelegt ist. Durch die Regel 3 können zwei aufeinanderfolgende Mikrooperationen zusammengefaßt werden, und durch Regel 4 kann eine Mikrooperation in mehrere zerlegt werden. Diese Regeln zeigen, daß eine Abhängigkeit zwischen Hardware-Aufwand und Geschwindigkeit besteht, denn durch die Anwendung der Regel 3 wird die Geschwindigkeit auf Kosten der Hardware erhöht. Durch Anwendung der Regel 5 kann die Anzahl der Steuersignale und Bedingungssignale, die das Steuerwerk und das Operationswerk miteinander verbinden, reduziert werden.

5.14 MP-Steuerwerk im Vergleich zum Hardware-Steuerwerk

Bei geeigneter Konstruktion kann ein Mikroprogramm-Steuerwerk die gleichen Abfragen und Mikrooperationen kontrollieren wie ein Hardware-Steuerwerk. Während beim MP-Steuerwerk das Mikroprogramm sich in einem (nicht minimierten) Speicher befindet, ist es beim Hardware-Steuerwerk in einem Schaltnetz (unregelmäßiges Gatternetzwerk oder regelmäßige Schaltmatrix (PLA)) gespeichert. Die Verarbeitungsgeschwindigkeit des MP-Steuerwerks hängt von der gewählten Architektur und seiner Realisierung (z. B. Speicherzugriffszeit) ab, während sie beim Hardware-Steuerwerk hauptsächlich durch die Verzögerungszeit des Schaltnetzes bestimmt wird.

Der Mikrobefehl des MP-Steuerwerks besitzt meist eine feste Wortlänge und ist in bestimmte Felder eingeteilt. Meist ist es nicht möglich, eine beliebige Kombination aus allen erzeugenden Mikrooperationen auszuwählen, sondern nur eine, die bereits bei der Definition der Mikrobefehlsliste festgelegt wurde. Nur ein vollständig horizontal codierter Mikrobefehl mit einer großen Wortlänge würde es gestatten, alle Mikrooperationen gleichzeitig anzusprechen. Auch die wählbaren Bedingungsfunktionen und die Anzahl der Verzweigungen ist festgelegt. Der Mikrobefehl des Hardware-Steuerwerks besitzt dagegen während der Entwurfphase eine scheinbar variable Länge. Er besteht aus beliebig vielen Teilmikrobefehlen, die jeweils aus einer Abfrage, einem Folgezustand und einem Steuerbefehl bestehen. Dadurch lassen sich beliebig komplexe bedingte Verzweigungen und bedingte Operationen parallel ausführen, und das Hardware-Steuerwerk läßt sich optimaler an einen speziellen Mikroalgorithmus anpassen. Es wird deshalb bevorzugt zur Realisierung kleiner, leistungsfähiger Steuerungen, z. B. in RISC-Rechnern (Kapitel 7), eingesetzt.

Wenn der zu implementierende Mikroalgorithmus ausreichend komplex ist, dann bietet das MP-Steuerwerk gegenüber dem klassischen Hardware-Steuerwerk folgende Vorteile, wobei die gleiche Verarbeitungsgeschwindigkeit und die gleiche Technologie vorausgesetzt werden:

1. regelmäßigere Struktur, 2. geringerer Änderungsaufwand, 3. einfachere Testbarkeit, 4. geringerer Raumbedarf, 5. geringerer Entwicklungsaufwand und 6. geringere Herstellungskosten.

Der Hauptvorteil der Mikroprogrammierung besteht darin, daß die Hardware nicht mehr vollkommen fest verdrahtet werden muß, sondern durch Programmierung festgelegt werden kann. Dadurch können auch die Methoden der Programmierung für den Hardware-Entwurf nutzbar gemacht werden. Die Mikroprogrammierung ermöglicht die Implementierung einer beliebigen Befehlsliste (Architektur, virtuellen Maschine) auf einer realen Maschine. Diese Universalität stellt eine neue Universalität des Universalrechners dar. Dadurch ist es möglich geworden, unabhängig von der Hardware der realen Maschine die Befehlsliste zu verändern, zu erweitern, auszutauschen oder – um die Kompatibilität einer Rechnerfamilie zu gewährleisten – unverändert bestehen zu lassen. Diese Flexibilität ermöglicht die Anpassung der Hardware an immer neue Aufgaben. Spezielle Prüfmikroprogramme ermöglichen es, Fehler in einer Rechenanlage genauer zu erkennen und zu lokalisieren. Die Mikroprogrammierbarkeit können wir also als ein wichtiges Leistungsmerkmal eines Rechners ansehen. Der Nachteil eines mikroprogrammierten Rechners gegenüber einem festverdrahteten ist seine etwas geringere Ausführungsgeschwindigkeit, weil eine zusätzliche Interpretationsschicht durchlaufen werden muß und weil Hardware-Beschleunigungsmaßnahmen wie Pipelining und Befehlsüberlappung sowohl auf der Mikroprogrammebene als auch auf der Interpretationsebene durchgeführt werden müssen. Bei den RISC-Rechnern vermeidet man die zusätzliche Interpretationsebene durch eine direkte Hardware-

Steuerung.

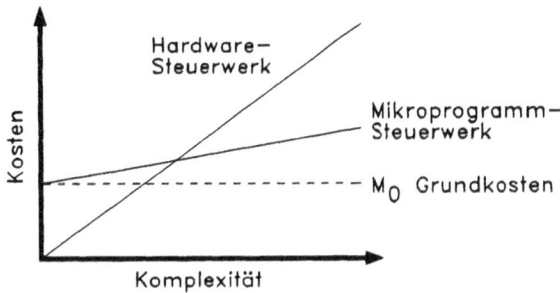

Abb. 5 – 38: Kosten in Abhängigkeit von der Komplexität der Logik

Die Kosten eines Hardware-Steuerwerks im Vergleich zum MP-Steuerwerk zeigt Abb. 5 – 38 in vereinfachender Darstellung. Der Aufwand für das Hardware-Steuerwerk wächst etwa proportional mit der Komplexität des Steueralgorithmus. Bei sehr geringer Komplexität schneidet das Hardware-Steuerwerk günstiger bezüglich der Vergleichsmerkmale 4 bis 6 (s. o.) ab. Dies erklärt sich durch den leicht überschaubaren Hardware-Entwurf und den geringen Raumbedarf (bzw. Flächenbedarf einer integrierten Schaltung) bei geringer Komplexität. Beim MP-Steuerwerk müssen auf jeden Fall die Grundkosten M_0 für die Hardware erbracht werden, dazu kommen die Entwicklungskosten für die Mikroprogramme und die Kosten für den Mikroprogrammspeicher. Ab einer bestimmten Komplexitätsgrenze ist das MP-Steuerwerk kostengünstiger. Die Grenze ist von der Technologie, der Herstellungsstückzahl und dem Wunsch bzw. der Notwendigkeit nach Änderbarkeit abhängig.

5.15 MP-Steuerwerke einiger Rechner

5.15.1 IBM 360/40

Aus der Reihe der IBM-Rechner greifen wir uns das Modell 360/40 heraus, an dem sich die typischen Eigenschaften der MP-Steuerwerke dieser Rechner zeigen lassen. Der Erfolg der IBM-Rechner liegt zum Teil darin, wie schon im Abschnitt 5.1 betont, daß alle Modelle die gleiche Befehlsliste verwenden, die nur unterschiedlich schnell und mit verschiedenen Mikrobefehlen interpretiert wird. Dadurch ist ein sehr hohes Maß an Software-Kompatibilität gewährleistet. Das Mikrobefehlsformat variiert zwischen 16 und 108 Bit. Die kurzen Mikrobefehle (vertikal codiert) müssen durch das Mikrobefehl-Steuerwerk stärker in die einzelnen Steuersignale expandiert werden als die längeren, quasi-horizontalen Mikrobefehle. Weitere Einzelheiten über die mikroprogrammierten IBM-Rechner sind in [Hus, Sch] zu finden.

Uns interessiert hier nur der prinzipielle Aufbau des MP-Steuerwerks (Abb. 5–39). Der Mikroprogrammspeicher besteht aus 4 K Mikrobefehlen à 56 Bit. Der Mikrobefehl ist in 18 verschiedene Felder eingeteilt. Das 4-Bit-CA-Feld stellt einen Teil der Folgeadresse dar. Die 4-Bit-CB- und CC-Felder steuern jeweils einen Multiplexer, wodurch zwei Bedingungsfunktionen Xi bzw. Yi ausgewählt werden können. Es können Zustände des Rechenwerks, Register- und Statusbits und Interruptsignale durchgeschaltet werden. Mit dem CE-Feld (Emit-field) können bestimmte Bits gesetzt werden, oder dem Rechenwerk kann eine Konstante angeboten werden. Zusammen mit dem CN-Feld können verschiedene Bedingungen im Statusregister gespeichert werden. Die restlichen Felder werden für die verschiedensten Mikrooperationen verwendet, die hier nicht weiter behandelt werden, weil sonst der gesamte Rechner erklärt werden müßte. In Abhängigkeit von den beiden ausgewählten Bedingungsfunktionen B und C, deren Wertekombination die Mikroentscheidung bildet, kann meist eine 4-fach Verzweigung durchgeführt werden, indem diese beiden Bits direkt zur Bildung der Folgeadresse herangezogen werden. Wir können drei verschiedene bedingte Sprungbefehle unterscheiden (s. Abb. 5–39).

1. goto S(11:6)_CA(3:0)_B_C

2. goto S(11:10)_CA(3:0)_S(5:2)_B_C

3. goto CD(11:10)_CA(3:0)_o_QBUS(3:0)_C

Aus Gründen der Übersichtlichkeit ist in Abb. 5-33 das S-Register dreimal gezeichnet worden.

Mit dem 1. Mikrobefehl können 16 verschiedene Adressen CA innerhalb einer Seite mit 64 Worten angegeben werden. Die höherwertigen Bits S(11:6) des Adreßregisters bleiben unverändert. Die Bedingungsbits B und C können auch zu o oder 1 gewählt werden, wodurch sich ein unbedingter Sprung ergibt. Mit dem 2. Mikrobefehl kann zu einer bestimmten Seite gesprungen werden, die durch CA spezifiziert wird. Der 3. Mikrobefehl eignet sich für eine 16-fach Verzweigung, indem der Inhalt des QBUS auf das Adreßregister S durchgeschaltet wird. Durch die Bedingung C ist eine weitere Verzweigung möglich. Mit CD_CA kann zu einer beliebigen Seite gesprungen werden.

Die meisten MP-Steuerwerke der anderen IBM-Rechner arbeiten im Prinzip mit der gleichen Verzweigungstechnik. Sie ist sehr einfach,

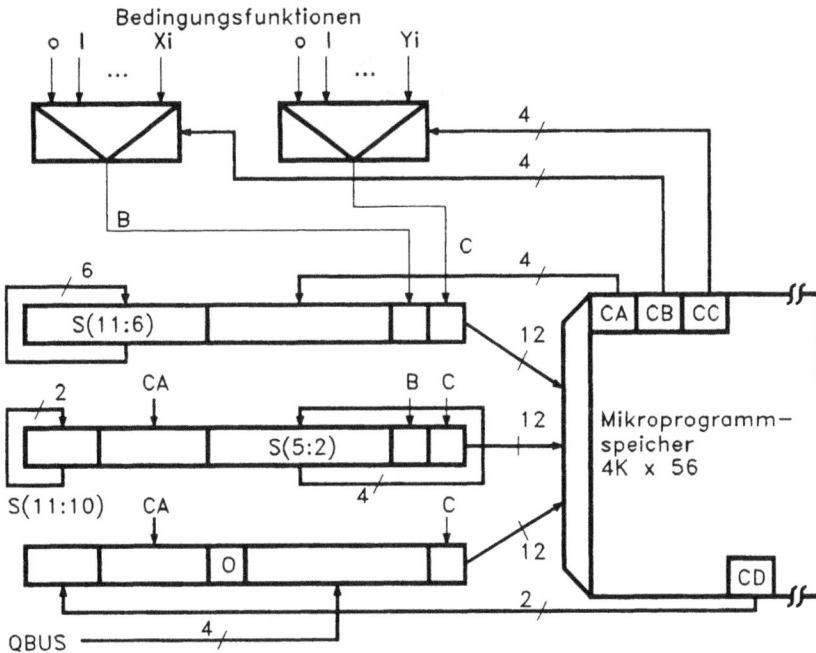

Abb. 5‑39: Bildung der Folgeadresse beim MP-Steuerwerk der IBM
360/40

weil keine langen Folgeadressen im Mikrobefehl mitgeschleppt werden.
Trotzdem können effektive Mikroprogramme geschrieben werden, weil
fast jeder Mikrobefehl eine 4-fach Verzweigung zuläßt.

5.15.2 Data General ECLIPSE

Die Interpretation der Maschinenbefehle erfolgt bei der ECLIPSE [Dat]
zum Teil durch Mikrobefehle, die aus dem MP-Speicher kommen,
und zum Teil durch „Phantom"-Mikrobefehle, die hardwaremäßig vom
Mikrobefehl-Steuerwerk erzeugt werden. Die Phantom-Mikrobefehle
werden zum schnellen Holen der Maschinenbefehle und Daten aus dem
Hauptspeicher benutzt. Der umcodierte Operationscode OPC bestimmt
den Anfangspunkt des spezifischen Mikroprogramms, indem er in das
Mikrobefehlsregister S geladen wird. Es können insgesamt 1 K Mikrobefehle à 56 Bit adressiert werde. Die 0. und 1. Seite zu je 256
Worten dienen zur Interpretation der Maschinenbefehle und in die 2.
Seite können, wenn ein „Writable Control Store" vorhanden ist, anwen-

derspezifische Mikroprogramme geladen werden. Der Mikrobefehl ist relativ breit und mehr horizontal als vertikal codiert. Unabhängig vom Befehlstyp ist den Feldern meist eine feste Bedeutung zugeordnet. 20 Bits werden zur Bildung der Folgeadresse verwendet, wozu auch das 6-Bit-Entscheidungsfeld E (STATECHANGE, RBUF(32:37)) zählt, mit dem eine bestimmte Mikroentscheidung ausgewählt werden kann. Die Folgeadresse kann auf 5 verschiedene Arten gebildet werden (vergl. Abb. 5–40):

1. OPR; goto PAGE_OPC

2. OPR; goto CURRENTPAGE_FALSEADDR

3. OPR; if E(i) then goto PAGE_TRUEADDR
               else goto CURRENTPAGE_FALSEADDR fi

4. OPR; RETURN(i):= CURRENTPAGE_FALSEADDR; goto PAGE_TRUEADDR

5. OPR; goto RETURNADDR(i).

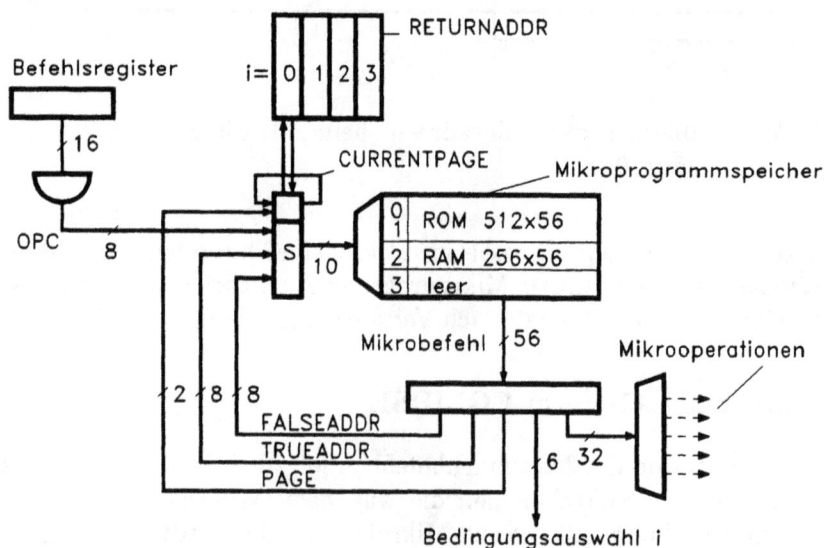

Abb. 5–40: Struktur des MP-Steuerwerks der ECLIPSE

In allen Mikrobefehlen können ausgewählte Operationen OPR, wofür 32 Bits zur Verfügung stehen, ausgeführt werden. Mit dem 1. Mikrobefehl wird der umcodierte Operationscode OPC in das Adreßregister übernommen. Beim Auftreten von externen oder internen Interrupts wird, ähnlich wie bei diesem Mikrobefehl, an vorher definierte Stellen gesprungen. Der 2. Mikrobefehl erlaubt nur einen Sprung innerhalb der augenblicklichen Seite (CURRENTPAGE), wozu das Feld FALSEADDR dient. Das Feld TRUEADDR kann in diesem Fall eine Konstante beinhalten, die auf einen Datenbus geschaltet werden kann. Mit dem 3. Mikrobefehl kann in Abhängigkeit von einer Mikroentscheidung E(i) eine Verzweigung durchgeführt werden. Wenn E(i)=1 ist, dann kann der gesamte MP-Speicher erreicht werden, und wenn E(i)=0 ist, dann kann nur relativ innerhalb der Seite gesprungen werden. Mit den beiden letzten Mikrobefehlen können Mikro-Unterprogrammsprünge durchgeführt werden. Es stehen 4 Register RETURNADDR zum Abspeichern der Rücksprungadresse zur Verfügung. Nach dem Durchlaufen des Mikro-Unterprogramms, beginned mit PAGE_TRUEADDR, wird mit dem 5. Mikrobefehl die gerettete Rücksprungadresse RETURNADDR(i) in den Mikrobefehlszähler geladen, und das ursprüngliche Mikroprogramm kann fortgesetzt werden.

5.15.3 Interdata M80

Der Rechner M80 von Interdata war ein mikroprogrammierbarer Rechner mit Maschinenbefehlen, die denen der 360-Serie ähnlich waren. Die Maschinenbefehle werden durch ein Mikroprogramm interpretiert, das in einem Festwertspeicher (ROM) oder einem schreibbaren Speicher (RAM, DCS = Dynamic Control Store) steht. Für die Interpretation genügt oft ein einziger Mikrobefehl, der den Befehl holt, ihn decodiert und ausführt. Der Befehlscode wird durch ein Schaltnetz in eine 8-Bit-Startadresse OPC umcodiert, durch die der erste Mikrobefehl des spezifischen Mikroprogramms angegeben wird. Der umcodierte Operationscode wird in den Mikrobefehlszähler S geladen, durch den der MP-Speicher adressiert wird. Es besitzt maximal 4 K Worte à 32 Bit. Die Breite der Datenwege beträgt 16 Bit. Abb. 5–41 zeigt die Struktur des MP-Steuerwerks. Der Mikrobefehl enthält eine Reihe von Feldern, durch die die verschiedensten Operationen meist simultan durchgeführt werden können. Uns interessieren hier nicht die Einzelheiten dieser Operationen, die eng mit der Struktur des Operationswerkes zusammenhängen, sondern die Erzeugung der Folgeadresse. Danach lassen sich die Mikrobefehle in 7 Typen einteilen:

1. OPR

2. OPR; goto OPC

3. OPR; goto S(0:5)_REL

4. OPR; if E(i) then goto S(0:5)_REL fi

253

5. OPR; if E(i) then goto REG(B).MASK else REG(LINK):= S+1 fi

6. OPR; REG(LINK):= S+1; if E(i) then goto ADR fi

7. REG(LINK):= S+1;
    if Ei then "Fuehre den Mikrobefehl an der Stelle ADR aus" fi

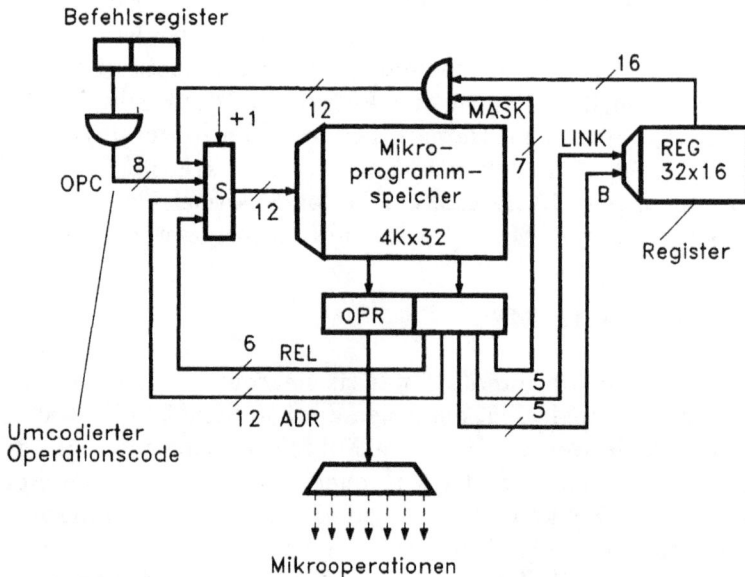

Abb. 5–41: Struktur des MP-Steuerwerks der Interdata M80

Der 1. Mikrobefehl gestattet nur eine Operation OPR. Je nach Operationscode OPC kann mit dem 2. Mikrobefehl an einer definierten Stelle begonnen werden. Der 3. Mikrobefehl erlaubt neben einer Operation einen relativen Sprung innerhalb einer 64-Wort großen Seite. Im 4. Mikrobefehl hängt der relative Sprung von der gewählten Mikroentscheidung E(i) ab. Wenn im 5. Mikrobefehl die Mikroentscheidung wahr ist, dann wird ein indirekter Sprung zur Adresse, die im Register B steht, durchgeführt. Dieser Sprung dient als Rücksprung aus einem Mikro-Unterprogramm oder zur Fortsetzung eines unterbrochenen Mikroprogramms. In dem „Link"-Register B muß dann die Rücksprungadresse stehen. Sie kann dort durch die Operation REG(LINK):=S+1 mit Hilfe des 6. oder 7. Mikrobefehls eingeschrieben werden. Der 6. Mikrobefehl erlaubt außerdem einen bedingten absoluten Sprung nach ADR, wodurch ein Unterprogramm in einer anderen Seite durchlaufen werden kann. Der 7. Mikrobefehl (Execute) rettet ebenfalls den alten Mikrobefehlszählerstand (und damit die aktuelle Seite) und gestattet es, einen Mikrobefehl, der an einer ganz anderen Stelle (ADR) steht, auszuführen. Danach wird das ursprüngliche Mikroprogramm fortgesetzt.

5.15.4 Microdata 1600

Der Rechner Microdata 1600, der baugleich mit der MULTI-20 war [Mic], besitzt eine sehr einfache Struktur mit 8-Bit breiten Datenwegen und ist voll mikroprogrammierbar, d. h. alle externen Bedingungssignale wie Konsolschalter und Interruptsignale sind abfragbar, und alle Mikrooperationen können durch Mikrobefehle ausgelöst werden. Damit ist es möglich, beliebig strukturierte Maschinenbefehle zu interpretieren, denn auch das Holen und Decodieren der Maschinenbefehle ist mikroprogrammgesteuert. (In manchen Rechnern sind diese beiden Funktionen festverdrahtet und werden mit der Ausführungsphase überlappt, um eine höhere Leistung zu erzielen.)

Die Standard-Maschinenbefehlsliste wird durch ein 1K großes Mikroprogramm mit 16-Bit-Mikrobefehlen interpretiert. Es können bis zu 4K (erweiterbar bis 16 K) verschiedene Mikrobefehle angesprochen werden, wobei wahlweise ein ROM oder ein RAM benutzt werden kann. Die Mikrobefehle sind mehr vertikal codiert und werden durch das Mikrobefehl-Steuerwerk decodiert. Trotzdem können eine Reihe von Mikrooperationen simultan ausgeführt werden. Das Holen des Mikrobefehls ist mit der Ausführung überlappt, so daß bei einem Sprungbefehl ein „No-Operation"-Zyklus eingeschoben werden muß. Ein Mikrobefehl mit S+1 als Folgeadresse dauert 200 ns, sonst 400 ns, der Rücksprung aus einem Mikro-Unterprogramm 600 ns. Die Struktur des MP-Steuerwerks zeigt Abb. 5–42. Die Mikrobefehle lassen sich in 6 Typen einteilen:

1. OPR

2. goto S(11:10)_ADR(9:0)

3. RETURN := S+1; goto ADR(11:0)

4. goto RETURN

5. if E(i) then goto S+1 else goto S+2 fi

6. goto S(11:8)_REG(i,7:0)

Mit dem 1. Mikrobefehl können die verschiedenen Mikrooperationen OPR, auch mehrere gleichzeitig, ausgeführt werden. Mit dem 2. Mikrobefehl kann ein Sprung innerhalb der augenblicklichen 1 K großen

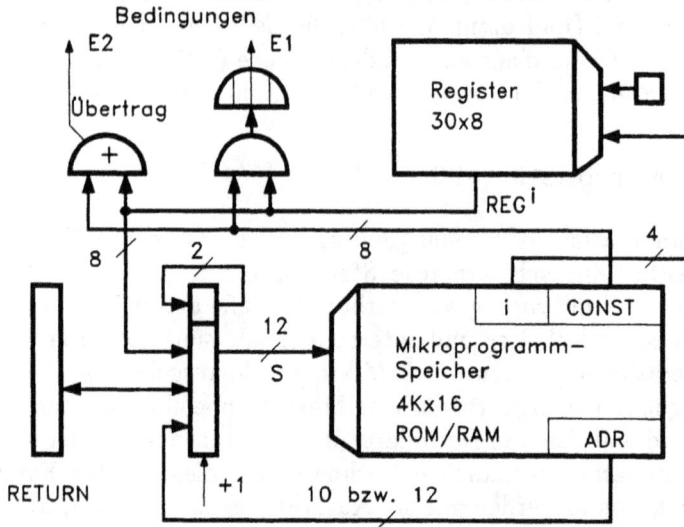

Abb. 5-42: Struktur des MP-Steuerwerks der Microdata 1600

Seite durchgeführt werden. Mit dem 3. Mikrobefehl kann ein Mikro-Unterprogramm an einer beliebigen Stelle des 4 K großen MP-Speichers ausgeführt werden, wobei der schon erhöhte Mikrobefehlszähler S+1 in das Register RETURN gerettet wird. Der 4. Mikrobefehl dient zum Rücksprung in das Mikro-Hauptprogramm. Der 5. Mikrobefehl ist ein Skip-Befehl, mit dem z.B. die Mikroentscheidungen E(1) = (v/REG(i).CONST)) oder E(2) = ((REG(i)+CONST) > 255) abgefragt werden können. Eine Mehrfachverzweigung ist mit dem 6. Mikrobefehl möglich, in dem ein bestimmter Registerinhalt REG(i), der z.B. dem Operationscode des Maschinenbefehls entspricht, in den Mikrobefehlszähler S übernommen wird.

5.15.5 Burroughs B1700

Die Serie B1700 der Firma Burroughs wurde mit dem Ziel entwickelt, die Interpretation (Emulation) beliebiger Zwischensprachen zu gestatten. Jede höhere Programmiersprache kann in eine geeignete Zwischensprache übersetzt werden, die dann durch Mikroprogramme interpretiert wird. Da für jede höhere Programmiersprache eine optimale Zwischensprache benutzt werden kann, benötigt der übersetzte Zwischencode in der Regel weniger Speicherplatz und Laufzeit als ein konventionell in die Maschinensprache übersetztes Programm. Die Voraussetzung dafür ist aber die Verfügbarkeit der Mikroprogramme zur Emulation der Zwischensprachen und das vorherige Laden in den Mikroprogrammspeicher bzw. Hauptspeicher.

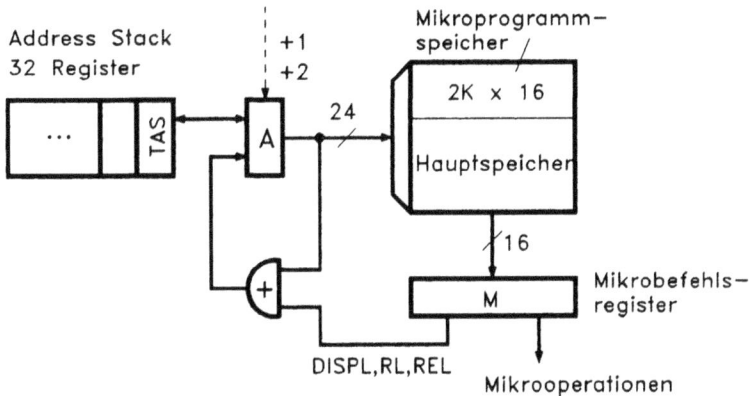

Abb. 5–43: Struktur des MP-Steuerwerks der Burroughs B1726

Die B1700-Rechner stellen voll mikroprogrammierbare Rechner dar, die es gestatten, eine große Klasse von Rechnerarchitekturen ohne zusätzliche Hardware zu emulieren. Die Mikroprogrammsprache der B1700-Rechner kann als die Maschinensprache dieser Rechner aufgefaßt werden.

Der B1710-Rechner dieser Serie unterscheidet sich von dem B1726-Rechner nur unwesentlich in der Architektur (durch die Mikroprogrammsprache festgelegten Register, Speicher und Operationen), aber wesentlich in der Leistungsfähigkeit. Während die B1726 über einen separaten schnellen Mikroprogrammspeicher (2K * 16 Bit) verfügt, wird bei der B1710 der Hauptspeicher auch als Mikroprogrammspeicher benutzt, wodurch sich eine Leistungseinbuße ergibt. Mikroprogramme, die länger als 2K sind, stehen auch bei der B1726 teilweise im Hauptspeicher.

Die B1700-Architektur (Abb. 5–43) unterstützt die Verarbeitung von Operanden der Länge 1, 4, 8, 24 Bit und Vielfachen davon. Sie verfügt über eine 4-Bit-ALU und eine 24-Bit-ALU. Maximal sind 64 Register oder Datenquellen adressierbar. Die Register sind 4, 24 oder 48 Bit breit. Die Registerstruktur und die darauf definierten Mikrooperationen sind im einzelnen in [Sal] erläutert.

Wir interessieren uns hier hauptsächlich für die verschiedenen Mikrobe-

257

fehlstypen in bezug auf die Berechnung der Folgeadresse:

1. OPR

2. goto A+1 + RL   "RL=-4095...4095"

3. if R(i,j) then goto A+1+REL "register R[32,4], REL=-15...15"

4a. if C then goto A+2 else goto A+1 fi

4b. if ¯C then goto A+2 else goto A+1 fi

   mit C=v/(Ri.MASK) oder C=./(Ri v ¯MASK) oder C=(Ri=MASK)

5. TAS:=A+1; goto DISPL   "DISPL=0...4095"

6. A:=TAS; goto A

Durch den 1. Mikrobefehl lassen sich die verschiedenen Mikrooperationen (Registertransporte, -verknüpfungen, Haupspeicherzugriff)
ausführen. Der 2. Mikrobefehl erlaubt relative Sprünge in bezug auf
den nächsten Mikrobefehl mit der Adresse A+1. Mit dem 3. Mikrobefehl
läßt sich ein bedingter Sprung in Abhängigkeit von einem bestimmten Registerbit durchführen. Der 4. Mikrobefehl ist ein Skip-Befehl in
Abhängigkeit von einem Vergleich eines 4-Bit Registers oder Teilregisters
mit einer 4-Bit Maske. Der 5. Mikrobefehl ist ein Mikrounterprogramm-
sprung an die Stelle DISPL, wobei die Rücksprungadresse A+1 im „Top
of Address Stack" Register TAS gerettet wird. Der Stack zur Retttung
der Rücksprungadresse besteht aus 32 Registern zu je 24 Bit. Durch den
6. Mikrobefehl wird ein Unterprogramm-Rücksprung ausgeführt, indem
die Rücksprungadresse von Stack geholt wird.

5.15.6   Digital Equipment LSI-11

Der LSI-11-Rechner (Abb. 5–44) war ein mikroprogrammierbarer Prozessor, der den Maschinenbefehlssatz der PDP-11-Familie realisierte
[LSI, Sal, Dec]. Er setzt sich aus den hochintegrierten Bausteinen (1)
Rechenwerk (data chip), (2) Steuerbaustein (control chip) und (3) Mikroprogrammspeicher (MICROM) zusammen. Ein Mikroprogrammspeicher besitzt 512 Worte zu je 22 Bit, maximal können 4 solcher Bausteine an den 18 Bit breiten Mikrobefehlsbus angeschlossen werden,
an dem auch das Rechenwerk und der Steuerbaustein angeschlossen
sind. Zwei MICROMs enthalten den Mikrocode zur Emulation des PDP-
11-Maschinenbefehlssatzes und zur Bedienung der Konsole. Zusätzlich
können MICROMs zur Implementierung von erweiterten Ganzzahlbefehlen
und Gleitkommabefehlen angeschlossen werden.

Anstelle von zwei Festwert-Mikroprogrammspeichern kann ein schreibbarer Mikroprogrammspeicher (Writable Control Store, WCS) mit maximal 1024 Worten angeschlossen werden. Er wird über den LSI-11-Systembus geladen und verhält sich dann wie ein Festwert-Mikroprogrammspeicher. Durch den WCS kann der Benutzer den Maschinenbefehlssatz um spezielle Befehle, wie z. B. Vektoroperationen oder zeitkritische Ein-/Ausgabeoperationen, erweitern.

Der LSI-11-Systembus, an den der Hauptspeicher, der WCS und die Ein-/Ausgabewerke angeschlossen sind, wird zum Teil vom Rechenwerk und zum Teil vom Steuerbaustein bedient.

Das Rechenwerk führt alle arithmetischen und logischen Operationen aus und bearbeitet die Daten und Adressen des LSI-11-Systembus. Es besteht aus den folgenden Elementen:

Mikrobefehlsregister MIR[16] zur Zwischenspeicherung der niederwertigen 16 Bits des Mikrobefehls.

Registersatz. Er besteht aus 26 Registern zu je 8 Bit, die Daten- und Adreßinformation von Maschinen- und Mikromaschinenprogrammen aufnehmen können. Diese Register repräsentieren auch alle Register der Maschinenebene, sind jedoch auf der Mikromaschinenebene byteweise ansprechbar. Die Adressierung der einzelnen Register erfolgt entweder direkt über die 4-Bit-Registeradressen A und B oder indirekt über das G-Register. Wenn die höherwertigen 3 Bits der Registeradresse A oder B auf Null gesetzt sind, werden diese Bits durch die 3 im G-Register gespeicherten Bits ersetzt. Das G-Register muß vorher durch spezielle Mikrobefehle geladen werden.

Nur das durch die Adresse A spezifizierte Register kann beschrieben werden, und zwar durch (a) Ergebnisse von Rechenoperationen (ALU-Ausgang), (b) den Inhalt des Statusregisters und (c) Eingabedaten (Befehle, Adressen, Daten) vom LSI-11-Systembus.

Arithmetische und logische Einheit (ALU). Die ALU verarbeitet 8 Bit breite Operanden. Byteoperationen können damit in einem, Wortoperationen in zwei Mikromaschinenzyklen abgewickelt werden. Arithmetische Operationen können für 2-Komplement- und für binärcodierte Dezimalzahlen durchgeführt werden.

Statusregister. Das Statusregister besteht aus 8 Statusbits (status and condition code flags) (z. B. Carry, BCD-Carry, Zero, Sign), die durch bestimmte ALU-Operationen gesetzt werden. Die 4 niederwertigen Statusbits entsprechen den PSW-Flags[4] der Maschinenebene. Der Inhalt des Zustandsregisters kann in ein bestimmtes Register des Registersatzes transportiert werden und umgekehrt.

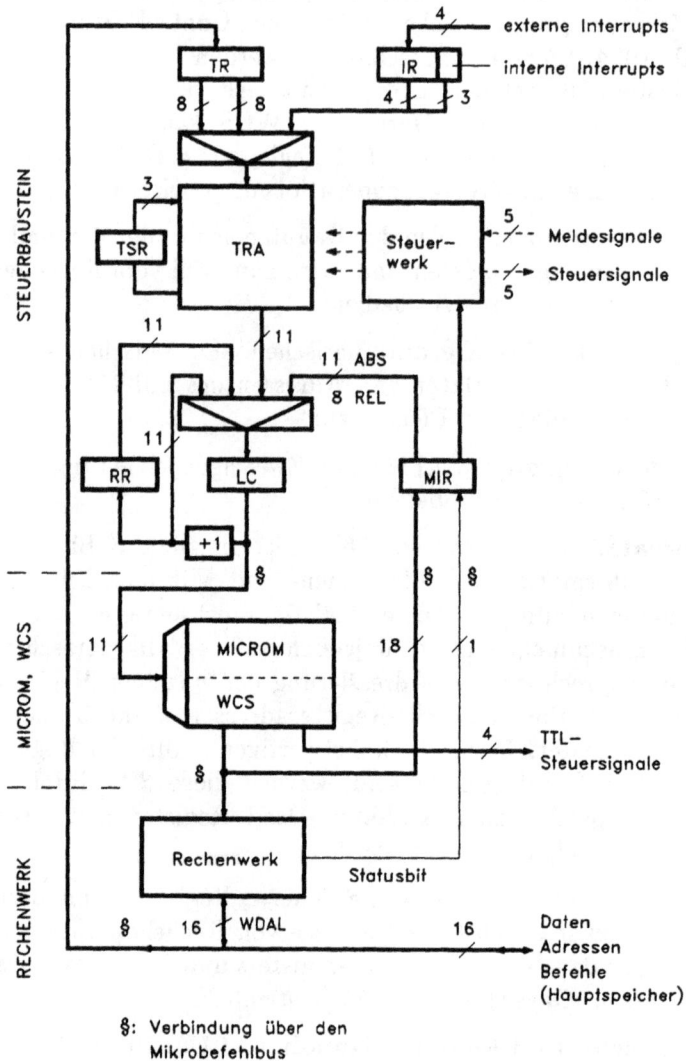

Abb. 5–44: Struktur der LSI-11

Der Steuerbaustein steuert die Abarbeitungsreihenfolge der Mikrobefehle, berechnet die Folgeadressen und liefert die Steuersignale zum LSI-11-Systembus. Er enthält folgende Komponenten:

LC[11]   Mikrobefehlszähler (Location Counter)
RR[11]   Rücksprungregister (Return Register)

MIR[18]   Mikrobefehlsregister
TR[16]   Tabellenregister
IR[7]   Interruptregister
TSR[3]   Tabellenzustandsregister
TRA   Startadressentabelle (Translation Array)

Der Mikrobefehl besteht aus insgesamt 22 Bits. Davon gehen 4 Bits direkt nach außen und stehen dem Anwender für Steuerzwecke zur Verfügung. Nur 18 Bits werden intern benötigt. Die niederwertigen 16 Bits definieren den eigentlichen Mikrobefehl. Folgende Mikrobefehlstypen sind möglich:

1.   Absoluter Sprung
     goto ABS, mit ABS[11]=0...2047

2.   Bedingter relativer Sprung
     if STATUSBIT then goto LC(10:8)_REL fi,
     mit REL(7:0)=0...255

3.   Unterprogramm-Rücksprung
     goto RR

4.   Bedingter Tabellensprung
     goto TRA(TR)

5.   Modifizierter Sprung
     goto (LC+1) v (Registerinhalt)

6.   Registertransporte Operationen auf Registern, Operation mit einer 8-Bit-Konstanten, Hauptspeicherzugriff.

Die Startadressentabelle TRA berechnet aus einem 8-Bit-Code (z. B. Befehlscode) eine Anfangsadresse, zu dem das Mikroprogramm verzweigt. Der Eingang zu dieser Tabelle ist eine Hälfte des Tabellenregisters TR oder das Interruptregister IR, das 4 externe Interrupts und 3 interne Interrupts speichern kann. Die Funktion der Startadreßtabelle wird außerdem durch das Tabellenzustandsregister TSR variiert. Die beiden höchstwertigen Bits MIR(17:16) übernehmen Sonderfunktionen. Das Bit MIR(16) zeigt den Sprung in ein Unterprogramm an und bewirkt das Retten der Rücksprungadresse LC+1 in das Rücksprungregister RR. Das Bit MI(17) bewirkt den Sprung in die Interrupt-Analyse-Routine, wenn ein Interrupt vorliegt, ansonsten wird der nächste Maschinenbefehl in das Tabellenregister TR geladen.

Mit der aktuellen Mikrobefehlsadresse LC wird der Mikroprogrammspeicher adressiert. Der Mikrobefehl wird dann vom Steuerbaustein und vom Rechenwerk parallel ausgewertet. Der Mikrobefehlsbus wird durch einen 4-Phasentakt gesteuert und dient im Zeitmultiplex zum Transport der Mikrobefehlsadresse, des Mikrobefehls, des Befehlscodes zum Tabellenregister und zum Transport des abgefragten Statusbits.

Der Steuerbaustein erzeugt außerdem 5 Steuersignale für den LSI-11-Systembus und wertet 5 Meldesignale aus.

Der LSI-11/23 war ein mikroprogrammierter Rechner, der die PDP 11/34 emulierte [Has]. Gegenüber der LSI-11 besaß der 11/23-Rechner eine etwa 2,5-fache Verarbeitungsgeschwindigkeit und einen erweiterten Hauptspeicheradreßraum von 256 KByte. Er bestand aus einem Rechenwerk (data chip), einem oder mehreren Steuerbausteinen (control chips) und einem Speicherverwaltungsbaustein (memory management chip). Gegenüber der LSI-11 ist der Mikroprogrammspeicher im Steuerbaustein integriert und nicht getrennt vorhanden. Der Speicherverwaltungsbaustein setzt virtuelle 16-Bit-Adressen in reale 18-Bit Adressen um, unterstützt den Speicherschutz und stellt Register für Gleitkommaoperationen zur Verfügung.

Der Steuerbaustein enthält keinen konventionellen Mikroprogrammspeicher, sondern eine Kombination aus einem PLA (programmierbare Schaltmatrix) und einem ROM (Festwertspeicher). Das PLA/ROM besteht aus insgesamt 512 Zeilen. Das PLA reagiert auf die Adressen 0 bis 127, das ROM auf die Adresse 128 bis 511. Das PLA wertet die 9 Adreßbits und die 16 Bits des PIR-Registers aus. Das PIR kann mit dem Maschinenbefehlscode oder anderen Bedingungen geladen werden.

Jeder PLA-Term und jedes ROM-Wort enthält einen Mikrobefehl mit einem Feld für die Folgeadresse. Die PLA-Mikrobefehle sind mächtiger als die ROM-Mikrobefehle, weil sie zusätzlich eine 16-Bit-Abfrage ermöglichen. Die PLA-Mikrobefehle werden zur Decodierung des Maschinenbefehlscodes und spezieller Bedingungen benutzt, während die ROM-Mikrobefehle für überwiegend sequentielle Abläufe benutzt werden. Das PLA bietet die Möglichkeit, die Mikrobefehle durch „Und" zu verknüpfen (vergl. Oder/Und-Schaltmatrix, Abschn. 4.4.2.3). Ähnliche Mikrobefehlssequenzen (z. B. für Move Byte, Move Word) lassen sich dadurch mit weniger Termen realisieren.

5.15.7 Motorola MC68000

Der Mikroprozessor M68000 wurde 1977-1980 entwickelt [Anc]. Er war einer der ersten Mikroprozessoren, die das 32-Bit-Datenformat unterstützten. Der Adreßbus ist 23-Bit breit (Byte-Adressen), der Datenbus 16 Bit. Die Maschinenbefehle haben variable Länge. Sie bestehen aus 1 bis 5 16-Bit-Worten. Die Maschinenbefehle benutzen sowohl Register als auch Speicherzellen für die Quell- und Zieloperanden. Der Befehlssatz ist umfangreich aber übersichtlich, und es gibt 14 verschiedene Adressierungsarten. Unterstützt werden die Datentypen

- Bit

- Byte

- 16- und 32-Bit-Integer (signed und unsigned)

- 8 BCD-Ziffern, gepackt in 32 Bit

- 32-Bit-Adressen.

Der Programmierer hat Zugriff auf folgende Register:

- 8 32-Bit-Datenregister D

- 7 32-Bit-Adreßregister A

- 1 32-Bit-User-Stack-Pointer USP

- 1 32-Bit-System-Stack-Pointer SSP

- 1 24-Bit-Programmzähler PC

- 1 16-Bit-Statusregister SR.

Das Operationswerk besteht aus drei Abschnitten LA, MA, RA (Abb. 5–45), die über Schalter miteinander verbunden werden können. Die Abschnitte können einzeln und parallel arbeiten. Die Abschnitte verarbeiten 16-Bit-breite Daten.

Das Operationswerk empfängt 192 Steuersignale vom Steuerwerk und sendet 25 Meldesignale. Außerdem sind das Steuerwerk und das Operationswerk über einen 16-Bit-Bus miteinander verbunden, über den Statusworte und Konstanten übertragen werden.

Der linke Abschnitt LA enthält die oberen 16 Bit von D, A, USP, SSP, PC und SR. Außerdem ist ein 16-Bit-Addierer zur Berechnung der oberen 16 Bit der Adresse vorhanden.

Der mittlere Abschnitt MA enthält die unteren 16 Bit von A, USP, SSP, PC und SR. Außerdem ist ein 16-Bit-Addierer zur Berechnung der unteren 16 Bit der Adresse vorhanden.

Der rechte Abschnitt RA enthält die unteren 16 Bit von D. Außerdem ist eine ALU für die Operationen +, - , AND, OR, EXOR, SHIFT und

MIKROPROGRAMM−STEUERWERK

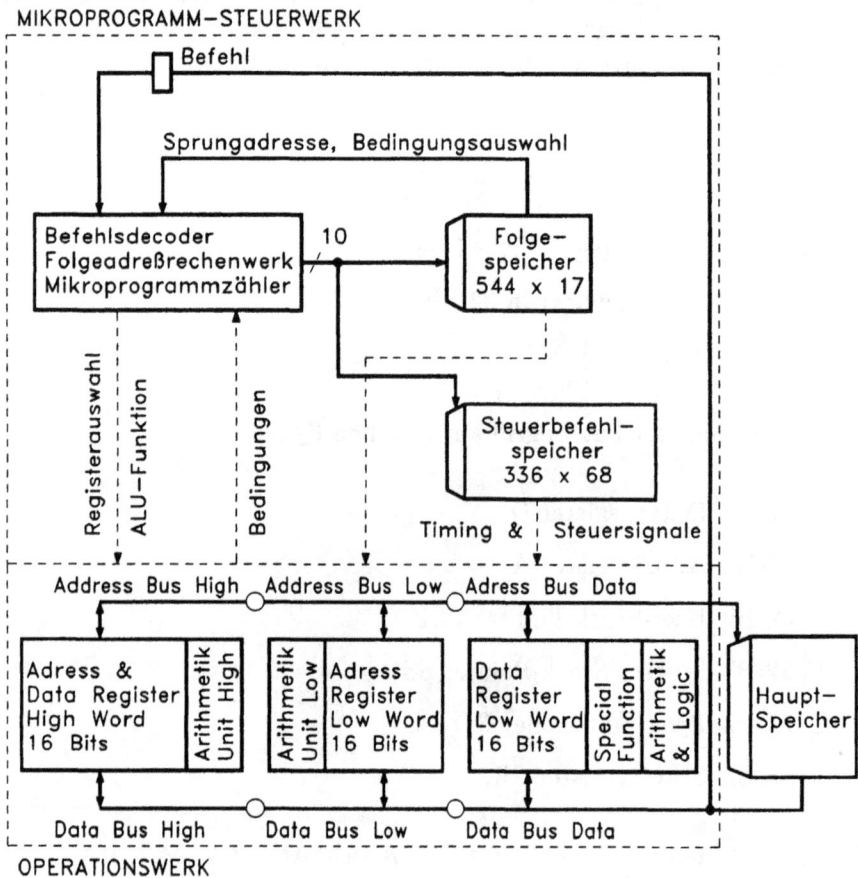

Abb. 5−45: MC68000-Architektur

spezielle Logik für die Operationen Decimal Adjust, Byte Insertion und Bit Access vorgesehen.

Weiterhin sind in den Abschnitten Hilfsregister (Arbeitsregister und Interface-Register) vorhanden, in denen die Operanden zwischengespeichert werden.

Das Steuerwerk. Das Steuerwerk ist mikroprogrammiert und beansprucht ca. 70 % der Chipfläche. Der Mikroprogrammspeicher besteht aus zwei Teilen, einem Folgespeicher und einem Steuerbefehlspeicher. Beide Speicher werden mit derselben 10-Bit-Adresse angesteuert. (In einem ersten Entwurf des Mikroprozessor wurde dagegen vorgeschlagen, die indirekte Adressierung mit zwei Speichern zu verwenden, Micro Control Store und Nano Control Store). In der Realisierung wird ein ROM mit der Wortlänge 272 Bit verwendet, das aus zwei Teilen besteht. Der obere Teil besteht aus 43 Zeilen, der untere aus 84 Zeilen. Mit Hilfe von Demultiplexern werden aus den oberen Zeilen der 17-Bit-Folgebefehl und aus den unteren der 68-Bit-Steuerbefehl ausgewählt.

Der Folgespeicher dient zur Ablaufkontrolle. Er enthält 544 Folgebefehle zu 17 Bit. Die Folgebefehle sind wie folgt aufgebaut

Format 0

```
Bit
16:15  FC(1:0)  Function Code
                (Statussignale des Mikroprozessors)
14:5   NEXT[10] Folgeadresse
4      =1
3:2    =oo: goto NEXT
       =ol: goto PLA3(Instruction)
       =lo: goto PLA2(Instruction, Illegal Operation Code)
       =11: goto PLA1(Exceptions)
1      =o (Format 0)
0      Prefetch Next Instruction Bit
```

Mit diesem Format kann entweder ein unbedingter Sprung (goto NEXT) erfolgen oder ein Sprung an eine in einem PLA gespeicherte Adresse, die aus der Befehlsinformation oder der Unterbrechungsinformation ermittelt wird.

Format 1

```
Bit
16:15  FC(1:0)  Function Code
14:7   NEXT[8]  Folgeadresse
6:2    Bedingungsauswahl i, Test Condition(i)
1      =1 (Format 1)
0      Prefetch Next Instruction Bit
```

Mit diesem Format können bedingte Sprünge ausgeführt werden:

```
if Condition(i)=TRUE then goto NEXT_oo (alternativ je nach i)
                               NEXT_ol         "
                               NEXT_lo         "
                               NEXT_11         "
```

Bedingungen sind z.B. Carry, Zero, Overflow, Negative, Schiftbedingungen, bestimmte Befehlsbits.

Der Steuerbefehlsspeicher erzeugt den Steuercode. Er enthält 336 Steuerbefehle zu 68 Bit. Damit lassen sich u.a. folgende Steuerfunktionen durchführen:

- Auswahl der Register,

- Durchschalten der Register auf die internen Bussse,

- Festlegen der Übertragungsrichtung zwischen Registern und den internen Bussen,

- Kontrolle der Interface-Register zum Austausch von Informationen zwischen den Abschnitten,

- Kontrolle der Schalter zwischen den Abschnitten,

- Auswahl von Konstanten (1, 2, 4, −1, −2, −4) für die ALU-Eingänge,

- Kontrolle der ALU und des Schifters,

- Stackpointerauswahl,

- Kontrolle der Weiterschaltung des Programmzählers,

- Setzen des Programm-Statusworts.

6. Rechnerentwurf

6.1 Einige Entwurfsaspekte

Anwender und Entwerfer eines Rechnersystems. Der *Anwender* benutzt Anwendungsprogramme, von denen er bestimmte Leistungsmerkmale erwartet. Dazu zählen insbesondere (1) eine angenehme *Bedienbarkeit* unter einer modernen Bedienoberfläche, (2) eine angemessene *Funktionalität* (nicht zu viele und nicht zu wenige Operationen, die aus „erzeugenden" Operationen durch Kombination gebildet oder maßgeschneidert werden können) und (3) eine geringe *Bearbeitungszeit* (Laufzeit, Reaktionszeit). Der reine Anwender ist weder an der Software-Implementierung noch an der Hardware interessiert, solange seine Bedürfnisse durch das Hardware/Software-System erfüllt werden. Es ist klar, daß bestimmte Leistungsmerkmale sich nur auf einer qualitativ hochwertigen Hardware-Plattform und einem geeigneten Betriebssystem realisieren lassen.

Der *Anwendungsprogrammierer* stellt entsprechende Anforderungen an die Programmentwicklungsumgebung. Sie muß so leistungsfähig sein, daß er sein Programm möglichst schnell entwickeln, dokumentieren und ändern kann. Hier muß eine gute Wahl der Programmiersprache, der Compiler und sonstigen Tools getroffen werden, wobei auch die Frage nach dem Betriebssystems und der eigentlichen Maschine beantwortet werden muß. Der Anwendungsprogrammierer weiß, daß bestimmte Maschinenmerkmale (wie Adreßraum, Graphikansteuerung) bei der Progammierung berücksichtigt werden müssen bzw. bis in die Anwendung durchschlagen. Insofern ist der Anwendungsprogrammierer teilweise gezwungen, sich um Maschinendetails zu kümmern, mit denen sich ansonsten nur der Systemprogrammierer auseinandersetzt. Moderne Compiler und Betriebssysteme stellen aber dem Anwendungsprogrammierer ausreichend leistungsfähige Kommandos und Bibliotheken zur Verfügung, so daß er die Maschine nicht direkt ansteuern muß.

Der *Systemprogrammierer* entwickelt Systemprogramme (Betriebssysteme, Compiler, Debugger, Editoren, Laufzeitsysteme). Er benutzt maschinennahe Sprachen wie „C" und die Assembler-Maschinensprache. Er muß sich mit den Feinheiten des Betriebssystems und den besonderen Hardware-Eigenschaften auf der Maschinenebene auskennen.

Der *Entwerfer des Rechnersystems* (Rechnerarchitekt im weiteren Sinne) legt die grobe Gliederung des Rechners (die *Rechnerstruktur*) in Prozessoren, Bussysteme, Hauptpeicher, Cachespeicher, Plattenspeicher, Grafikinterface und sonstige Schnittstellen fest. Dabei spielen Fragen der Zuverlässigkeit, des Durchsatzes, der Zugriffszeiten, der Bandbreiten, der maximalen Kapazitäten, der Erweiterbarkeit usw. eine besondere Rolle.

Der *Entwerfer der Rechnerarchitektur* (Rechnerarchitekt im engeren Sinne) legt den Maschinenbefehlssatz und die durch ihn angesprochen Objekte (wie Register, Speicher, Ein-/Ausgabe-Schnittstelle, Interruptsystem) fest. Weiterhin setzt er die grobe Gliederung des Rechnersystems in eine feine um. Auf dieser Ebene können Hardware-Beschreibungssprachen eingesetzt werden, um die Funktionalität und die „Register-Transfer"-Architektur beschreiben zu können.

Der *Logik-Entwerfer* entwickelt mit Hilfe der Design-Tools aus diesen Beschreibungen die entsprechenden integrierten Schaltkreise. Dabei kommen mehr und mehr Syntheseprogramme zum Einsatz, die aus einer algorithmischen oder Register-Transferbeschreibung eine Logik-Beschreibung generieren.

Der *Rechnerbauer* schließlich fügt die Komponenten entsprechend der definierten Rechnerstruktur zu einem Ganzen zusammen.

Formulierung der Entwurfsaufgabe. Bevor ein System oder eine Funktionseinheit implementiert bzw. realisiert wird, sollte zunächst ein *Plan* (Lösungskonzept) aufgestellt werden, der den Implementierungsweg aufzeigt (Strukturdiagramme, Blockschaltbilder, Graphen, Ablaufpläne, Relationen, Datenorganisation und dergl.). Um nicht unnötige Arbeit in einen Plan zu verschwenden, der vielleicht der Aufgabe nicht gerecht wird, muß die Aufgabenstellung möglichst vollständig formuliert werden. Eine Software-Implementierungsaufgabe könnte z. B. nach folgendem (vereinfachendem) Schema aufgestellt werden:

Gesucht:

a) *Implementierung eines Programms, das die Nebenbedingungen erfüllt.*

b) *Benutzerhandbuch*

c) *Dokumentation über die Planung und Implementierung*

Forderungen/Nebenbedingungen:

a) *Erfüllung der expliziten Forderungen des Anwenders (gegeben)*

b) *Erfüllung der impliziten Forderungen des Anwender (zu erfragen oder zu erraten)*

c) *Die Laufzeit für bestimmte Funktionen muß unterhalb einer bestimmten Schranke liegen (gegeben oder vorzugeben).*

d) *Es soll die Entwicklungsumgebung für die Programmiersprache X auf dem Rechner Y mit dem Betriebssystem Z verwendet werden (gegeben).*

e) *Das Produkt soll möglichst gut wartbar sein (präzisieren).*

f) *Die Kosten sollen kleiner als k sein (Kosten präzisieren: Entwicklungs-, Herstellungs-, Wartungs-, Betriebs-, Änderungskosten).*

Häufig werden Software-Implementierungsaufgaben nicht vollständig genug formuliert, so daß der Entwerfer/Implementierer z. B. die Erstellung der Dokumentation „vergißt". Oft sind auch die Nebenbedingungen unvollständig definiert, so daß u. U. Produkte entwickelt werden, die keine akzeptable Qualität besitzen. Deshalb sollten die Forderungen/Nebenbedingungen in Abstimmung mit dem Auftraggeber möglichst präzise formuliert werden, damit der Implementierer nicht falsche Wege einschlägt.

Eine typische *Hardware-Entwicklungsaufgabe* könnte etwa wie folgt lauten:

Gesucht:

a) *Integrierte Schaltung*

b) *Datenblatt*

c) *Entwurfsunterlagen*

Forderungen/Nebenbedingungen:

a) *Applikationen für den Einsatz der Integrierten Schaltung in Umgebungen*

b) *Funktionsweise*

c) *Zeitverhalten*

d) *Anzahl der Anschlüsse*

e) *Stromverbrauch*

f) *Kosten*

g) *Die Logikkomponenten und erlaubten Zusammenschaltungen*

h) Entwicklungswerkzeuge.

Auch bei dieser Entwurfsaufgabe müssen die Forderungen/Nebenbedingungen in der Regel präzisiert (geschätzt, ermittelt oder iterativ verbessert) werden, bevor mit der eigentlichen Entwurfsarbeit begonnen werden sollte.

Man sollte zwischen „Entwurfsaufgaben" und „Optimierungsaufgaben" unterscheiden. Eine Optimierungsaufgabe ist mehr als eine Entwurfsaufgabe, weil bei ihr zusätzlich ein Optimierungskriterium (Zielfunktion) ein Optimum annehmen soll. Deshalb kann man sich bei einer Optimierungsaufgabe nicht mit *einer* möglichen Lösung zufrieden geben, sondern muß *mehrere* Entwürfe machen, um sich daraus den besten aussuchen zu können.

Die am häufigsten benutzten, gegenläufigen Optimierungskriterien sind der Aufwand oder die Bearbeitungszeit:

A) Aufwand → Minimum, Bearbeitungszeit < Schranke

B) Aufwand < Schranke, Bearbeitungszeit → Minimum.

Vorgehensweisen beim Rechnerentwurf. Der Entwurf eines Rechners findet auf verschiedenen Ebenen statt und besitzt eine große Zahl von Freiheitsgraden, insbesondere auf den höheren Ebenen. Er erfordert vom Entwerfer ein hohes Maß an Erfahrung und Kreativität.

Dabei müssen im Hinblick auf die Funktionsweise die Vorgaben von „oben" (Spezifikation) und die Vorgaben von „unten" (Bausteine, Objekte) berücksichtigt werden:

Spezifikation → Gestaltungsraum → Bausteine .

Bei der *Top-Down-Methode* geht man schrittweise von oben nach unten vor, indem man den Entwurf immer mehr in Richtung auf die vorgegebenen Komponenten verfeinert. Bei der *Bottom-Up-Methode* geht man schrittweise von unten nach oben vor, indem man die vorgegebenen Komponenten zu komplexeren Komponenten in Richtung auf das Gesamtsysten zusammensetzt. Ein guter Entwerfer kann sowohl top-down als auch bottom-up vorgehen, wenn er die Vorgaben auf der anderen Seite immer im Auge behält. Die Top-Down-Methode hat den Vorteil, daß man in den ersten Verfeinerungsschritten künstliche (abstrakte, virtuelle) Komponenten benutzen kann, die man erst später auf die konkreten Komponenten abbildet. Dabei kann sich allerdings herausstellen, daß die Abbildung zu ineffizient wird. Die Bottom-Up-Methode hat den Vorteil, daß die Komponenten schrittweise komplexer werden und konkret bleiben, so daß man sie sich leichter vorstellen und auch testen kann. Dabei kann es allerdings vorkommen, daß man komplexe Komponenten konstruiert, die sich schlecht zum Zusammenbau des Gesamtsystems eignen.

Um zu einem guten Entwurf zu kommen, sollte man deshalb mehrere Entwürfe nach verschiedenen Methoden machen und anschließend Optimierungen vornehmen.

Man kann auch eine gemischte Top-Down/Bottom-Up-Entwurfmethode anwenden, bei der sich Bottom-Up-Schritte und Top-Down-Schritte abwechseln, so daß sie sich schließlich in der Mitte treffen.

Zum Entwurf eines Steueroperationssystems. Wir wollen als Beispiel den Entwurfsvorgang für ein Steueroperationssystem betrachten, bei dem eine bestimmte Funktionsweise realisiert werden soll.

Zuerst wird die Funktionsweise spezifiziert, wobei beliebige Formalismen benutzt werden können. So können beispielsweise logische Aussagen oder parallele Algorithmen mit beliebigen Objekten und Operatoren benutzt werden. Diese Spezifikation wird dann von dem Entwerfer oder einem automatischen Entwurfssystem weiter verarbeitet. Der gewonnene Entwurf muß anschließend gegen die Spezifikation geprüft (verifiziert) werden.

Wir wollen vereinfachend annehmen, daß das System zunächst in ein Operationswerk und ein Steuerwerk aufgespalten werden soll. Dabei gibt es zwei Möglichkeiten: entweder man beginnt mit der Festlegung des Operationswerks und legt anschließend das Steuerwerk fest oder umgekehrt. Dabei können die beiden Werke nicht unabhängig voneinander entworfen werden. Änderungen des Operationswerks ziehen Änderungen des Steuerwerks – und sei es nur eine Programmänderung – nach sich und umgekehrt. In der Regel ist es günstiger, mit dem Entwurf des Operationswerks zu beginnen und danach das Steuerwerk zu entwerfen. Denn die Funktionsweise des Steuerwerks und damit des gesamten Systems läßt sich ja durch einen anderen Ablauf, der in einem Mikroprogramm, einem PLA oder in der Verdrahtung steckt, verhältnismäßig leicht verändern. Beim Entwurf muß man die Spezifikation im Auge behalten bzw. aus ihr direkt die Mikrooperationen für das Operationswerk ableiten. Das ist z. B. möglich, wenn die Spezifikation algorithmisch in einer Hardware-Beschreibungssprache formuliert wurde. Um einen guten Entwurf zu erhalten, wird man abwechselnd Änderungen im Operationswerk und im Steuerwerk vornehmen müssen. Wenn das System die gewünschte Funktionsweise realisiert, müssen die Nebenbedingungen geprüft werden. Arbeitet das System zu langsam, dann müssen das Steuerwerk und/oder das Operationswerk aufwendiger („breiter") gestaltet werden. Im Steuerwerk und/oder im Operationswerk müssen dann mehr Abfragen bzw. Mikrooperationen parallel durchgeführt werden. Ist dagegen das entworfene System zu teuer, dann müssen das Steuerwerk und/oder das Operationswerk vereinfacht werden, indem die Abfragen und/oder Mikrooperationen sequentialisiert werden. Man versucht dann, die Datenwege zu minimieren (Mehrfachnutzung von Datenwegen/Bussen) und teure Schaltungen (wie Addierer, Multiplizierer etc.) nur sparsam einzusetzen und mehrfach zu nutzen. Die Freiheitsgrade beim Entwurfsvorgang sind mehr oder weniger beschränkt, insbesondere durch die vorgegebene Bausteinbibliothek und vorgebenene Grundstrukturen. (Das Steuerwerk soll z. B. ein Matrix-Steuerwerk oder ein Mikroprogrammsteuerwerk sein; das Rechenwerk soll n Register und ein oder zwei ALUs ohne Multiplizierer besitzen.)

Wenn ein universelles Rechenwerk entworfen werden soll, dann sollte man versuchen, eine möglichst einfache, klare Registerstruktur zu wählen, weil dadurch die Übersichtlichkeit, Überprüfbarkeit und Ansteuerung sehr vereinfacht werden. Wenn das Operationswerk klar strukturiert ist, dann läßt es sich auch durch klar strukturierte Mikrobefehle/Befehle ansteuern. Insofern hängen diese Strukturen gegenseitig voneinander ab.

Zum Entwurf eines Mikroprogramm-Steuerwerks. Beim Entwurf eines MP-Steuerwerks ist es zweckmäßig, zuerst die Größe des MP-Speichers festzulegen. Die Anzahl der Worte läßt sich durch eine Abschätzung der maximalen Länge des Mikroprogramms festlegen. Die Breite des Mikrobefehls ist schwieriger festzulegen, da sie von den parallel auszuführenden Mikrooperationen, ihrer Codierung und Anordnung in Unterfeldern des Mikrobefehls abhängt.

Definition der Mikrobefehle. Bei der Definition der Mikrobefehle im Entwurfsvorgang gibt es zwei Vorgehensweisen: (1) Vom horizontalen zum vertikalen Mikrobefehl und (2) vom vertikalen zum horizontalen Mikrobefehl.

Zu (1): Der Ausgangspunkt ist ein „reines" MP-Steuerwerk mit einem horizontal codierten Mikrobefehl. Alle Mikrooperationen und Abfragen sind parallel ausführbar. Um den Aufwand des Steuerwerks zu reduzieren, werden anschließend die verschiedenen Methoden zur Einsparung von Speicherplatz angewendet. Diese Vorgehensweise hat den Vorteil, daß man mit einer klaren, übersichtlichen Struktur und mit minimaler Verarbeitungszeit beginnt.

Zu (2): Der Ausgangspunkt ist der vertikale Mikrobefehl. Die Mikrooperationen im Operationswerk und die Abfragen sind nur sequentiell durchführbar. Um die Verarbeitungsgeschwindigkeit zu erhöhen, werden schrittweise mehr Mikrooperationen und Abfragen parallel zugelassen. Diese Vorgehensweise hat den Vorteil, daß man mit geringem Aufwand beginnt. Bei der Parallelisierung verschafft man sich über die Häufigkeit und Verträglichkeit der kombinierten Mikrooperationen Klarheit, so daß keine Mikrooperationen/Mikrobefehle realisiert und codiert werden, die nur selten benutzt werden oder sich nicht vertragen.

Neben den zwei oben geschilderten Vorgehensweisen besteht auch die Möglichkeit, von einem Mikrobefehl auszugehen, der etwa doppelt so breit wie die Datenwegbreite ist, weil dann in einer Hälfte des Mikrobefehls eine Konstante (Direktoperand) untergebracht werden kann, die direkt auf den Datenweg geschaltet werden kann. Wählt man einen zu breiten Mikrobefehl, so wird die verfügbare Parallelität im Mittel nur schlecht ausgenutzt; wählt man ihn zu schmal, dann benötigt man zu viele Schritte zur Durchführung der gewünschten Operationen. Man muß auch beachten, daß ein „breites" Operationswerk auch einen breiten Steuerbefehl erfordert und umgekehrt. Je billiger die Speicher werden, desto mehr kann man auf die starke Codierung des Mikrobefehls verzichten, wodurch auch die sonst notwendigen Decodierer und Demultiplexer entfallen. Das Multiplexen der Eingangssignale wird man aber nicht umgehen können (außer bei der Verwendung von PLAs), denn der Speicheraufwand wächst ja exponentiell mit der Anzahl der Eingangssignale.

Zum Entwurf der Maschinenbefehle. Die Maschinenbefehle enthalten verschiedene Informationsanteile, die *Programmadreßinformation*, die *Datenadreßinformation*, die *Recheninformation* und die *Steuerinformation*. Die Programmadreßinformation, die vom Programmadreßrechenwerk ausgewertet wird, dient zur Berechnung der Adresse des nächsten auszuführenden Befehls. Bei normalen Befehlen wird diese Adresse im Befehlszähler gehalten und einfach um Eins hochgezählt, so daß diese Information im Befehlscode enthalten ist. Wenn Sprünge ausgeführt werden sollen, muß sich aus der Programmadreßinformation das Sprungziel berechnen lassen. Die Programmadreßinformation beinhaltet Sprungadreßkonstanten, Adressen von Programmadreßregistern und die Programmadressierungsart. Je nach Adressierungsart werden die Inhalte der Programmadreßregister (dazu zählen der Programmzähler und das Programmbasisregister) mit den Sprungadreßkonstanten (dazu zählen absolute oder relative Sprungadressen) unterschiedlich verknüpft. Bei bedingten Sprüngen hängt das Sprungziel zusätzlich von dem aktuellen Wert der ausgewählten Bedingung ab, die auch zu der Programmadreßinformation gezählt werden kann.

Die *Datenadreßinformation* beinhaltet Adressen von Datenadreßregistern (z. B. Indexregister, Datenbasisregister), Datenadreßkonstanten (z. B. Offsets) und die Datenadressierungsart. Die *Recheninformation* beinhaltet Adressen von Rechenregistern, Rechenkonstanten und den

Rechenoperationscode. Die *Steuerinformation* beinhaltet den Operationscode des Befehls und weitere Steuerdaten zur Steuerung der sonstigen Einheiten des Systems.

An dieser Aufzählung ist klar geworden, daß alle diese Informationsanteile nicht parallel im Befehl untergebracht werden können. Es müssen also zwangsläufig Befehlstypen eingeführt werden, die bestimmte „Informationsmischungen" charakterisieren. Typische Einteilungen bestehen aus unbedingten und bedingten Sprungbefehlen, reinen Rechenbefehlen und LOAD/STORE-Befehlen. Bei den sogenannten CISC(complex instruction set)-Befehlen gibt es auch Befehle mit variabler Wortlänge und direkten Operationen auf Speicherzellen, während die sogenannten RISC(reduced instruction set)-Befehle konstante Länge besitzen und keine Operationen auf den Speicherzellen zulassen, d. h. die Operanden müssen explizit durch LOAD/STORE-Befehle zwischen den Speicherzellen und den Registern hin und her transportiert werden.

Die Frage nach der Einteilung der Befehle in Befehlstypen und Felder ist ein Optimierungsproblem, das zusammen mit der Gestaltung des Operationswerkes erfolgen muß. Dabei sollten u. a. folgende Punkte berücksichtigt werden:

1. *Anzahl der Register.* Sie sollte einerseits möglichst klein sein, damit Adressierungsbits eingespart werden können und der Maschinenstatus nicht zu groß wird (beim Prozeßwechsel), andererseits sollte sie möglichst groß sein, damit möglichst viele Zwischenergebnisse und Parameter gehalten werden können, wodurch sich die Anzahl der LOAD/STORE-Befehle reduziert. Meist wird eine Registerzahl von 16 oder 32 gewählt.

2. *Anzahl der Registersätze und Operationen.* Aus Gründen der logischen Übersichtlichkeit, des Schutzes, der Erweiterbarkeit und der Unterstützung von Parallelarbeit sollte man für jeden Datentyp (spezifische Operationen auf Registern) ein separates Rechenwerk vorsehen (vergl. Abschn. 4.4). Die Rechenwerke können dann getrennt entworfen und optimiert werden, wobei die Registersätze als einfache 2-Port-RAMs konstruiert werden können. Dabei entsteht aber das Problem der zeitlichen Synchronisation (die Operationen dauern unterschiedlich lange, z. B. durch Pipelining, Ausnahmebehandlung) und des Datenaustauschs (einschließlich der Datentypkonvertierung) zwischen Registersätzen, der dann über den Speicher erfolgen muß.

Wenn man den Hardware-Aufwand minimieren will, kann man die extreme andere Alternative wählen, nämlich ein Rechenwerk für alle Datentypen. Um die steigenden Anforderungen nach Parallelarbeit zu erfüllen, muß man hardwaremäßig aber einen aufwendigen Multiport-Registerspeicher vorsehen, an den die ALUs für die verschiedenen Datentypen angeschlossen sind, z. B. ALU1 und ALU2 für logische und Integer-Operationen, ALU3 für Gleitkommaoperationen, ALU4 für graphische Operationen (Pixel Add usw.), ALU5 Programmadreßberechnungen, ALU6 für Datenadreßberechnungen. In der Praxis wählt man meist einen Mittelweg zwischen den beiden Extremen (n Datentypen $= n$ Rechenwerke) und (n Datentypen $= 1$ Rechenwerk).

3. *Länge der Adresse.* Die Länge der (meist virtuellen) Adresse sollte für die Applikationen ausreichend groß sein, so daß der Programmierer nicht gezwungen ist, sein Programme und Daten künstlich zu segmentieren. Eine Adreßlänge von 32 reicht meist aus, für größere Mehrprogramm- und Multiprozessorsysteme wird man aber auf Adreßlängen von 48 oder 64 übergehen müssen.

4. *Feste/variable Befehlswortlänge.* Eine feste Befehlswortlänge hat den Vorteil der einfacheren hardwaremäßigen Decodierung und schnelleren Ausführbarkeit. Bei variabler Befehlswortlänge können die häufigen Befehle kürzer codiert werden, die dann weniger Speicherplatz benötigen und den Speicherbus weniger belasten. Befehle, die mehr Information tragen sollen, z. B. Befehle mit mehreren Speicheradressen oder langen Konstanten, können sich über mehrere Worte erstrecken. Dadurch wird natürlich der Aufwand zum Holen des Befehls größer, kann aber kleiner gehalten werden, als wenn dafür eine wirkungsgleiche Befehlssequenz benutzt wird. Außerdem erhöht sich der Decodieraufwand, das Steuerwerk wird komplexer und Hardware-Beschleunigungsmaßnahmen wie Pipelining lassen sich schwieriger realisieren. Dafür hat der Rechnerarchitekt mehr Freiheit bei der Definition von softwareorientierten Maschinensprachen.

5. *Anzahl der Befehlstypen.* Wenn die Anzahl der Befehlstypen und Adressierungsarten klein ist, dann ergeben sich folgende Vorteile: (1) Der Maschinenprogrammierer/Übersetzerbauer kann den Maschinenbefehlssatz leicht überblicken, (2) Der Operationscode wird kurz und die Decodierung wird einfach, (3) Hardware-Steuerwerke können benutzt werden, (4) Hardware-Beschleunigungsmaßnahmen lassen sich leichter realisieren und (5) Befehle mit einer geringen Häufigkeit belasten nicht die Architektur und die Realisierung. Es sprechen aber auch Gründe für eine große Anzahl von Befehlen. Wenn eine größere Funktionalität und Leistung bereit gestellt werden soll, z.B. wenn Befehle und Rechenwerke für höhere Datenty-

pen und für Parallelarbeit von der Hardware unterstützt werden sollen, dann muß die Anzahl der Befehle zwangsläufig größer werden. Das ist ein Grund dafür, weshalb sich der Wunsch nach sehr wenigen Befehlen nicht durchhalten läßt. In der Tat findet man bei modernen sogenannten RISC-Rechnern eine sehr große Anzahl von Befehlen, die z. B. Gleitkommaverarbeitung und Graphikverarbeitung unterstützen. Allerdings sollten zu der Befehlsliste nicht solche Befehle hinzugefügt werden, die leicht nachgebildet werden können oder eine sehr geringen Einfluß auf die Verbesserung der Gesamtleistung haben. Dazu zählen insbesondere Befehle mit einem geringen Produkt aus *Häufigkeit* mal *Befehlsausführungszeit* = *Zeitanteil*. (Die alleinige Betrachtung der Häufigkeit, wie oft argumentiert wird, genügt nicht!)

Aus diesen Betrachtungen sollte klar geworden sein, daß es statistischer Untersuchungen, einer großen Erfahrung und einer gewissen Kreativität bedarf, um die Rechnerarchitektur, d. h. insbesondere die Maschinenbefehle zusammen mit den Operationswerk, so zu gestalten, daß ein übersichtliches, programmierfreundliches und leistungsfähiges System mit akzeptablem Aufwand entsteht.

Charakterisierung von Entwurfsaufgaben. Im folgenden wollen wir einige typische Entwurfsaufgaben charakterisieren, wobei die Betrachtungen sich auf die Erfüllung der Forderung „Funktionsweise" beschränken sollen. Bevor ein System entworfen werden kann, muß die gewünschte Funktionsweise bzw. die Menge der Funktionsweisen (im Falle der Progammierbarkeit z. B. durch Angabe der Befehlsliste und Objektmenge) festgelegt (spezifiziert) werden. Eine große Schwierigkeit besteht darin, die Funktionsweise(n) exakt zu spezifizieren, und zwar hauptsächlich aus zwei Gründen: (1) Der Anwender oder Entwerfer weiß zu Beginn oft selbst nicht genau, was er am Ende benötigt. Er kann zu Beginn nur die ihm am wichtigsten erscheinenden Teilfunktionen/Operationen spezifizieren. Aber er ist nicht in der Lage, insbesondere bei komplexen Systemen, das Zusammenspiel und die Auswirkungen der Teilfunktionen zu überblicken. Erst im Laufe der Entwicklung, nachdem gewisse Implementierungsentscheidungen getroffen wurden, gelingt es ihm, seine Anforderungen zu präzisieren, die normalerweise zu einer Revision der schon getroffenen Entscheidungen führen. (2) Die Werkzeuge zur Spezifikation und zur Entwurfsunterstützung werden vom Anwender oft als zu allgemein, zu speziell oder zu formal empfunden. Meist müssen auch verschiedenartige Werkzeuge benutzt werden, die nicht aufeinander abgestimmt sind. Allerdings werden diese Argumente manchmal nur als Vorwand benutzt, um sich nicht der Mühe des Erlernes neuer Methoden und Sprachen unterziehen zu müssen.

Im folgenden werden einige typische Entwurfsaufgaben beschrieben, wobei die Systeme vereinfachend als strenge Interpretationshierarchien (vergl. Abschnitt 5.4) mit konstanten und variablen Komponenten modelliert werden. *Variable* (gesuchte) Komponenten werden durch einen Stern gekennzeichnet, während *konstante* (gegebene) Teile nicht weiter gekennzeichnet werden.

1. **Entwurf einer speziellen Hardware-Funktionseinheit**

   [*Funktionsweise*] *Verdrahtung** → *Hardwarekomponenten*

   Gesucht ist eine Verdrahtung von Hardwarekomponenten, so daß die geforderte Funktionsweise realisiert wird. (In der Verdrahtung soll auch die Steuerung der Hardwarekomponenten stecken, deshalb könnte man anstelle von „Verdrahtung" auch allgemeiner „Steuerung und Verdrahtung" sagen.)

2. **Festlegung einer Funktionsweise durch ein Programm** (Implementierung einer Maschine)

   [*Funktionsweise*] *Programm** → *Prozessor*

   Gesucht ist ein Programm auf einem Prozessor, so daß die geforderte Funktionsweise realisiert wird.

   (Das Programm ist in der Regel ein Maschinenprogramm eines Rechners. Es kann aber auch ein Mikroprogramm einer Mikromaschine sein oder ein Programm in einer höheren Sprache, die vom Prozessor ausgeführt/interpretiert wird.)

   Anwendungsbeispiele: Programmierte Rechner/Prozessoren, die damit eine bestimmte Funktionsweise/Anwendung realisieren; Anwendungsprogramme, spezielle Steuerungen, Rechner mit Betriebssystem, programmierte Automaten.

3. **Entwurf eines „festverdrahteten" Rechners**

   *Maschinenprogramm*** → [*Maschinenbefehle*] *Verdrahtung**
   → *Hardwarekomponenten*

   Gesucht ist ein programmierbarer Rechner (*Verdrahtung → Hardwarekomponenten*), der einen Maschinenprogrammspeicher besitzt und den gegebenen Maschinenbefehlssatz ausführen kann. (Die beiden Sterne kennzeichnen Komponenten, die variabel bleiben sollen.)

   Anwendungsbeispiele: Schnelle universelle und spezielle Rechner/Prozessoren.

4. **Entwurf eines mikroprogrammierbaren Rechners**

   *Maschinenprogramm*** → *Mikroprogramm***
   → [*Mikrobefehle**] *Mikromaschine**

Gesucht sind Mikrobefehle und eine *Mikromaschine* = (*Verdrahtung* → *Hardwarekomponenten*), so daß Mikroprogramme ausgeführt werden können, die Maschinenprogramme interpretieren können. D. h. die Mikromaschine muß einen Mikropogrammspeicher und eine Maschinenprogrammspeicher besitzen.

Anwendungsbeispiel: Entwurf eines mikroprogrammierbaren Rechners für spezielle oder universelle Anwendungen.

5. **Emulation, Festlegung einer Rechnerarchitektur durch Mikroprogramme**

   Maschinenprogramm** → [*Maschinenbefehle*] *Mikroprogramm**
   → *mikroprogrammierbarer Rechner*

   Gesucht ist ein Interpreter-Mikroprogramm, das einen gegebenen Maschinenbefehlssatz interpretiert.

   Anwendungsbeispiele: Realisierung von Rechnerarchitekturen innerhalb der durch die Hardware vorgegebenen Grenzen; Realisierung von Interpretern für Zwischensprachen.

6. **Entwurf eines mikroprogrammierten Rechners für eine gegebene Architektur**

   Maschinenprogramm** → [*Maschinenbefehle*] *Mikroprogramm**
   → *mikroprogrammierbarer Rechner**

   Gesucht ist ein mikroprogrammierbarer Rechner und ein Interpreter-Mikroprogramm, das einen gegebenen Maschinenbefehlssatz interpretiert.

   Anwendungsbeispiele: Realisierung kompatibler Rechner mit gleicher Architektur (Maschinenbefehlssatz) bei unterschiedlicher Hardware, Technologie und Verarbeitungsleistung, wodurch bereits entwickelte Systemprogramme weiter verwendet werden können; Realisierung neuartiger Rechnerarchitekturen und Interpreter für Zwischensprachen, die eine spezielle Hardware erfordern.

Entwurfsphasen für einen mikroprogrammierbaren Rechner. Der Entwurf eines mikroprogrammierbaren Rechners kann etwa in folgende Phasen eingeteilt werden:

A   Implementierung der Architektur auf dem mikroprogrammierbaren Rechner

   A1 Architektur (Maschinenbefehlssatz und Objektmenge, Programmiermodell) festlegen

   A2 Interpreter-Mikroprogramm schreiben

   A3 Mikroprogramm überprüfen

   A4 Mikroprogramm laden

A5 Rechner testen

B Entwurf und Realisierung des mikroprogrammierbaren Rechners

B1 Mikromaschinenarchitektur festlegen

B2 Hardwareentwurf mit den gegebenen Hardwarekomponenten durchführen

B3 Hardwareentwurf überprüfen

B4 Hardware aufbauen

B5 Mikroprogrammierbaren Rechner testen

Einige Phasen können gleichzeitig, andere müssen hintereinander durchgeführt werden. Die A-Phasen müssen ebenso wie die B-Phasen hintereinander durchgeführt werden. Die Durchführung der Phase A2 setzt die Durchführung der Phase B1 voraus und die Durchführung der Phase A4 die Phase B5. Ansonsten können die Phasen gleichzeitig durchgeführt werden. Insbesondere ist die Reihenfolge der Definitionsphasen A1, B1 nicht festgelegt. Es muß nur gewährleistet sein, daß sich die Architektur auf der Mikromaschine realisieren läßt. Die folgende Beziehung stellt die Abhängigkeiten zusammenfassend dar, wobei gleichzeitige Durchführbarkeit durch „[... , ...]" und sequentielle Durchführung durch „;" gekennzeichnet ist:

[A1, B1]; [(A2; A3), (B2; B3; B4; B5)]; A4; A5

Die Fälle A3, A5, B3, B5 dienen zur Verifikation der Spezifikationen A1, B1. Falls die Spezifikationen nicht verifiziert werden können, müssen vorausgegangene Entwurfsentscheidungen revidiert werden.

Rechnertypen. Je nachdem, in welchem Umfang Rechner programmierbar sind, können vier Rechnertypen unterschieden werden:

1. Rechner mit *konstanter* Maschinensprache

2. Rechner mit *variabler* (programmierbarer) Maschinensprache. (Die Festlegung erfolgt z. B. durch das Mikroprogramm eines mikroprogrammierbaren Rechners oder durch den PLA-Code eines „verdrahteten" Rechners.)

3. Rechner mit *variablen* (programmierbaren) Mikrooperationen

4. Rechner mit *variabler* Struktur.

Im Laufe der Rechner-Historie wurden bisher die ersten beiden Rechnertypen entwickelt. In Zukunft könnte die Programmierbarkeit weiter ausgedehnt werden, so daß dadurch die neuartigen Rechnertypen 3. und 4. entstehen würden. Den 3. Rechnertyp möchte ich als *adaptierbaren* Rechner bezeichnen, weil er in bezug auf die Operationen besser an die Anwendung angepaßt werden kann (z. B. durch Programmierung der ALU-Funktionen). Voraussetzungen sind entsprechende Technologien (programmierbare Bausteine) und Übersetzungstechniken. Es ist zu vermuten, daß die Bedeutung adaptierbarer Rechner erkannt und mit dem Voranschreiten der Technologie ermöglicht wird.

Es ist noch ein weiterer, flexibler 4. Rechnertyp vorstellbar, bei dem nicht nur die internen Operationen, sondern auch die Speicherstruktur und die Verbindungswege programmierbar sind. Solche Rechner sollen *konfigurierbare* Rechner heißen.

6.2 Entwurf eines Beispiel-Rechners

In den folgenden Abschnitten wird der Beipiel-Rechner DINATOS entworfen. Zuerst wird im nächsten Abschnitt die Architektur auf der Verhaltensebene definiert. Anschließend werden verschiedene Implementierungen diskutiert. Im Abschnitt 6.2.2 werden direkte Hardware-Realisierungen (das Steuerwerk ist ein Hardware-Steuerwerk) besprochen. Zum Vergleich soll der Beispiel-Rechner auf einem mikroprogrammierbaren Rechner durch Emulation/Interpretation implementiert werden. Dazu wird vorab der mikroprogramierbare Rechner PIRI entworfen, der dann zur Emulation der Architektur benutzt wird.

6.2.1 DINATOS-Architektur

Die Architektur eines Rechners wird üblicherweise durch die Wirkung der Maschinenbefehle auf die Objekte (Speicherzellen, Register, Datenträger, Ein-/Ausgangssignale, Teilfunktionseinheiten) beschrieben. Diejenigen Objekte, die zur Beschreibung der Funktionsweise eines Rechners genügen, sollen als *(Modell-)Objektmenge* bezeichnet werden. Die Objekte müssen nicht unbedingt konkret vorhanden sein, sie können auch virtuell (durch Hardware oder Software interpretiert) vorliegen. Zur Objektmenge zählen also keine zusätzlichen Hilfsregister oder dergleichen, die erst bei der Realisierung/Implementierung dazu kommen. In diesem Zusammenhang ist auch der Begriff *Programmiermodell* (auch *Registermodell*) zu erwähnen, mit dem im wesentlichen die Register gemeint sind, auf die der Programmierer mit Hilfe der Maschinenbefehle Zugriff hat. Der Begriff *Objektmenge* ist umfassender, da er auch die sonstigen Objekte, wie Hauptspeicher und Ein-/Ausgabe-Schnittstelle, mit einschließt.

Die Objektmenge des Beispiel-Rechners (Abb. 6–1) besteht aus dem Hauptspeicher MEM, dem Befehlszähler P, dem Akkumulator AC, dem

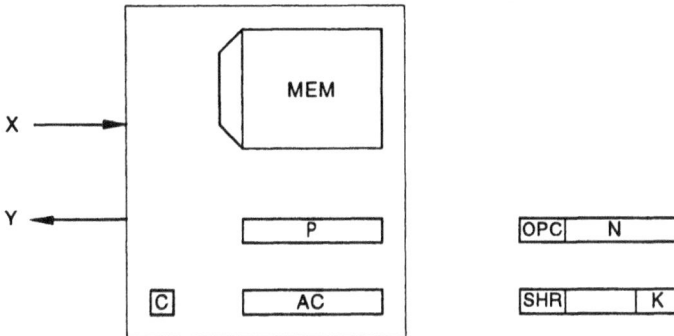

Abb. 6–1: Objektmenge und Befehle

Carry-Bit C, den Eingangssignalen X und den Ausgangssignalen Y. Die DINATOS-Architektur (Wirkung der Maschinenbefehle auf die Objektmenge) läßt sich durch ein HDL-Programm beschreiben/spezifizieren (Abb. 6–2). Es dient dazu, dem Leser die Funktionsweise in prägnanter Form hinreichend genau zu erklären oder als Spezifikation im Entwurfsprozeß. Entsprechend der obigen Definition der Objektmenge werden in der Beschreibung keine unnötigen Hilfsobjekte verwendet, die erst bei der Realisierung bzw. Emulation (Abschnitte 6.2.2 bzw. 6.2.3.2) hinzugefügt werden.

Die Objektmenge von DINATOS wird in den Programmzeilen 2-6 festgelegt. Die Makros (Zeilen 8-12) definieren die Aufteilung des 32-Bit-Maschinenbefehls MEM(P) in den Operationscode OPC (8 Bit) und die Adresse/Konstante N (24 Bit) oder die Schiftzahl (5 Bit). Das Makro <MN> bezeichnet die Speicherzelle MEM(<N>) und das Makro <MMN> die indirekt adressierte Speicherzelle MEM(MEM(<N>)). Die Speicherzelle mit der Adresse 'FFFFFFFF' dient zur Ausgabe, sie ist permanent mit den Ausgangssignalen Y verbunden (Zeile 14). Die Speicherzelle mit der Adresse 'FFFFFFFE' dient zur Eingabe, die X-Werte werden wiederholt in diese Speicherzelle eingeschrieben (Zeile 16). (Das genaue zeitliche Ein-/Ausgabeverhalten ergibt sich erst bei einer Realisierung.) Die Wirkung der Befehle wird durch die Interpretationsschleife (Zeilen 18-38) beschrieben. Wenn z.B. der Operationscode des durch P adressierten Befehls gleich 9 ist, dann wird zu dem Akkumulatorinhalt der Inhalt der Speicherzelle N addiert und danach der Befehlszähler um 1 erhöht. Die Operationscodes 13, 14, 15 kennzeichnen Sprungbefehle, die nur den Befehlszähler P verändern.

```
 1 unit COMPUTER'DINATOS;                              "Architekturbeschreibung"
 2 input X[32]; output Y[32];                          "Eingangs-/Ausgangssignale"
 3 boole MEM('FFFF FFFF':0,31:0),                      "Hauptspeicher"
 4       AC[32],                                        "Akkumulator"
 5       P[32],                                         "Befehlszaehler"
 6       C;                                             "Condition Flag"
 7
 8 macro <OPC> ::= MEM(P,31:28) mend                   "OPC=Befehlscode"
 9 macro <N>   ::= MEM(P,27:0)  mend                   "N=Adresse,Konstante"
10 macro <K>   ::= MEM(P,4:0)   mend                   "K=Schiftzahl"
11 macro <MN>  ::= MEM(<N>)     mend                   "Inhalt der Speicherzelle N"
12 macro <MMN> ::= MEM(<MN>)    mend                   "Inhalt vom Inhalt N"
13
14 perm Y==MEM('FFFF FFFF') pend                       "Ausgabespeicherzelle"
15
16 loop MEM('FFFF FFFE'):=X lend                       "Eingabespeicherzelle"
17
18 loop                                                "Interpretation der Befehle"
19    case <OPC> of
20    ?0:  "NOP"                       P:=P+1 "No Operation"
21    ?1:  "NOT"   AC:= ~AC        ;P:=P+1 "Negation"
22    ?2:  "SHR K" AC:= K shr AC   ;P:=P+1 "Schift um K Stellen"
23    ?3:  "LDA'N" AC:= oooo_<N>   ;P:=P+1 "Lade Konstante"
24    ?4:  "LDA N" AC:= <MN>       ;P:=P+1 "Lade Inhalt Speicherzelle"
25    ?5:  "LDA*N" AC:= <MMN>      ;P:=P+1 "Lade Inhalt vom Inhalt"
26    ?6:  "STA N" <MN>:= AC       ;P:=P+1 "Speichere nach Adr. N"
27    ?7:  "STA*N" <MMN>:= AC      ;P:=P+1 "Speichere indirekt"
28    ?8:  "AND N" AC:= AC.<MN>    ;P:=P+1 "Und"
29    ?9:  "ADD N" AC:= AC+<MN>    ;P:=P+1 "Addition"
30    ?10: "MUL N" <MN>_AC:= AC**<MN> ;P:=P+1  "Multiplikation"
31    ?11: "IF>'N" C:= AC > <N>    ;P:=P+1 "Akkuinhalt > Konstante"
32    ?12: "IF='N" C:= AC = <N>    ;P:=P+1 "Akkuinhalt = Konstante"
33    ?13: "GO' N" P:= <N>         ;P:=P+1 "Sprung nach N"
34    ?14  "GO  N" P:= <MN>        ;P:=P+1 "Indirekter Sprung"
35    ?15: "DO' N" if ~C then P:= P+<N>    "Bedingter Sprung"
36                      else P:= P+1 fi
37    esac
38 lend
39 uend
```

Abb. 6–2: Architektur des Rechners DINATOS

6.2.2   Direkte Hardware-Steuerung

Für die DINATOS-Architektur werden verschiedene Implementierungsentwürfe auf der Register-Transfer-Ebene gemacht, wobei zunächst die
Interpretation der Befehle direkt durch ein Hardware-Steuerwerk erfolgen soll.

Jeder Entwurf besteht aus einem Steuerwerk und einem Operationswerk
(Hauptspeicher, Rechenwerk, Adreßrechenwerk, Register usw.). Die
Hardware-Steuerwerke werden durch Zustandsdiagramme oder HDL-
Abläufe charakterisiert, deren Umsetzung in entsprechende Steuerwerks-
realisierungen als bekannt vorausgesetzt (Abschn. 4.5.2) wird.

① BR ← MEM(P), P ← P+1   Befehl holen

else

②

NOP, (DO'.C):   next 1

NOT: AC ← $\overline{AC}$, next 1
SHR: AC ← K shr AC, next 1
LDA': AC ← N, next 1
GO':   P ← N, next 1
(DO'.$\overline{C}$): P ← P+N, next 1

LDA, LDA*, STA, STA*, AND,
ADD, MUL, IF>', IF=', GO :   AR ← N

Decodieren
Verzweigen

LDA ③ AC ← MEM(AR), next 1

LDA* ④ AR ← MEM(AR)

STA ⑤ MEM(AR):=AC, next 1

STA* ⑥ AR ← MEM(AR)

IF>', IF='
AND,ADD,MUL ⑦ BC ← MEM(AR)

AND ⑧ AC ← AC.BC, next 1

ADD ⑨ AC ← AC+BC, next 1

MUL ⑩ AC_BC ← AC**BC, next 1

⑪ MEM(AR) := BC, next 1

IF>' ⑫ C ← AC>BC, next 1

IF=' ⑬ C ← AC=BC, next 1

GO ⑭ P ← MEM(AR), next 1   Indirekter Sprung

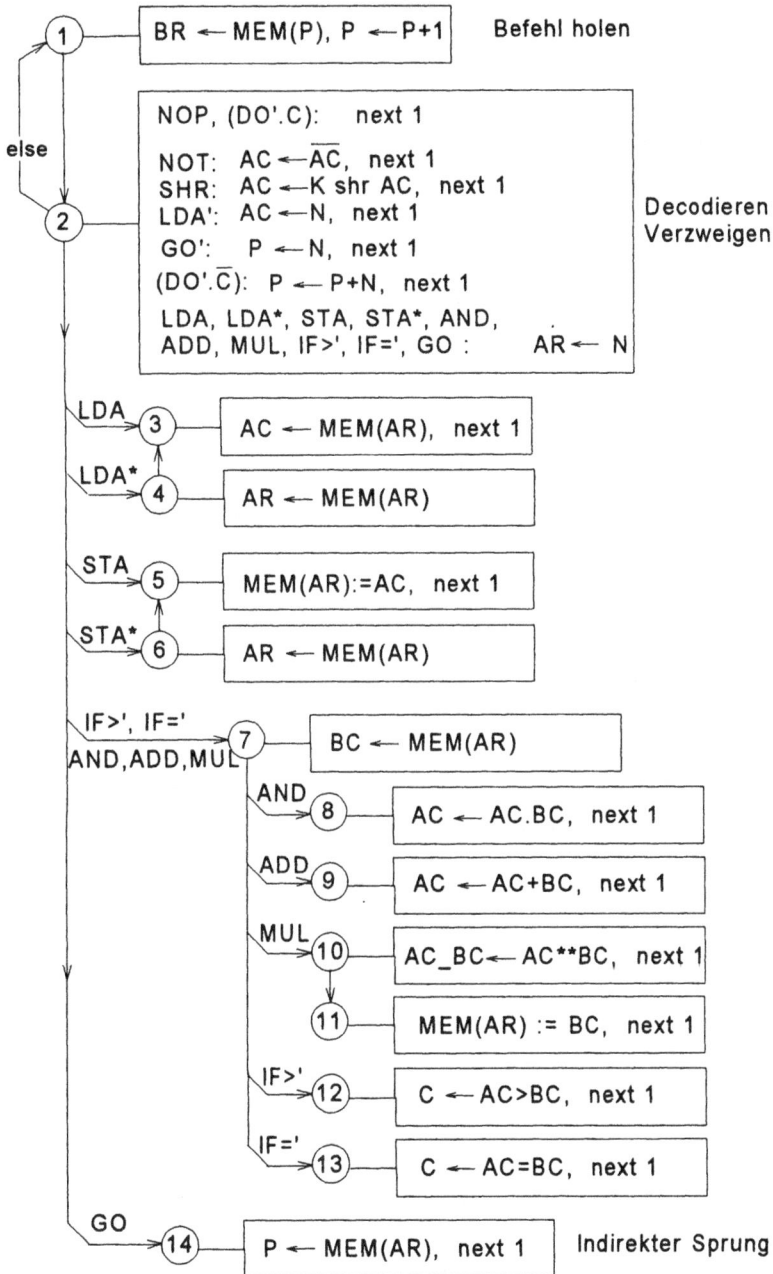

Abb. 6–3: Zustandsdiagramm für den Entwurf 1a

Die Objektmenge von PIRI besteht aus den Objekten X, Y, MEM, AC, PC und C (Abschnitt 6.2.1). Sie wird jetzt um Hilfsobjekte erweitert, die bei der Implementierung zusätzlich benötigt werden. Die Objektmenge zusammen mit den Hilfsobjekten soll *Implementierungsobjektmenge* heißen.

Wir wollen drei verschiedene Implementierungsentwürfe betrachten. Im Entwurf 1a werden folgende Hilfsobjekte benutzt:

BC[32]	Hilfsakkumulator
BR[32]	Befehlsregister
AR[32]	Adreßregister

Auf der Implementierungsobjektmenge wird nun der Steuerablauf in Form eines Zustandsdiagramms (Abb. 6–3) oder eines HDL-Programms enwickelt. Aus dem Zustandsdiagramm können die benötigten Mikrooperationen entnommen werden:

```
AC       <- ~AC, K shr AC, N, MEM(AR), AC.BC, AC+BC
AC_BC    <- AC**BC
BC       <- MEM(AR)
C        <- (AC>BC), (AC=BC)
BR       <- MEM(P)
P        <- P+1, N, P+N, MEM(AR)
AR       <- N, MEM(AR)
MEM(AR):= AC
```

Aus den Mikrooperationen ergeben sich wiederum die benötigten ALU-Funktionen (NOT, K shr, UND, +, **), die Vergleichsfunktionen (>, =), die Adreßberechnungen (P+1, P+N), die Speicheradressierung (mit AR, P), das Auslesen des Speicherinhalts nach AC, BC oder AR, und das Schreiben von AC in den Speicher. Zusätzlich sind eine Reihe von direkten Verbindungen zwischen den Registern zu realisieren. Um den Implementierungsaufwand zu minimieren, kann anschließend versucht werden, direkte Verbindungen durch indirekte Verbindungen zu ersetzen, Busse und Funktionseinheiten mehrfach zu nutzen, und zu aufwendige Funktionen oder Adreßberechnungen in eine Folge einfacherer Operationen zu zerlegen.

Die eben benutzte Methode könnte man als Top-Down-Methode bezeichnen, weil zuerst der Ablauf definiert wird, ohne sich Einschränkungen in bezug auf die Realisierbarkeit aufzuerlegen. Diese Vorgehensweise führt leicht zu einer zu aufwendigen Realisierung, so daß eine anschließende Optimierung mit dem Ziel der Aufwandsminimierung stattfinden muß. Bei der Bottom-Up-Methode geht man umgekehrt vor. Zuerst werden die ALU- und Vergleichsfunktionen, die Adreßberechnungen, die Speicheransteuerung und die Verbindungen zwischen den

Komponenten definiert. Dadurch ergeben sich die möglichen Mikrooperationen, die dann beim anschließenden Entwurf des Steuerablaufs benutzt werden können. Dabei werden eventuell weitere Mikrooperationen benötigt, oder einige der definierten werden nicht benutzt oder erweisen sich als unzweckmäßig. Die Mikrooperationen und der Steuerablauf müssen also zusammen optimiert werden, damit das geforderte Preis/Leistungsverhältnis erreicht werden kann.

Die hier vorgestellten Implementierungsentwürfe stellen nur prinzipielle Lösungen auf der Register-Transfer-Ebene dar; für eine echte Hardware-Realisierung wären noch weitere Umsetzungsschritte erforderlich.

Im Entwurf 1a wird ein Hauptspeicher mit einer Zugriffszeit von $t_{rw} = 1$ Taktzyklus vorausgesetzt. Der Steuerablauf (Zustandsdiagramm Abb. 6-3) schaltet ebenfalls mit dem Takt von Zustand zu Zustand. Im Zustand 1 wird der Befehl geholt und der Programmzähler schon um Eins erhöht. Im Zustand 2 findet die Decodierung des Operationscodes statt, der im Befehlsregister steht. Bei den einfachen Befehlen NOP, NOT, usw. werden gleichzeitig die notwendigen Mikrooperationen veranlaßt, so daß sofort zum Zustand 1 zurückgekehrt werden kann. Die Befehle LDA, LDA* usw. erfordern weitere Zustände. Da das Zustandsdiagramm einfach ist, wird es am besten durch ein Hardware-Steuerwerk, z.B. mit Hilfe eines PLAs realisiert.

	NOP NOT SHR LDA'	GO'	LDA STA	LDA* STA*	AND ADD	MUL	GO	DO' C=I	DO' C=o	
Speicher- zugriffe	1	1	2	3	2	3	2	1	1	
1a ($t_{rw}=1$)	2	2	3	4	4	5	3	?	2	3,2
1b ($t_{rw}=2$)	3	3	5	7	6	7	5	3	3	5,1
1c ($t_{rw}=1$)	1	2	2	3	3	4	3	1	2	2,3
2 ($t_{rw}=2$)	2	4	4	6	5	7	6	2	4	4,4
Angenommene Häufigkeit H[%]	10	4	40	10	15	9	4	4	4	

(linke Randbeschriftung: Zyklen bei Version; rechte Randbeschriftung: Mittelwert für H)

Abb. 6–4: Ausführungszeiten der Maschinenbefehle

Es stellt sich nun die Frage, ob nicht eine zeitoptimalere Lösung gefunden werden kann und wie sich eine Erhöhung der Speicherzugriffszeit auswirken würde. Für eine angenommene Häufigkeitsverteilung H für die Befehle (Abb. 6–4) ergibt sich eine mittlere Zeit von 3,2 Zyklen pro Befehl. Das ergibt 31 MIPS (million instructions per second) bei einer Taktfrequenz von 100 MHz. Im Entwurf 1b soll die Speicherzugriffszeit auf $t_{rw} = 2$ Takte erhöht werden. Die mittlere Ausführungszeit erhöht sich dann auf 5,1 Zyklen pro Befehl, wenn der Steueralgorithmus bis auf zusätzliche Wartezyklen beibehalten wird.

Die Abb. 6–5 zeigt einen weiteren Entwurf 1c in Form eines synchronen HDL-Programms. Dabei beträgt die Speicherzugriffszeit $t_{rw} = 1$ Taktzyklus, wie im Entwurf 1a. Der Ablauf wurde aber zeitlich optimiert, indem das Holen des nächsten Befehls (macro <Get>) parallel zur Decodierung und Ausführung durchgeführt wird (Überlappung der Holphase mit den anderen Phasen). Dadurch kann in den meisten Fällen ein Zyklus eingespart werden, so daß die mittlere effektive Ausführungszeit nur noch 2,3 Zyklen beträgt. An diesem Beispiel wird deutlich, daß sich eine Optimierung des Steuerablaufs durch Maßnahmen wie Überlappung und Pipelining durchaus lohnt. Solche Optimierungen lassen sich in Hardware- Steuerwerken leichter als in Mikroprogrammsteuerwerken realisieren.

Ein weiterer Entwurf ist in den Abb. 6–6 und 6–7 dargestellt, bei der eine Speicherzugriffszeit von 2 Takten angenommen wurde. Gegenüber dem Entwurf 1b wurde er aber zeitlich optimiert, wobei der nächste Befehl schon im Vorgriff geholt wird. Die Zustände 0 und 1 dienen zum Initialisieren. Im Zustand 2 wird der Befehl i decodiert und gleichzeitig wird schon begonnen, den nächsten Befehl zu lesen. Wenn der Zustand 3a (oder 3b oder 3c) verlassen wird, dann steht schon der nächste Befehl zur Verfügung (im Zustand 2, 4 bis 12). Eine Sonderbehandlung erfordern die Sprungbefehle (Abb. 6–7). Dabei wird im Zustand 2 anstelle des Befehls i+1 der Befehl an der Sprungadresse geholt. Bei dem Befehl DO' mit der Bedingung C=1 wird normal der nächste Befehl i+1 geholt, während mit C=o ein Sprung erfolgt. In den Abbildungen sind die Befehle LDA*, AND, IF>', IF=' und MUL nicht dargestellt, da ihre Abläufe sich einfach konstruieren lassen. Die mittlere Anzahl der Zyklen pro Befehl beträgt 4,4. Durch Anwendung des Überlappungsprinzips konnte also knapp ein Zyklus gegenüber dem Entwurf 1b eingespart werden.

Bei der vorgegebenen Befehlsliste und Architektur DINATOS sind im Mittel ca. 2,2 Speicherzugriffe pro Befehl notwendig. Um eine kleinere Bearbeitungszeit zu erreichen, kann man die Speicherbandbreite

```
 1 unit DINATOS'SYNCHRON;          "Synchrone Realisierung"
 2 input X[32]; output Y[32];
 3 boole MEM('FFFF FFFF':0)[32];   "Hauptspeicher"
 4 register AC[32],                "Akkumulator"
 5          P[32],                 "Befehlszähler"
 6          C,                     "Condition Flag"
 7          BC[32],                "Hilfsakku"
 8          BR[32],                "Befehlsregister"
 9          AR[32];                "Adressregister"
10
11 macro <OPC> ::= BR(31:28)      mend "Befehlscode"
12 macro <N>   ::= BR(27:0)       mend "Adresse, Konstante"
13 macro <K>   ::= oooo_BR(4:0)   mend "Schiftzahl"
14 macro <Get> ::= BR<-MEM(P), P<-P+1, mend "Befehl holen"
15
16 on clock
17 Y==MEM('FFFF FFFF'),            "Eingabespeicherzelle"
18 asyn MEM('FFFF FFFE'):=X aend,  "Ausgabespeicherzelle
19
20 [1]    BR<-MEM(0), P<-1         "Init. Befehl 0 holen"
21 [2]    case <OPC> of
22         ?0: "NOP"                    <Get> next 2
23         ?1: "NOT"      AC <- ~AC,    <Get> next 2
24         ?2: "SHR K"    AC <- <K> shr AC, <Get> next 2
25         ?3: "LDA'N"    AC <- <N>,    <Get> next 2
26         ?4: "LDA N"    AR <- <N>,    <Get> next 3
27         ?5: "LDA*N"    AR <- <N>,    <Get> next 4
28         ?6: "STA N"    AR <- <N>,    <Get> next 5
29         ?7: "STA*N"    AR <- <N>,    <Get> next 6
30         ?8: "AND N"    AR <- <N>,          next 7
31         ?9: "ADD N"    AR <- <N>,          next 9
32         ?10: "MUL N"   AR <- <N>,          next 11
33         ?11: "IF>'N"   C  <- AC > <N>, <Get> next 2
34         ?12: "IF='N"   C  <- AC = <N>, <Get> next 2
35         ?13: "GO' N"   P  <- <N>,           next 14
36         ?14: "GO  N"   AR <- <N>,           next 15
37         ?15: "DO' N"   if C then       <Get> next 2
38                        else P<-P+1+<N>      next 14 fi
39
40 [3]   "LDA N"   AC <- MEM(AR),           next 2
41 [4]   "LDA*N"   AR <- MEM(AR),           next 3
42 [5]   "STA N"   asyn MEM(AR):=AC aend,   next 2
43 [6]   "STA*N"   AR <- MEM(AR),           next 5
44 [7]   "AND N"   BC <- MEM(AR),           next 8
45 [8]             AC <- AC.BC,        <Get> next 2
46 [9]   "ADD N"   BC <- MEM(AR),           next 10
47 [10]            AC <- AC+BC,        <Get> next 2
48 [11]  "MUL N"   BC <- MEM(AR),           next 12
49 [12]            AC_BC <- AC**BC,    <Get> next 13
50 [13]            asyn MEM(AR):=AC aend,   next 2
51 [14]  "GO' N, DO' N"              <Get> next 2
52 [15]  "GO  N"   P <- MEM(AR),           next 14
53
54 noc uend
```

Abb. 6–5: Synchrone Realisierung mit Überlappung

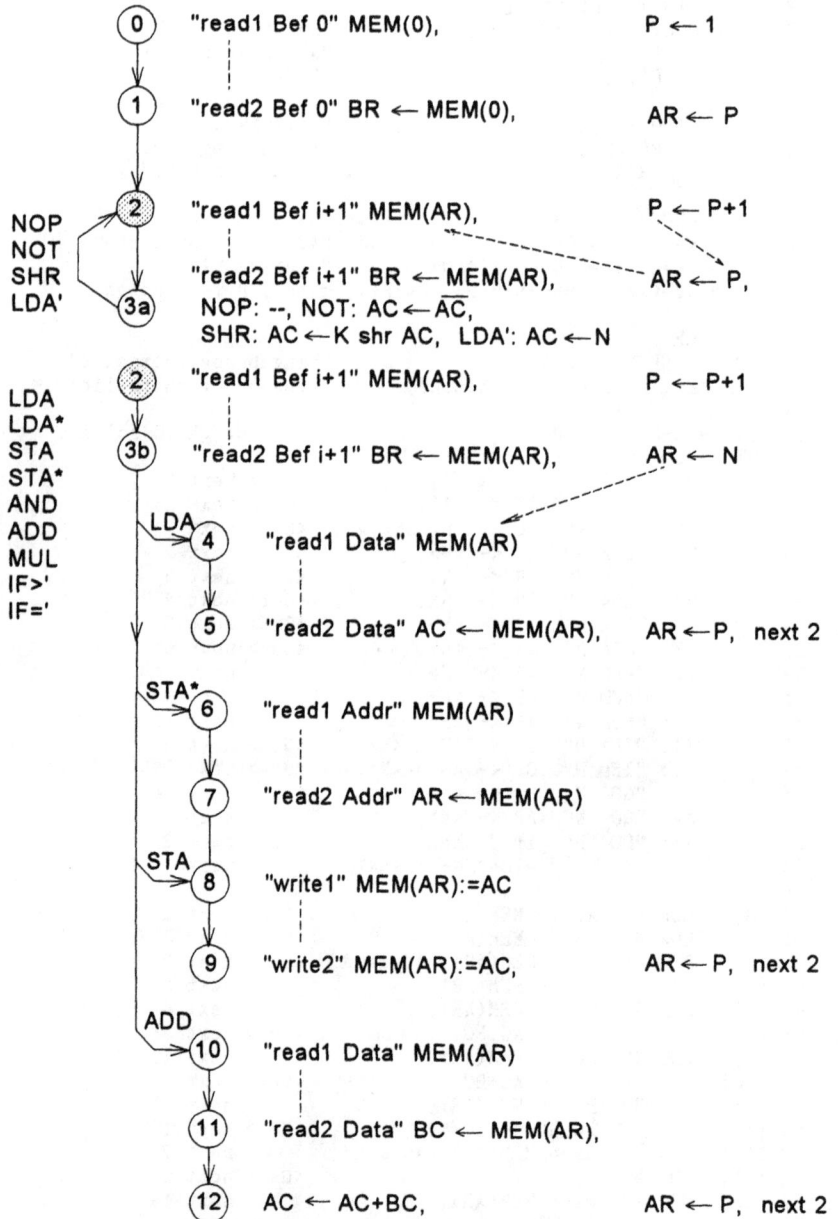

NOP
NOT
SHR
LDA'

(0) "read1 Bef 0" MEM(0),   P ← 1

(1) "read2 Bef 0" BR ← MEM(0),   AR ← P

(2) "read1 Bef i+1" MEM(AR),   P ← P+1

    "read2 Bef i+1" BR ← MEM(AR),   AR ← P,
(3a) NOP: --, NOT: AC ← $\overline{AC}$,
    SHR: AC ← K shr AC, LDA': AC ← N

LDA
LDA*
STA
STA*
AND
ADD
MUL
IF>'
IF='

(2) "read1 Bef i+1" MEM(AR),   P ← P+1

(3b) "read2 Bef i+1" BR ← MEM(AR),   AR ← N

LDA
(4) "read1 Data" MEM(AR)

(5) "read2 Data" AC ← MEM(AR),   AR ← P, next 2

STA*
(6) "read1 Addr" MEM(AR)

(7) "read2 Addr" AR ← MEM(AR)

STA
(8) "write1" MEM(AR):=AC

(9) "write2" MEM(AR):=AC,   AR ← P, next 2

ADD
(10) "read1 Data" MEM(AR)

(11) "read2 Data" BC ← MEM(AR),

(12) AC ← AC+BC,   AR ← P, next 2

Abb. 6-6: Zustandsdiagramm für den Entwurf 2

```
[2]  if GO' then      AR<-N,      P<-N,    next 13 fi
[13] "read1 Bef N"    BR<-MEM(AR), P<-P+1, next 14
[14] "read2 Bef N"    BR<-MEM(AR), AR<-P,  next 2
```
```
[2]  if GO then AR<-N, next 15 fi
[15] "read1 Addr"     AR<-MEM(AR), next 16
[16] "read2 Addr"     AR<-MEM(AR), P<-MEM(AR), next 17
[17] "read1 Bef N"    BR<-MEM(AR), P<-P+1, next 18
[18] "read2 Bef N"    BR<-MEM(AR), AR<-P,  next 2
```
```
[2]  if DO'.(C=1) then
     "read1 Bef i+1" BR<-MEM(AR), P<-P+1, next 3c fi,
     if DO'.(C=o) then AR<-P+N,   P<-P+N, next 19 fi,
[3c] "read2 Bef i+1" BR<-MEM(AR), next 2
[19] "read1 Bef N"   BR<-MEM(AR), P<-P+1, next 20
[20] "read2 Bef N"   BR<-MEM(AR), AR<-P,  next 2
```

Abb. 6–7: Ergänzung zu Abb. 6-6, Sprungbefehle

erhöhen (z.B. durch Cache-Speicher, breitere Busse), so daß mehrere Befehle parallel (überlappend, Pipelineverarbeitung) ausgeführt werden können. Ein andere Maßnahme zur Leistungssteigerung wäre die Veränderung der Architektur, z.B. durch den Einsatz eines schnellen Mehrport-Registerspeichers, wodurch die Anzahl der Speicherzugriffe verringert würde.

6.2.3 Mikroprogrammierbarer Rechner PIRI

Im nächsten Abschnitt wird der mikroprogrammierbare Rechner PIRI entworfen, der zur Emulation der DINATOS-Architektur dienen soll und darüber hinaus zur Emulation einer Vielzahl von 32-Bit-Rechnern geeignet ist.

Einen mikroprogrammierbaren Rechner kann man auch als RISC-Rechner mit Havard-Architektur auffassen, wenn man den Mikroprogrammspeicher als Maschinenprogrammspeicher benutzt. Wir verwenden deshalb anstelle des Begriffs *mikroprogrammierbarer Rechner* auch den Begriff *Mikromaschine*, um zu Ausdruck zu bringen, daß ein mikroprogrammierbarer Rechner auch als RISC-Rechner eingesetzt werden kann. Insofern kann man den folgenden Entwurf der Mikromaschine PIRI auch als Entwurf eines RISC-Rechners auffassen.

6.2.3.1   Entwurf der Mikromaschine PIRI

Zunächst wurden grundsätzliche Entscheidungen getroffen: Die Breite
des Datenbusses, Speichers und der Register soll 32 Bit betragen. Der
Mikrobefehl soll 64 Bit breit sein, um eine 32-Bit-Konstante und die
verschiedenen Felder gut unterbringen zu können.

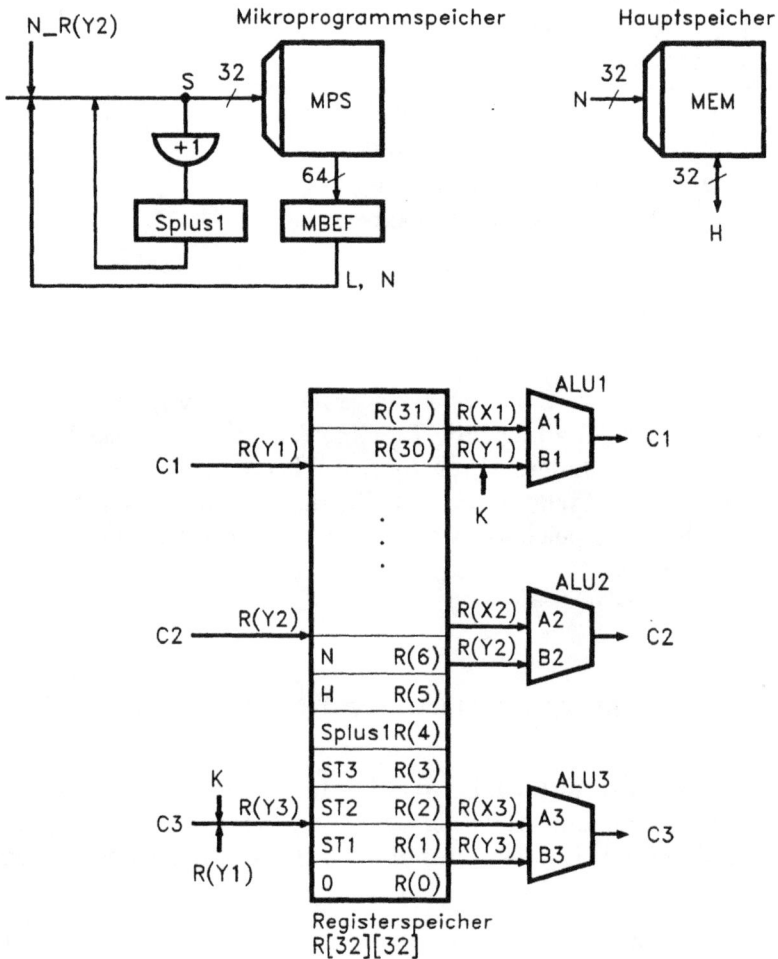

Abb. 6-8: Die Mikromaschine PIRI

Wie groß sollte die Anzahl der Register sein?   Um den Mikrobefehl
möglichst kurz zu machen, sollte sie möglichst klein sein, weil die
Registeradresse mehrfach im Mikrobefehl untergebracht werden muß.

1. Zwei Operationen, 32-Bit-Konstante

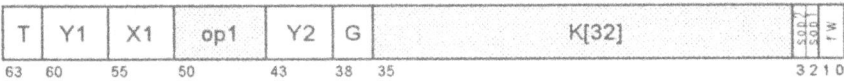

T	Y1	X1	op1	Y2	G	K[32]	SD2 SD1	r w

63 60   55   50   43 38 35   3 2 1 0

T=1: G=0: R(Y1) ← op1(Y1,X1),   R(Y2) ← K
      G>0: R(Y1) ← op1(K,X1),   R(Y2) ← R(Y1)

2. Drei Operationen, 16-Bit-Konstante

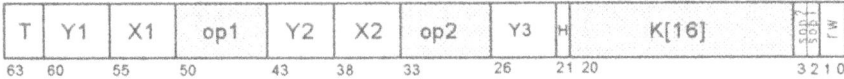

T	Y1	X1	op1	Y2	X2	op2	Y3	H	K[16]	SD2 SD1	r w

63 60   55   50   43   38   33   26 21 20   3 2 1 0

T=2: H=0: R(Y1) ← op1(Y1,X1),   R(Y2) ← op2(Y2,X2),   R(Y3) ← K
      H>0: R(Y1) ← op1(K,X1),   R(Y2) ← op2(Y2,X2),   R(Y3) ← R(Y1)

3. Drei Operationen

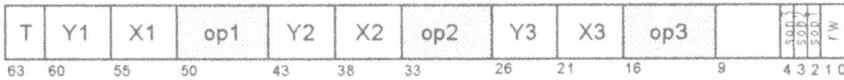

T	Y1	X1	op1	Y2	X2	op2	Y3	X3	op3		SD2 SD1	r w

63 60   55   50   43   38   33   26   21   16   9   4 3 2 1 0

T=3: R(Y1) ← op1(Y1,X1),   R(Y2) ← op2(Y2,X2),   R(Y3) ← op3(Y3,X3)

4.,5.,6. Zwei Operationen und bedingter Sprung

T	Y1	X1	op1	Y2	X2	op2	i	H	L[16]	SD2 SD1	r w

63 60   55   50   43   38   33   26 21 20   3 2 1 0

T=4,5,6:   R(Y1) ← op1(Y1,X1),   R(Y2) ← op2(Y2,X2),
T=4:   if ST1(i)=H then next L
T=5:   if ST2(i)=H then next L
T=6:   if ST3(i)=H then next L

7. Drei Operationen und Verzweigung

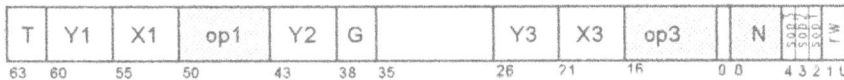

T	Y1	X1	op1	Y2	G		Y3	X3	op3	N	SD2 SD1	r w

63 60   55   50   43 38 35   26   21   16   0 0   4 3 2 1 0

T=7: R(Y1) ← op1(Y1,X1),   R(Y3) ← op3(Y3,X3)
      G=0: next N_R(Y2,31:24)_oooo
      G=1: next N_R(Y2,23:26)_oooo
      G=2: next N_R(Y2,15:8)_oooo
      G=3: next N_R(Y2,7:0)_oooo

Abb. 6–9: Mikrobefehle

Andrerseits darf sie nicht zu klein sein, um möglichst alle Register
der zu emulierenden Architektur (Stackpointer, Indexregister, Basisregi-
ster, Unterprogrammparameter usf.) im Registerspeicher unterbringen

291

zu können.

Um mehrere Operationen parallel durchführen zu können, wurden drei Rechenwerke (ALU, Arithmetic and Logic Unit) vorgesehen, die gleichzeitig auf dem Registerspeicher operieren. Deshalb ist er hardwaremäßig als Multiportspeicher mit 6-fachem Lese- und 3-fachem Schreibzugriff zu realisieren. Der hardwaremäßige Aufwand steigt mit jeder zusätzlichen ALU erheblich an, so daß die Anzahl begrenzt werden muß. Außerdem sinkt die mittlere Auslastung der ALUs mit ihrer Anzahl, so daß normalerweise nicht mehr als zwei oder drei ALUs realisiert werden sollten.

Ein wichtiges Entwurfsziel war eine möglichst homogene Menge, die u.a. folgende Vorteile bietet:

• Übersichtliche Hardware-Struktur,

• Programmierfreundlichkeit durch wenige, klar gegliederte Mikrobefehlstypen.

Um diese Ziel zu erreichen, wurden die Register mit Sonderfunktionen (Folgeadreßregister, Statusregister, Adreßregister, Datenregister) in das Registerfile integriert und gleichartige ALUs verwendet.

Man hätte auch eine ALU mit andersartigen Operationen, insbesondere Gleitkommaoperationen, vorsehen können. Dadurch kommt man zu inhomogenen Strukturen und die Hardware-Steuerung wird komplizierter, wenn die ALU-Operationen mehrere Takte zu Ausführung benötigen. Ein weitergehendes Konzept besteht darin, für jeden Datentyp ein separates Rechenwerk mit getrennten Registerspeichern vorzusehen.

Es stellt sich auch die Frage, welche Mikrooperationen mit Hilfe der ALU-Funktionen realisiert werden sollen. Aus Sicht des Programmierers werden möglichst universelle Transportoperationen, logische Operationen und arithmetische Operationen, auch unter Verwendung von Konstanten, benötigt. Die zu realisierenden Operationen können aus den am häufigsten benutzten Datentypen abgeleitet werden. Es sind normalerweise Wahrheitswerte (1 Bit), BCD-Ziffern (4 Bits, Nibbles), Zeichen (7, 8, 16 Bits), natürliche Zahlen und Zweikomplementzahlen mit 8, 16, 32, 64 Bits, Gleitkommazahlen mit 32, 64 und mehr Bits. Diese Datentypen treten nicht nur als Skalare, sondern auch als Vektoren auf. Da nicht alle wünschenswerten Operationen realisiert werden können, muß man sich auf eine mehr oder weniger sinnvolle Untermenge beschränken. Dabei werden bevorzugt solche Operationen gewählt, die möglichst vielseitig benutzt und schlecht durch eine Folge anderer Operationen nachgebildet werden können. Die in der vorliegenden Mikromaschine gewählten ALU-Funktionen und Mikrooperationen stellen eine mögliche Auswahl dar, die noch optimiert und erweitert werden kann. Z.B. könnte man Bitfeld-Transport-Operationen, Addition von BCD-Zahlen, Multiplikation und Division, Gleitkommaoperationen und Vektoroperationen hinzufügen. Dabei erhöht sich nicht unwesentlich der Realisierungsaufwand und die Komplexität der Mikrobefehle. Insbesondere verletzt man mit Operationen, die eine größere Anzahl von Takten benötigen, ein Prinzip der Mikroprogrammierung, nämlich die Ausführbarkeit in sehr wenigen (meist einem) Takten. Denn ein Mikrobefehl soll sich gerade aus solchen elementaren Mikrooperationen zusammensetzen, die es erlauben, durch ein kurzes Mikroprogramm die gewünschte Operation zu erzeugen.

Die entworfene Mikromaschine PIRI (Abb. 6-8) besitzt 32 Register R(0) bis R(31) zu je 32 Bit, einen Hauptspeicher MEM mit maximal $2^{32} * 32$ Bit und einen Mikroprogrammspeicher MPS mit maximal $2^{32} * 64$ Bit. Das Register R(0) besitzt beim Lesen konstant den Wert Null. Wird die Registeradresse 0 beim Schreiben benutzt, so wird die zugehörige Mikrooperation nicht ausgeführt. Die Register R(1:3) dienen als Statusregister ST1, ST2, ST3. Das Register R(4) enthält die normale Folgeadresse Splus1 des nächsten Mikrobefehls, die immer dann benutzt wird, wenn kein Sprung erfolgt.

Das Register R(5)=H dient als Datenregister und das Register R(6)=N als Adreßregister des Hauptspeichers. Durch Angabe der Registeradressen Y1,X1,Y2,X2,Y3,X3 können über eine Zugriffslogik des Registerspeichers maximal 6 Registerinhalte parallel ausgewählt und auf die Eingänge B1,A1 und B2,A2 und B3,A3 der drei ALUs geschaltet werden. Die drei ALUs erzeugen die Ergebnisse C1,C2,C3, die in die Register R(Y1), R(Y2) und R(Y3) gleichzeitig eingeschrieben werden können. Außerdem werden von den ALUs bestimmte Bedingungen (z.B. Carry, Overflow, s. HDL-Beschreibung) erzeugt, die in den Statusregistern bei Bedarf (durch Angabe der Bits sop1, sop2, sop3 im Mikrobefehl) zwischengespeichert und durch bedingte Mikrobefehlssprünge abgefragt werden können.

Das Mikroprogrammsteuerwerk ist vom Typ D Moore (s. Abschn. 5.6.3). Der Mikroprogrammspeicher wird mit der Folgeadresse S adressiert. Der nächste Mikrobefehl MPS(S) wird mit dem Takt in das Mikrobefehlsregister MBEF übernommen. Je nach Befehlstyp und Bedingung ist S die normale Folgeadresse Splus1 oder die Sprungadresse L oder eine Mehrfachverzweigungsadresse. Die normale Folgeadresse wird immer vorausberechnet (Splus1 ← S+1) und steht im Register Splus1 zur Auswahl bereit.

Abb. 6-9 zeigt die Mikrobefehle aufgeteilt in die einzelnen Felder und in symbolischer Form. Der Mikrobefehlstyp ist durch T[3] bestimmt. Bei den Typen 1, 2 und 7 werden zusätzlich die Felder G bzw. H ausgewertet,

```
 1 unit    PIRI;                          "Mikromaschinenarchitektur"
 2 boole   MEM('FFFF FFFF':0)[32];        "Hauptspeicher"
 3         R[32][32],                     "Registerspeicher"
 4         MPS('FFFF':0)[64];             "Mikroprogrammspeicher"
 5
 6 register
 7         MBEF(63:0);                    "Mikrobefehl"
 8
 9 signal S[32],                          "Folgeadresse"
10        (A1,A2,A3,B1,B2,B3)[32],        "ALU-Eingaenge"
11        (CC1,CC2,CC3)[33],              "ALU-Ausgaenge mit Carry"
12        Y3[5];                          "Registeradresse Y3"
13
14 equal  ST1    = R(1),                  "Statusregister1"
15        ST2    = R(2),                  "Statusregister2"
16        ST3    = R(3),                  "Statusregister3"
17        Splus1 = R(4),                  "Adresse S+1"
18        H      = R(5),                  "Datenregister Hauptspeicher"
19        N      = R(6),                  "Adressregister Hauptspeicher"
20        C1     = CC1[32],               "ALU-Ausgaenge ohne Carry"
21        C2     = CC2[32],
22        C3     = CC3[32],
23        T[3]   = MBEF(63:61),           "Mikrobefehlstyp"
24        Y1[5]  = MBEF(60:56),           "Registeradresse Y1"
25        X1[5]  = MBEF(55:51),           "Registeradresse X1"
26        op1[7] = MBEF(50:44),           "Operation ALU1"
27        Y2[5]  = MBEF(43:39),           "Registeradresse Y2"
28        G[3]   = MBEF(38:36),           "Erweiterter Operationscode"
29        K[32]  = MBEF(35:4),            "32-Bit-Konstante"
30        X2[5]  = MBEF(38:34),           "Registeradresse X2"
31        op2[7] = MBEF(33:27),           "Operation ALU2"
32        H      = MBEF(21),              "Erweiterter Operationscode"
33        X3[5]  = MBEF(21:17),           "Registeradresse X3"
34        op3[12]= MBEF(16:4),            "Operation ALU3"
35        sop1   = MBEF(2),               "Statusoperation 1"
36        sop2   = MBEF(3),               "Statusoperation 2"
37        sop3   = MBEF(4),               "Statusoperation 3"
38        rw(1:0)= MBEF(1:0),             "Schreib-/Lesesignal"
39        i[5]   = MBEF(26:22),           "Bedingungsindex"
40        L      = K[16],                 "Sprungadresse"
41        N      = K(4:1);                "Seitenadresse"
42
43 on clock
44 "*** Mikroprogrammsteuerwerk ***"
45 MBEF      <- MPS(S),                   "Mikrobefehl lesen"
46 Splus1    <- S+1,                      "normale Folgeadresse berechn."
47 case T of
48 ?1,2,3:  S==Splus1                     "Kein Sprung"
49 ?4:      if ST1(i)=H then S==L else S==Splus1 "bed. Sprung"
50 ?5:      if ST2(i)=H then S==L else S==Splus1 "bed. Sprung"
51 ?6:      if ST3(i)=H then S==L else S==Splus1 "bed. Sprung"
```

Abb. 6-10: Register-Transfer-Architektur der Mikromaschine PIRI

```
52 ?7:      case G of                    "256-fach-Verzweigung"
53          ?0: S==N_R(Y2,31:24)_oooo
54          ?1: S==N_R(Y2,23:16)_oooo
55          ?2: S==N_R(Y2,15:8)_oooo
56          ?3: S==N_R(Y2,7:0)_oooo
57          esac
58 esac,
59
60 "*** Hauptspeicherzugriff ***"
61 "read"    if RW=lo then H <- MEM(N) fi,
62 "write"   if RW=ol then asyn MEM(N):= H aend fi,
63
64 "*** Registeradresse Y3 ***"
65 if T=1 then Y3==Y2 else Y3==MBEF(26:22) fi,
66
67 "*** ALU-Eingaenge ***"
68 A1==R(X1),                            "fuer ALU1"
69 case T of
70 ?3,4,5,6,7: B1==R(Y1)
71 ?1:         if G=0 then B1==R(Y1) else B1==K[32]
72 ?2:         if H=o then B1==R(Y1) else B1=='0000'_K[16]
73 esac,
74
75 A2==R(X2),  B2==R(Y2),               "fuer ALU2"
76 A3==R(X3),  B3==R(Y3),               "fuer ALU3"
77
78 "*** Registerzuweisungen ***"
79 R(0) <- 0,                           "Konstant Null"
80 if Y1>0 then R(Y1) <- C1 fi,         "Mikrooperation 1"
81 if Y2>0 then                         "Mikrooperation 2"
82    case T of ?2,3,4,5,6 : R(Y2) <- C2  esac fi,
83
84 if Y3>0 then                         "Mikrooperation 3"
85    case T of
86    ?3,7: R(Y3) <- C3
87    ?1:  if G=0 then R(Y3) <- K[32] else R(Y3) <- R(Y1) fi
88    ?2:  if H=o then R(Y3)<- '0000'_K[16] else R(Y3)<-R(Y1) fi
89    esac fi,
90
91 "*** Operationen ALU1 ***"
92 case op1 of
93 "Konstante Laden"
94    ?0:  C1== 0
95    ?1:  C1== oooo oooo oooo oooo oooo oooo ooo_X1    "0..31"
96    ?2:  C1== 1111 1111 1111 1111 1111 1111 111_X1    "-1..-32"
97
98 "Monadische Operationen"
99    ?4:  C1== B1                      "R(Y1)<-R(Y1)/K"
100   ?5:  C1== A1                      "R(Y1)<-R(X1)"
101   ?6:  C1== ~A1
102   ?7:  C1== -A1                     "Zweikomplement"
103   ?8:  C1== o_A1[31]
104   ?9:  C1== 1_A1[31]
105   ?10: CC1== A1(31)_A1 + 1
106   ?11: CC1== A1(31)_A1 - 1
107
```

Abb. 6-10: Register-Transfer-Architektur der Mikromaschine PIRI

```
108 "Dyadische Operationen"
109   ?12:   C1==   B1 . A1                "R(Y1)<-R(Y1).R(X1)"
110   ?13:   C1==   B1 v A1
111   ?14:   C1==   B1 exor A1
112   ?15:   CC1==  B1(31)_B1 + A1(31)_A1
113   ?16:   CC1==  B1(31)_B1 - A1(31)_A1
114   ?17:   CC1==  B1(31)_B1 + A1(31)_A1 + 1
115   ?18:   CC1==  B1(31)_B1 + A1(31)_A1 + ST(10)
116   ?19:   CC1==  A1(31)_A1 + ST1(10) "fuer Mehrwort-Addition"
117
118 "Schiftoperationen"
119   ?20:   C1==   shr A1                 "R(Y1)<- shr R(X1)"
120   ?21:   C1==   shl A1
121   ?22:   C1==   2 shr A1
122   ?23:   C1==   2 shl A1
123   ?24:   C1==   ST1(1) inshr A1        "fuer Mehrwort cir"
124   ?25:   C1==   ST1(2) inshl A1        "fuer Mehrwort cil"
125   ?26:   C1==   ST1(8) inshr A1        "zum Normalisieren"
126   ?27:   C1==   A1(31) inshr A1        "arithmetischer Schift"
127                                        "Schifts auf R(Y1)"
128   ?28:   C1==   X1 shr B1              "R(Y1)<- X1 shr R(Y1)"
129   ?29:   C1==   X1 shl B1
130   ?30:   C1==   X1 cir B1
131   ?31:   C1==   X1 cil B1
132 esac,
133
134 "*** Operationen ALU2 ***"
135 "wie ALU1, ersetze op1 => op2, A1 => A2, B1 => B2,
136  C1 => C2, CC1 => CC2, ST1 => ST2, X1 => X2"
137
138 "*** Operationen ALU3 ***"
139 "wie ALU1, ersetze op1 => op3, A1 => A3, B1 => B3,
140  C1 => C3, CC1 => CC3, ST2 => ST3, X1 => X3"
141
142 "*** Statusoperationen ALU1 ***"
143 if sop1 then ST1(0) <- 0,
144              ST1(1) <- A1(0),
145              ST1(2) <- A1(31),    "Sign"
146              ST1(3) <- B1(0),
147              ST1(4) <- B2(0),
148              ST1(5) <- B1 > A1,
149              ST1(6) <- B1 = A1,
150              ST1(7) <- B1 /= A1,
151              ST1(8) <- C1(0),
152              ST1(9) <- C1(31),
153              ST1(10)<- CC1(32),    "Carry"
154              ST1(11)<- CC1(32) /= CC1(31),   "Overflow"
155              ST1(12)<- C1 = 0,
156              ST1(13)<- C1 /= 0
157 fi,
158
159 "*** Statusoperationen ALU2 ***"
160 "wie Statusoperationen ALU1, ersetze A1 => A2, B1 => B2,
161  C1 => C2, CC1 => CC2, ST1 => ST2"
162 if (M=2)v(M=3)v(M=0) . sop2 then ... fi,
163
164 "*** Statusoperationen ALU3 ***"
165 "wie Statusoperationen ALU1, ersetze A1 => A3, B1 => B3,
166  C1 => C3, CC1 => CC3, ST1 => ST3"
167 if (M=3)v(M=4) . sop3 then ... fi,
168
169 noc uend
```

Abb. 6-10: Register-Transfer-Architektur der Mikromaschine PIRI

so daß Untertypen gebildet werden. Die ALU-Operationen werden durch op1[5], op2[5] und op3[5] festgelegt. Das Feld K[32] bzw. K[16] stellt eine Rechenkonstante dar. L[16] ist eine Sprungadresse und N[4] bestimmt den Anfang einer Seite.

Typ 1. Bei G=0 wird eine ALU-Operation ausgeführt und eine Konstante in ein Register geladen. Bei G>0 wird eine ALU-Operation mit einer Konstanten und ein Registertransport ausgeführt.

Typ 2. Bei H=0 werden zwei ALU-Operationen ausgeführt und eine Konstante in ein Register geladen. Bei H>0 wird eine ALU-Operation mit einer Konstanten, eine normale ALU-Operation und ein Registertransport ausgeführt.

Typ 3. Drei ALU-Operationen werden durchgeführt.

Typ 4, 5, 6. Zwei ALU-Operationen werden durchgeführt. Ein Bit aus einem der drei Statusregister wird ausgewählt und auf H=o oder H=1 getestet. Wenn die Bedingung erfüllt ist, wird ein Sprung nach L ausgeführt.

Typ 7. Zwei ALU-Operationen werden durchgeführt. Zusätzlich wird in Abhängigkeit von G ein beliebiges Byte aus einem Register ausgewählt, das zusammen mit der Seitenadresse N die nächste Mikroprogrammadresse festlegt. Dadurch wird eine 256-fache Verzweigung durchgeführt, wobei die Adressen einen Abstand von 16 aufweisen.

Zusätzlich kann in jedem Mikrobefehl ein Hauptspeicherzugriff erfolgen und Statusoperationen können aktiviert werden. Durch rw=lo (Lesen) wird der Inhalt der Hauptspeicherzelle mit der Adresse N gelesen und in das Datenregister H übernommen. Durch rw=ol (Schreiben) wird der Inhalt des Datenregisters in den Hauptspeicher geschrieben. Vor dem Lesen muß N geladen worden sein, vor dem Schreiben N und H. Die Statusoperationen (Speichern von Bedingungen) werden nur dann ausgeführt, wenn die entsprechenden Steuerbits sop1, sop2, sop3 gesetzt worden sind.

Die Wirkung der Mikrobefehle ist im einzelnen aus der Register-Transfer-Architekturbeschreibung (Abb. 6-10) zu entnehmen. Zeilen 47-57: Die Folgeadresse S wird aus den Alternativen Splus1, L oder N_Registerbyte_oooo ausgewählt. Die darauf folgende Adresse S+1 wird zusätzlich berechnet und in Splus1 gespeichert, damit sie im nächsten Schritt benutzt werden kann. Zeilen 60-62: Der Hauptspeicherzugriff dauert einen Takt. Wenn der Haupspeicherzugriff länger dauern würde, müßten Wartezustände in das Mikroprogramm eingebaut werden, wobei vom Prinzip der Überlappung (vergl. Abschnitt 6.2.2, Entwurf 1c) Gebrauch gemacht werden könnte.

Um die HDL-Beschreibung kurz zu halten, ist die Modellierung an einigen Stellen absichtlich unvollständig. Insbesondere werden die Registerzuweisungskonflikte (mehrfache Benutzung derselben Zielregisteradresse) nicht aufgelöst. Sie können durch eine hardwaremäßige Priorisierung oder durch softwaremäßige Überprüfung ausgeschlossen werden.

Zeile 65: Die Registeradresse Y3 entspricht dem Feld Y2 für den Typ 0, ansonsten dem Feld MBEF(26:22). Zeilen 67-76: Auf die ALU-Eingänge können jeweils zwei beliebige Registerinhalte geschaltet werden. Auf den ALU-Eingang B1 kann auch die Konstante K geschaltet werden. Zeilen 78-89: Das Register R(0) besitzt konstant den Wert Null. Wenn es als Zielregister benutzt wird, dann wird diese Operation nicht ausgeführt. Die ALU-Ausgänge C1, C2, C3 werden meistens in die Zielregister R(Y1), R(Y2), R(Y3) transportiert. Bei den Typen 1 und 2 wird entweder eine Konstante oder der Registerinhalt R(Y1) in das Register R(Y3) transportiert. Zeilen 91-132: Hier werden die ALU1-Operationen definiert. Für op1=1,2 wird X1 als 5-Bit-Konstante interpretiert. Die Additionen und Subtraktionen (op1=10,11,15-19) werden mit Erweiterung um eine Vorzeichenstelle (sogenannte Schutzstelle) durchgeführt; dadurch läßt sich die Überlaufbedingung an ungleichen Vorzeichenbits einfach erkennen. Für op1=18,19 wird der Übertrag ST1(10) aus einer vorhergehenden Addition berücksichtigt, um eine Mehrwort-Addition zu realisieren. Für op1=24 bis 27 werden spezielle Schifts ausgeführt, die in der HDL-Beschreibung kommentiert sind. Für op1=28 bis 31 werden Schifts auf einem Register mit einer beliebigen Anzahl von Schritten ausgeführt. Zeilen 134-140: Die Operationen der ALU2 und ALU3 sind entsprechend denen der ALU1 definiert. Zeilen 142-157: Wenn das Bit sop1 im Mikrobefehl gesetzt ist, dann werden die aufgeführten Bedingungen im Statusregister ST1 für spätere Abfragen zwischengespeichert. Dabei werden sowohl Bedingungen aus den ALU-Eingängen A1, B1 als auch auf den ALU-Ausgängen C1, CC1 berechnet. Zeilen 159-167: Die Statusoperationen für die ALU2 und ALU3 sind entsprechend definiert.

Die hier vorgestellte Mikromaschine zeichnet sich dadurch aus, daß auf allen Registern die gleichen Mikrooperationen ausgeführt werden können, mit Ausnahme der Register ST1/2/3, Splus1, H und N, auf denen zusätzliche Mikrooperationen erklärt sind. Zuweisungskonflikte können entstehen, wenn diese Register durch die normalen und die zusätzlichen Mikrooperationen benutzt werden. Eine Priorisierung in der Hardware (im HDL-Programm nicht codiert) sollte dafür sorgen, daß die normalen Mikrooperationen vorrangig ausgeführt werden. Dadurch ist es z.B. möglich, den Splus1 mit Hilfe einer ALU-Operation zu berechnen oder das Statusregister zu setzen. Mikrounterprogrammsprünge lassen sich durch Retten des Inhalts von Splus1 realisieren.

Die vergleichsweise regelmäßige Struktur dieser Mikromaschine bietet gegenüber Strukturen mit einer Vielzahl von Spezialregistern und speziellen Mikrooperationen die folgenden vorteilhaften Eigenschaften. Sie ist (1) übersichtlich, (2) programmierfreundlich, da sie wenig Befehlstypen besitzt, (3) erweiterbar hinsichtlich ihrer Leistungfähigkeit ohne eine Änderung ihrer prinzipiellen Struktur und (4) geeignet zur Emulation einer großen Klasse von Rechnerarchitekturen.

Durch die Verwendung programmierbarer ALUs könnte die Anpassungsfähigkeit an die zu emulierende Architektur bzw. an die gewünschten anwendungsbezogenen Operationen (bei Verwendung als RISC-Rechner) weiter gesteigert werden.

Diese Mikromaschine kann als RISC-Rechner mit *Havard-Architektur* (getrennte Daten- und Programmspeicher) aufgefaßt werden. Der Mikroprogrammspeicher fungiert dann als Maschinenprogrammspeicher und die Mikrobefehle werden als Maschinenbefehle aufgefaßt. In dem Programmspeicher steht dann nicht mehr ein Mikroprogramm zur Interpretation der Maschinenbefehle, sondern das auszuführende Programm, das direkt von der Hardware interpretiert wird. Durch den Wegfall dieser Interpretationsebene kann die Ausführungszeit reduziert werden.

Wenn der Mikroprogrammspeicher als Programmspeicher eines RISC-Rechners dienen soll, muß er ladbar sein. Zu diesem Zweck könnte er zusätzlich mit einem Adreßregister und einem Datenregister versehen werden oder in den Adreßraum des Hauptspeichers gelegt werden.

6.2.3.2   Emulation von DINATOS auf PIRI

Die im Abschnitt 6.2.1 definierte DINATOS-Architektur soll mit der Mikromaschine PIRI realisiert werden. Zuerst muß überlegt werden, ob und wie die DINATOS-Objektmenge auf die PIRI-Objektmenge abgebildet werden kann. Da die PIRI-Objektmenge eine Obermenge der DINATOS-Objektmenge ist, läßt sich eine Abbildung leicht finden:

```
      DINATOS                    PIRI

  Hauptspeicher    MEM      =    MEM
  Akkumulator      AC       =    R(6)
  Programmzaehler  P        =    R(7)
  Condition Flag   C        =    R(8)
  Eingangssignale  X        =    MEM('FFFF FFFF')
  Ausgangssignale  Y        =    MEM('FFFF FFFE') .
```

Es soll nicht unerwähnt bleiben, daß die Abbildung der Eingangs- und Ausgangssignale auf die Mikromaschine in den meisten Fällen zusätzliche Hardware erfordert. In unserem Fall muß X mit dem Eingang der Speicherzelle MEM('FFFF FFFF') und Y mit dem Ausgang der Speicherzelle MEM('FFFF FFFE') verbunden werden. Zur Implementierung werden weiterhin folgende Hilfsregister benutzt:

Hilfsakkumulator	BC	= R(9)
Zaehler	J	= R(10)
Daten/Befehlsregister	H	= R(4)
Adressregister	N	= R(5)

Das Mikroprogramm zur Interpretation/Emulation der DINATOS-Maschinenbefehle zeigt Abb. 6–11. Es ist in symbolischer Form als synchrones Mikroprogramm in Anlehnung an HDL geschrieben, um es verständlich zu halten. Die Übersetzung in die binäre Form kann anhand der im Abschnitt 6.2.1 definierten Codierung der Mikrobefehle erfolgen.

Betrachten wir nun das Mikroprogramm. Zustand 0: Das Adreßregister N des Hauptspeichers wird mit dem Befehlszähler P geladen. P wurde vorher hardwaremäßig oder durch einen vorgeschalteten Mikrobefehl zu Null initialisiert, damit am Anfang der Befehl an der Stelle 0 geholt werden kann. Außerdem wird dieser Zustand durch den Befehl NOPbenutzt. Zustand 1: Der adressierte Befehl wird aus dem Hauptspeicher in das H-Register gelesen und N wird mit einer Maske geladen, die zum Ausblenden der Adresse dienen soll. Zustand 2: Die 24-Bit-Adresse wird ausgeblendet, der Programmzähler wird um Eins erhöht, und es wird eine 256-fache Verzweigung zu den Zuständen 00, 10, ... F0 (hexadezimal) in Abhängigkeit vom Operationscode, der in H(31:24) steht, durchgeführt. Dadurch wird der Befehlscode in einem Schritt entschlüsselt. Liegt der Befehlscode NOT vor, dann wird der Akkumulatorinhalt im Zustand 10 negiert und zurück zum Zustand 1 gesprungen, um den nächsten Befehl zu holen. Liegt der Befehlscode SHR vor, dann wird im Zustand 20 nochmals in Abhängigkeit von der Anzahl der Schiftschritte N(7:0) zu den Zuständen 1010, 1020, ... verzweigt, in denen der verlangte Schift durchgeführt wird. Die Ausführung des Befehls LDA' besteht im Laden der Konstanten N in den Akkumulator (Zustand 30). – Die Ausführung des LDA-Befehls besteht aus dem Lesen der Speicherzelle MEM(N) in das Datenregister H und dem anschließenden Transport in den Akkumulator. – Zur Ausführung des LDA*-Befehls (Zustände 50-53) muß der Speicher zweimal gelesen werden. Der STA-Befehl erfordert zuerst den Transport H ← AC und anschließend das Schreiben in den Speicher. – Die Multiplikation MUL benutzt den Hilfsakkumulator BC. Der Multiplikator AC wird zuerst nach BC transportiert und das niedrigstwertige Bit (Multiplikatorbit) wird in ST1(1) gemerkt. Dann wird 32 mal der Multiplikationsschritt durchgeführt. Wenn das abgefragte Multiplikatorbit o ist, dann wird AC_BC nur nach rechts geschoben, und wenn es 1 ist, dann wird vorher noch der Multiplikand MEM(N) zum Ak-

```
NOP   [0]    N<-P                                    Initialisieren
      [1]    N<-'00FF FFFF', H<-MEM(N)                 Befehl lesen
      [2]    N<-N.H,   next H(31:24)_0000, P<-P+1        case OPC
NOT   [10]   AC<-~AC,  next 1, N<-P
SHR   [20]   next 1_N(7:0)_0000, N<-P
             [1010]  AC<- 1 shr AC, next 1
             [1020]  AC<- 2 shr AC, next 1
                . . .
             [11F0]  AC<-31 shr AC, next 1
LDA'  [30]   AC<-N, next 1, N<-P
LDA   [40]   H<-MEM(N)                                Datum lesen
      [41]   AC<-H, next 1, N<-P
LDA*  [50]   H<-MEM(N)                                Adr. lesen
      [51]   N<-H
      [52]   H<-MEM(N)                                Datum lesen
      [53]   AC<-H, next 1, N<-P
STA   [60]   H<-AC,
      [61]   MEM(N):=H, next 1, N<-P          Datum schreiben
STA*  [70]   H<-MEM(N)                                Adr. lesen
      [71]   N<-H, AC<-H
      [72]   MEM(N):=H, next 1, N<-P          Datum schreiben
AND   [80]   H<-MEM(N)
      [81]   AC<-AC.H, next 1, N<-P
ADD   [90]   H<-MEM(N)
      [91]   AC<-AC+H, next 1, N<-P
MUL   [A0]   BC<-AC, AC<-0, J<-'00000002'
      [A1]   H<-MEM(N), ST1(1)<-BC(0)          Multiplikatorbit
      [A2]   if ST1(1) then next A4
      [A3]   AC<-shr AC, ST2(1)<-AC(0)      Merke shift out
      [A4]   AC<-AC+H,   ST1(10)<-Carry(AC+H)
      [A5]   AC<-ST(10) inshr AC, ST2(1)<-AC(0)
      [A6]   BC<-ST2(1) inshr BC, J<-shl J, ST2(7)<-(J/=0)
      [A7]   ST1(1)<-BC(0), if ST2(7) then next A2
      [A8]   H<-AC, AC<-BC
      [A9]   MEM(N):=H
      [AA]   next 1, N<-P
IF>'  [B0]   C<-1, ST1(5)<-(AC>N)
      [B1]   if ST1(5) then next 1, N<-P
      [B2]   C<-0, next 1
IF='  [C0]   C<-1, ST1(6)<-(AC=N)
      [C1]   if ST1(6) then next 1, N<-P
      [C2]   C<-0, next 1
GO'   [D0]   P<-N, next 1
GO    [E0]   H<-MEM(N)                        Sprungadresse lesen
      [E1]   P<-H, next 1
DO'   [F0]   ST1(7)<-(C/=0)
      [F1]   if ST1(7) then next 1, N<-P
      [F2]   N<-P+N, P<-P+N, next 1
```

Abb. 6–11: Mikroprogramm, das die DINATOS-Architektur interpretiert

kumulator addiert. Zum Schluß wird der höherwertige Teil des Produkts in die Speicherzelle MEM(N) gebracht und der niederwertige Teil in den Akkumulator. Um die Anzahl der Multiplikationsschritte zu zählen, wird J mit lo geladen und solange nach links geschoben, bis J gleich Null wird. – Der Befehl IF>' bewirkt einen Vergleich des Akkumulatorinhalts mit der Konstanten N und setzt gegebenenfalls C auf 1. – Bei dem Sprungbefehl GO' wird der Befehlszähler mit N und bei GO mit dem Inhalt von MEM(N) geladen. Die Bedingung C wird durch den DO'-Befehl abgefragt und bewirkt gegebenenfalls eine Erhöhung des Befehlszählers um N.

Die benutzte Methode zur Decodierung des Maschinenbefehlscodes ermöglicht nur Verzweigungen an Seitenanfänge k mal 16, wobei k=OPC der Wert eines beliebigen Bytes/Operationscodes im Befehl (der im Register R(Y2) steht) entspricht. Da die Anzahl der auszuführenden Mikrobefehle in Abhängigkeit vom Befehlscode stark variiert, ist die Größe einer Seite meist zu groß oder zu klein. Der freie Speicherplatz läßt sich aber nutzen, indem längere Mikrobefehlsfolgen die freigelassenen Speicherplätze benutzen.

Um an beliebig wählbare Adressen verzweigen zu können, könnte eine indirekte Decodierung über eine Sprungtabelle gewählt werden, die durch die Mikromaschine PIRI allerdings nicht unterstützt wird. Dabei wird zuerst in Abhängigkeit vom Befehlscode OPC=i an die i-te Stelle einer zusammenhängenden Tabelle gesprungen. In der Tabelle stehen Sprungziele zu beliebig definierten Stellen im Mikroprogrammspeicher, an denen die auszuführenden Mikroprogrammteile beginnen. Dem Vorteil des Verzweigens an beliebig wählbare Sprungadressen steht der Nachteil der zeitaufwendigeren zweischrittigen Decodierung gegenüber. Durch Verwendung einer zusätzlichen hardwaremäßig realisierten Sprungtabelle (PLA oder ROM) läßt sich bei freier Wahl der Sprungadressen die Decodierzeit reduzieren, wenn die Sprungtabelle rechtzeitig und parallel zur Ausführung der Mikrobefehle aktiviert wird. Bei Maschinenbefehlen mit variabler Wortlänge, die Teile des Befehlscodes in noch zu holenden Worten enthalten, ist man grundsätzlich auf eine sequentielle Decodierung angewiesen, so daß dadurch ein erhöhter Zeitaufwand entsteht.

Wenn das Mikroprogramm Teile enthält, die sich mehrfach wiederholen, könnten diese als Mikrounterprogramme implementiert werden, um Speicherplatz zu sparen. Dazu muß die Fortsetzungsadresse in ein spezielles Register geschrieben werden, bevor zum Unterprogramm verzweigt wird. Nach Ausführung muß die gespeicherte Fortsetzungsadresse als aktuelle Folgeadresse ausgewählt werden, damit das Mikroprogramm regulär weitermachen kann. Da die Organisation des Unterprogrammsprungs und -rücksprungs einen zusätzlichen Zeitaufwand

erfordert, kann auf die Unterprogrammtechnik auf der Mikroprogrammebene verzichtet werden. Deshalb wird die Unterprogrammtechnik in
der Mikromachine PIRI auch nicht hardwaremäßig unterstützt.

6.2.4 Bewertung der Lösungen

Die Anzahl der benötigten Ausführungszyklen bei der Emulation kann
leicht aus dem Mikroprogramm entnommen werden. So benötigen LDA'
drei, LDA vier, LDA* sechs, GO' drei und GO vier Zyklen. Dabei wurde
die Zugriffszeit des Hauptspeicher und Mikroprogrammspeichers mit einem Zyklus angenommen. Die mittlere Ausführungszeit eines Maschinenbefehls beträgt etwa 4 Zyklen, wenn man die Multiplikation nicht
berücksichtigt. Damit ist die mikroprogrammierte Lösung gegenüber
der reinen Hardware-Lösung (Abschnitt 6.2.2) etwa um den Faktor 1,5
bis 2 mal langsamer. Dem steht der Vorteil der Flexibilität gegenüber,
denn durch verschiedene Mikroprogramme lassen sich verschiedene Architekturen emulieren. Dieser Vorteil kommt dann zum Tragen, wenn
die Architektur komplizierter ist, insbesondere, wenn Zwischensprachen
für höhere Programmiersprachen interpretiert werden sollen.

Die mikroprogrammierte Lösung schneidet bei der Bewertung der Leistung günstiger ab, wenn die Zugriffszeit für den Mikroprogrammspeicher kleiner oder wesentlich kleiner als die des Hauptspeichers ist. Denn
dann fällt die etwas höhere Anzahl von Interpretationsschritten gegenüber der reinen Hardware-Lösung kaum ins Gewicht. Ein weiterer Vorteil der mikroprogrammierten Lösung ist die Reduzierung der
Speicherbandbreite für die Befehle. Denn höhere Leistungen erfordern
breitere Befehle zur Steuerung parallel arbeitender Rechenwerke. Dieser erhöhte Steuerungsaufwand läßt sich auf die Mikroprogrammebene
verlagern, wobei gleichzeitig die Maschinenbefehle in Richtung auf die
Applikation/höhere Maschinensprache angehoben werden, wodurch sie
kompakter und leistungsfähiger werden.

Will man eine besonders hohe Leistung erzielen, dann kann man auch die
Applikation komplett als Mikroprogramm schreiben bzw. dahin übersetzen. Dabei entfällt die Maschinensprache als Zwischenschicht und
der damit verbundene Interpretationsaufwand. Dadurch entsteht aber
ein hoher Schreibaufwand bzw. Übersetzungsaufwand. Das Mikroprogramm übernimmt dann die Funktion des Maschinenprogramms und
kann dann auch so bezeichnet werden. Man kann solche (Mikro-)Ma-
schinenbefehle auch als RISC-Befehle bezeichnen. Diese Ähnlichkeiten
erkennt man auch, wenn man die Befehlsstrukturen von RISC-Befehlen
(s. Kapitel 7) und Mikrobefehlen miteinander vergleicht.

Um noch höhere Leistungen in einem Rechner zu erzielen, muß man eine noch höhere Anzahl von Rechenwerken vorsehen, die für bestimmte Datentypen optimiert sein können. Dadurch entsteht aber ein höherer Steuerungsaufwand, d.h. die Befehle müssen breiter werden. Solche breiten Befehle werden als VLIW (very long instruction word) bezeichnet. Um die vielen Rechenwerke optimal auszunutzen, muß ein hoher Übersetzungsaufwand betrieben werden. Sicherlich gibt es eine bestimmte Schranke, oberhalb derer sich der erhöhte Hardware- und Steuerungsaufwand nicht mehr auszahlt (oberhalb von ca. 64 bis 128 Bit VLIW-Befehlsbreite), weil dann die mittlere Auslastung zu schlecht wird. Eine entsprechende Aussage gilt für die Mikrobefehle, deren Breite nicht mehr als ca. 128 bis 256 Bit betragen sollte.

In diesem Zusammenhang ist auch der Begriff *Superskalar* (s. Abschnitt 7.2) zu erwähnen. Damit sind Maschinenbefehle gemeint, die mehr als eine Operation pro Zyklus ausführen können. Das ist an sich nichts Neues. In der Realisierung werden parallel arbeitende Rechenwerke benötigt, wie wir sie z.B. in der PIRI-Maschine benutzt haben. Auch die früheren und heutigen Hochleistungsrechner, z.B. die CDC 6600, besaßen bzw. besitzen eine größere Anzahl parallel arbeitender Rechenwerke/Funktionseinheiten. Dabei besteht auch die Möglichkeit, mehrere kurze Befehle zu einem *Superbefehl* zusammenzufassen und in einem Maschinenwort unterzubringen (z.B. vier 15-Bit-Befehle in einem 60-Bit-Maschinenwort bei der CDC 6600).

7. RISC

7.1 Allgemeines

7.1.1 Historische Entwicklung

Das Akronym RISC steht für „Reduced Instruction Set Computer", Rechner mit reduziertem Befehlssatz. Zur Unterscheidung wurden die herkömmlichen Rechner mit umfangreicheren Befehlssätzen als CISC (Complex Instruction Set Computer) bezeichnet. Über die besonderen Merkmale von RISC-Rechnern siehe Abschnitt 7.1.2.

Die Architekturkonzepte, die in RISC-Rechnern angewandt werden (s. Abschnitt 7.2), waren schon vor der Prägung der Bezeichung RISC bekannt und werden auch in CISC-Rechnern und mikroprogrammierbaren Rechnern benutzt, so daß es eigentlich keine scharfe Trennung zwischen RISC und CISC gibt.

So besaß der Rechner MARK-1 (1948) z. B. nur 7 Befehle. – Der Rechner CDC 6600 (1963) [Tho] besaß ein 60-Bit-Maschinenwort, in dem wahlweise mehrere Befehle der Länge 15 oder 30 Bit untergebracht werden konnten. Die Befehle arbeiteten nur auf Registern (8 Daten-, 8 Index- und 8 Adreßregister) und waren vom Typ $OP(Ri, Rj, Rk, Const)$. Er besaß 10 Funktionseinheiten, einen Befehlspuffer (zur schnellen Abarbeitung von Schleifen), ein Scoreboard (Unit and Register Reservation Control zur Auflösung von Konflikten) und einen gepufferten Speicherzugriff (über die sogenannte Stunt Box und den Hopper). Durch Pipelining und paralleles Betreiben der Funktionseinheiten und des Speichers wurde eine hohe Verarbeitungsleistung erzielt.

Die Rechner der Serie B1700 von Burroughs B1700 (1972) (s. Abschnitt 5.15.5) besaßen einfache 16-Bit-Maschinenbefehle, die man heute als RISC-Befehle bezeichnen würde. Damals hat man sie als Mikrobefehle bezeichnet, weil man die Interpretation von Zwischensprachen unterstützen wollte.

Der Rechner Interdata 8/32 besaß 8 umschaltbare Registersätze, um das Umschalten zwischen verschiedenen Kontexten zu beschleunigen.

Bei IBM wurde von 1975 bis 1979 der RISC-Rechner IBM 801 entwickelt. Er besaß 120 Befehle, eine Wortlänge von 32 Bit, 32 Register und 4 Pipelinestufen.

An der Stanford University wurde von 1981 bis 1983 der MIPS-Rechner entwickelt. Er besaß 55 Befehle, eine Wortlänge von 32 Bit, 32 Register und 5 Pipelinestufen.

An der University of California in Berkeley wurde von 1980 bis 1983 der Rechner RISC I bzw. RISC II entwickelt. Er besaß 39 Befehle, eine Wortlänge von 32 Bit, 138 Register (davon 32 im umschaltbaren Fenster sichtbar) und 3 Pipelinestufen. Die Entwickler konnten nachweisen, daß diese Rechner bessere Integer-Leistungen als vergleichbare CISC-Rechner erzielen konnten. (RISC I und II besaßen keine Gleitkommabefehle.)

Daraufhin folgten eine Reihe von RISC-Entwicklungen wie z. B. IBM PC RT 6150, Ridge Mod. 32, Pyramid 90x, Fairchild CLIPPER, VLSI-Technology VL86C010, Sun SPARC, HP Precision Architecture, Motorola 88000, Intel 80960, MIPS Rx000, AMD 29000.

Auf dem Markt werden z. Zt. (1993) viele RISC-Prozessoren angeboten, wie z. B.: Sun SuperSPARC (Abschnitt 7.4), Motorola 88110 (Abschnitt 7.5), Motorola/IBM PowerPC 60x, MIPS R4400, HP Precision Architecture und DEC Alpha AXP.

Technologische Gründe für die RISC-Entwicklung. Früher verwendete man Kernspeicher als Hauptspeicher mit Zugriffszeiten im Mikrosekunden-Bereich. Die Speicherbandbreite war dadurch beschränkt, Abhilfe konnte durch verschachtelte Speicherbänke und Cache-Speicher geschaffen werden. In der CPU (Central Processing Unit) wurden dagegen Halbleiter-Technologien angewendet, die etwa um eine Größenordnung schneller waren. Um zu einem ausgewogenen System zu kommen, sollte die Speicherbandbreite etwa der CPU-Bandbreite entsprechen. (Die CPU soll nicht auf einen langsameren Speicher bzw. der Speicher soll nicht auf eine langsamere CPU warten.) Da die früheren Hauptspeicher verhältnismäßig langsam waren (sogenannter VON-NEUMANN-Flaschenhals), konnte sich die CPU mehr Zeit zur Ausführung eines Befehls lassen. Die Befehle konnten aus einer Folge von Mikrobefehlen/Mikrooperationen bestehen. Dadurch konnten auch komplexe Befehle ohne Geschwindigkeitseinbuße realisiert werden. Aus Gründen der Flexibilität und Kompatibilität wurden viele Rechner mit einem schnellen Mikroprogrammspeicher versehen. Die Geschwindigkeitseinbuße durch die zusätzliche Interpretationsschicht war verhältnismäßig klein, verglichen mit der direkten Interpretation durch ein Hardware-Steuerwerk.

Heutzutage wird meist dieselbe Halbleitertechnologie für die CPU und den Hauptspeicher verwendet. Dadurch konnte die Speicherzugriffszeit, unterstützt durch Cache-Speicher, wesentlich verringert werden. (Jetzt kann man eher von einem CPU-Flaschenhals sprechen). Für ein ausgewogenes System muß also die Befehlsausführungszeit entsprechend kleiner werden.

Die Befehle mußten einfacher werden, so daß sie in wenigen Zyklen ausgeführt werden konnten. Die Verwendung einer zusätzlichen Interpretationsschicht (Mikroprogramm) war nicht mehr nötig und nicht mehr sinnvoll. Komplexe Befehle müssen jetzt durch eine Folge von einfachen Befehlen emuliert werden, die zur Beschleunigung auch in speziellen Festwertspeichern (Instruction-ROM, Millicode-ROM, Macrocode-ROM) auf dem Chip abgelegt werden können und per Trap (Software-Interrupt durch spezielle Befehlscodes) ausgelöst werden.

Man kann die RISC-Rechnerentwicklung auch so sehen, daß man anstelle der (komplexen) Maschinenbefehle direkt die Mikrobefehle benutzt. Die Mikrobefehle sind zu RISC-Befehlen geworden und der Mikroprogrammspeicher hat sich zum Hauptspeicher entwickelt.

Eine andere Sichtweise: Man betrachtet den Programmcache auf dem Chip eines RISC-Rechners als dynamischen Mikroprogrammspeicher, in den automatisch die ausführungsintensiven Programmteile geladen werden. (Bei dieser Betrachtungsweise fehlt aber die bei der Mikoprogrammierung übliche Interpretationsschicht. Würde man in den Progammcache des RISC-Rechners ein Interpreterprogramm zur Interpretation einer Zwischensprache laden, dann wäre die Analogie zur Mikroprogammierung gegeben.)

Einige Argumente der RISC-Entwickler.

1. *Viele CISC-Befehle werden nicht (z. B. von Compilern) oder nur sehr selten benutzt.*

    Dieses Argument kann nur bedingt akzeptiert werden. Denn die Häufigkeit der Benutzung eines Befehls ist sehr stark von der Anwendung abhängig. So kann ein bestimmter CISC-Befehl, z. B. zum Verschieben eines Speicherblocks, für die Stringverarbeitung, für die Graphikunterstützung oder zur Parallelverarbeitung in bestimmten Anwendungen sehr nützlich oder unentbehrlich sein.

2. *Komplexe Befehle benötigen eine aufwendigere Decodierung.*

    Die Decodierung eines Befehls benötigt mehr Zeit und Hardware-Aufwand, wenn viele verschiedene Befehlsformate und Unterteilungen in Felder vorliegen.

3. *Das Hinzufügen eines weiteren Befehls zu N vorhandenen Befehlen kann den Aufwand überproportional erhöhen (N+1 Phänomen).*

In der Tat erhöht sich der Hardware-Aufwand nicht kontinuierlich mit der Anzahl und Komplexität der Befehle, sondern es treten Sprünge auf (ein Feld im Befehl läßt keine weitere Codierung mehr zu). Diese Tatsache muß allgemein beim Rechnerentwurf berücksichtigt werden.

4. *Der Entwicklungsaufwand für RISC ist kleiner als für CISC.*

Je kleiner die Befehlsliste und je einfacher und regelmäßiger die Struktur eines Rechners ist, desto leichter läßt er sich entwerfen und realisieren. Man muß aber bedenken, daß moderne RISC-Rechner verschiedene Funktionseinheiten (mehrere Skalarrechenwerke, Gleitkommarechenwerk, Befehls- und Datencache, MMU usw.) enthalten, so daß ein ähnlich hoher Entwicklungsaufwand wie bei CISC-Rechnern entsteht. Eine Maßnahme zu Verringerung des Entwicklungsaufwands bei CISC-Rechnern war die Mikroprogrammierung.

5. *Durch den Einsatz von optimierenden Compilern soll die Assemblerprogrammierung weitgehend überflüssig werden.*

Die bisherigen RISC-Maschinen sind in bezug auf ihre Hardware-Unterstützung an dem Ausführungsmodell und den Datentypen der Programmiersprache C orientiert. Zur effizienten Implementierung von anderen Ausführungsmodellen, dynamischer Speicherplatzverwaltung, Realzeitanwendungen, Betriebssystemkernroutinen usw. ist weiterhin die Assemblerprogrammierung erfoderlich. Die Programmierung im RISC-Assembler ist schwieriger als im CISC-Assembler, weil das Zeitverhalten der RISC-Befehle berücksichtigt werden muß. So kann z. B. ein Befehl, der nach einem Sprungbefehl steht, noch ausgeführt werden (Delayed Branch). Die RISC-Maschinenprogrammierung ist also nur zumutbar, wenn geeignete Übersetzer und Simulatoren zur Verfügung gestellt werden.

Der Systemimplementierungsaufwand hat sich also vom Interpreter-Mikroprogramm des CISC-Rechners in den optimierenden Compiler des RISC-Rechners verlagert.

7.1.2 Merkmale von RISC-Rechnern

RISC-Rechner besitzen folgende Merkmale:

1. *Alle Operationen werden nur auf Register-Variablen ausgeführt, d. h. es existieren keine Befehle, die direkt auf Hauptspeicher-Variablen operieren.*

Je mehr Variablen im Register gehalten werden können, desto geringer wird bei Mehrfach-Zugriffen der Datenverkehr (Datenspeicherbandbreite) mit dem Hauptspeicher. – Nach dieser Forderung dürfen

Befehle mit einem „Read-Modify-Write"-Speicher-Zyklus nicht implementiert werden (z. B. **Test and Set** zur Synchronisation).

2. *Die Kommunikation zwischen Registerspeicher und dem Hauptspeicher erfolgt nur durch LOAD/STORE-Befehle.*

3. *Der Registerspeicher muß groß genug sein (ca. 16 bis 256 Register), um einen Teil der lokalen Variablen und Parameter einer Prozedur halten zu können.*

Dieses Merkmal folgt aus 1. und der Forderung nach geringer Hauptspeicher-Kommunikation. – Wenn die Anzahl der Register verdoppelt wird, dann wird für jede Register-Adresse im RISC-Befehl ein zusätzliches Bit benötigt. – Je mehr Register vorgesehen werden, desto zeitaufwendiger wird das Retten des Status bei Unterprogrammsprüngen, Interruptverarbeitung und Prozeßwechseln. – Zur Verarbeitung von Gleitkommazahlen, Vektoren und anderen höheren Datentypen können individuelle Registerspeicher zweckmäßiger als ein gemeinsamer Registerspeicher sein, wodurch auch die Parallelarbeit begünstigt wird.

4. *Die Befehlswortlänge ist fest (meist 32 oder 64 Bit breit), damit die Befehle möglichst einfach interpretiert werden können.*

Dadurch können die Befehle ähnlich wie Mikrobefehle schnell und einfach decodiert werden. Ein Nachteil dieser Maßnahme ist der längere Programmcode (ca. 1,3 bis 1,8) und die dadurch höheren Anforderungen an die Programmspeicherbandbreite.

5. *Die Anzahl der Befehle und Adressierungsarten soll klein sein.*

Es soll also auf Befehle mit einer geringen dynamischen Häufigkeit verzichtet werden, die nur unwesentlich zur Leistungssteigerung beitragen, weil sie ebenso effizient nachgebildet werden können. Diese Forderung ist nicht mehr realisierbar, wenn ein größerer Funktionsumfang (Gleitkommabefehle, Datentypenbefehle etc.) verlangt wird.

6. *Die (effektive) Ausführungszeit pro Befehl soll möglichst nur 1 Takt betragen.*

Um dieses Ziel zu erreichen, müssen die Befehle schnell decodiert werden können (durch eine feste Befehlswortlänge und wenige Befehlstypen), die Befehle dürfen nicht zu komplex sein und eine optimierte Hardware (Pipeline, Cache, Puffer, Instruction Look Ahead usw.) muß dafür sorgen, daß möglichst wenig Wartezyklen entstehen.

Die Gesamtanzahl der Takte zur Bearbeitung eines Befehls (*Bearbeitungsdauer*, Verweildauer in den Pipelines einschließlich Speicherzugriff) ist größer oder gleich der Anzahl der zu durchlaufenden Pipeline-Stufen (wie Befehl holen, decodieren, Operanden holen, ALU-Operation, Ergebnis speichern) und sie kann variabel sein. In der Pipeline können andere Befehle gleichzeitig bearbeitet werden, so daß im günstigsten Fall mit jedem Takt ein Befehl beendet werden kann. Die Zeit, die ein Befehl im Mittel während der Programmausführung verbraucht, soll *(effektive) Ausführungszeit* (CPI = *average Clocks Per completed Instruction* ∗ clock-time) heißen. Bei einer $A = 100$-prozentigen Auslastung der Pipeline mit n Pipelinestufen sinkt die Ausführungszeit auf $1/n$ der Verweildauer. Bei einer geringeren Auslastung der Pipeline ist sie entsprechend höher $(1/(nA))$. (Wenn nicht nur eine, sondern mehrere Pipelines vorhanden sind (*Superskalar-Rechner*), dann kann die Ausführungszeit pro Operation unter einen Takt gesenkt werden.) Die Realisierbarkeit der Forderung nach Ausführung in einem Takt hängt davon ab, ob es sich um einfache Befehle, Speicherbefehle, komplexe Befehle oder Sprungbefehle handelt.

Einfache Befehle. Die Verweildauer beträgt bei den einfachen Befehlen auf Registern (z. B. Integer Add, Registertransport) typisch $n = 3$ bis 6 Takte, wobei n die Anzahl der Pipelinestufen ist. Wenn die Pipelinestufen auch von anderen Befehlen genutzt werden können, dann kann die Ausführungszeit im günstigsten Fall 1 Takt betragen.

Speicherbefehle. In die Verweildauer von LOAD/STORE-Befehlen geht die Rechenzeit für die Adreßmodifikation, die Adreßumsetzungszeit (virtuelle in reale Adresse durch die Memory Management Unit) und die effektive Speicherzugriffszeit (abhängig von Größe und Organisation des Cache und der Speicherorganisation) ein. Deshalb müssen mehr Pipelinestufen als bei den einfachen Befehlen durchlaufen werden und es können Konflikte auftreten (s. Abschnitt 7.2), so daß die Verweildauer und die Ausführungszeit größer werden.

Komplexe Befehle. Zu den komplexen Befehlen zählen die Gleitkommabefehle und Befehle, die von den Anwendungen aus Gründen der Leistungsteigerung (z. B. Graphikbefehle, Transformationen, höhere Datentypen) verlangt werden und nur ineffizient nachgebildet werden können. Solche Befehle benötigen meist spezielle Rechenwerke mit einer größeren Anzahl von Pipelinestufen, so daß diese Befehle eine noch größere Verweildauer und Ausführungszeit (je nach Auslastung der Pipeline) benötigen.

Sprungbefehle. Zu den Sprungbefehlen zählen die bedingten und unbedingten Sprünge, die Unterprogrammsprünge, die Software-Interrupts (Supervisor-Calls, Traps), die Hardware-Interrupts und die zugehörigen Rücksprünge. Während bei der normalen Abarbeitung einer Sequenz von Befehlen immer schon der nächste Befehl bzw. die nächsten Befehle im Vorgriff geholt und in die Pipeline gebracht werden können, verursachen die Sprungbefehle eine inhärente Verzögerung, weil zuerst der Sprungbefehl ausgewertet werden muß, bevor der nächste Befehl (am Sprungziel) bearbeitet werden kann. Dadurch entstehen Wartezyklen, die nur dann genutzt werden können, wenn vom Sprung unabhängige Befehle eingeschoben werden können.

7.1.3   Zur Komplexität der Maschinenbefehle

Wie komplex sollen die Maschinenbefehle sein? Hier müssen zunächst die beiden Hauptanwendungen unterschieden werden: (A) *Übersetzerbau* und (B) *direkte Maschinenprogrammierung* im Assembler für zeitkritische und spezielle maschinennahe Anwendungen (Betriebssystemkern, Interruptbehandlung, Ein-/Ausgaberoutinen, Treiber, zeitkritische Regelungen).

Zu (A) Übersetzerbau: Hier muß weiterhin unterschieden werden, welche Programmiersprache übersetzt werden soll. Die Programmiersprachen unterscheiden sich ganz erheblich hinsichtlich ihrer Semantik (Ausführungsmodell). Deshalb übersetzt man zunächst in einen Zwischencode, der zu dem speziellen Ausführungsmodell paßt. Dann ist die Erzeugung des Zwischencodes einfach, weil die sogenannte *semantische Lücke* (Abstand zwischen dem Problem/der Programmiersprache und den darunter liegenden Sprachen, auf die abgebildet wird, s. u.) klein ist. In einem zweiten Schritt muß dann der Zwischencode in die Maschinensprache übersetzt werden. (Alternativ wird der Zwischencode durch ein Interpreterprogramm interpretiert, das ein Mikroprogramm oder ein Maschinenprogramm sein kann.) Es kommt nun darauf an, daß (I) der Zwischencode sich zum einen möglichst leicht in die Maschinensprache übersetzen läßt und (II) der erzeugte Code möglichst effizient abläuft. Der Punkt I ist eine Frage des Aufwands, den man in den Übersetzer stecken muß. Wichtiger noch ist der Punkt II, weil in der Regel eine möglichst geringe Ausführungszeit gefordert wird. Man kann sich gut vorstellen, daß diese beiden Punkte am besten erfüllt werden, wenn die Zwischensprache gleich der Maschinensprache ist. Dann gibt es keine semantische Lücke dazwischen und die Effizienz hängt alleine von der Hardware ab. Diese Lösung ist aber nicht flexibel genug, weil jede Zwischensprache eine eigene Hardware erfordert. Hier eignet sich natürlich die Mikroprogrammierung (für jeden Zwischencode ein spezielles Interpreter-Mikroprogramm). (Anstelle der Mikroprogrammierbarkeit kann man sich auch eine Maschine vorstellen, deren Hardware durch das Laden eines speziellen Konfigurationsprogramms änderbar ist.) Da der Systemhersteller dem Anwender die Mikroprogrammierebene normalerweise nicht zugänglich macht, müßte der Systemhersteller selbst für die Zwischencode-Interpreter der diversen Programmiersprachen zuständig sein. Dieser Weg ist in der Praxis nicht durchführbar. Die Mikroprogrammierung muß also dem Anwender (s. u. Lösung 1) zugänglich gemacht werden. Oder die Maschinensprache muß einfach und hardwarenah sein (s. u. Lösung 2).

Lösung 1: Voraussetzung ist ein mikroprogrammierbarer/konfigurierbarer Rechner. Die Mikroprogrammierung bzw. Hardwarekonfigurierbarkeit steht dem Anwender mit geeigneten Werkzeugen (Mikroassembler, Debugger, Simulator) zur Verfügung, so daß der Übersetzerbauer wie folgt vorgeht: Er schreibt einen Übersetzer, der Zwischencode erzeugt, und ein Mikroprogramm/Konfigurationsprogramm zur Interpretation des Zwischencodes, das in den Mikroprogramm- bzw. Konfigurationsspeicher des Prozessors geladen wird. Der Zwischencode wird dann durch das geladene Interpreter-Mikroprogramm interpretiert bzw. durch die konfigurierte Hardware direkt ausgeführt.

Diese Lösung bietet folgende Vorteile: (1) Portabilität durch den leicht übertragbaren Zwischencode, (2) Verringerung der Programmspeicherbandbreite (der Zwischencode ist kompakt), (3) ein hoher Parallelitätsgrad (breiter Mikrobefehl und mehrere Funktionseinheiten) und (4) spezialisierbare Rechenwerke bei konfigurierbaren Rechnern.

Dem direkten Maschinenprogrammierer sollte man außerdem eine Standard-Maschinensprache zur Verfügung stellen, die wahlweise interpretiert oder direkt in die Mikrobefehle/Konfigurationsbefehle übersetzt wird.

Lösung 2: Die Maschinensprache wird möglichst einfach und hardwarenah gehalten, so daß der Übersetzerbauer einfach Code generieren und optimieren kann. Wenn die Maschinensprache dagegen semantisch zu hoch angesiedelt ist, dann wird der Übersetzerbauer behindert, weil die vorgegebene Maschinensprachen-Semantik meist nicht mit der Zwischensprachen-Semantik zusammenpaßt. So kann es vorkommen, daß höhere Operationen ungeeignet sind und daher nicht benutzt werden; oder einfache Operationen müssen umständlich aus höheren Operationen zusammengesetzt werden. Aus Effizienzgründen und aus Gründen der Flexibilität ist eine niedrige Maschinensprache also von Vorteil. Genau dieser Weg wird bei den RISC-Rechnern beschritten, indem Compiler eingesetzt werden, die eine große semantische Lücke überbrücken.

Der Nachteil dieser Lösung ist die verhältnismäßig schwierige Maschinenprogrammierung, weil der Übersetzerbauer die Hardware-Details der Maschine, insbesondere das Zeitverhalten der Befehle, mit berücksichtigen muß. Da die RISC-Maschinenbefehle den Mikrobefehlen eines mikroprogrammierbaren Rechners ähneln, hat die RISC-Maschinenprogrammierung sehr viel Ähnlichkeit mit der Mikroprogrammierung. Vereinfacht gesagt ist ein RISC-Rechner ein mikroprogrammierbarer Rechner, bei dem der Mikroprogrammspeicher als ladbarer Hauptspeicher benutzt wird.

Zu (B) direkte Maschinenprogrammierung: Zum Zwecke der Assembler-Maschinenprogrammierung ist es günstig, wenn die Maschinensprache etwas höher angesiedelt ist, übersichtlich und klar definiert und nicht unnötig hardwarebezogen ist. Insbesondere sollte der Maschinenprogrammierer nicht mit dem Zeitverhalten (z. B. Delayed Branch) belastet werden. Der Maschinenprogrammierer will auch nicht unnötig viele Befehle für einfache Aktionen (wie z. B. das Inkrementieren einer Speicherzelle) hinschreiben. Bei einer klaren, programmierfreundlichen Maschinenarchitektur (die sich in den Maschinenbefehlen widerspiegelt) würde man am liebsten auf Register verzichten und alle Operationen nur auf Speicherzellen definieren. Allerdings spricht die Effizienz dagegen, so daß man normalerweise hybride CISC-Befehle benutzt, die sowohl auf Speicherzellen als auch auf Registern Operationen erlauben.

Da bei den RISC-Rechnern die Maschinensprache niedrig angesiedelt ist, muß man für den direkten Maschinenprogrammierer Assembler mit Makrotechnik, Debugger und Simulator zur Verfügung stellen. Durch den verstärkten Einsatz der maschinennahen Sprache C verliert aber die Assembler-Maschinenprogrammierung immer mehr an Bedeutung, so daß der Art und das Zeitverhalten der Maschinenbefehle für die meisten Anwender immer unwichtiger werden.

Zur semantischen Lücke. Die semantische Lücke ist die semantische Verschiedenheit zwischen einer Quellsprache und einer Zielsprache. Bei einer kleinen semantischen Lücke ergeben sich folgende Merkmale:

- Die Programme sind kurz.

- Der Implementierungsaufwand ist klein, weil nur wenige Zwischenschichten/Unterprogramme/Hilfsobjekte definiert werden müssen. Die Entwicklungszeit ist kurz.

- Der Dokumentationsaufwand ist klein, weil es nur wenige zu dokumentierende Hilfsobjekte gibt.

- Die Zuverlässigkeit ist groß, wobei man davon ausgeht, daß die Zielsprache/Basisobjekte zuverlässig ist.

- Die Änderbarkeit/Wartung ist einfach, weil die Programme kurz sind, und weil es nur wenige zu ändernde Hilfsobjekte gibt.

- Die Effizienz ist so gut wie die Effizienz und Eignung der Zielsprachen. Um eine hohe Effizienz zu erreichen, sollten Interpretationsvorgänge durch Übersetzungsvorgänge ersetzt werden. Falls nötig, kann man zur Hardware-Unterstützung übergehen. Wenn eine ungeeignete Zielsprache benutzt wird, dann leidet darunter die Effizienz, weil u. U. niedrige Operationen aus hohen (zeitaufwendigen) Operationen zusammengesetzt werden müssen.

Wie diese Aufzählung zeigt, ist eine kleine semantische Lücke nur von Vorteil, allerdings ist die Voraussetzung einer nahen Zielsprache oft nicht gegeben. Denn für alle Probleme müßten geeignete Zielsprachen verfügbar sein, so daß darin schon ein hoher Implementierungsaufwand (gewissermaßen als Vorleistung) stecken würde. Bei einer großen semantischen Lücke dagegen müssen keine Vorleistungen erbracht werden, aber der Implementierungaufwand kann sehr groß werden, weil zunächst einmal die Zwischenschichten/Hilfsobjekte definiert, implementiert und getestet werden müssen. Neben dem höheren Aufwand wird vom Entwerfer/Implementierer ein höheres Abstraktionsvermögen verlangt, weil mehrere Zwischensprachen/Objektebenen entworfen werden müssen. In bezug auf die Effizienz hat der Implementierer alle Hardwareeigenschaften zur Verfügung. Der Dokumentationsaufwand ist hoch und die Änderbarkeit ist schlecht, wenn nicht konsequent Softwareentwurfsmethoden und Strukturierungskonzepte (wie z.B. die objektorientierte Programmierung) benutzt werden.

7.1.4 RISC/CISC im Vergleich

Leistungsfähigkeit. RISC-Rechner besitzen einen einfacheren Befehlssatz. Aus diesem Grund könnte man meinen, daß sie nicht so leistungsfähig wie CISC-Rechner sind. Tatsächlich muß man auch bei RISC-Rechnern in der Regel (ca. 1,3 bis 1,8 mal) mehr Befehle benutzen, um den gleichen Effekt wie bei CISC-Rechnern zu erzielen. Um diesen Nachteil auszugleichen, werden die RISC-Befehle direkt durch eine optimierte Hardware ausgeführt, ohne ein Mikroprogramm dazwischenzuschalten, wie es bei CISC-Rechnern meist üblich ist. Da sich die Hardware-Optimierungsmaßnahmen (z.B. Pipelining) für wenige Befehle und feste Befehlsformate leichter durchführen lassen, können RISC-Rechner dennoch leistungsfähiger als CISC-Rechner sein. Dazu eine kleine Abschätzung:

Ein Programm mit n_C CISC-Maschinenbefehlen benötigt die Ausführungszeit

$$T(\text{CISC}) = t_{\text{mittel}}(\text{CISC}) * n_C ,$$

wobei ein CISC-Befehl im Mittel die *effektive Ausführungszeit* $t_{\text{mittel}}(\text{CISC})$ benötigt, gemessen in CPI = average Clocks Per completed Instruction * Clock-Time.

Ein Programm mit der gleichen Wirkung besteht aus n_R RISC-Maschinenbefehlen und benötigt die Ausführungszeit

$$T(\text{RISC}) = t_{\text{mittel}}(\text{RISC}) * n_R \; ,$$

wobei ein RISC-Befehl im Mittel $t_{\text{mittel}}(\text{RISC})$ benötigt. Ein RISC-Rechner ist schneller als ein CISC-Rechner, wenn gilt

$$t_{\text{mittel}}(\text{RISC}) * n_R < t_{\text{mittel}}(\text{CISC}) * n_C \; .$$

Bei einem typischen Verhältnis von $n_C/n_R = 1,5$ müssen also die RISC-Befehle im Mittel mehr als um diesen Faktor schneller ausgeführt werden. Wenn ein RISC-Rechner um den Faktor 2 schneller als ein CISC-Rechner sein soll, dann müssen die RISC-Befehle im Mitttel um den Faktor 3 schneller ausgeführt werden.

Dadurch, daß mehr RISC- als CISC-Befehle für die gleiche Wirkung benutzt werden müssen, wird der Programmcode länger, so daß größerere Speicher und ein etwas größerer Adreßraum benötigt wird. In Anbetracht der heute kostengünstig zur Verfügung stehenden Speicher ist dieser Nachteil nicht besonders gravierend.

Der RISC-Rechner verlangt eine höhere Programmspeicherbandbreite (Anzahl der pro Sekunde zu transportierenden Befehlsbits) und eine geringere Datenspeicherbandbreite (Anzahl der pro Sekunde zu transportierenden Datenbits) als ein CISC-Rechner. Die Datenspeicherbandbreite des RISC-Rechners ist umso kleiner, je mehr Operanden im Registerspeicher gehalten und mehrfach genutzt werden. Die höhere Programmspeicherbandbreite des RISC-Rechners muß durch schnelle Speichersysteme (Cache-Speicher, verschränkte Speicher) ausgeglichen werden. Auch der Transport von Code zwischen Platte und Hauptspeicher (z. B. beim Paging) dauert dadurch länger.

Da RISC-Rechner eine hohe Programmspeicherbandbreite erfordern, empfiehlt sich eigentlich eine *Harvard-Architektur* mit getrenntem Programm- und Datenspeicher. Dabei können die erforderlichen Speicherbandbreiten parallel zur Verfügung gestellt werden. In modernen Mikroprozessoren werden deshalb getrennte Cachespeicher für Programme und Daten benutzt, die an breite interne Busse angeschlossen sind.

Systementwicklungsaufwand. Der Hardware-Entwicklungsaufwand eines Prozessors hängt davon ab, (1) ob die zu realisierende Architektur einfach oder komplex ist (parallele Funktionseinheiten, MMU, Cache, Mehrprozessorunterstützung, Anzahl und Komplexität der Befehle), (2) ob wenig Befehlsformate benutzt werden, (3) ob die Ausführungszeit durch Parallelverarbeitung und Hardware-Optimierungsmaßnahmen minimiert werden soll, (4) ob überwiegend regelmäßige, einfache Hardware-Strukturen benutzt werden können und (5) welche Implementierungstechnologie (dedicated desgin, full custom design, gate array, field programmable gate array, etc.) benutzt wird.

Bei RISC-Prozessoren ist der Hardware-Entwicklungsaufwand auf Grund der geringeren Komplexität der Befehle und der wenigen Befehlsformate etwas geringer als bei CISC-Prozessoren. Während in RISC-Prozessoren Hardware-Steuerwerke benutzt werden, werden in CISC-Prozessoren Mikroprogramm-Steuerwerke oder optimierte, komplexe Hardwaresteuerwerke oder Mischformen verwendet.

Bei RISC-Rechnern ist dagegen der Aufwand für den optimierenden Compiler und den Assembler/Debugger/Simulator größer als bei CISC-Rechnern, so daß es sich um eine Aufwandsverlagerung handelt. Wenn man die Grenze zwischen der Software und der Hardware noch weiter nach unten verlagert, dann kann man eine weitere Leistungssteigerung erwarten. Allerdings sind dazu noch aufwendigere Übersetzungstechniken zur Ausnutzung der Hardware-Besonderheiten erforderlich.

Kompatibilität. Die Software-Kompatibilität zu früheren Rechnern auf der Maschinenebene ist umso schwieriger, je mehr der Maschinenbefehlssatz hardwarebezogen ist. Hier sind Rechner flexibler, bei denen ein etwas höher angesiedelter, technologieunabhängiger Maschinenbefehlssatz interpretiert wird (z. B. durch ein Mikroprogramm). Kompatibilität läßt sich auch durch eine (möglichst rechnerunabhängige) höhere Maschinensprache (abstrakte Zwischensprache) erreichen, die auf die verschiedenen Zielrechner übersetzt wird.

Hardware-Optimierungsmaßnahmen. Solche Maßnahmen (Pipelining, Konfliktauflösung) sind umso einfacher zu realisieren, desto einfacher die Architektur ist. Hier ist der RISC-Rechner im Vorteil. Mit der steigenden Komplexität der RISC-Rechner (mehrere Funktionseinheiten, Parallelverarbeitung) werden solche Maßnahmen zunehmend aufwendiger.

7.1.5 Entwicklungstrends

Auf Grund der zunehmenden Integrationsdichte und Erhöhung der Taktfrequenzen sind noch erhebliche Weiterentwicklungen der Mikroprozessor-Chips zu erwarten. Dazu einige Prognosen:

1. Wegen des zunehmenden Speicherbedarfs größerer Anwendungen, insbesondere im Multiprogrammbetrieb, werden größere Adreßräume (64 Bit) erforderlich.

2. Die Cachespeicher auf dem Chip werden vergrößert, so daß u. U. auf die externen, sogenannten Second-Level-Caches, verzichtet werden kann.

3. Die internen Busse werden verbreitert, um die hohen internen Bandbreiten zur Verfügung stellen zu können.

4. Die Hardware-Optimierungsmaßnahmen werden noch mehr ausgefeilt. Beispielsweise werden Pipelines mit einer großen Anzahl von Stufen (*Superpipelines*) eingesetzt.

5. Zur Unterstützung weiterer Datentypen (BCD-Arithmetik, Graphik-Transformationen, erhöhte Genauigkeiten, Vektorverarbeitung) werden speziell optimierte Funktionseinheiten auf dem Chip integriert. Zur Erhöhung der Parallelverarbeitung können diese Einheiten parallel betrieben werden. Häufig benutzte Funktionseinheiten (Integerverarbeitung) werden dupliziert (*Superskalar-Prinzip, Hyperskalar-Prinzip*).

6. Leistungsfähigere RISC-Maschinenbefehle werden 64 oder 128 Bit breit sein, um alle Funktionseinheiten und Register parallel steuern zu können. Solche Architekturen werden entweder als *Superskalar* oder als *VLIW* (very long instruction word) bezeichnet (Abschnitt 7.2). In den langen Befehlswörtern finden auch mehrere kurze Befehle mit 16 oder 32 Bit Platz, die parallel ausgeführt werden. Um häufige Operationen besonders schnell abarbeiten zu können und um den Codeumfang zu reduzieren, kann man Unterbefehle mit variabler Länge benutzen.

7. Man kann das Prinzip der Mikroprogrammierung durch einen ladbaren Mikroprogrammspeicher auf dem Chip unterstützen. Dadurch könnte man die Interpretation von Zwischensprachen/Ausführungsmodellen und die Emulation fremder oder veralteter Architekturen besser unterstützen. Hierbei könnte die Wortbreite des Mikrobefehls 128 bis 256 Bit und die Wortbreite des Hauptspeichers 32 oder 64 Bit betragen. Dadurch könnte man die extern benötigte Speicherbandbreite in Grenzen halten.

8. Man kann bestimmte Teile der Hardware konfigurierbar (durch das Laden eines Konfigurationsprogramms) machen. Dadurch könnte man auch spezielle Anwendungen hardwarenah unterstützen.

9. Mehrprozessorsysteme werden zunehmend hardwaremäßig unterstützt. Neben Techniken zur Gewährleistung der Datenkonsistenz (bus snooping, cache coherence protocol) werden weitere Konzepte (wie verteilter, virtuell gemeinsamer Speicher, message passing) realisiert werden.

10. Mehrere Prozessoren können sehr eng gekoppelt auf einem Chip integriert werden. Dadurch kann die Kommunikation schnel-

ler als über herkömmliche Bussysteme erfolgen, so daß sehr leistungsfähige Mehrprozessorsysteme – auch für Spezialanwendungen – zur Verfügung stehen werden.

7.2 Architekturkonzepte zur Leistungsteigerung

7.2.1 Hardware-Unterstützung der virtuellen Adressierung

In Steuerungsanwendungen und bei der Programmierung von Ein-/Ausgabegeräten ist normalerweise ein Umsetzung der (logischen/virtuellen) Adressen im Programm/Befehl auf die physischen Adressen nicht erforderlich; die Adressen im Maschinenbefehl (nach der Adreßmodifikation) entsprechen hierbei den physischen Adressen. Für solche Anwendungen wird keine Adreßumsetzungshardware benötigt. Wenn sie vorhanden ist, so muß es Möglichkeiten geben, sie zu umgehen, damit bestimmte physische Adressen (EA-Ports, Videospeicher etc.) sicher und schnell angesprochen werden können.

Universelle Anwendungen, wie sie auf Workstations und PCs ausgeführt werden, benutzen Betriebssysteme, die eine große Anzahl von Prozessen parallel verwalten. Jeder Prozeß benötigt eine gewisse Anzahl von Segmenten unterschiedlicher Länge, in denen linear adressiert werden soll. Segmente werden für den Programmcode und die verschiedenen Datentypen/Objekte wie Konstanten, globale Variablen, Stack (für lokale Variablen, Zwischenwerte, Parameter) und Heap benötigt. Aus der Sicht der Anwendungen sollte eine Adressierung der Art

Prozeß-nummer	Segment-nummer/Typ	lineare Adresse im Segment

zur Verfügung stehen. Bei der Implementierung ergeben sich Schwierigkeiten, weil die Anzahl dieser Komponenten nicht fest, sondern variabel (teilweise zur Laufzeit) ist. So kann die Anzahl der Prozesse, die Anzahl der Segmente in Abhängigkeit von dem Ausführungsmodell und den Datentypen sowie die Größe der Segmente schwanken. Ein zusätzliches Problem rührt daher, daß manchmal größere Segmente verlangt werden, als sie der Hauptspeicher zur Verfügung stellen kann. In diesem Fall muß der Sekundärspeicher (Plattenspeicher) zu Hilfe genommen werden. Um diese Anforderungen, die sich zum großen Teil während der Laufzeit verändern, effizient zu implementieren, ist das Betriebssystem auf eine Hardware-Unterstützung angewiesen. Dabei wird im Maschinenprogramm eine virtuelle Adresse benutzt, die einen mehr oder weniger großen Teil (von rechts nach links) der obigen Adreßkomponenten umfaßt; sie ist meist wir folgt strukturiert.

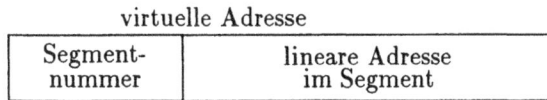

virtuelle Adresse

Segment- nummer	lineare Adresse im Segment

Aus Gründen einer effizienten Adreßumsetzung und dynamischen Speicherplatzverwaltung wird nun die virtuelle Adresse in zwei Komponenten gespalten:

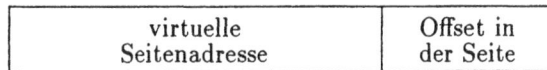

virtuelle Seitenadresse	Offset in der Seite

Das Betriebssystem bildet mit Hilfe von Tabellen die virtuelle Seitenadresse auf eine beliebige physische Seitenadresse ab.

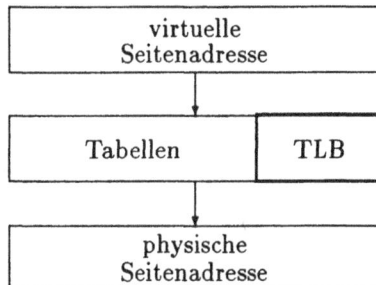

Dadurch können jetzt beliebige Seiten im Hauptspeicher benutzt werden, die gerade verfügbar sind. Das Betriebssytem versucht nun, gerade die aktuellen Seiten im Hauptspeicher zu halten. Wenn ein Zugriff auf eine sich nicht im Hauptspeicher befindliche Seite erfolgt (page fault), wird eine unwichtige Seite (je nach Strategie und Alterungsmechanismus) ausgelagert und die benötigte Seite von der Platte in den Hauptspeicher geladen, wobei die Abbildungstabellen aktualisiert werden müssen.

Das softwaremäßige Durchlaufen der Abbildungstabellen dauert verhältnismäßig lange, so daß eine Hardware-Unterstützung unabdingbar ist.

Die Hardware-Unterstützung besteht aus einer schnellen „Hardware- Tabelle", die als *Translation Look Aside Buffer* (TLB) bezeichnet wird. Im TLB werden die wichtigsten aktuellen Abbildungspaare

(virtuelle Seitenadresse, physische Seitenadresse)

gehalten. Hardwaremäßig wird der TLB am besten durch einen Assoziativspeicher realisiert, der die angefragte virtuelle Seitenadresse gegen die gespeicherten virtuellen Seitenadressen (entsprechend der Kapazität des Assoziativspeichers) parallel vergleicht. Anstelle des vollassoziativen Speichers können aber auch teilassoziative Speicher (direct mapping cache, set associative cache) eingesetzt werden.

Zur hardwaremäßigen Adreßumsetzung wurden sogenannte *Memory Management Units* (MMU) entwickelt, die den TLB und zusätzliche Logik zur Seitenverwaltung und den Zugriffschutz enthalten. So werden z. B. folgende Bits mitgeführt:

resident	Seite im Hauptspeicher
supervisor	Zugriff nur für das Betriebssystem
read-only	Schreibzugriff verboten
dirty	Seite wurde verändert
referenced	Zugriff auf Seite erfolgt.

Beim Zugriff muß auch überprüft werden, ob nicht die Obergrenze des Segments überschitten wird.

In Prozessoren, die getrennte Cachespeicher für Programme und Daten benutzen, werden meist auch zwei zugeordnete MMUs benutzt, um die Adreßabbildung für Programme und Daten parallel durchführen zu können. Dabei können die MMUs unterschiedlich gestaltet werden, wenn die Zugriffsmöglichkeiten und Lokalitätseigenschaften von Programmen (read only) und Daten berücksichtigt werden.

7.2.2 Cache-Speicher

Ein Cache-Speicher ist ein schneller Pufferspeicher, der dazu dient, die mittlere Zugriffszeit auf den Hauptspeicher zu verringern.

Schneller Hauptspeicher := Langsamer Hauptspeicher + Cache-Speicher

Der Cache-Speicher ist wesentlich kleiner als der Hauptspeicher und sollte eine wesentlich geringere Zugriffszeit haben. Durch eine Hardware-Steuerung (Cache-Controller) werden automatisch die Daten in den Cache kopiert, auf die der Prozessor zugreift. Im Laufe der Zeit füllt sich der Cache mit den aktuellen Daten, so daß erneute Zugriffe wesentlich schneller ausgeführt werden. Wenn sich das Datum bei einem Zugriff bereits im Cache befindet, dann gibt es einen Treffer (*Cache-Hit*), ansonsten einen *Cache-Miss*. Bei einer hohen Trefferate (meist über 90 – 95 %) erniedrigt sich die mittlere Zugriffszeit deutlich. Dadurch beschleunigt sich sowohl der Zugriff auf den Programmcode (Programmschleifen werden automatisch im Cache gehalten) als auch der wiederholte Zugriff auf die aktuellen Daten. Die mittlere Zugriffszeit berechnet sich näherungsweise wie folgt:

$$t_{\text{Access}} = (\text{Hit-Rate}) * t_{\text{Hit}} + (1 - \text{Hit-Rate}) * t_{\text{Miss}}$$

Folgende Fälle können auftreten:

1. Read und Hit → Lesen aus dem Cache.

2. Read und Miss → Lesen aus dem Hauptspeicher und gleichzeitig in den Cache kopieren. In der Regel werden mehrere Worte (ein Cache-Block, eine Cache-Line) im Blocktransfer (Burst-Modus) übertragen. Falls kein Platz in Cache frei ist, dann muß ein „altes" Datum verdrängt werden.

3. Write und Hit → Alternativen:

   a) Das Datum wird gleichzeitig im Cache und im Hauptspeicher verändert. Dieses Verfahren heißt *Write-Through*. Es ist einfach und sicher, weil die Daten im Cache und im Hauptspeicher immer gleich (konsistent) gehalten werden. Bei jeder Änderung wird aber der Hauptspeicher beansprucht, so daß dadurch die Programmausführung verzögert wird. Deshalb gibt es das nicht blockierende Verfahren *Buffered-Write-Through*, bei dem die zu schreibenden Daten in einem FIFO (first in first out buffer) zwischengespeichert werden und erst nach und nach in den Speicher geschrieben werden. Dabei kann auch von der starren FIFO-Reihenfolge abgewichen werden, wenn Speicherbänke belegt sind oder Daten vor dem Schreiben benötigt werden. Durch das verzögerte Updaten des Hauptspeichers sind die Daten im Hauptspeicher erst nach dieser Verzögerung konsistent, was bei Zugriffen auf gemeinsame Variablen in Mehrprozessorsystemen und im Mehrprogrammbetrieb beachtet werden muß.

   b) Das Datum wird zunächst nur im Cache verändert und durch ein *dirty bit* gekennzeichnet. Zu einem späteren Zeitpunkt, spätestens beim Verdrängen, wird es in den Hauptspeicher zurückgeschrieben (*Updaten*). Dieses Verfahren heißt *Write-Back* oder *Copy-Back* oder *Write-Later*. Es hat den Vorteil, daß der Hauptspeicher nicht unnötig beansprucht wird. Dafür ist es aufwendiger und nicht so sicher, weil die Daten im Hauptspeicher teilweise nicht aktuell sind (nicht konsistent mit den Daten im Cache, veraltete Daten = *stale data*). So könnte ein anderer Prozessor (auch Direct Memory Controller) veraltete Daten lesen.

   c) Das Datum wird im Cache ungültig gemacht und nur in den

Hauptspeicher geschrieben. Dadurch befinden sich im Hauptspeicher immer die aktuellen Daten; bei einem sofort anschließenden Lesezugriff treten jedoch lange Wartezeiten auf.

4. Write und Miss → Alternativen (ähnlich wie unter 3.):

    a) Das Datum wird in den Hauptspeicher und in den Cache geschrieben, ggf. muß vorher im Cache ein Platz geschaffen werden.

    b) Das Datum wird nur in den Cache geschrieben und das *dirty bit* wird gesetzt, ggf. muß vorher im Cache ein Platz geschaffen werden. Später muß es in den Hauptspeicher transportiert werden.

    c) Das Datum wird nur in den Hauptspeicher geschrieben.

Realisierung von Cache-Speichern. Am häufigsten werden *Direct-Mapping-Caches* und Set-Assoziative-Cache-Speicher verwendet. Der Direct-Mapping-Cache läßt sich einfach mit Hilfe von schnellen RAM-Speichern realisieren (Abb. 7–1). Im Hauptspeicher befinden sich 2^{t+c} Blöcke. Im Blockspeicher (rechter Teil) können 2^c Blöcke aus dem Hauptspeicher abgespeichert werden. Wenn ein Hauptspeicher-Block mit der Speicher-Block-Adresse `M-Block-Adr.` = `(Tag,C-Block-Adr.)` in den Cache transportiert werden soll, dann wird er an die Stelle `C-Block-Adr.` (Cache-Blockadresse, Index) geschrieben. D. h. bei der Zuordnung der Blöcke wird nur der mittlere Teil der Speicheradresse berücksichtigt, unabhängig vom Tag. Beim Direct-Mapping-Cache ist nur folgende Zuordnung möglich:

Cache-Block	Speicherblock, alternativ				
i	i	$i + 2^b$	$i + 2 * 2^b$	$\cdots$	$i + (2^t - 1) * 2^b$

Nur einer von k Speicherblöcken $i + k * 2^b$ kann also unter dem Index (Cache-Blockadresse) i im Cache gespeichert werden. Um beim späteren Zugriff feststellen zu können, welcher Hauptspeicher-Block gespeichert wurde, wird zusätzlich der höherwertige Teil k der Hauptspeicher-Blockadresse (`Tag`) gespeichert. Eine Zeile im Cache (einschließlich Tag) wird als *Cache-Line* bezeichnet. Beim Zugriff auf den Cache wird das gespeicherte Tag-Feld mit dem aktuellen Tag der Speicheradresse verglichen. Nur bei Übereinstimmung gibt es einen Cache-Hit.

Mit Hilfe der Wortadresse `Wort-Adr`. wird dann das gewünschte Wort aus dem getroffenen Cache-Block ausgewählt.

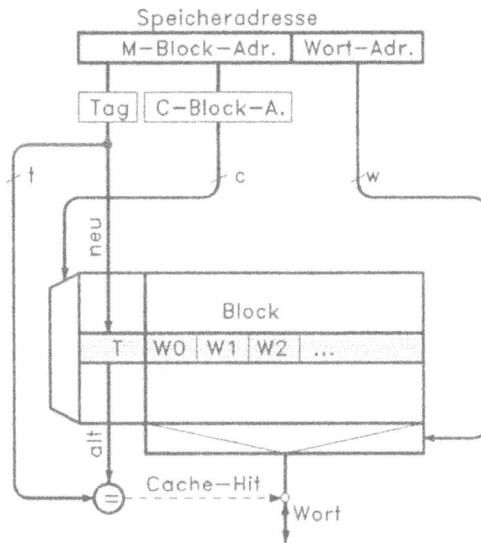

Abb. 7–1: Direct Mapping Cache

Der Direct-Mapping-Cache weist folgende Merkmale auf:

- Die Hardware-Realisierung ist einfach (nur ein Vergleicher und ein Tag-Speicher).

- Der Zugriff erfolgt schnell, weil das Tag-Feld parallel mit dem Block gelesen werden kann.

- Es ist kein Verdrängungsalgorithmus erforderlich, weil die direkte Zuordnung keine Alternativen zuläßt.

- Auch wenn an anderer Stelle im Cache noch Platz ist, erfolgt wegen der direkten Zuordnung eine Ersetzung.

- Bei einem abwechselnden Zugriff auf Speicherblöcke, die sich nur im Tag unterscheiden, erfolgt laufendes Überschreiben des gerade geladenen Blocks. Es kommt zum „Flattern" (*Thrashing*).

Um die Nachteile des Direct-Mapping-Cache zu mildern, werden oft *Set-Assoziative-Cache-Speicher* benutzt. Ein *Zwei-Wege-Set-Ass.-Cache* entsteht durch das Parallelschalten von zwei Direct-Mapping-Caches. Dadurch können zwei verschiedene Blöcke (Tag1,i) und (Tag2,i) unter dem Index i (Set-Adresse) im Cache stehen. Beim Zugriff wird dann das aktuelle Tag mit den beiden gespeicherten Tags verglichen. Da jetzt zwei Alternativen vorhanden sind, muß auch ein Verdrängungs-algorithmus implementiert werden. Das Prinzip der Parallelschaltung kann man fortsetzen, so daß man zu N-Wege-Set-Ass.-Cache-Speichern kommt. Noch aufwendiger ist der Voll-Assoziative Cache, bei dem eine beliebige Zuordnung zwischen Hauptspeicher- und Cache-Speicher-Block möglich ist.

Zur Leistungssteigerung in Workstations werden häufig mehrere Caches verwendet. Auf dem Prozessor-Chip befindet sich der sogenannte *First-Level-Cache* (*On-Chip-Cache*). Er dient dazu, die CPU direkt auf dem Chip schnell mit Befehlen und Daten zu versorgen. Aus Platzgründen ist er z. Zt. noch verhältnismäßig klein. Häufig findet man auf dem Chip auch zwei getrennte Caches, einen für die Befehle und einen für die Daten. Dadurch erreicht man einen parallelen Zugriff auf Programm und Daten, wodurch die hohen Anforderungen bei RISC-Rechnern an die Speicherbandbreiten erfüllt werden können. Dadurch wird auf dem Chip die sogenannte *Harvard-Architektur* realisiert, bei der Programm und Daten in getrennten Speichern abgelegt werden. Der Cache auf dem Chip ist meist ein sogenannter *Look-Through-Cache*, d. h. die CPU (Rechnerkern) kann direkt nur auf den internen Cache zugreifen. Der externe Zugriff wird mit anderen externen Zugriffen durch den Cache-Controller synchronisiert.

Außerhalb des Prozessor-Chips befindet sich häufig ein weiterer, größerer Cache, der sogenannte *Second-Level-Cache* (*On-Board-Cache*, etwa 64 – 1024 KByte groß). Der Second-Level-Cache kann parallel zum Haupt-speicher an den Bus angeschlossen werden (*Look-Aside-Cache*). Er sorgt dafür, daß bei einem First-Level-Cache-Miss die Daten schnell nachgela-den werden können. Beim Austausch von Daten zwischen Hauptspeicher und Second-Level-Cache bzw. Second-Level- und First-Level-Cache wer-den komplette Blöcke oder Teilblöcke in einer Aktion (*Burst*) übertragen. Die Befehle weisen eine höhere Lokalität als die Daten auf, deshalb wird für die Befehle eine größere Blockübertragungsgröße gewählt (typisch 8 – 32 Befehlsworte bzw. 4 – 16 Datenworte).

Virtuell oder physisch adressierter Cache. Je nachdem, ob man die Adreßumsetzung (durch eine MMU = Memory Managment Unit) vor oder hinter dem Cache vornimmt, wird der Cache virtuell oder physisch adressiert.

Virtuell adressierter Cache:

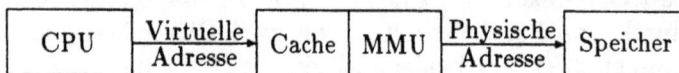

Physisch adressierter Cache:

| CPU | Virtuelle Adresse → | MMU | Physische Adresse → | Cache | Speicher |

Der virtuell adressierte Cache hat den Vorteil, daß auf die Daten schneller zugriffen werden kann, weil keine Adreßumsetzung (nur im Falle eines Hit) notwendig ist. Allerdings bringt der virtuell adressierte Cache organisatorische Probleme mit sich. Wenn eine physische Speicherzelle durch einen Ein-/Ausgabevorgang (z. B. Direct Memory Access) oder durch einen anderen Prozeß (*Aliasing*-Problem: verschiedene virtuelle Adressen entsprechen derselben physischen Adresse) oder durch einen anderen Prozessor (im Mehrprozessorsystem) verändert wird, so merkt der virtuell adressierte Cache diese Änderung nicht ohne weiteres. Die CPU arbeitet dann mit veralteten Daten. Das Problem läßt sich lösen, indem z. B. gemeinsame Variablen nur eindeutig physisch adressiert werden können (non-cacheable data), oder es werden Referenzen (Tag mit physischer Adresse) zwischen der physischen und den zugeordneten virtuell adressierten Daten zum Updaten benutzt.

Cache-Kohärenz-Problem. *Kohärenz* bedeutet das korrekte Voranschreiten des Systemzustands durch ein abgestimmtes Zusammenwirken der Einzelzustände. Im Zusammenhang mit dem Cache muß das System dafür sorgen, daß immer die aktuellen Daten und nicht die veralteten Daten gelesen werden.

Ein System ist *konsistent*, wenn alle Kopien eines Datums im Hauptspeicher und den verschiedenen Cache-Speichern identisch sind. Dadurch ist auch die Kohärenz sichergestellt. Um alle Kopien (mehrfach gespeicherte Daten einschließlich des Originals) eines Datums immer konsistent zu halten, müßte eine hoher Aufwand getrieben werden, der zu einer starken Leistungseinbuße führen würde. Man kann nun im begrenzten Umfang die Inkonsistenz der Daten zulassen, wenn man durch ein geeignetes Verfahren dafür sorgt, daß die Kohärenz gewährleistet wird (Kohärenz-Protokoll). Das Protokoll muß dafür sorgen, daß immer die aktuellen Daten und nicht die veralteten Daten gelesen werden. Beim Verändern einer Kopie müssen deshalb alle anderen Kopien für ungültig erklärt werden (*write invalidate*) oder mit verändert (aktualisiert, „upgedated", *broadcast write update*) werden, wobei das Updaten auch verzögert (spätestens beim Zugriff) erfolgen kann. Auf das Updaten kann auch verzichtet werden, wenn nur auf die aktuelle Kopie zugegriffen werden kann.

Ein inkonsistenter Hauptspeicher entsteht, wenn die Kopie nur im Cache verändert wurde (beim Write-Back-Verfahren) oder wenn die im Cache veränderten Daten etwas verzögert in den Haupspeicher geschrieben werden (Buffered-Write-Through). Ein inkonsistenter Cache entsteht, wenn nur die Kopie (meist das Original) im Hauptspeicher verändert wird (z. B. durch einen Ein-/Ausgabevorgang, durch einen anderen Prozeß mit einem anderen virtuellen Adreßraum oder durch einen anderen Prozessor).

In Mehrprozessorsystemen, bei denen mehrere Prozessoren mit lokalen Cache-Speichern an einen gemeinsamen Bus/Hauptspeicher angeschlossen sind, verwendet man das sogenannte *Bus-Snooping*. Die Snoop-Logik jedes Prozessors hört am Bus die externen Adressen mit, die die anderen Prozessoren auf den Bus legen. Die externen Adressen werden immer mit den internen gespeicherten Adressen verglichen. (Dazu wird ein zusätzlicher Adressen-Tag-Speicher im Cache verwendet, der bei einem virtuell adressierten Cache die physischen Adressen enthält.) Wenn ein externer Schreibzugriff auf dieselbe Adresse (externe gleich interne Adresse) vorliegt, dann werden die zugehörigen intern gespeicherten Daten für ungültig erklärt (valid bit:=ungültig, *Write-Invalidate-Verfahren*), oder sie werden mit aktualisiert (*Update-Verfahren*). Wenn ein externer Lesezugriff auf ein internes Datum (nur ein aktuelles Exemplar ist in einem Cache vorhanden) vorliegt, kann es direkt (ohne über den Hauptspeicher zu gehen) vom lokalen Cache in den Cache des anderen Prozessors kopiert werden.

Sprungziel-Cache. Der Sprungziel-Cache (*Branch-Target-Cache*) ist ein spezieller Cache/Assoziativspeicher, in dem Zuordnungspaare (*Tag=Sprungziel-Adresse k, Inhalt=Sprungziel-Befehl k*) gespeichert werden. Meist werden in einer Cache-Line außerdem noch weitere Befehle $k+1, k+2, \ldots$ gespeichert, die auf den Sprungziel-Befehl folgen. Bei einem Sprung an die Adresse k wird zuerst im Sprungziel-Cache gesucht. Bei einem Treffer wird die Pipeline mit den in der Cache-Line gespeicherten Befehlen $k, k+1, \ldots$ geladen. Dadurch können wiederholte Sprünge, insbesondere bei Progammschleifen, wesentlich schneller ausgeführt werden.

Wenn die möglichen Sprungziele zur Übersetzungszeit feststünden, könnte der Übersetzer zusammen mit dem Laufzeitsystem den Sprungziel-Cache entsprechend vorbelegen. Da die Sprungziele oft erst zur Laufzeit berechnet werden (z. B. *goto Registerinhalt*) und der Sprungziel-Cache nicht so groß gemacht werden kann, daß er alle möglichen Sprungziel-Befehle aufnehmen kann, wird er erst dynamisch zur Laufzeit geladen, sobald ein Sprungbefehl das erste Mal benutzt wird (Cache-Miss). Das Laden des Cache erfolgt parallel zum normalen Holen der Befehle und erfordert deshalb keinen zusätzlichen Zeitaufwand.

Der Sprungziel-Cache ist eine Sonderform des allgemeineren Befehls-

Cache, da in ihm nicht beliebige Befehle (wie z.B. eine komplette Programmschleife) gehalten werden können. Er wird dann eingesetzt, wenn nicht genügend Platz auf dem Chip für einen schnellen Befehls-Cache vorhanden ist, denn er läßt sich mit geringem Aufwand realisieren.

Ein andere Maßnahme zur Beschleunigung von Programmschleifen ist der *Befehls-Puffer* (als FIFO organisiert), in dem die letzten n benutzten Befehle aufgehoben werden sowie ggf. einige zukünftige Befehle. Die Realisierung eines Befehlspuffers erfordert nur einen geringen Aufwand, obwohl dadurch eine spürbare Leistungssteigerung erzielt werden kann.

Eine weitere Maßnahme zur Beschleunigung von PC-relativen Sprüngen mit konstantem Offset findet sich im Mikroprozessor MC88110 (Abschnitt 7.5), der *Branch-Target-Cache*. In ihm wird die Adresse eines Sprungbefehls i zusammen mit seinem Sprungziel-Befehl k gespeichert.

Bei bedingten Sprüngen kann der wahrscheinlichere Fall im Befehl codiert werden (z.B. durch ein *branch prediction bit*), so daß bereits die wahrscheinlichere Sprungziel-Befehlsfolge in die Pipeline gebracht werden kann (*branch look ahead*, nur wenn das Sprungziel im voraus berechnet werden kann). Wenn sich bei der Bearbeitung der Sprungziel-Befehle herausstellt, daß die Prognose falsch war, dann muß die Pipeline angehalten, der alte Zustand wiederhergestellt und der andere Sprungziel-Befehl geholt werden. Die im Vorgriff ausgeführten Aktionen müssen in ihrer Wirkung zwischengespeichert werden und dürfen erst übernommen werden, wenn sich der eingeschlagene Weg als richtig herausgestellt hat. Irreversible Aktionen dürfen im Vorgriff nicht ausgeführt werden.

7.2.3 Pipelining

Eine Pipeline besteht aus m hintereinander geschalteten Pipeline-Stufen. Jede Stufe führt eine Teilbearbeitung durch. Die zu bearbeitenden Daten werden taktsynchron von Stufe zu Stufe weitergereicht, wobei die Zwischenergebnisse in Registern (Latches) zwischengespeichert werden. Zuerst müssen alle Stufen einmal durchlaufen werden (Füllen der Pipeline), wozu die sogenannte *Latenzzeit* benötigt wird. Anschließend liefert die gefüllte Pipeline mit jedem Taktzyklus (clock cycle) ein neues Ergebnis, wenn die folgenden Daten ohne Pause nachgeschoben und vorverarbeitet wurden. Bei m Pipelinestufen können so m Daten/Befehle gleichzeitig teilbearbeitet werden:

Stufe m: Datum i wird fertig bearbeitet
Stufe $m - 1$:   Datum $i + 1$ wird das $(m - 1)$-te mal weiterbearbeitet
. . .
Stufe 1:   Datum $i + m - 1$ wird das 1. mal bearbeitet

Die *Verweildauer* ist die Gesamtzeit T zum Durchlaufen aller Pipelinestufen, also die Latenzzeit + eine Taktzeit, wenn keine zusätzlichen Wartezyklen dazukommen.

Beispiel: Ideale Pipeline mit 4 Stufen:

a) Füllung der Stufen, über der Zeit dargestellt

```
   Takt: 1.      2.      3.      4.      5.      6.      7.      8.
Stufe 1: Datum1 Datum2 Datum3 Datum4 Datum5 Datum6 Datum7 Datum8
Stufe 2:        Datum1 Datum2 Datum3 Datum4 Datum5 Datum6 Datum7
Stufe 3:               Datum1 Datum2 Datum3 Datum4 Datum5 Datum6
Stufe 4:                      Datum1 Datum2 Datum3 Datum4 Datum5
         |----Latenzzeit-----|
```

b) Bearbeitungsschritte der Daten, über der Zeit dargestellt

```
   Takt: 1.      2.      3.      4.      5.      6.      7.      8.
Datum1:  Stufe1 Stufe2 Stufe3 Stufe4
Datum2:         Stufe1 Stufe2 Stufe3 Stufe4
Datum3:                Stufe1 Stufe2 Stufe3 Stufe4
Datum5:                       Stufe1 Stufe2 Stufe3 Stufe4
Datum6:                              Stufe1 Stufe2 Stufe3 Stufe4
```

Der Durchsatz steigt proportional mit der Anzahl m der Pipelinestufen, wenn

- die Teilbearbeitungszeit $= T/m$ ist,

- die Teilbearbeitungszeiten gleich groß sind (die längste Teilbearbeitungszeit bestimmt den Taktzyklus) und

- die Zeit zum Zwischenspeichern vernachlässigt werden kann.

Die Anzahl der Pipelinestufen kann nicht beliebig verkleinert werden, weil nur eine begrenzte Anzahl von Teilschritten definiert und hardwaremäßig realisiert werden kann.

Pipelining kann an verschiedenen Stellen im Rechner eingesetzt werden. Das Pipelining auf der Mikrobefehlsebene wurde im Abschnitt 5.10 besprochen; es hat große Ähnlichkeit mit dem Befehls-Pipelining in RISC-Rechnern, das wir an dieser Stelle näher betrachten wollen. Dabei wird das Holen, Decodieren und Ausführen der Befehle durch eine Pipeline realisiert. Eine 100 %-ige andauernde Füllung der Befehls-Pipeline kann aus folgenden Gründen nicht erreicht werden:

- Die Anzahl der Teilbarbeitungsschritte ist nicht konstant (sie variiert je nach Befehl und kann datenabhängig sein).

- Die Art und Reihenfolge der Teilbearbeitungsschritte (Zugriffe auf die Hardware-Einheiten wie Speicher, Register, ALUs, Adreßrechenwerk, MMU, Cache) variiert je nach Befehl. Dadurch kommt es meist zu Resourcen-Konflikten, weil nicht genügend Hardware-Ausführungseinheiten (Resourcen) zur Verfügung stehen.

- Es gibt Konflikte auf Grund von Datenabhängigkeiten und Kontrollflußabhängigkeiten, die die Pipeline aus dem Tritt bringen, d. h. es müssen einige Stufen eine Zeit lang leer laufen.

  - Datenkonflikt: Ein Befehl $i + 1$ will das Ergebnis des Befehls i benutzen, das sich noch in der Berechnung befindet.
  - Steuerflußkonflikt: Von der angenommenen linearen Sequenz wird abgewichen (Sprungbefehl).

Beispiele für die auszuführenden Schritte bei RISC-Befehlen:

Register-Register-Befehl: Holen, Decodieren, Register-Lesen, ALU-Operation, Register-Schreiben.

Load-Befehl: Holen, Decodieren, Adresse berechnen, aus dem Cache oder Hauptspeicher lesen, Register-Schreiben.

Sprungbefehl: Holen, Decodieren, Sprungadresse berechnen, Befehlszähler neu setzen, schon vorverarbeitete Nachfolge-Befehle beenden oder ihre Wirkung verhindern.

Hardware-Belegungsschema und Pipeline-Varianten. Ein Befehl benutzt/belegt während seiner Ausführung Resourcen in einer bestimmmten Reihenfolge. Die Belegungsreihenfolge der Resourcen wird durch ein *Resourcen-Belegungsschema* in Form einer Matrix ausgedrückt. Die Zeilen der Matrix entsprechen den Resourcen, die Spalten der Reihenfolge, die auf die Pipeline-Stufen abgebildet werden müssen.

Beispiel: Belegungsschema für einen LOAD-Befehl

```
         Stufe: 1  2  3  4  5
Speicher           x     x
Decoder            x
Register           x        x
ALU                   x
```

Mehrere Kreuze in einer Zeile kennzeichnen Mehrfachzugriffe (hier auf den Speicher und die Register), die zu Resourcen-Konflikten führen können (s. u.) Für eine genauere Betrachtung empfiehlt es sich, die Zugriffsart mit einzutragen. (Speicher: `fetch instruction`; `read data`) (Register: `read`; `write`) (ALU: `operate`)

Eine Matrix, in deren Stufen die durchgeführten Zugriffe stehen, soll *Zugriffsschema* heißen:

```
        Stufe: 1    2    3    4    5
Speicher       fetch         read
Decoder              decode
Register             read              write
ALU                       oper.
```

Im Sinne des objektorientierten Paradigmas stehen in den Zeilen die Objekte mit ihren Operationen.

Wenn für alle Befehle das Belegungsschema gleich ist, dann kann es mit einer *unifunktionalen Pipeline* realisiert werden, d.h. die Funktionseinheiten werden für alle Befehle in derselben Reihenfolge benutzt, wobei sich die Zugriffsarten unterscheiden können. Dabei wird angenommen, daß der Zeitaufwand nicht von der Zugriffsart abhängig ist, was aber nicht immer der Fall ist.

In einer *linearen Pipeline* wird eine Resource nur in einer Pipelinestufe benutzt; Resourcen-Konflikte können deshalb nicht auftreten:

```
          Stufe: 1    2    3  ...  m
Resource 1       x
Resource 2            x
Resource 3                 x
  ...                        ...
Resource m                        x
```

Eine *multifunktionale Pipeline* ist eine verallgemeinerte Pipeline, die sich auf die verschiedenen Zugriffsfolgen der Befehle einstellen kann. In den Pipelinestufen können deshalb wahlweise verschiedene Operationen zur Verfügung gestellt werden.

Resourcen-Konflikte/Zugriffskonflikte. Wenn sich in einer Pipeline beliebige Befehle (mit gleichen oder verschiedenen Zugriffsschemata) befinden, dann kommt es leicht zu Resourcen-Zugriffskonflikten. Ein Zugriffskonflikt entsteht, wenn zwei oder mehr Befehle zur gleichen Zeit auf dieselbe Resource zugreifen. Dabei hängt es zunächst von der Resource ab, ob sie die gewünschten Zugriffe parallel durchführen kann oder nicht. So kann z.B. ein gewünschter gleichzeitiger Schreib- und Lesezugriff von einen Zweiport-Registerspeicher durchgeführt werden, nicht aber von einem normalen Hauptspeicher mit nur einem Port. Je mehr Zugriffe auf eine Resource während eines Zyklus ausgeführt werden, desto wahrscheinlicher sind solche Konflikte. Zugriffskonflikte können wie folgt behoben werden:

- Wartezyklen werden eingeschoben. Dabei muß auch darauf geachtet werden, daß die Semantik der Befehlsfolge erhalten bleibt.

- Die Resourcen werden hardwaremäßig so konstruiert, daß auf sie parallele Zugriffe ausgeführt werden können (wie bei Mehrport-Speichern). Dabei genügt es oft, die Zugriffe virtuell parallel zu organisieren, d. h. scheinbar durch Hardware-Interpretation (z. B. führt ein Schreib/Lesespeicher intern nacheinander einen Schreib- und einen Lesezyklus aus, die nach außen parallel erscheinen). Aus diesem Grunde unterteilt man den Taktzyklus häufig in mehrere Phasen. So kann man z. B. in der ersten Phase eines Zyklus ein Register schreiben (Ergebnis aus dem Befehl $i + 1$) und in der zweiten Phase ein Register lesen (Operand des Befehls i).

- Resourcen werden vervielfacht. Vervielfachung ist nur dann effizient, wenn keine oder nur geringe gegenseitige Datenabhängigkeiten bestehen. So können z. B. Daten- und Programmspeicher getrennt werden, Adressen und Daten getrennt gespeichert und berechnet werden, oder mehrfache ALUs/Rechenwerke (z. B. Skalar- und Gleitkommarechenwerk) vorgesehen werden.

Verzögerter Datenfluß durch Datenabhängigkeiten. Wenn ein Befehl einen Zieloperanden aus einem vorausgehenden Befehl benutzt, der sich noch in der Berechnung befindet, dann entsteht ein Fehler. Durch Hardware- und/oder Softwaremaßnahmen muß deshalb sichergestellt werden, daß Ergebnisse erst weiterverarbeitet werden, nachdem sie berechnet wurden (Datenflußprinzip).

Durch die beiden Befehle (R2:= -R2 ; R4:= R2) wollte der Programmierer erreichen, daß R4 nach der Ausführung den Wert -R2 annimmt. Stattdessen kann das Ergebnis aber R4=R2 lauten, wenn der zweite Befehl ausgeführt wird, bevor R2 geändert wurde.

Dieser Fehler kommt immer dann zustande, wenn das Ergebnis des Befehls i nicht vor der Benutzung im Befehl $i + 1$ in das Register zurückgeschrieben wurde. Um die Bearbeitungsdauer in der Pipeline möglichst klein zu machen, wird das Ergebnis des Befehls i oft erst verzögert zurückgeschrieben, d. h. nach dem Lesen der Register-Operanden des Befehls $i + 1$. Es wird solange in einem Latch (Ergebnispuffer) zwischengespeichert.

```
                    "ohne"              "mit Forwarding"
i:      R2:= R2+1    Latch:=R2+1         Latch:=R2+1
i+1:    R4:= R2      R4:=R2; R2:=Latch   R4:=Latch; R2:=Latch
i+2:    ...
```

Dieser Fehler kann behoben werden, indem ein *Bypass*, ein direkter Weg vom Latch zurück zum ALU-Eingang, benutzt wird (Abb. 7-2). Dadurch kann das im Latch zwischengespeicherte Ergebnis direkt im nächsten Befehl weiter verarbeitet werden. In der Hardware können

Vergleicher benutzt werden, die das Zielregister des Befehls i mit den beiden Quellregistern des Befehls $i+1$ vergleichen.

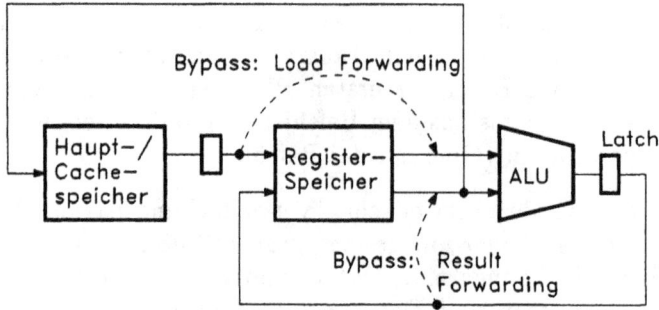

Abb. 7-2: Bypasses für Forwarding

Beim LOAD-Befehl entsteht ein äquivalentes Problem, wenn das Datum im nächsten Befehl benutzt wird, was meist der Fall ist. Um die Verzögerung durch das Schreiben in das Register zu umgehen, kann ein direkter Weg (Bypass) vom Speicher zur ALU (*Load Forwarding*) vorgesehen werden. Es muß außerdem beachtet werden, daß ein LOAD-Befehl unterschiedlich lange dauern kann, je nachdem, ob sich das Datum im First-Level-Cache, Second-Level-Cache oder im Hauptspeicher befindet.

Scoreboard. Das *Scoreboard* wurde zuerst im Großrechner CDC 6600 (1963) realisiert. Es dient dazu, den korrekten Datenfluß, wie er der Semantik des Maschinenprogramms entspricht, hardwaremäßig sicherzustellen. Das Forwarding kann nicht allgemein eingesetzt werden, weil die Ausführungszeit der Operationen mehr als einen Zyklus dauern kann (z. B. bei Gleitkommaoperationen, Load aus dem Hauptspeicher). Würde man kein Scoreboard benutzen, dann müßte man in der Software berücksichtigen, daß die Ergebnisse eines Befehls vielleicht erst im übernächsten oder einem noch späteren Befehl benutzt werden dürfen. Da auch die Befehle unterschiedlich lange dauern und die Dauer nicht immer vorhersagbar ist, bestünde eine große Unsicherheit.

In dem Scoreboard werden die (Ziel-)Register markiert, deren Inhalte sich in der Berechnung (einschließlich LOAD-Register-Befehl) befinden und daher noch nicht weiter benutzt werden dürfen. Wenn ein nachfolgender Befehl auf ein solches Register zugreifen will, dann wird er so lange verzögert, bis die Markierung gelöscht wurde (erst dann ist ein gültiger Wert verfügbar). In der Realisierung kann ein zusätzliches Markierungsbit pro Register oder eine Tabelle mit den Adressen der markierten Register gehalten werden.

In der CDC 6600, die 10 Funktionseinheiten besaß, konnten mehrere Befehle parallel bearbeitet werden. Das Scoreboard konnte folgende Konflikte auflösen:

- Zwei Befehle wollen dieselbe Funktionseinheit (z. B. Gleitkomma-Addierer) benutzen. Der zweite Befehl muß auf die Freigabe der Funktionseinheit warten.

- Zwei Befehle benutzen dasselbe Zielregister. Der zweite Befehl wird verzögert, bis der erste Befehl das Zielregister geschrieben hat.

- Der zweite Befehl benutzt das Ergebnis des ersten Befehls. Der zweite Befehl wartet, bis das Ergebnis vorliegt.

- Der zweite Befehl wartet auf das Ergebnis R3 des ersten Befehls. Der dritte Befehl wird vorgezogen und schneller als der zweite ausgeführt. Der dritte Befehl produziert ein Ergebnis R4, das im zweiten Befehl vorkommt. Das im LatchR4 zwischengespeicherte neue R4 darf erst übernommen werden, nachdem der zweite Befehl R4 gelesen hat:

```
i:    R3 <- R1/6999
i+1:  R5 <- R4*R3              "wartet auf R3, benutzt R4"
i+2:  R4 <- LatchR4 <- R4+1    "wird frueher als Bef.i+1 fertig"
```

Verzögerter Sprung. Bei einer linearen Befehlsfolge (ohne Sprünge) befinden sich in der Pipeline die Befehle $(i + n), (i + n - 1), \ldots, (i + 2), (i + 1), (i)$. Der Befehl i wird gerade fertig bearbeitet. Die anderen Befehle wurden schon im Vorgriff geholt, in der Annahme, daß das Programm linear fortfährt. Wenn ein Sprungbefehl in die Pipeline eintritt, dann wird er in der Decodierstufe als solcher erkannt. Danach wird das Sprungziel berechnet und der Befehlszähler neu geladen. Danach wird der Befehl am Sprungziel geholt. In der Zwischenzeit sind aber schon k weitere Befehle aus der Sequenz (die im Programm direkt hinter dem Sprungbefehl stehen) in die Pipeline eingeschleust worden. Es gibt nun zwei Lösungen: Entweder (1) die k Befehle werden annulliert oder (2) die k (oder weniger) Befehle werden zu Ende ausgeführt, bevor der Sprung ausgeführt wird (*Delayed Jump*). Im ersten Fall muß die Ausführung verhindert werden und Wartezyklen müssen eingeschoben werden. Im zweiten Fall muß der Compiler geeignete Befehle hinter dem Sprung (*Delayed Instructions* in den sogenannten *Delayed Slots*) plazieren, die das Sprungziel nicht beeinflussen dürfen. Wenn der Compiler keine sinnvollen Befehle finden kann, muß er NOP-Befehle (No Operation) einfügen, die den Codeumfang unnötig erhöhen. Weitere Probleme ergeben sich, wenn k variabel (z. B. durch $k = 1$ für

Jump-Immediate, $k = 2$ für Jump-Register-indirekt, $k = 3$ für Jump-to-Subroutine) oder laufzeitabhängig ist. Außerdem müssen bestimmte Befehle, die hinter dem Sprung stehen und selbst Sprünge verursachen können (z. B. Gleitkomma-Multiplikation, die einen Überlauf-Trap verursacht), hardware- oder softwaremäßig ausgeschlossen werden.

Unterbrechungen. Unterbrechungen können *asynchron* (zu einer beliebigen unvorhersagbaren Zeit) oder *synchron* auftreten. Synchrone Unterbrechungen können bestimmten Befehlen und Pipelinestufen genau zugeordnet werden, sie sind unter gleichen Voraussetzungen reproduzierbar.

Hardware-Interrupts sind asynchrone Unterbrechungen, die meist von der Peripherie kommen.

Software-Interrupts sind synchrone Unterbrechungen, die vornehmlich zum Aufruf des Betriebssystems benutzt werden (Supervisor-Call, Illegal Operation Code).

Traps sind synchrone Unterbrechungen, die bei der Befehlausführung ab und zu Sonderbehandlungen auslösen (wie Überlauf, Division durch Null). Manchmal werden die Software-Interrupts auch als Traps bezeichnet.

Hardware-Interrupts werden zu einem geeigneten Zeitpunkt ausgewertet, der durch das Hardware-Steuerwerk definiert wird.

Software-Interrupts werden in der Decodierstufe der Pipeline erkannt und entsprechen einem Unterprogramm-Aufruf mit zusätzlichen Maßnahmen (Status-Retten, Umschalten in Betriebssystem-Modus). Traps können in einer beliebigen Pipelinestufe auftreten, z. B. beim Zugriff auf den Hauptspeicher (fetch instruction, read/write data), wenn sich die Seite nicht im Hauptspeicher befindet oder Zugriffsrechte verletzt werden.

Eine synchrone Unterbrechung, die durch den Befehl i ausgelöst wird, kann den Maschinenstatus in unvorhersagbarer Weise verändern. Deshalb müssen alle schon im Vorgriff geholten Folgebefehle $i+1, i+2, \ldots$ annulliert werden, damit diese nicht unter falschen Voraussetzungen weiter arbeiten. Um zu einem eindeutigen Zustand zu kommen, in dem (nach dem Durchlaufen der Interrupt-Service-Routine) wieder aufgesetzt werden kann, werden alle vorhergehenden Befehle $i-1, i-2, \ldots$, die sich noch in der Pipeline befinden, bis zum Ende ausgeführt. Außerdem wird der Befehlszählerstand des Befehls i gerettet. Falls die Unterbrechung im Delayed Slot nach einem Sprungbefehl aufgetreten ist, dann wird auch die schon berechnete Sprungzieladresse k gerettet, an der später das Programm fortgesetzt wird.

Wenn ein Befehl $i + 1$ früher als ein Befehl i eine Unterbrechung verursacht, dann muß die Unterbrechungsbehandlung solange verzögert werden, bis der Befehl i beendet wurde, damit die logische Reihenfolge beibehalten wird.

Wenn die Unterbrechungen, die die Befehle in irgendeiner Pipelinestufe verursachen in der Reihenfolge abgearbeitet werden, wie sie der logischen Reihenfolge im Programm entspricht, dann handelt es sich um *Precise Exceptions*. Außerdem muß der Maschinenstatus vor der (logischen) Unterbrechung komplett bekannt bzw. restaurierbar sein, damit er gerettet und wiederhergestellt werden kann.

Das Pipelining für die wichtigsten Typen von RISC-Befehlen.
Betrachten wir exemplarisch die Teilbearbeitungsschritte für die wichtigsten Typen von RISC-Befehlen:

Der Register-Register-Befehl (RR-Befehl):

```
                1.      2.      3.      4.      5.
Speicher        fetch
Decoder                 decode
Daten-Register                  read            write
ALU                                     operate
```

RR-Befehle, die sehr häufig auftreten, sind am einfachsten zu interpretieren. Trotzdem kann es dabei Resourcen-Konflikte geben. Wenn die Pipeline z. B. nur mit RR-Befehlen gefüllt ist, dann treten gleichzeitig read- und write-Zugriffe auf die Daten-Register auf. Um eine Verzögerung zu vermeiden, muß in einem Zyklus gleichzeitig read und write durchgeführt werden können. Dabei ist es am günstigsten, wenn der Zyklus in zwei Phasen geteilt wird. In der Phase 1 sollte write, in der Phase 2 sollte read durchführbar sein. Dadurch kann der Befehl $i + 2$ das Register-Ergebnis des Befehls i benutzen. Wenn der Befehl $i + 1$ das Ergebnis aus dem Befehl i benutzen will, dann darf es nicht erst in das Register zurückgeschrieben werden, sondern muß vom Ausgang der ALU (Latch) auf den Eingang der ALU zurückgekoppelt werden (Bypass: Result-Forwarding, siehe Abb. 7 – 2, Seite 332).

Ein weiteres Problem kann sich mit dem Operate-Zyklus ergeben, weil er unterschiedlich lang sein kann. Er kann von 0 Zyklen (bei einem reinen Register-Transfer) bis zu n Zyklen (n kann sogar datenabhängig sein) betragen, z. B. bei der Multiplikation oder bei Gleitkommaoperationen. Hierbei werden spezielle arithmetische Pipelines durchlaufen. Um Resourcen-Konflikte zu vermeiden, kann man mehrere arithmetische Pipelines vorsehen, die parallel betrieben werden.

Der LOAD-Befehl:

	1.	2.	3.	4.	5.	6.
Speicher	fetch				read	
Decoder		decode				
Adress-Register			read			
Adress-ALU				modify		
Daten-Register						write

Der LOAD-Befehl führt zuerst die Berechnung der Datenadresse durch. Dazu müssen Adreßregister gelesen werden und die (logische/virtuelle) Adresse muß anschließend berechnet werden. Zusätzlich muß noch bei der Verwendung eines physisch adressierten Cache eine Adreßumsetzung stattfinden (wie auch beim fetch), wozu eventuell ein weiterer Zyklus nötig wird. Der read-Zugriff auf die Adreß-Register und die Adreß-berechnung (modify) kann oft alternativ zu dem read-Zugriff auf die Datenregister und der ALU-Operation (operate) durchgeführt werden, so daß Daten- und Adreß-Register sowie Daten-ALU und Adreß-ALU nicht unbedingt separat vorhanden sein müssen. Ein Trennung hat aber den Vorteil der Resourcen-Konfliktfreiheit und der getrennten Optimier-barkeit.

Der LOAD-Befehl dauert länger als ein (einfacher) RR-Befehl, weil zwei (Cache-)Speicherzugriffe erfolgen. Der fetch-Zugriff wird bei allen Be-fehlen benötigt. Der zusätzliche read-Zugriff wird zum Lesen des Da-tums benötigt. Bei gefüllter Pipeline entsteht ein Speicher-Konflikt durch andere fetch-, read- und write-Zugriffe. Um Verzögerun-gen zu vermeiden oder zu verringern, werden oft getrennte Cache-Speicher für Befehle (fetch) und Daten (read, write) benutzt. Um den read/write-Konflikt aufzulösen, müßte man, wie bei den Register-speichern, einen parallelen read/write-Zugriffe auf den Cache in einem Zyklus organisieren. Allerdings tritt dieser Konflikt nicht sehr häufig auf, weil der STORE-Befehl nur eine dynamische Häufigkeit von ca. 10 % besitzt. Wenn der Daten-Cache-Zugriff in einem Zyklus durchgeführt werden kann, dann dauert der Load-Befehl (bei einem Hit) einen Zy-klus länger. Wenn der Befehl $i + 1$ das aus dem Cache geholte Datum des LOAD-Befehls i benutzen will (was sehr oft der Fall ist), dann wird es durch einen Bypass (Load-Forwarding, siehe Abb. 7−2, Seite 332) direkt in die ALU eingeschleust, parallel mit dem Schreiben in das Da-tenregister. Ohne diese Möglichkeit würde das Datum erst einen Zyklus später verfügbar sein.

Der STORE-Befehl:

```
                1.      2.      3.      4.      5.
Speicher        fetch                           write
Decoder                 decode
Daten-Register                  read ----->
Adress-Register                 read
Adress-ALU                              modify
```

Der STORE-Befehl erfordert einen read-Zugriff auf die Adreß-Register
und einen read-Zugriff auf das Daten-Register (enthält das zu spei-
chernde Datum). Wenn ein gemeinsamer Registerspeicher für Daten
und Adressen benutzt wird, dann muß der read-Daten-Zugriff vom 3.
Zyklus in einen späteren Zyklus verschoben werden, spätestens bis zum
Anfang des Speicher-write-Zugriffs, um einen Register-Konflikt zu vermeiden.

Der JUMP-Befehl:

Fall a) Ausführungsdauer 1 Zyklus, Idealfall

```
                1.              (1.)
Speicher        fetch           (fetch am Sprungziel)
Decoder         decode
Adress-Register [read]
Adress-ALU-PC   modify
```

In Idealfall beträgt die Ausführungsdauer nur einen Zyklus. Die Sprungzieladresse steht dann schon im nächsten Zyklus zur Verfügung, um
den Befehl am Sprungziel zu holen. Der Nachteil dieser Lösung ist die
Verlängerung der Zyklusdauer, weil alle Phasen in einem Zyklus erledigt
werden müssen. Die read-Phase muß nur dann ausgeführt werden, wenn
die Sprungadresse nicht direkt aus dem Befehl als Konstante entnommen
werden kann (die eckigen Klammern sollen diese Option ausdrücken).
Die modify-Phase kann unterschiedlich lange dauern, abhängig von der
Komplexität der Adreßmodifikation.

Fall b) Ausführungsdauer 2 Zyklen

```
                1.      2.      (1.)
Speicher        fetch           (fetch am Sprungziel)
Decoder                 decode
Adress-Register         [read]
Adress-ALU-PC           modify
```

Im ersten Zyklus wird der Befehl geholt, im zweiten wird die Sprungzieladresse berechnet, die im darauf folgenden Zyklus zum Lesen des
Sprungziel-Befehls dient. Beim Pipelining wird aber schon im zweiten
Zyklus im Vorgriff der Befehl geholt, der auf den Sprungbefehl folgt. Es
gibt nun zwei Möglichkeiten. Entweder wird der schon geholte Befehl
parallel zum Sprung bis zum Ende durch die Pipeline geführt (*Delayed*

Jump) oder er wird aus der Pipeline genommen (annulliert, seine Wirkung wird verhindert).

Für die Befehlsfolge

```
i:     JUMP k
i+1:   RR-Bef.  (schon in der Pipeline)
  ...
k:     RR-Bef.
```

ergibt sich dann die folgende Pipeline-Verarbeitung:

```
fetch(i)      fetch(i+1)   fetch(k)      fetch(k+1)  ...
execute(i-1)  execute(i)   execute(i+1)  execute(k)  ...
```

Der schon geholte Befehl $i + 1$ im Delayed-Slot, der auch ein NOP sein kann, wird noch ausgeführt.

Wenn der Nachfolge-Befehl $i+1$ nicht mehr ausgeführt werden soll, dann ergibt sich folgende Pipeline-Verarbeitung:

```
fetch(i)      fetch(i+1)   fetch(k)   fetch(k+1)  ...
execute(i-1)  execute(i)   NOP        execute(k)  ...
```

Die Ausführung des Befehls $i + 1$ wird dabei hardwaremäßig durch Einschieben einer NOP-Operation verhindert.

Fall c) Ausführungsdauer 4 Zyklen

```
                  1.     2.     3.     4.     (1.)
Speicher          fetch                       (fetch am Sprungziel)
Decoder                  decode
Adress-Register                 read
Adress-ALU-PC                          modify
```

In diesem Fall werden bereits im 2., 3. und 4. Zyklus die drei auf den Sprung folgenden Befehle geholt. Je nach Implementierung werden bis zu drei Befehle noch zu Ende ausgeführt. Der Compiler muß also bis zu drei sinnvolle Befehle finden, die hinter dem Jump in den Delayed-Slots stehen müssen und ihn nicht beeeinflussen dürfen. Ansonsten müssen Wartezyklen in Kauf genommen werden. Da Sprungbefehle ziemlich oft vorkommen, sollte deshalb ihre Ausführungsdauer minimal sein.

Der CONDITIONAL-JUMP-Befehl:

Parallel zum Testen der Bedingung kann die Sprungzieladresse berechnet werden. Die Ausführungsdauer ist bei erfüllter Bedingung größer als beim JUMP-Befehl. Bei nicht erfüllter Bedingung kann normal weitergemacht werden; die schon in der Pipeline befindlichen Befehle werden normal zu Ende ausgeführt.

Superpipelining. Beim *Superpipeling* wird eine große Anzahl (ca. 7–10) von Pipelinestufen eingesetzt. Dadurch soll der Durchsatz weiter

338

gesteigert werden, weil die Taktfrequenz erhöht werden kann. So kann
z. B. der Zugriff auf den Cache in zwei Schritten erfolgen und ein Tag-
Check-Schritt definiert werden, in dem das Tag des Cache ausgewertet
wird. Dadurch entstehen aber mehr Delayed-Slots (typisch 2−3) bei
den Sprung- und Ladebefehlen. Für den Compiler ist es dann erheblich
schwieriger, sinnvolle Befehle für die Delayed-Slots zu finden. Betrachten
wir als Beispiel die MIPS R4000 Superpipeline [Kan] (Abb. 7−3).

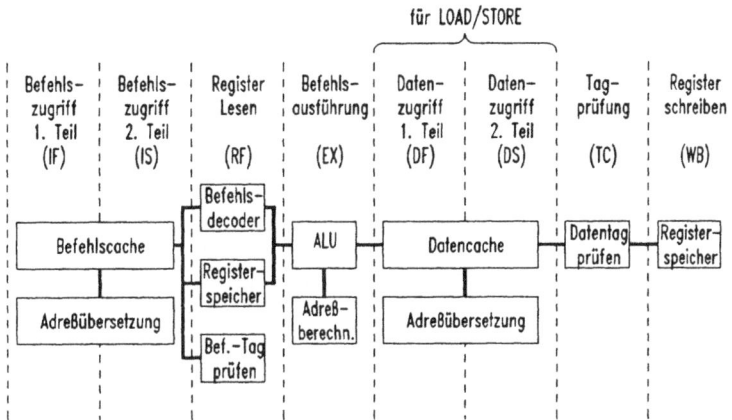

Abb. 7−3: MIPS R4000-Superpipeline

IF Instruction Fetch First. Die virtuelle Adresse wird an den Befehlscache und an den TLB (Translation-Look-Aside-Buffer) angelegt.

IS Instruction Fetch Second. Der Befehlscache liefert den Befehl und
der TLB die physische Adresse.

RF Register File. Es finden drei parallele Aktivitäten statt:

- Der Befehl wird decodiert und auf notwendige Verzögerungen
  überprüft.

- Das Befehlscache-Tag (physische Adresse) wird überprüft.

- Die Operanden werden aus dem Registerspeicher geholt.

EX Instruction Execute. Eine von drei Aktivitäten kann stattfinden:

- Der Befehl ist ein Register-Register-Befehl: Die ALU führt die arithmetische oder logische Funktion aus.

339

- Der Befehl ist ein LOAD- oder STORE-Befehl: Die virtuelle Adresse wird berechnet.

- Der Befehl ist ein Sprung: Die virtuelle Zieladresse wird berechnet und die Sprungbedingungen werden geprüft.

DF Data Cache First. Die virtuelle Adresse wird an den Datencache und an den TLB angelegt.

DS Data Cache Second. Bei einem LOAD/STORE-Befehl erfolgt der Zugriff auf den Datencache und der TLB liefert die physische Adresse.

TC Tag Check. Bei einem LOAD/STORE-Befehl wird das Datencache-Tag (physische Adresse) überprüft.

WB Write Back. Das Ergebnis der ALU-Operation oder das Cache-Datum (bei LOAD) wird in den Registerspeicher geschrieben.

Parallele Funktionseinheiten (Superskalar-Prinzip). Der Begriff *Superskalar* besagt, daß mehrere Skalarbefehle gleichzeitig ausgeführt werden können. In der Hardware sind mehrere Funktionseinheiten (Rechenwerke) vorhanden, die parallel betrieben werden. In der Regel wird auch das Pipelining angewendet, so daß mehrere Befehle gleichzeitig in die Pipelines eingeschleust werden können. Man spricht in diesem Zusammenhang auch vom *Funktionspipelining*, das zuerst in der CDC 6600 eingesetzt wurde.

Voraussetzungen sind ein On-Chip-Cache mit einer hohen Bandbreite sowie ein Mehrport-Registerspeicher (alternativ mehrere Registerspeicher, die den ALUs zugeordnet sind). Mehrere Befehle werden gleichzeitig geholt und in die Pipelines eingeschleust. Die Pipelines können mehr oder weniger wahlfrei (über einen *Scheduler*) auf die gerade freien Rechenwerke zugreifen und so die gewünschten Operationen parallel ausführen (*Dynamische Superskalar-Architektur*). Bei Resourcen-Konflikten (wenn das gewünschte Rechenwerk nicht frei ist) muß die Operation natürlich auf das Freiwerden warten. Bei Datenabhängigkeiten sorgt das Scoreboard für die semantisch korrekte logische Reihenfolge. Sprungbefehle können in einer separaten Pipeline verwaltet werden:

Beispiel:

	1.	2.	3.	4.	5.	6.	7.
i	fetch	decode	F1-add	write			
i+1	fetch	decode	F2-sub	write			
i+2	fetch	decode	F3-mul	F3-mul	write		
i+3	fetch	decode	R*wait	F1-add	write		
i+4			fetch	decode	F1-add	write	
i+5			fetch	decode	D*wait	F1-sub	
i+6			fetch	decode	F2-sub	W*wait	write
i+7			fetch	decode	F3-div	F3-div	F3-div

Im 1. Zyklus werden vier Befehle geholt und in die Pipeline eingeschleust. Sie werden im 2. Zyklus gleichzeitig decodiert. Im 3. Zyklus wird der Befehl i in der Funktionseinheit F1 addiert, der Befehl $i + 1$ in der Funktionseinheit F2 subtrahiert. Der Befehl $i + 2$ wird im 3. und 4. Zyklus in der Funktionseinheit F3 multipliziert. Der Befehl $i + 3$ muß im 3. Zyklus auf einen Addierer warten (Resourcen-Konflikt, R*wait), die Addition kann erst im 5. Zyklus stattfinden. Der Befehl $i + 5$ wartet im 5. Zyklus auf das Ergebnis des Befehls $i + 4$ (Datenabhängigkeit, D*wait). Der Befehl $i + 6$ wartet mit dem Schreiben seines Ergebnisses (W*wait) in das Register Rx, weil der Befehl $i + 7$ dasselbe Register Rx als Eingangsoperand benutzt und mit dem alten Wert rechnen muß.

VLIW-Architektur. VLIW ist ein Akronym für *Very Long Instruction Word*. VLIW-Rechner besitzen ein sehr langes Befehlswort, das in Unterbefehle eingeteilt ist. Die Unterbefehle können in gewissen Grenzen frei durch den Compiler bestimmt werden, wobei Resourcenkonflikte, Datenabhängigkeiten und Steuerflußprobleme zur Übersetzungszeit geregelt werden müssen.

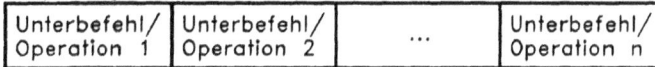

Abb. 7 – 4: VLIW-Befehlsstruktur und VLIW-Verarbeitungsstufen

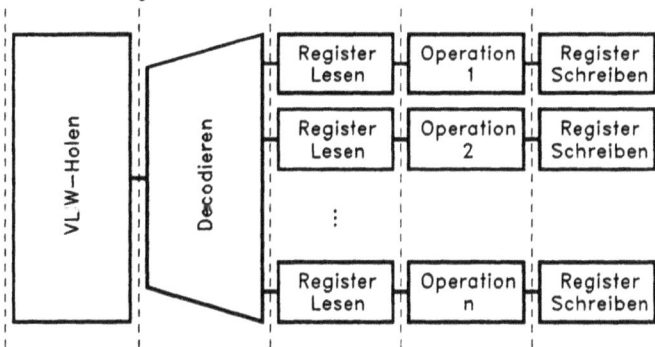

Ein VLIW-Rechner besitzt, wie ein Superskalar-Rechner, mehrere (viele) Funktionseinheiten, die parallel benutzt werden. Die Funktionseinheiten werden aber nicht dynamisch verwaltet, sondern zur Übersetzungszeit den Unterbefehlen fest zugeordnet. Die Abarbeitung der langen Be-

fehlswörter erfolgt synchron: Alle Unterbefehle werden gleichzeitig gestartet; erst wenn der letzte Unterbefehl fertig ist, wird zum nächsten Befehl übergegangen (Abb. 7–4). Dabei kann auch das Befehls-Pipelining
eingesetzt werden, wobei aber die hardwaremäßige Konfliktauflösung
und das Einschieben von Wartezyklen schwieriger zu realisieren ist.

Das Konzept ist nur dann effizient, wenn die vielen Funktionseinheiten
im Mittel gut ausgelastet werden können, und wenn die Bearbeitungsdauer der Unterbefehle etwa gleich groß ist, z. B. bei der Vektorverarbeitung. Es wurde bereits in der Mikroprogrammierung erfolgreich eingesetzt, wo ein horizontaler Mikrobefehl (entspricht dem VLIW-Befehl)
gleichzeitig viele Mikrooperationen (Unterbefehle) anstoßen kann.

Das VLIW-Prinzip ist für spezielle Anwendungen, z. B. in der Numerik
oder bei der Simulation, effizient einsetzbar. Für allgemeine Anwendungen erscheint es aber zu teuer und zu starr, weil die Ausführungszeiten
der Unterbefehle nur wenig variieren dürfen, und weil Laufzeitereignisse
von Unterbefehlen (wie bedingte Sprünge, Traps, Cache-Miss) zu schwie-
rigen und langwierigen Sonderbehandlungen führen.

Es müssen auch ausgefeilte Übersetzungstechniken, wie sie auch von der
Mikroprogrammierung her bekannt sind, eingesetzt werden, um durch
eine Umordnung der Unterbefehle eine möglichst gute Auslastung zu
erzielen und um die Konflikte und möglichen Laufzeitereignisse zu minimieren.

7.3 Berkeley RISC I/II

An der University of California, Berkeley, wurden von 1980 bis 1983 die
Prozessoren RISC I und RISC II entworfen und auf einem Chip realisiert
[Kat].

Dabei wurde von folgenden Hypothesen ausgegangen:

1. Komplexe Befehle werden selten benutzt, so daß der negative Effekt
   auf die Gesamtleistung des Prozessors überwiegt.

2. Der häufige Zugriff auf Operanden sollte besser unterstützt werden.

3. Eine vereinfachte Architektur kann schneller entworfen, getestet
   und realisiert werden, wobei neue Technologien schneller eingesetzt
   werden können.

(Vergleiche dazu die Diskussion im Abschnitt 7.1.)

Die Architektur und der Maschinenbefehlssatz des zu entwerfenden Prozessors sollten deshalb einfach sein. Nur die (dynamisch) am häufigsten
benutzten Befehle sollten effizient implementiert werden. Weiterhin

sollte die Parameterübergabe unterstützt werden, was zu einem großen Registerspeicher mit überlappenden Fenstern (s. u.) führte.

Zunächst wurden Statistiken über die Häufigkeit von Hochsprach-Konstrukten und von Maschinenbefehlstypen angefertigt. Für eine Leistungsaussage ist insbesondere die dynamische Häufigkeit (d. h. bei Programmausführung) von Bedeutung. Dabei muß außerdem mit der [effektiven] Ausführungszeit (CPI = average Clocks Per completed Instruction * clock-time) multipliziert werden, um zu einer Aussage über den Einfluß eines Befehls auf die Gesamtleistung zu kommen. Dieses Produkt soll *Zeitanteil* heißen.

*Zeitanteil eines Befehls = (dynam. Häufigkeit) * (Ausführungszeit)*

Es genügt also nicht, wie manchmal vereinfachend argumentiert wird, nur die Häufigkeit der Befehle zu betrachten. Der Zeitanteil sollte auf die Summe aller Zeitanteile normiert werden, um eine prozentuale Aussage zu bekommen. Der Zeitanteil gibt an, welche Befehle optimiert werden sollten bzw. welche Befehle aus der Befehlsliste entfernt werden können.

Die dynamische Häufigkeit von Maschinenbefehlen kann durch Messungen von verschieden Programmen auf verschieden Maschinen gewonnen werden. Die Häufigkeit ist dabei von den Anwendungen und den benutzten Maschinenbefehlen abhängig, so daß keine genauen Aussagen gemacht werden können. Näherungsweise können die folgenden dynamischen Häufigkeiten (nicht multipliziert mit der Ausführungszeit) angenommen werden:

30 % Load (Variable, Konstante, Adresse)
10 % Store
25 % Sprungbefehle (bedingte, unbedingte, Call, Return)
20 % Festkomma-, Schift- und logische Befehle
15 % Gleitkomma- und sonstige Befehle.

Die folgenden Statistiken sind vornehmlich aus [Kat] entnommen.

Die Anzahl der unbedingten Sprünge (bezogen auf alle Sprünge) beträgt etwa 55 %, die Sprungdistanz ist in 55 % der Fälle kleiner als 128 Bytes und in 93 % der Fälle kleiner als 16 KBytes. Auf der Hälfte der Variablen, die in die Register transportiert werden, wird keine Arithmetik ausgeführt.

Die dynamische Häufigkeit von Hochsprach-Konstrukten (C und Pascal-Programme), multipliziert mit der Anzahl der Maschinenbefehle, beträgt nährungsweise 37 % für *loops*, 32 % für *call/return*, 16 % für *if* und 13 % für *assign*. Die dynamische Häufigkeit, multipliziert mit der Anzahl der Speicherzugriffe, beträgt etwa 45 % für *call/return*, 30 % für *loops*, 15 % für *assign* und 10 % für *if*. Aus dieser Statistik ergibt sich, daß Unterprogrammsprünge und Sprünge möglichst kleine Ausführungszeiten haben sollten.

Dynamische Messungen an FORTRAN-Programmen von KNUTH haben ergeben: 67 % Zuweisungen (davon 1/3 vom Type A=B), 11 % IF, 9 % GOTO, 3 % DO, 3 % CALL, 3 % RETURN.

Die dynamische Häufigkeit von Operanden in Hochsprachen beträgt etwa: 20 % für *integer constants*, 55 % für *scalars* und 25 % für *arrays/structures*. Der Zugriff auf lokale Skalarvariablen beträgt mehr als 80 % aller Zugriffe auf Skalarvariablen. Der Zugriff auf globale Felder und Strukturen beträgt mehr als 90 % aller Zugriffe auf Felder und Strukturen. Die meisten Skalarvariablen werden also lokal benutzt und die meisten Felder/Strukturen global.

Die Häufigkeit der Benutzung von Adressierungsarten bei der PDP-11 beträgt 32 % für *register*, 17 % für *indexed*, 15 % für *immediate*, 11 % für *PC-relative* und 25 % für die restlichen. Sehr selten wird die Adressierungsart *Speicher-indirekt* benutzt.

Etwa die Hälfte der *move*-Befehle hat ein Register als Ziel. Etwa die Hälfte der *compare/add/subtract*-Befehle benutzt einen konstanten Operanden.

Etwa 98 % der dynamisch aufgerufenen Prozeduren hat weniger als 6 Argumente, und etwa 92 % haben weniger als 6 lokale skalare Variablen.

Die RISC I/II-Architektur. In der Abb. 7–5 ist die Architektur aus der Sicht der Funktionsweise dargestellt. Der Registerspeicher besteht aus 138 Registern zu je 32 Bit; hiervon ist nur ein Teil (aktuelles Register-Fenster) von 32 Registern sichtbar (zu den Register-Fenstern s. u.). Das Register 0 beinhaltet immer die Konstante 0. Als Quelloperanden können ein Register Rs=R(Source1) und X ausgewählt werden, wobei X in Abhängigkeit von dem Immediate-Bit im Befehl entweder das Register Rs2=R(Source2) oder eine 13-Bit-Konstante (arithmetisch erweitert auf 32 Bit) ist. Das Ergebnis der ALU- und Schiftoperation wird in das Zielregister Rd=R(Dest) geschrieben. Die ALU bzw. der SHIFTER kann die Funktionen *Addieren, Subtrahieren, Und, Oder, Exor* und *Schift* um eine beliebige Anzahl von X[5] Positionen durchführen. Die Berechnung der Datenadresse ergibt sich aus Rs+X.

Es existieren drei Befehlszähler NextPC, PC und LastPC. NextPC enthält die Adresse des Befehls, der gerade geholt wird. PC enthält die Adresse des Befehls, der gerade ausgeführt wird. LastPC enthält die Adresse des zuletzt ausgeführten Befehls oder des Befehls, der auf Grund eines Interrupts nicht beendet werden konnte. Die Speicher-Befehlsadresse ergibt sich durch NextPC:=PC+1 oder durch Addition der relativen Sprung-

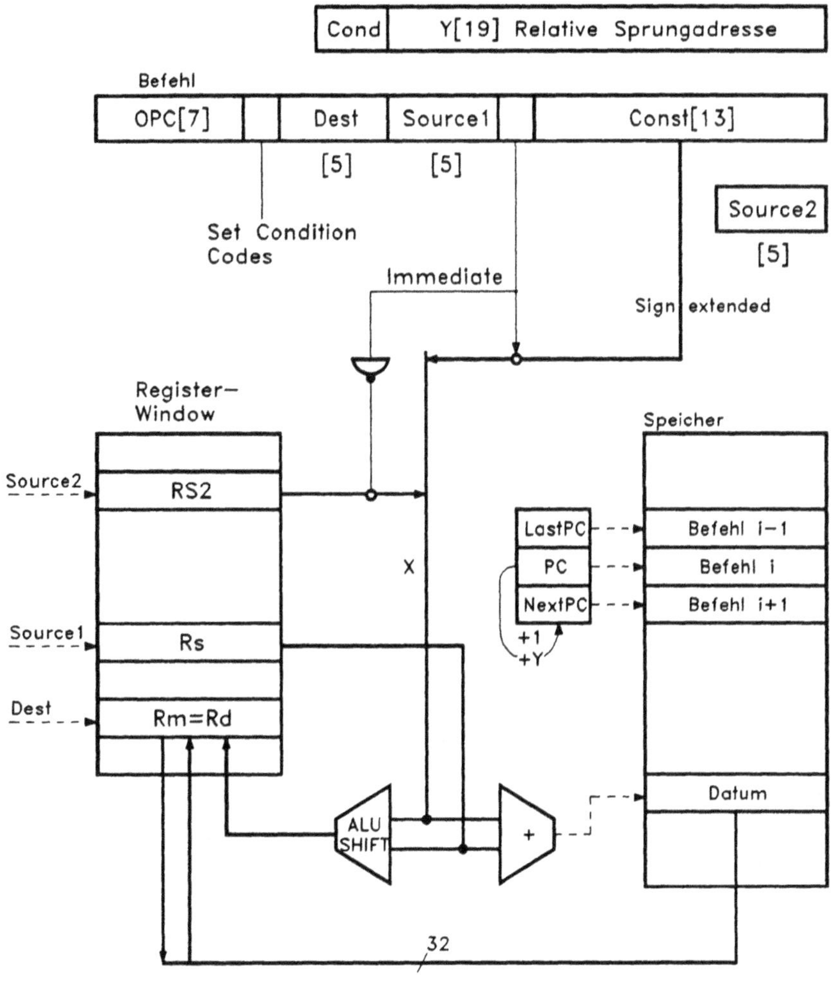

Cond	Y[19] Relative Sprungadresse

Befehl

OPC[7]		Dest	Source1		Const[13]

[5] [5]

Set Condition
Codes

Immediate

Source2

[5]

Sign extended

Register–
Window

Speicher

Source2 — RS2

LastPC - - ▸ Befehl i−1

X

PC - - ▸ Befehl i

NextPC - - ▸ Befehl i+1

+1
+Y

Source1 — Rs

Dest — Rm=Rd

ALU
SHIFT

+

Datum

32

Abb. 7–5: RISC I/II-Architektur, abstrahiert von der Realisierung

adresse PC+Y[19]. Die Inhalte der Befehlszähler werden weiter geschoben (NextPC → PC → LastPC), wenn sie nicht mehr benötigt werden.

Zusätzlich existiert ein im Bild nicht gezeichnetes Programm-Statuswort,
in dem die Condition Codes (Carry, Overflow, Zero, Negative) gespeichert werden, wenn das Bit *Set Condition Codes* gesetzt ist. Das
Programm-Statuswort enthält außerdem den Current-Window-Pointer

CWP[3], den Saved-Window-Pointer SWP[3], das Interrupt-Enable-Bit, ein System-Mode-Bit und ein Previous-Mode-Bit.

In der Hardware-Realisierung existiert nur ein einziger Addierer, der auch zur Berechnung der Datenadresse und der relativen Sprungadresse benutzt wird. Außerdem ist ein Cross-Bar-Schifter vorhanden, mit dem man beliebige Schifts in einem Schritt durchführen kann. Der Programmzähler besitzt einen separaten Inkrementierer. Während bei dem RISC I-Rechner ein Dreiport-Registerspeicher benutzt wurde, hat man bei dem RISC II-Rechner einen Zweiport-Registerspeicher benutzt, um Chipfläche einzusparen.

Die Befehlsliste zeigt Abb. 7−6. Die erste Gruppe enthält Additions-, Subtraktions-, Logische und Schift-Befehle. Dabei wird nur der Datentyp 32-Bit-Integer unterstützt. Es existieren keine Befehle für die Multiplikation und Division. Diese Operationen wie auch Gleitkommaoperationen und Operationen auf anderen Datentypen (z. B. BCD-Arithmetik) müssen durch Unterprogramme implementiert werden und dauern deshalb entsprechend lange.

Die LOAD- und STORE-Befehle bilden die zweite Gruppe. Dabei werden die Datenformate 8, 16 und 32 Bit unterstützt. Es gibt vier Adressierungsarten (Rs, Const, Rs+Rs2, Rs+Const), die sich aus Rs+X ergeben, je nachdem, ob X ein Register oder eine 13-Bit-Konstante (signed, 2-Komplement) ist und ob das Register R0 mit dem Inhalt 0 ausgewählt wird. Um eine 32-Bit-Konstante in ein Register Rd laden zu können, muß zuerst mit dem Befehl LDHI eine 19-Bit-Konstante in den höherwertigen Teil geladen werden; anschließend wird mit dem Befehl ADD 0,Const,Rd eine 13-Bit-Konstante in den niederwertigen Teil des Registers addiert.

Die dritte Gruppe besteht aus den Sprungbefehlen und Befehlen zur Behandlung von Unterprogrammen und Programmunterbrechungen. Eine Besonderheit bildet dabei die Technik der sich überlappenden Register-Fenster (Abb. 7−7). Insgesamt sind 138 Register vorhanden. Davon sind die 10 Register (R9-R0) fest für globale Variablen vereinbart (R0 besitzt fest den Wert 0) und in jedem der acht Fenster verfügbar. Von den restlichen 128 Registern sind in einem Fenster 22 Register sichtbar.

Der Programmierer kann 32 Register adressieren:

- 6 IN-Register (R31-R26), überlappt mit OUT-Registern der aufrufenden Prozedur des nächsten Fensters,

- 10 LOCAL-Register (R25-R16), reserviert für die lokalen Variablen der Prozedur,

```
Befehl                  Wirkung                 Erklaerung

ADD    Rs,X,Rd          Rd:=Rs+X                Integer Add
ADDC   Rs,X,Rd          Rd:=Rs+X+Carry          Add with Carry
SUB    Rs,X,Rd          Rd:=Rs-X                Integer Subtract
SUBC   Rs,X,Rd          Rd:=Rs-X-Carry          Subtract with Carry
AND    Rs,X,Rd          Rd:=Rs.X                Logical And
OR     Rs,X,Rd          Rd:=Rs v X              Logical Or
XOR    Rs,X,Rd          Rd:=Rs # X              Logical Exor
SRA    Rs,X,Rd          Rd:=Rs shifted by X     Right Arithmetic
SLL    Rs,X,Rd          Rd:=Rs shifted by X     Left Logical
SRL    Rs,X,Rd          Rd:=Rs shifted by X     Right Logical

LDL    (Rs)X,Rd         Rd[32]:=M(Rs+X)[32]     Load Long
LDSU   (Rs)X,Rd         Rd[16]:=M(Rs+X)[16]     Load Short unsigned
LDSS   (Rs)X,Rd         Rd[32]:=M(Rs+X)[16]     Load Short signed
LDBU   (Rs)X,Rd         Rd[8] :=M(Rs+X)[8]      Load Byte unsigned
LDBS   (Rs)X,Rd         Rd[32]:=M(Rs+X)[8]      Load Byte signed
LDHI   Y,Rd             Rd[32]:=Y[19]_0         Load Const. High
STL    Rm,(Rs)X         M(Rs+X)[32]:=Rm[32]     Store Long
STS    Rm,(Rs)X         M(Rs+X)[16]:=Rm[16]     Store Short
STB    Rm,(Rs)X         M(Rs+X)[8] :=Rm[8]      Store Byte

JMP    C,X(Rs)          if C then NextPC:=Rs+X  Conditional Jump
JMPR   C,Y              if C then NextPC:=PC+Y  Conditional Relative
CALL   Rd,X(Rs)         NextPC:=Rs+X,           Call Subroutine
                        New-Window; Rd:=PC
CALLR Rd,Y              NextPC:=PC+Y,            Call Subroutine Rel.
                        New-Window; Rd:=PC
RET    Rm,X             NextPC:=Rs+X; Old-Window  Return
(CALLI Rd)             New-Window; Rd:=LastPC   automatisch Interrupt
GTLPC Rd               Rd:=LastPC               Get Last PC
RETI   Rm,X             NextPC:=Rs+X; Old-Window  Return from Inter.
GTLN   Rd               Rd:=INR                  Get Interrupt Number
SPSW   Rd               Rd:=PSW                  Save Status Word
LPSW   Rm               PSW:=Rs                  Load Stauts Word

Abkuerzungen:
  Rs      = Source1-Register
  Rd,Rm   = Destination-Register Rd or Source Register Rm
  X       = Source2-Register Rs2 oder (sign extended Const[13])
  Y[19]   = Sprungadresse oder Konstante
  NextPC  = Befehlszaehler fuer zu holenden Befehl
  PC      = Befehlszaehler fuer den Befehl, der ausgefuehrt wird
  LastPC  = Befehlszaehler fuer den beendeten Befehl
```

Abb. 7-6: RISC I/II-Befehlsliste

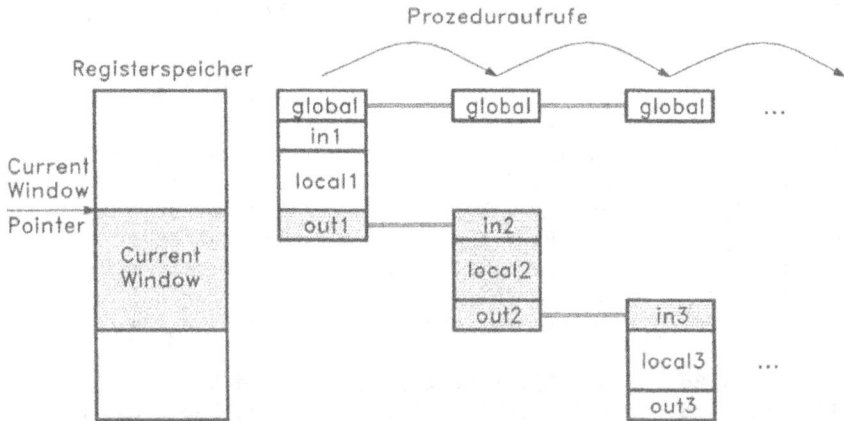

Abb. 7-7: Registerspeicher mit umschaltbarem Fenster

- 6 OUT-Register (R15-R10), überlappt mit den IN-Registern der aufzurufenden Prozedur,

- 10 globale Register (R9-R0).

Ein aktuelles Register wird durch ein Adreßpaar (CWP=Current-Window-Pointer, Register-Number) adressiert. Der CWP wird beim Prozeduraufruf auf das nächste Fenster (16 Positionen weiter) eingestellt und beim Rücksprung zurückgestellt. Der Saved-Window-Pointer SWP ist auf die maximale Anzahl von verfügbaren Fenstern eingestellt. Wenn CWP die maximale Grenze überschreitet oder unterschreitet, wird ein Trap (Fehler-Interrupt Window-Overflow/Underflow) ausgelöst. Zwei Fenster werden normalerweise für das Betriebssystem und einen Interrupt reserviert, so daß der Benutzer nur sechs Fenster zur Verfügung hat.

Die Fenster-Organisation weist folgende Merkmale auf:

- Die Register-Variablen der aufrufenden Prozedur bleiben im Registerspeicher stehen und sind nach dem Rücksprung direkt wieder verfügbar.

- Der Austausch von Parametern zwischen den Prozeduren erfolgt direkt über Register-Variablen.

- Das Programm-Statuswort muß per Befehl gerettet werden.

- Wenn die Anzahl der vorgesehenen globalen Variablen, lokalen Variablen, Parameter und Fenster größer wird als hardwaremäßig vorgesehen, werden zeitaufwendige Sonderbehandlungen erforderlich.

Die Fenster-Organisation beschleunigt zwar in vielen Fällen die Unterprogramm-Verarbeitung, führt aber auch zu einer gewissen Inflexibilität und zu Sonderbehandlungen. Aus diesem Grunde findet man in den meisten modernen RISC-Prozessoren nur normale Registerspeicher, die frei vom Übersetzerbauer und dem Laufzeitsystem verwaltet werden können.

Die Kontrollfluß-Befehle (Sprungbefehle, Unterprogrammsprünge, Unterprogrammrücksprünge) weisen eine Besonderheit auf. Bei diesen Befehlen wird nämlich, neben dem Sprung, auch noch der Befehl B, der hinter dem Sprungbefehl steht, ausgeführt. Möchte man diesen Befehl nicht ausführen, so muß man ein NOP (No Operation) einfügen. Vom Standpunkt des Programmierers ist diese Semantik nicht logisch. Die Semantik eines Sprungbefehls ist hier aber: 1. Berechne die Sprungadresse, 2. Führe dazu parallel B aus und 3. Springe. Es handelt sich also eigentlich um einen Kombinationsbefehls (JMP,B). Man bezeichnet diese Technik als *Delayed Branch* oder *Delayed Jump* (zuerst im Maniac I-Rechner 1952 realisiert, vergl. Abschn. 7.2.3). Der Programmierer oder Compiler versucht nun, einen Befehl B zu finden und zu verlagern, der an Stelle des NOPs sinnvolle Arbeit verrichtet. Ein solcher verlagerter Befehl darf keinen Einfluß auf das Sprungziel (bei bedingten Sprüngen) und das Verhalten des Programms haben. Ein solcher Befehl kann bei unbedingten Sprüngen in etwa 90 % der Fälle und bei bedingten Sprüngen in etwa 20 % der Fälle gefunden werden.

Die Begründung für diese Semantik ergibt sich aus der Hardware-Realisierung. Die Befehle werden überlappend ausgeführt, um einen höheren Durchsatz zu erzielen. Diese Technik des Befehlspipelining ist eine Standardtechnik, die praktisch in jedem Rechner benutzt wird. Die Frage ist nur, ob man das korrekte Pipelining dem Programmierer sichtbar und zumutbar macht oder nicht. Bei vielen RISC-Rechnern wird das Pipelining dem Programmierer zugänglich gemacht, zum einen, um Hardware-Aufwand zu sparen, zum anderen, um dem Programmierer die Möglichkeit zu geben, die Hardware total auszunutzen. Früher war man der Meinung, das man diese Hardware-Besonderheiten dem Programmierer nicht zumuten kann und hat sie deshalb vor ihm verborgen. Nur der Entwerfer von Hardware-Steuerwerken und der Mikroprogrammierer hatte Zugang zu diesen Besonderheiten.

Der RISC I/II-Programmierer/Übersetzerbauer muß wissen, daß die Maschine drei Befehlszähler besitzt, und er muß sie entsprechend verwalten.

Bei dem Unterprogrammsprung CALL wird auf ein neues Register-Fenster umgeschaltet und die Adresse des Befehls CALL, die in PC steht, wird in einem Register Rd gerettet. Beim Rücksprung RET wird die Rücksprungadresse durch Addition einer Konstanten (normalerweise +8 Byte) (oder Inhalt von RS2) auf die gerettete Adresse berechnet und nach NextPC geladen. Anschließend wird auf das alte Fenster zurückgeschaltet.

Folgende Interrupts sind möglich: (1) die Hardware-Interrupts RESET und INT-REQUEST und (2) Traps (Illegal Opcode, Privileged Opcode, Address Missalignment, Register File Overflow/Underflow).

Der „Befehl" CALLI soll von der Software nicht benutzt werden. Beim Auftreten eines Hardware- oder Software-Interrupts wird CALLI automatisch eingeschoben. Dadurch wird auf ein neues Fenster umgeschaltet und LastPC (= PC zum Zeitpunkt der Unterbrechung) im Register R25 gerettet. GTLPC R24 muß als erster Befehl in der Interrupt-Service-Routine benutzt werden, er rettet LastPC (= NextPC zum Zeitpunkt der Unterbrechung) im Register R24. Ein Rücksprung aus einer Interrupt-Service-Routine erfordert zwei Befehle, JMP R25 (NextPC:=R25) und RETI R24 (PC:=NextPC; nextPC:=R24). Dadurch wird der alte Zustand von (NextPC,PC) wieder hergestellt.

Man merkt an dieser Beschreibung, in der noch nicht alle Details berücksichtigt sind, daß spätestens bei der Interrupt-Programmierung detaillierte Kenntnisse über die Hardware, das Zeitverhalten und die Besonderheiten der Befehle vorliegen müssen. Die Programmierung dieses RISC-Rechners ist also keineswegs so einfach, wie es die (schön gemachte) Befehlsliste vermuten läßt. Vergleichsweise wird die Interrupt-Behandlung bei kommerziellen Mikroprozessoren klarer definiert und besser unterstützt.

Zeitliche Abarbeitung der Befehle. Die Befehle werden nach dem Holen (*Fetch*) und Decodieren (*Decode*) wie folgt ausgeführt (*Read-Operate-Write*-Zyklus):

1. *Read-Register*: Lesen von Rs1 und Rs2/Const (oder Lesen von PC und Y);

2. *Operate*: Verknüpfen (Addition, Subtraktion, Logik, Schift);

3. *Write-Register*: Schreiben des Ergebnisses nach Rd (oder Benutzen als effektive Adresse).

LOAD- und STORE-Befehle greifen auf den Speicher zu und benötigen einen zusätzlichen Zyklus.

In der RISC I wurde eine Pipeline mit zwei Stufen verwendet:

```
                   1.    2.    3./1.  4./2.
Fetch Instruction  1     2     3      4
Read-Operate-Write       1     2      3
```

Während der Ausführung des Befehls i wird schon der nächste Befehl $i+1$ aus dem Speicher geholt. Der *Read-Operate-Write*-Zyklus erforderte in der Realisierung einen relativ aufwendigen 3-Port-Registerspeicher. Um Chipfläche zu sparen und um den Durchsatz zu erhöhen, wurde bei der RISC II eine Pipeline mit drei Stufen verwendet:

```
                    1.    2.    3.      4./1.  5./2.
Fetch Instruction   1     2     3       4
Read-Operate-Latch        1 ---> 2      3
Write-Register            1     2      3
```

Das Ergebnis wird also erst einen Zyklus später in den Registerspeicher geschrieben. Wenn der Befehl 2 das Ergebnis aus dem Befehl 1 benötigt, wird es direkt aus dem Ergebniszwischenspeicher (Latch) der Operate-Phase des Befehls zur Verfügung gestellt (---> im Diagramm). In diesem Falle wird es also nicht erst in den Registerspeicher geschrieben, sondern direkt auf die ALU zurückgekoppelt. Diese Technik nennt man auch *Internal Result Forwarding* oder *Bypassing* (vergl. Abschn. 7.2.3). Hardwaremäßig werden dazu zwei Vergleicher benutzt, die festellen, ob die Bedingungen Rs1(I2)=Rd(I1) oder Rs2(I2)=Rd(I1) erfüllt sind.

```
                     1.       2.    3a.      3b.    4./1.   5.
Fetch Instruction    LD N,R   2     3-wait   3      4
Compute Address               N
Memory Access-Latch                 N ----->
                                         |
Read-Operate-Latch                  2-wait   2      3
Write-Register                      R        2      3
```

Wie man aus diesem Schema erkennt, dauert die Bearbeitung des LOAD-Befehls 4 Zyklen (1. Fetch Instruction LD N,R; 2. Compute Address N; 3a. Memory Access N; 3b. Write into Register R). Im Vergleich zu den einfachen Register-Register-Befehlen wird der zusätzliche 3a. Zyklus für den Daten-Speicherzugriff benötigt. Da nur ein einziger Speicherzugriff in einem Zyklus erfolgen kann, muß das Holen des nächsten Befehls (Nr. 3) um einen Zyklus verschoben werden (3-wait). Das Ausführen des Befehls Nr. 2 wird ebenfalls um einen Zyklus verschoben (2-wait), damit der geholte Speicheroperand noch bei der Verknüpfung (Operate) durch das Forwarding (vom Speicher direkt in die ALU, --->) einfließen kann (Datenabhängigkeit). Die effektive Ausführungszeit eines LOAD-Befehls beträgt also 2 Zyklen.

Wenn man einen Programmcache und einen Datencache auf dem Chip vorsieht, dann kann man die Zyklen 3a. und 3b. zusammenfassen, weil der Befehl Nr. 3 und das Datum N parallel geholt werden können. Allerdings kann dann das Datum N nicht mehr in die Operate-Phase des Befehls 2 einfließen. Es kann aber durch Forwarding in der Operate-Phase des Befehls 3 oder nach Zurückschreiben in ein Register weiter benutzt werden. Wenn der Compiler eine Datenabhängigkeit (Ziel-Operand des Befehls i wird im Befehl $i+1$ benutzt) feststellt, so muß diese durch Einfügen eines NOP (oder eines anderen Befehls) berücksichtigt werden.

Eine andere Möglichkeit besteht darin, diese Abhängigkeit hardwaremäßig abzutesten und automatisch einen Wartezyklus einzuschieben. Man könnte auch den 3. Zyklus etwas verlängern, um noch das gelesene Speicherdatum verarbeiten zu können (Memory-Access, Operate, Write-Register). Es gibt also verschiedene Möglichkeiten, je nachdem, wie man die Zugriffe auf die Pipelinestufen und Zyklen/Phasen verteilt.

Den Durchsatz kann man noch weiter erhöhen, wenn man die Anzahl der Pipelinestufen erhöht, ein separates Adreßrechenwerk vorsieht und einen mehrfachen bzw. gepufferten Speicherzugriff vorsieht.

7.4 SPARC

SPARC ist ein Akronym für „Scalable Processor Architecture". Diese RISC-Architektur wurde von SUN Microsystems zwischen 1984 und 1987 definiert. Die Instruction Unit der SPARC-Architektur wurde zuerst 1986 auf einem Gatearray von FUJITSU (20 000 Gatter, 255 Pins) realisiert. Die Gleitkommaverarbeitung erfolgte durch ein weiteres Gatearray, das einen Gleitkommamultiplizierer und eine Gleitkomma-ALU der Firma WEITEK steuerte. Bei einer Taktfrequenz von 16,67 MHz dauerte ein Zyklus 60 ns.

Die zweite Realisierung als voll kundenspezifischer Chip erfolgte zusammen mit SUN durch die Firma CYPRESS. Dabei wurde eine Taktfrequenz von 33 MHz bei einer gleichen Anzahl von Taktzyklen pro Befehl erreicht. Zusätzlich wurde von LSI LOGIC ein Gatearray zur Steuerung eines Gleitkommaprozessors von Texas Instruments entwickelt.

Basierend auf Gatearrays der Firma FUJITSU wurde 1987 die SUN-4/200 Workstation mit einem 128 KB virtuellem Cache-Speicher und 1988 die SUN-4/110 vorgestellt.

1992 wurde der SuperSPARC-Prozessor vorgestellt. Er besteht aus 3,1 Millionen Transistoren und enthält ein Gleitkommarechenwerk, einen Befehlscache, einen Datencache und eine MMU.

Lizenznehmer sind u.a. FUJITSU, CYPRESS, TEXAS INSTRU-
MENTS und PHILIPS.

Systemarchitektur. Die ursprüngliche Architektur [Sun-1] (Abb. 7–
8) bestand aus der Instruction-Unit (IU), dem Cache-Speicher, dem
Hauptspeicher, dem Gleitkommaprozessor und den Ein-/Ausgabeeinrichtungen.
Die IU (Processor-Chip, auch als Integer-Unit bezeichnet) enthält das
Steuerwerk, das Adreßrechenwerk und das Festkomma-Rechenwerk. Der
Gleitkommaprozessor besteht aus einem Floating-Point-Controller (FP),
der den Gleitkommamultiplizierer und die Gleitkomma-ALU steuert.

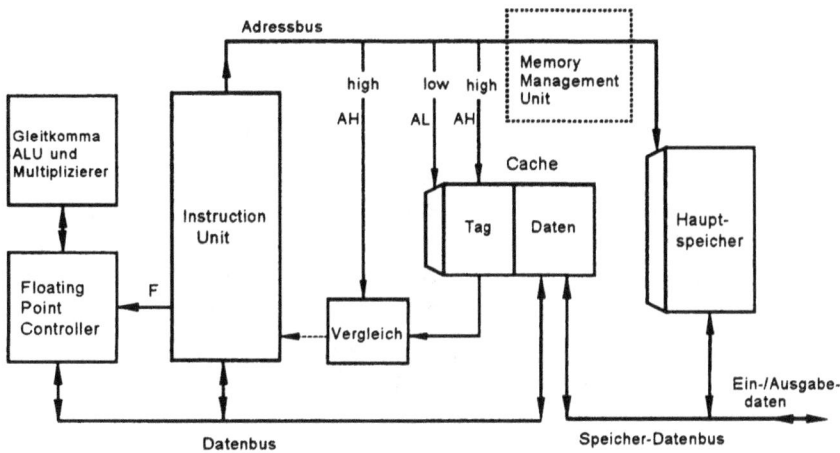

Abb. 7–8: SPARC-Architektur

Später wurde zwischen Cache-Speicher und Hauptspeicher eine Speicher-
verwaltungseinheit (MMU, Memory Management Unit) hinzugefügt, die
die virtuellen Adressen der IU in physikalische Speicheradressen umsetzt.
An den Bus kann optional ein Koprozessor angeschlossen werden.

Die IU ist über den 32-Bit-Datenbus und den 32-Bit-Adreßbus mit dem
Cache-Speicher verbunden. Der Adreßbus besteht aus zwei Teilen, AL
(low address) und AH (high address).

Der Cache-Speicher ist ein essentieller Bestandteil des Systems, der in
der Lage sein muß, in jedem Zyklus einen Befehl an die IU zu liefern.
Die Cache-Tags beinhalten die höherwertigen Adreßteile von Befehlen
oder Daten, die sich im Cache befinden.

Der Adreßteil AL (Bits 17:0) steht einen Zyklus früher als der Adreßteil
AH (Bits 31:16) zur Verfügung und wird extern in einem Latch-Register

353

bis zum Befehlhol-Zyklus zwischengespeichert. Mit AL werden die Daten und Tags aus dem Cache gelesen und im nächsten Zyklus werden die Tags mit AH verglichen. AL und AH überlappen sich in den Bits 17 und 16, wodurch die Cachegröße 64 K bis 256 K betragen kann.

Der Prozessor führt entweder einen Befehlhol-, einen Lade- oder einen Speicher-Zyklus aus. Betrachten wir einen Befehlhol-Zyklus. Die Tags werden gelesen und mit dem aktuellen Adreßteil AH verglichen. Bei Übereinstimmung (cache hit) wird der Befehl aus dem Cache benutzt. Bei Nicht-Übereinstimmung (cache miss) hält der Cache-Controller die Pipeline an, holt den Befehl aus dem Speicher, füllt den Cache und überträgt den Befehl in das Befehlsregister der Instruction-Unit.

Die Cache-Adresse wird für einen weiteren Zyklus in einem Register (als verzögerte Adresse) aufgehoben, weil der Vergleich auf Übereinstimmung einen Zyklus dauert. Die verzögerte Adresse wird im Fall der Nicht-Übereinstimmung für den Speicherzugriff benötigt.

Alle Ein-/Ausgabeeinrichtungen liegen im Speicheradreßraum (memory mapped), so daß Load/Store-Befehle zur Kommunikation benutzt werden können. Mit jeder Adresse sendet die IU ein 8-Bit-Adreßraum-Identifikationsfeld (ASI) aus, das Informationen wie Prozessor-Mode (user/superuser) und Zugriffsart (Befehle/Daten) enthält.

Instruction-Unit (IU, Processor Chip). Die Instruction-Unit besteht aus einer Registersatz-Unit, einer Execution-Unit, einer Instruction-Fetch-Unit und einer Control-Unit (Abb. 7–9).

Registersatz. Der Registersatz (auch als Register-File bezeichnet) hat zwei Leseports und einen Schreibport. Während eines Zyklus können zwei Operanden gelesen und ein Ergebnis aus einem früheren Befehl geschrieben werden. Es besteht aus 120 32-Bit-Registern. Davon sind 8 Register für globale Daten reserviert, die restlichen Register bilden 7 überlappende Fenster mit jeweils 24 Registern. Die Anzahl der Fenster kann bei anderen Realisierungen größer oder kleiner sein. Der 5-Bit-Current-Window-Pointer (CWP) im Prozessorstatusregister zeigt auf das aktuelle Fenster.

Im Programm können die 24 Register des aktuellen Fensters sowie die 8 globalen Register adressiert werden (Abb. 7–10). Zu einem Fenster gehören 8 Eingangsparameter (*ins*), 8 lokale Parameter (*locals*) und 8 Ausgangsparameter (*outs*). Durch den SAVE-Befehl wird der CWP erhöht, wodurch das neue Fenster aktiviert wird. Diese Operation wird normalerweise zusammen mit einem Unterprogrammsprung durchgeführt. Durch die Überlappung der Fenster werden die *outs* des alten Fensters automatisch zu den *ins* des neuen Fensters. Beim Umschalten auf ein neues Fenster werden also nur 16 neue Register (*locals* und

Datenbus

Befehlsregister

Register File

Steuerwerk

Adreß-rechen-werk

AL

Adreß-bus

AH

Befehls-zähler
PC

F Bus

Spezial-Register

ALU/SHIFT

Bypass1

Result

Bypass2

ALIGN

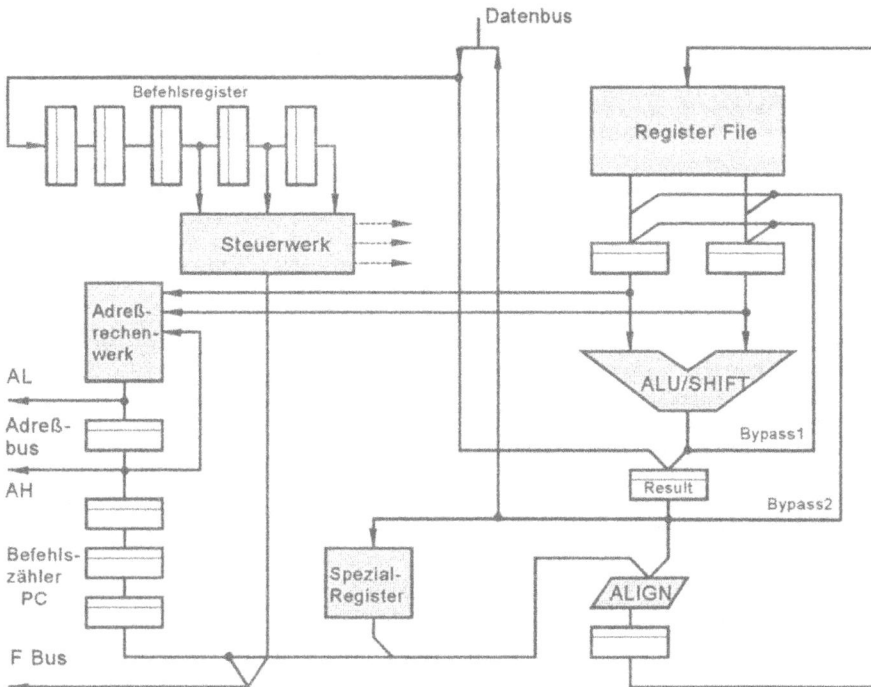

Abb. 7 – 9: Struktur der Instruction-Unit

outs) reserviert. Falls bei einem SAVE-Befehl kein Fenster mehr frei ist, findet eine Ausnahmebehandlung durch das Betriebssystem statt, bei der das neue Fenster im Speicher angelegt wird. Jedes verfügbare Fenster ist durch ein separates Bit im Window-Invalid-Mask-Register (WIM) codiert, so daß beim Zugiff auf nicht verfügbare Fenster eine Unterbrechung ausgelöst wird.

Execution-Unit. Sie besteht aus einer 32-Bit-ALU für die arithmetischen und logischen Opertionen, einem 32-Bit-Barrel-Shifter, Condition-Code-Logik, Ausrichtungslogik für Load- und Store-Operationen sowie Registern zum Zwischenspeichern von Operanden und Ergebnissen. Zur Weiterverabeitung von Ergebnissen gibt es zwei Rückkopplungswege (Bypass). Über den ersten Bypass kann ein ALU-Ergebnis sofort in ein ALU-Eingangsoperandenregister zurückgeschrieben werden. Über den zweiten Bypass kann ein Ergebnis von dem vorhergehenden Befehl, das im Ergebnisregister RESULT steht, in die ALU-Eingangsoperandenregister zurückgeschrieben werden.

120 Register, 7 Fenster

	8 globals	32 Floating Point Registers
		3 Floating Point Queue Registers
Processor State Register	→ Current Window	Floating Point Status
Window Invalid Mask	8 ins = 8 outs des vorherigen Fensters	
Program Counter	8 locals	32 Coprocessor Registers
Next Program Counter	8 outs	
Multiply Step Register		3 Coprocessor Queue Registers
Trap Base Register		Coprocessor Status

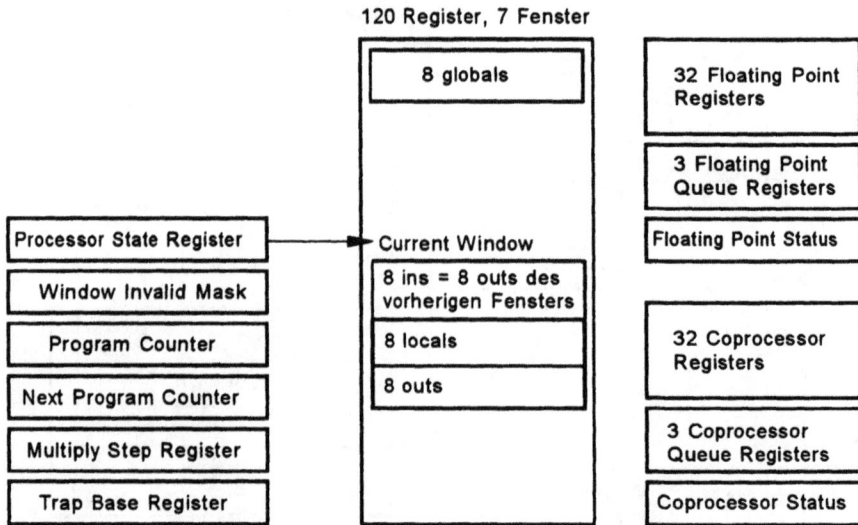

Abb. 7–10: Register (Programmiermodell)

Instruction-Fetch-Unit. Sie enthält die Programmzähler und die Logik zur Berechnung der Daten- und Befehlsadressen. Es sind vier Programmzähler vorhanden, die den vier Stufen der Befehls-Pipeline entsprechen. Diese Einheit enthält auch die Logik für das Trap-Base-Register (TBR), das Trap-Type-Register (TT), das Y-Register (benutzt vom „multiply step" Befehl) und das Window-Invalid-Mask-Register (WIM).

Control-Unit. Sie enthält das Hauptsteuerwerk, die Pipelinesteuerung, den Befehlsdekoder, das Prozessor-Status-Register (PSR), Logik für die Ausnahmebehandlung und das Interface für den Cache und die Gleitkommaeinheit.

Pipeline. Die Pipeline besteht aus vier Stufen. Jede Stufe bearbeitet in einem Taktzyklus einen Teilschritt der Befehlsabarbeitung. Die Stufen heißen Holstufe, Decodierstufe, Ausführungsstufe und Schreibstufe.

1. Die Holstufe dient zum Holen des Befehls.

2. In der Decodierstufe wird der Befehl decodiert, und die Operanden werden aus dem Registersatz gelesen und zu der Execution-Unit sowie der Instruction-Fetch-Unit transportiert. Außerdem wird die nächste Befehlsadresse bzw. Sprungadresse erzeugt. Genau betrach-

tet wird die Adresse für den Befehl $n + 2$ in der Instruction-Fetch-Unit berechnet, während der Befehl n in der Decodierstufe decodiert wird.

3. In der Ausführungsstufe werden durch die Execution-Unit die arithmetischen und logischen Operationen auf den Operanden durchgeführt, die durch die Decodierstufe bereitgestellt wurden. Das Ergebnis wird in einem Ergebnisregister (RESULT) zwischengespeichert, bevor es in den Registersatz geschrieben wird.

4. In der Schreibstufe wird das Ergebnis in den Registersatz geschrieben, sofern der Befehl erfolgreich beendet werden konnte. Andernfalls wird der Prozessorzustand nicht verändert. Die Schreibphase wird verlassen, falls eine Ausnahme während der Befehlsausführung erkannt wurde.

In der Pipeline können maximal vier Befehle gleichzeitig bearbeitet werden. Der Befehl $n + 1$ befindet sich in der Holstufe, der Befehl n in der Decodierstufe, der Befehl $n - 1$ in der Ausführungsstufe und der Befehl $n - 2$ in der Schreibstufe:

```
Takt             1  2  3  4  5  6  7  8  9  ...
Adressbus        A1 A2 A3 A4 A5 A6 A7 A8 A9  (A=Adresse)
Datenbus         I1 I2 I3 I4 I5 I6 I7 I8 I9  (I=Instruction)

Fetch Instr.Nr.  1  2  3  4  5  6  7  8  9
Decode              1  2  3  4  5  6  7  8  9
Execute                1  2  3  4  5  6  7  8  9
Write                     1  2  3  4  5  6  7  8  9
```

Bei bedingten Sprungbefehlen wird bereits der Befehl an der Sprungadresse geholt, bevor die Bedingungscodes fertig berechnet wurden. Bei erfüllter Bedingung kann das Programm ohne Verzögerung fortgesetzt werden. (Deshalb wird nur ein Ausführungszyklus für einen Branch (taken) verbraucht.) Bei nicht erfüllter Bedingung muß eine Wartezyklus eingeschoben werden, um den nächsten Befehl in der Sequenz zu holen.

Befehlspuffer. Die Instruction-Fetch-Unit enthält zwei zusätzliche Befehlspufferregister, um die Pipeline zu jeder Zeit gefüllt zu halten. Die Pufferregister dienen zum Zwischenspeichern von Folgebefehlen, die im voraus geholt werden, wenn die Ausführung eines Befehls mehr als einen Zyklus dauert. Die Pufferregister sind leer, wenn nacheinander Ein-Zyklus-Befehle abgearbeitet werden. Wenn ein Mehr-Zyklus-Befehl in die Pipeline eintritt, dann werden die Folgebefehle in den Pufferregistern zwischengespeichert, bis der Mehr-Zyklus-Befehl beendet ist.

Interne Befehle. Das Steuerwerk wurde als Hardware-Steuerwerk ohne die Verwendung von PLAs realisiert. Mehr-Zyklen-Befehle werden durch die Hardware in interne Ein-Zyklen-Befehle umgesetzt, die in die Pipeline eingeschleust werden. Load-Befehle benötigen einen zusätzlichen Zyklus, Store-Befehle benötigen 2 oder 3 zusätzliche Zyklen.

Das folgende Beispiel zeigt den Ablauf des Load-Befehls (I1=LD x), der einen zusätzlichen Zyklus benötigt, um die Daten x aus dem Speicher zu holen:

```
Takt                 1  2  3  4  5  6   ...
Adressbus            A1 A2 A3 Ax A4 A5        (Ax=Adresse von x)
Datenbus             I1 I2 I3 x  I4 I5        (x=Datum)

Fetch Instr. Nr. 1   2  3     4  5
Decode               1__1 2   3  4  5
Fetch Data x          |_1
Execute              *  *  2  3  4  5      (* =NOP)
Write File           *  1  2  3  4  5
```

Das folgende Beispiel zeigt den Ablauf des Store-Word-Befehls (I1=ST x), der zwei zusätzliche Zyklen benötigt, um die Daten x in den Speicher zu schreiben:

```
Takt                 1  2  3  4  5  6  7 ...
Adressbus            A1 A2 A3 Ax Ax A4 A5
Datenbus             I1 I2 I3    x  I4 I5

Fetch Instr. Nr. 1   2  3        4  5
Decode               1__1__1 2   3  4  5
Store Data x             1__1
Execute              *  *  *  2  3  4  5
Write File           *  *  *  2  3  4  5
```

Nach Ausführung eines Mehr-Zyklen-Befehls führt der Prozessor zuerst die Befehle aus, die in den Befehlspufferregistern stehen, und holt anschließend normal die Befehle aus dem Cachespeicher.

Ausnahmbehandlung. Hardware-Interrupts, Software-Interrupts (Betriebssytemaufrufe), Hardware- und Rechenfehler führen zu Programmunterbrechungen. Ein Trap-Base-Address-Register zeigt auf die Vektortabelle (trap table), in der die Anfangsadressen der Ausnahmebehandlungsroutinen stehen. 15 Hardware-Interrupts können über die vier Interrupt-Eingänge ausgelöst werden. Die Interrupt-Ebene (Maske) im Statusregister sperrt Interrupts, die eine Priorität kleiner oder gleich der gesetzten Ebene besitzen. Wenn ein Ausnahme erkannt wird, finden folgende Aktionen statt:

1. Der Befehlszähler des unterbrochenen Befehls und der darauffolgende Befehl werden im Registersatz gerettet.

2. Der unterbrochene Befehl wird nicht ausgeführt und alle Befehle,

die sich schon in der Pipeline befinden, werden gelöscht.

3. Alle weiteren Interrupts werden gesperrt. (Dadurch werden alle Hardware-Interrupts ignoriert; ein weiterer Software-Interrupt würde den Prozessor in einen Fehlerzustand bringen.) Der Prozessor wechselt in den Superuser-Mode und der Current-Window-Pointer wird auf das nächste Fenster gesetzt.

4. Die Anfangsadresse der Unterbrechungsroutine wird aus der Vektortabelle entnommen und in den Befehlszähler geladen. Damit wird die Ausführung der Unterbrechungsroutine begonnen.

Gleitkomma-Verarbeitung. Gleitkommabefehle werden parallel mit Integer-Befehlen ausgeführt. Die Gleitkommabefehle werden von der IU erkannt und über einen separaten 32-Bit-Bus (F-Bus) zum Floating-Point-Controller (FPC) geschickt, und zwar sowohl der Befehlscode als auch seine Adresse (zwei Zyklen).

Der FPC enthält 32 32-Bit-Gleitkommaregister, das Floating-Point-Status-Register (FSR) und die Floating-Point-Queue (FQ). In der FQ werden alle Befehlscodes und Adressen der in Ausführung befindlichen Gleitkommabefehle zwischengespeichert. Vor der FQ befindet sich noch zusätzlich ein zweistufiger Puffer, in dem im Vorgriff geholte GK-Befehle einschließlich ihrer Adressen zwischengespeichert werden können. Der FPC erfüllt folgende Aufgaben:

1. Einreihen des Befehlscodes und der Adresse in die FQ. Der Prozessor geht danach zur Verarbeitung des nächsten Befehls über, als ob die Gleitkommaoperation beendet wäre.

2. Decodieren der Befehlscodes und Erzeugen von Steuersignalen für das Gleitkommarechenwerk (Multiplizierer und ALU).

3. Zugriff auf den Datenbus bei der Ausführung von Gleitkomma-Load/Store-Befehlen. Die Speicheradresse wird von der IU berechnet.

4. Erkennen von Ausnahmen wie Überlauf, Unterlauf usw. und Meldung an die IU. Die Ausnahmebehandlungsroutine (trap handler) hat Zugriff auf den Inhalt der Queue, in der sich die Adressen aller in Ausführung befindlichen Gleikommabefehle befinden. Dadurch kann nachträglich festgestellt werden, welcher Befehl die Unterbrechung verursacht hat und welche darauf folgenden Befehle begonnen, aber nicht zu Ende geführt wurden.

5. Die Programmausführung wird durch Einschieben von Wait-States verzögert bei

   • noch nicht fertig berechneten Bedingungen bei bedingten Gleitkomma-Sprungbefehlen,

- voller Queue,

- Datenabhängigkeiten zwischen Load/Store-Operanden und Operanden aus vorhergehenden Gleitkomma-Befehlen, die sich noch in der Berechnung (in der Queue) befinden.

Sobald ein Gleitkommabefehl die Berechnung für ein Ergebnis-Register beginnt, wird dieses Register durch ein spezielles Kontrollbit im sogenannten Scoreboard markiert. Ein nachfolgender Gleitkommabefehl, der das Ergebnis-Register benutzt, wird automatisch in seiner Ausführung verzögert, bis das Ergebnis berechnet wurde.

Leistung. Die Leistung ist abhängig von der Taktfrequenz/Zyklusdauer, der mittleren Anzahl von verbrauchten Zyklen pro Befehl (effektive Ausführungszeit) und der Anzahl der Befehle pro Aufgabe.

Die effektive Anzahl der verbrauchten Taktzyklen CPI pro Befehl beträgt:

```
Load (8,16,32 Bit)      2
Load (64 Bit)           3
Store (8,16,32 Bit)     3
Store (64 Bit)          4
Atomic Load and Store   4
Jump, Return from Trap  2
Branch (untaken)        2
Branch (taken)          1
Sonstige Befehle        1
Gleitkommabefehle      > 2  .
```

Die mittlere Anzahl von Zyklen pro Befehl ist von der Häufigkeit der verschiedenen Befehle und der Trefferrate des Cache abhängig. Bei einer 100%-igen Trefferate beträgt sie ca. 1,5 für Programme, die ohne Gleitkommaoperationen auskommen. Bei einer 99%-igen Trefferate und 10 Zusatzzyklen für einen Cache-Miss ergibt sich bei 15% Load- und 5% Store-Befehlen etwa 1,62 Zyklen. Bei einer Zykluszeit von z.B. 25 ns (40 MHZ) ergeben sich $40/1,62 = 24,7$ MIPS (million instructions per second).

Die ursprüngliche Realiserung arbeitete mit einer Taktfrequenz von 16,67 Mhz (60 ns), die zweite mit 33 MHz und es folgten weitere Realisierungen mit höheren Taktfrequenzen.

Der Befehlssatz.

LOAD-Befehle: Signed Byte, Signed Halfword, Unsigned Byte, Unsigned Halfword, Word, Double Word, Floating Point, Double Floating Point, Floating Point State Register, Coprocessor, Double Coprocessor, Coprocessor State Register.

360

STORE-Befehle: Byte, Halfword, Word, Double Word, Floating Point, Double Floating Point, Floating Point State Register, Double Floating Point Queue, Coprocessor, Double Coprocessor, Coprocessor State Register, Double Coprocessor Queue.

Arithmetische Befehle: Add, Add with Carry, Tagged Add, Subtract, Subtract wih Carry, Taggged Subtract, Multiply Step.

Logische und Schift-Befehle: And, And Not, Or, Or Not, Exclusive Or, Exclusive Nor, Shift Left Logical, Shift Right Logical, Shift Right Arithmetic.

Bedingte Sprung-Befehle, Branch on: Integer Condition, Floating Point Condition, Coprocessor Condition.

Unterprogramm-Organisations-Befehle: Save Callers Window, Restore Callers Window, Call, Jump and Link.

Ausnahmebehandlung: Unimplemented Instruction, Trap on Integer Condition, Return from Trap.

Read/Write Register: Y-Register, Processor State Register, Window Invalid Mask (WIM), Trap Base Register.

Sonstige Befehle: Atomic Load/Store Unsigned Byte, Swap Register with Memory, Set High 22 Bits of Register, Instruction Cache Flush, Floating Point Unit Operations, Coprocessor Operations.

Tagged Befehle: Hierbei handelt es sich um Spezialbefehle, die die Interpretation von Zwischencodes (z. B. bei LISP, SMALLTALK, PROLOG) unterstützen. Das spezielle Datenformat besteht aus 30-Bit-Daten (links ausgerichtet) und einem 2-Bit-Tag, das zur Kennzeichnung des Datentyps dient. Bei der tagged Addition/Subtraktion wird neben der Berechnung das Tag-Feld auf 0 abgeprüft. Wenn es ungleich Null ist, dann handelt es sich nicht um eine normale Integer-Verarbeitung, die durch das Overflow-Bit oder als Unterbrechung erkannt wird.

Befehlsformate. Alle Befehle sind 32-Bit breit. Es sind nur wenige Befehlsformate (Abb. 7–11) vorgesehen. Die Breite der Felder steht in eckigen Klammern.

Die Befehle haben folgende Wirkung:

1.　　`goto PC + DisplacementSignExtended`

2.　　`DestinationRegister := Immediate`

3.　　`if Condition=TRUE then goto PC + DisplacementSignExtended`

4.　　`DestinationRegister := op(SourceReg1,SourceReg2)`
　　　　`und Aussenden des AdressSpaceIdentifiers`
　　　　`oder Ausfuehren einer Floating Point Operation`

361

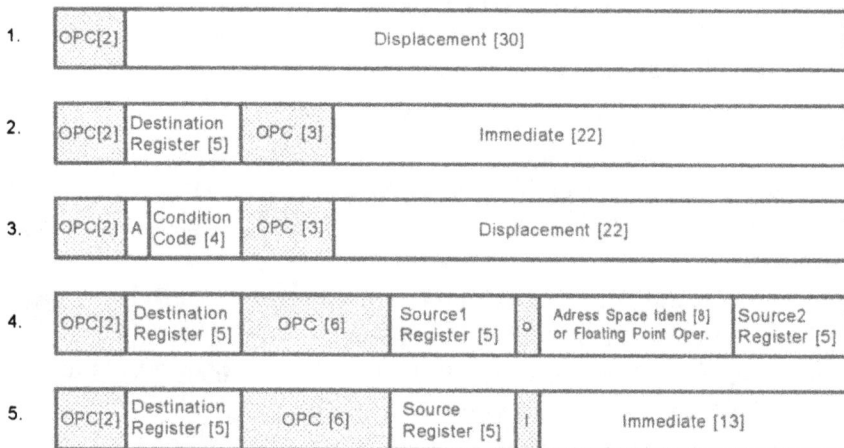

Abb. 7-11: Befehlsformate

5.   DestinationRegister := op(SourceReg,Immediate)

7.4.1   SuperSPARC

Der SuperSPARC-Prozessor [Sun-2] ist ein sehr hoch integrierter Chip (3,1 Millionen Transistoren), der ein Gleitkommarechenwerk, einen Befehlscache, einen Datencache und eine MMU enthält. Er besitzt eine Interface zu einen Second-Level-Cache-Controller, der aus 2,2 Millionen Transistoren besteht. SuperSPARC besitzt eine 8-stufige Pipeline, und es können maximal drei Befehle in einem Zyklus gestartet werden.

Architektur. Abb. 7-12 zeigt die Gliederung des Prozessors in Funktionsblöcke, wobei eine etwas vereinfachende Darstellung gewählt wurde. Das Businterface unterstützt ein Cache-Kohärenz-Protokoll für Mehrprozessor-Anwendungen. Der Write-Buffer ermöglicht das Weiterarbeiten des Prozessors ohne auf die Beendigung des STORE-Befehls warten zu müssen.

Der Befehlscache (20 KByte) ist ein 5-Wege-Set-Assoziativer-Cache mit fünf 4-KByte-Sets. 4 Kbyte entspricht einer minimalen MMU-Seite. Der Datencache (16 KByte) ist ein 4-Wege-Set-Assoziativer-Cache mit vier 4-KByte-Sets. Ein Befehls-Cache-Line speichert 64 Bit (zwei 32-Bit-Befehle), eine Daten-Cache-Line speichert 32-Bit-Daten. Die Ersetzungsstrategie ist Pseudo-LRU.

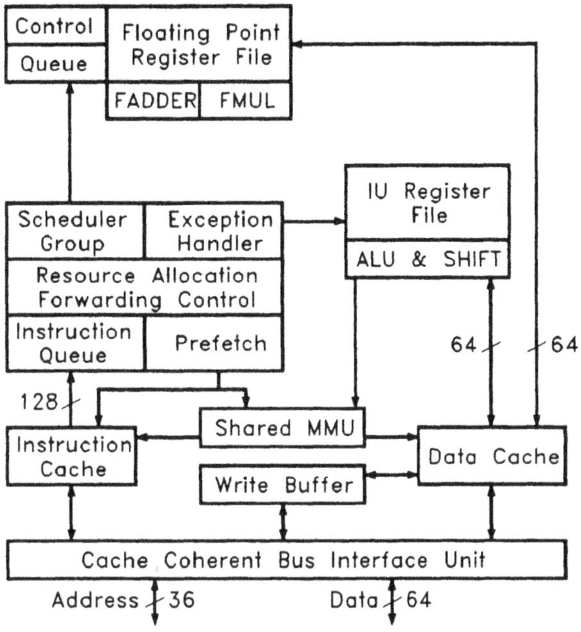

Abb. 7 – 12: SuperSPARC-Architektur

Die interne Übertragung der Befehle erfolgt über einen 128-Bit breiten Bus, die Übertragung der Daten über einen 64-Bit breiten Bus.

Die Cache-Lines werden mit einer 12-Bit virtuellen=physischen Seitenadresse ausgewählt, die von der MMU nicht umgesetzt wird. Als Tag werden die höherwertigen physischen Adreßbits gespeichert. Vor dem Vergleich müssen die höherwertigen virtuellen Adreßbits über die MMU umgesetzt werden, was parallel zum Cache-Zugriff erfolgen kann.

Durch die Verwendung physischer Tags werden die Probleme mit virtuellen Caches (Aliasing, Cache-Flush beim Kontextwechsel) vermieden. Auf die Tags kann in einen Zyklus zweimal zugegriffen werden, so daß quasi-gleichzeitig die Snoop-Operation (Vergleich der externe Adressen von anderen Prozessoren mit den intern abgepeicherten zur Gewährleistung der Datenkonsistenz) durchgeführt werden kann.

Das FP-Register-File besteht aus 32 32-Bit-Registern (oder 16 64-Bit-Registern). Es besitzt drei Lese-Ports und zwei Schreib-Ports. Zwei Lese-Ports werden zum Lesen der Operanden benutzt, der weitere Lese-Port dient zum Schreiben (STORE) in den Daten-Cache. Ein Schreib-Port dient zum Schreiben des Ergebnisses, der andere zum Schreiben von Daten aus dem Cache (LOAD).

Der FADDER kann folgende Gleitkommoperationen durchführen: Addition, Subtraktion, Vergleich, Absolutwert und Negation. Er besteht aus zwei Pipelinestufen, Mantissen-Addition und Normalisierung/Rundung. Der FMULT kann folgende Operationen durchführen: Gleitkomma-Multiplikation, -Division, -Quadratwurzel, Integer-Multiplikation und -Division. Er besteht aus zwei Pipelinestufen. Das Pipelining kann bei der Division und der Wurzel nicht benutzt werden.

Pipeline-Organisation. Die Integer-Pipeline besteht aus acht Stufen (4 Zyklen mit je zwei Phasen. Im ersten Zyklus (F0, F1) werden bis zu vier Befehle vom Befehlscache in die Befehlsschlange gebracht. Weiterhin gibt es drei Decodierphasen (D0, D1, D2), zwei Ausführungsphasen (E0, E1) und eine Schreibphase (WB).

1. **F0**
    – Die Befehle werden aus dem Befehlscache gelesen.
    – Die virtuelle wird in die physische Adresse umgesetzt (TLB).

2. **F1**
    – Das Befehlscache-Tag wird gegen die virtuelle Adresse geprüft.
    – 4 Befehle werden zur Befehlsqueue übertragen.

3. **D0**
    – 1, 2 oder 3 Befehle werden gestartet.
    – Die Adreßregister für LOAD/STORE werden ausgewählt.

4. **D1**
    – Die Adreßregister für LOAD/STORE werden gelesen.
    – Die Resourcen werden den ALU-Operationen zugeordnet.
    – Die PC-relative-Sprungadresse wird berechnet.

5. **D2**
    – Die ALU-Operanden werden gelesen.
    – Die effektive Adresse für LOAD/STORE wird berechnet.

6. **E0**
    – Die erste ALU-Stufe wird durchlaufen.
    – Der Zugriff auf den Datencache erfolgt.
    – Die effektive wird in die physische Adresse umgesetzt (TLB).
    – Eine Gleitkommaoperation wird zum Gleitkommarechenwerk geleitet.

7. **E1**
    – Die zweite ALU-Stufe wird durchlaufen.
    – Das Datencache-Tag wird gegen die virtuelle Adresse geprüft.
    – Die LOAD-Daten aus dem Cache sind verfügbar.

– Ausnahmen werden behandelt.

8. **WB**
   – Das Ergebnis wird in das Register-File zurück geschrieben.
   – Rückzuschreibende Daten werden in den STORE-Buffer gebracht.

Die Gleitkomma-Pipeline ist fest mit der Integer-Pipeline gekoppelt. In der E0-Phase wird eine Gleitkommaoperation ausgewählt und seine Operanden werden während E1 gelesen. Forwarding-Bypasses sind vorhanden, um Ergebnisse einer Gleitkommaoperation in der Gleitkomma-Pipeline des nächsten Befehls direkt weiterverarbeiten zu können (Chaining).

Befehlsausführung. Während D0 werden drei mögliche Befehle aus der ausgewählten Prefetch-Queue der Grouping Logic zur Bildung von Befehlsgruppen zugeführt. Die Operationscodes werden decodiert und die Abhängigkeiten innerhalb und zwischen den Gruppen werden ermittelt. Bis zu vier Befehlsgruppen (insgesamt maximal 9 Integer-Befehle und 4 Gleitkommabefehle) können in einem Zyklus parallel verarbeitet werden. Einige Befehle (wie Save, Restore, Integer Multiply/Divide, Control Register, Adress Space Identifier Memory Reference) können nicht mit anderen Befehlen gruppiert werden; sie werden einzeln ausgeführt. Maximal können drei Befehle einer Gruppe gestartet und ausgeführt werden, in Abhängigkeit von folgenden Randbedingungen: maximal 2 Integer-Ergebnisse, maximal 1 Daten-Speicherzugriff, maximal 1 Gleitkommaoperation, Beendigung einer Gruppe nach jeder Kontrollflußänderung.

Kontrollflußänderungen. Es sind zwei Befehls-Prefetch-Queues vorhanden, eine für die nicht durchgeführten Sprünge (sequentielle Befehle), eine für die durchgeführten Sprünge (Ziel-Befehle). Beide Queues können gefüllt werden, weil vier Befehle pro Zyklus geholt werden können, aber nur maximal drei ausgeführt werden. Ein Integer-Vergleichsbefehl kann mit einem bedingten Sprungbefehl gruppiert (`cmp-br`) werden, so daß eine fast gleichzeitige Bearbeitung möglich ist.

Der Prozessor nimmt an, daß alle Sprünge durchgeführt werden und füllt deshalb gleichzeitig die Zielbefehl-Prefetch-Queue. Während ein bedingter PC-relativer Sprung decodiert (Phase D0) wird, wird zuerst noch der Befehl 3 (s. Beispiel unten) im Delayed Slot (Delayed Instruction) geholt. Während der Phase D1 wird die Sprungzieladresse berechnet. Während der Sprungbefehl in der Stufe D2 ist, werden bereits die Zielbefehle 13 und 14 (`target instr. 3+4`) aus der Zielbefehl-Prefetch-Queue geholt. Wenn die Delayed Instruction in D1 ist, ist der `cmp-br` in E0 (die Sprungbedingung wird getestet und das Sprungziel wird festgelegt >>). Wenn der Sprung ausgeführt wird, dann wird sequentielle Prefetch-

Queue für ungültig erklärt `seq.-stream-invalid, invalidate`, ansonsten die Zielbefehl-Prefetch-Queue. Die Zielbefehle 11 und 12 werden weiter (>) ausgeführt und die Befehle 13 und 14 werden aufgrund der gefällten Entscheidung geholt und ausgeführt. Durch dieses Schema verursachen bedingte Sprünge für beiden Alternativen keine Verzögerungen. Die Programmzähler werden für beide Verzweigungsrichtungen parallel weitergezählt und beide Prefetch-Queues werden gefüllt.

Beispiel (Sprung wird ausgeführt):

```
1   compare        F0  F1  D0   D1  D2  E0  E1  WB
2   branch to 11   F0  F1  D0   D1  D2  E0  E1  WB
                           fetch-      >>  seq.-
                           target-         stream-
                           stream          invalid

3   delayed instr.     F0  F1  D0  D1  D2  E0  E1  WB
4   seq. instr.        F0  F1  D0  D1 >invalidate

11  target instr.1         F0  F1 >D0  D1  D2  E0  E1  WB
12  target instr.2         F0  F1 >D0  D1  D2  E0  E1  WB

13  target instr.3             >F0  F1  D0  D1  D2  E0
14  traget instr.4             >F0  F1  D0  D1  D2  E0
```

Die Ausnahmebehandlungen wird präzise durchgeführt. Ausnahmen werden durch die Pipeline geschoben und erst ausgeführt, wenn sie sich in der Ausführungsstufe E0 befinden. Dadurch wird der sichtbare Zustand nur in der logischen Reihenfolge der Befehle verändert.

7.5 Motorola MC88110

Der Mikroprozessor MC88110 wird von der Fa. Motorola [Mot] als *symmetrischer Superskalar*-Prozessor bezeichnet, weil zwei Befehle (i, i+1) in beliebiger Kombination pro Taktzyklus gestartet und den freien Funktionseinheiten automatisch zugeordnet werden können. Befehle werden in ihrer logischen Reihenfolge (so wie sie im Programm stehen) gestartet, können aber in einer anderen Reihenfolge fertig werden. Die Hardware stellt aber sicher, daß sich der für den Programmierer sichtbare Zustand nur so verändert, wie es die logischen Reihenfolge der Befehle angibt.

Architektur. Der Prozessor besitzt 10 Funktionseinheiten (Execution Units), die unabhängig und parallel arbeiten (Superskalar-Architektur, Abb. 7–13). Davon dienen acht für Berechnungen (Integer1, Integer2, Bit-Field, Multiply, Divide, Floating Point Add, Pixel Add, Pixel Pack),

eine zur Ausführung der Datenzugriffe (Data Unit) und eine zum Holen
und Ausführen der Befehle (Instruction Unit).

2 Integer Units	32-Bit Arithmetik und Logik
Bit Field Unit	Bit Feld Operationen
Multiply Unit	Multiplikation von Integer, Float und Pixeln
Divide Unit	Division von Integer, Float
Floating Point Add Unit	Addition und Subtraktion von Float
Graphics Unit	Addition von Pixeln,
	sonstige graphische Operationen
Pixel Pack Unit	Pixel packen und entpacken

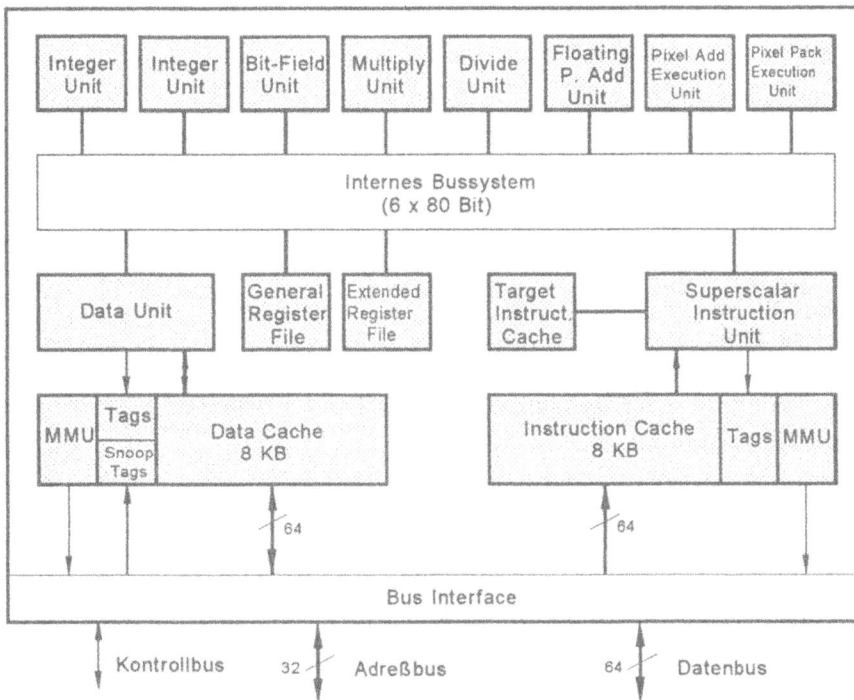

Abb. 7-13: Architektur des Motorola MC88110

367

Anschlüsse. Der Prozessor-Chip verfügt über folgende Anschlüsse:

Bitanzahl

32	Adresse
64	Daten
8	Byte Parity – Anordnung der Bytes
17	Transfer Attribute Signals (Transfer-Size, -Burst, -Code; Lock, Read/Write, User Page, Cache Inhibit, Write Through, Global, Invalidate, Memory Cycle, Cache Line)
5	Arbitration Signals (zur Regelung des Buszugriffs)
6	Transfer Control Signals (Start, Acknowledge, Retry)
5	Snoop Control Signals (Address Retry, Snoop Request, Shared, Snoop Status)
3	Processor Status Signals
4	Interrupt Signals
8	Test Signals
1	Clock

Über den Datenbus können 8, 16, 32 oder 64 Bit-Daten in einem Buszyklus transportiert werden. Die Daten werden entweder einzeln oder in Blöcken, bestehend aus vier Daten, transferiert. Einzeltransporte sind direkte Speicherzugriffe (z. B. wenn der Cache abgeschaltet wurde oder beim Write-Through). Bursttransporte bestehen aus 4 Doppelworten (zu 64 Bit), die benutzt werden, wenn ein Cache-Block (Cache Line) gefüllt oder geleert wird. In Mehrprozessorsystemen müssen die Daten in den lokalen Cache-Speichern konsistent gehalten werden (Cache-Kohärenz). Mit Hilfe der *Snoop Control Signals* beobachten alle Prozessoren die Transaktionen auf dem Bus und können so verhindern, daß Inkonsistenzen entstehen.

Der Prozessor unterstützt auch verschachtelte Transaktionen (split bus transactions), wobei mehrere Prozessoren gleichzeitig den Bus benutzen.

Datentypen. Folgende Datentypen werden unterstützt:

Integer	8, 16, 32, 64 Bit
Bit-Felder	1 bis 32 Bit
Gleitkommazahlen (Floats)	32, 64, 80 Bit
Graphische Operanden	32-Bit-Packed 4-, 8-, 16-Bit-Felder
	64-Bit-Packed 8-, 16-, 32-Bit-Felder

Befehlssatz. Alle Befehle sind 32-Bit breit (Befehlsformate Abb. 7–14). Es können gleichzeitig zwei Befehle gestartet und ausgeführt werden, solange keine Resourcen-Konflikte oder sonstigen Konflikte auftreten. Die folgenden Tabellen geben einen Überblick über die vorhandenen Befehle.

31	26 25	21 20	16 15	11 10	5 4	0

1.

OPC [6]	Dest [5]	Source1 [5]	Immediate (Rechenkonstante) / Index (beim Speicherzugriff) [16]

2.

OPC [6]	Dest [5]	Source1 [5]	SUBOPC [11]	Source2 [5]

3.

OPC [6] (bit-field instr.)	Dest [5]	Source1 [5]	Bit-Field Width[5]	SUBOPC [6]	Bit-Field Offset[5]

4.

OPC [6]	Dest [5]	SUBOPC [16]	Source2 [5]

5.

OPC [6] (branch)	Displacement (relative Sprungadresse) [26]

6.

OPC[6] (branch cond.)	Condition [5]	Source1 [5]	Displacement (rel. Sprungadr.) [16]

7.

OPC [27]	(jump, jump subroutine)	Source2 [5]

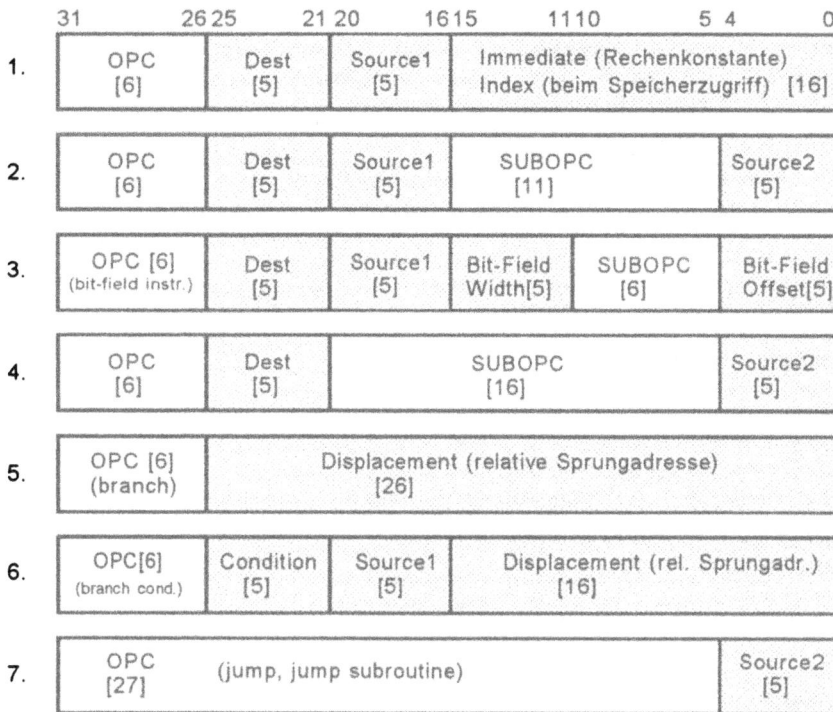

Abb. 7-14: Befehlsformate

Integer-Arithmetik-Befehle	
add/addu	Add Signed/Unsigned
sub/subu	Subtract Signed/Unsigned
muls/mulu	Multiply Signed/Unsigned
divs/divu	Divide Signed/Unsigned
cmp	Compare Integers

Logik-Befehle	
and	And
mask	And Immediate Mask
or	Or
xor	Exklusive Or

369

Bit-Feld-Befehle	
clr	Clear Bit Field
set	Set Bit Field
rot	Rotate Register
ext/extu	Extract Bit Field Signed/Unsigned
mak	Make Bit Field
ff0	Find First Bit Clear
ff1	Find First Bit Set

Graphik-Befehle	
padd	Pixel Add
padds	Pixel Add and Saturate
psub	Pixel Subtract
psubs	Pixel Subtract and Saturate
pcmp	Pixel Compare
pmul	Pixel Multiply
prot	Pixel Rotate Left
ppack	Pixel Truncate, Insert and Pack
punpk	Pixel Unpack

Ablaufkontrollbefehle	
br	Branch Uncoditional
bcnd	Branch Conditional
bb0/bb1	Branch on Bit Clear/Set
bsr	Branch to Subroutine
jmp	Jump Unconditional
jsr	Jump to Subroutine
tb0/tb1	Trap on Bit Clear/Set
tbnd	Trap on Bounds Check
tcnd	Trap Conditional
rte	Return from Exception
illop	Illegal Operation

Transport-Befehle	
ld	Load Register from Memory
st	Store Register to Memory
xmem	Exchange Register with Memory
lda	Compute and Load Address
ldcr	Load Register from Control Register
stcr	Store Register to Control Register
xcr	Exchange Register with Control Register

Gleitkomma-Befehle (Floating Point FP)	
fadd	FP Add
fsub	FP Subtract
fmul	FP Multipy
fdiv	FP Divide
fsqrt	FP Square Root
fcmp/fcmpu	FP Compare for Reserved Operands
fcvt	FP Convert Precision
flt	Convert Integer to FP
int	Round FP to Integer
nint	Round FP to Nearest Integer
trnc	Truncate FP to Integer
fldcr	Load Register from FP Control Register
fstcr	Store Register to FP Control Register
fxcr	Exchange Register/FP Control Register
mov	Move Register to Register

Einige Befehle wollen wir exemplarisch betrachten:

add immediate (Format 1)

$Dest := Source1 + Immediate + [Carry In]$

Immediate kann als Signed oder Unsigned gewählt werden. Die Erzeugung von Carry Out kann unterdrückt werden.

add (Format 2)

$Dest := Source1 + Source2 + [Carry]$

Normale Addition.

ext (Extract Signed Bit Field, Format 3)

$Dest := Source1(Width + Offset : Offset)$

Das Bitfeld wird mit dem Vorzeichen erweitert.

ff1 (Find First Bit Set, Format 4)

$Dest := Bitnummer\ des\ ersten\ TRUE\text{-}Bits\ von\ Source2$

Das Source2-Register wird von links nach rechts durchsucht.

padd (Pixel Add, Format 2)

$(Dest, Dest+1) := pixeladd(Operand1, Operand2)$

Der *Operand*1 steht im Registerpaar (*Source*1, *Source*1 + 1), der *Operand*2 in (*Source*2, *Source*2 + 1). Jeder Operand besteht aus n Pixeln (Bitfeldern), die wahlweise T= 8, 16 oder 32 Bit breit sind. Die korrespondierenden Pixel werden modulo 2^T addiert und das Ergebnis wird in das Registerpaar (*Dest*, *Dest*+1) transportiert.

br (Branch, Format 5)

goto (*PC* + *Displacement_oo*)

Das Displacement wird arithmetisch erweitert und um zwei Stellen nach links versetzt (Wortgrenze) auf den Befehlszähler addiert. Durch eine Option kann der Befehl, der auf **br** folgt, vor Ausführung des Sprungs durchgeführt werden, wodurch die Pipelineverarbeitung nicht unterbrochen wird (Delayed Branch mit einem Delayed Slot). Diese Option kann auch bei den anderen Sprungbefehlen gewählt werden.

bcnd (Branch Conditional, Format 6)

if Condition=TRUE then goto (*PC* + *Displacement_oo*)

jsr (Jump to Subroutine, Format 7)

*Register*1 := *ReturnAddress, goto Source*2

Die Rücksprungadresse (die auf **jsr** folgende) wird im Register-Nr.1 gerettet, die Sprungadresse steht im Source2-Register.

ld (Load Register from Memory, Format 1/2)

Dest := *Memory*(*Source*1+ *Index/Source*2)

Dest ist ein allgemeines oder ein Gleitkommaregister, *Source*1 und *Source*2 sind allgemeine Register. Im *Source*1-Register steht die Basisadresse, auf die der Index oder der Inhalt des *Source*2-Registers addiert wird. Der Index wird in Abhängigkeit vom Prozessor-Mode durch Nullen oder das Vorzeichen erweitert. Wahlweise können 8, 16, 32, 64 oder 128 Bit geladen werden, wobei zur Skalierung *Source*2 mit dem Faktor 1, 2, 4, 8, 16 multipliziert werden kann. Zu Beginn der Ausführung wird das Dest-Register im Scoreboard als „in use" markiert. Nach der Ausführung wird die Markierung zurückgesetzt.

st (Store Register to Memory, Format 1/2)

Memory(*Source*1+ *Index/Source*2) := *Dest*

Der Store-Befehl ist symmetrisch zum Load-Befehl definiert. Durch eine Option kann direkt in den Cache und den Speicher (Write-Through) geschrieben werden.

fadd (Floating-Point Add, Format 2)

Dest := *Source1+ Source2*

Diese Operation kann sowohl auf den allgemeinen Registern (General Register File) als auch auf den Gleitkommaregistern (Extended Register File) ausgeführt werden. Vor der Addition werden die Source-Register auf reservierte Operanden (NaNs, denormalisierte und unnormalisierte Zahlen) geprüft. Es können die Ausnahmen *Reserved Operand, Overflow, Underflow* und *Inexact* auftreten.

mov (Move Register to Register, Format 4)

Dest := *Source2*

Durch diesen Befehl werden Daten zwischen einem allgemeinen und einem Gleitkommaregister sowie zwischen Gleitkommaregistern transportiert.

Interne Busse. Insgesamt sind sechs interne Busse vorhanden, vier für die Register-Quelloperanden (zwei Source1-Busse, zwei Source2-Busse) und zwei für die Register-Zieloperanden (zwei Destination-Busse). Ein Sequencer, der ein Teil der Instruction Unit ist, kontrolliert die Vergabe der Busse (Bus-Arbitration). Da mehr als zwei Ausführungseinheiten gleichzeitig Ergebnisse produzieren können, müssen die Destination-Busse nach Prioritäten vergeben werden.

General Register-File (GRF). Es besteht aus 32 32-Bit-Registern r0 bis r31. Das Register r0 enthält die Konstante 0. Die Register nehmen Operanden und Adressen auf. Das GRF hat sechs Ausgänge und zwei Eingänge. Vier der sechs Ausgänge können gleichzeitig auf die Source1- und Sourc2-Busse geschaltet werden, so daß zwei Befehle in einem Taktzyklus ausgeführt werden können. Die restlichen beiden Ausgänge werden dazu benutzt, die Inhalte der Zielregister der momentanen Befehle in den History-Buffer (s.u.) zu schreiben. Die beiden Eingänge übernehmen die Ergebnisse von den Destination-Bussen in die Zielregister.

Extended Register File (XRF). Es besteht aus 32 80-Bit-Registern x0 bis x31. Das Register x0 enthält die Konstante 0. Die anderen Register nehmen Gleitkomma-Operanden (32, 64, 80 Bit) auf. Das XRF hat, wie das GRF, sechs Ausgänge und zwei Eingänge. Es ist wie das GRF mit den Source- und Destination-Bussen verbunden. Zwei Ausgänge sind mit dem History-Buffer verbunden.

Integer-Einheiten. Es gibt drei Integer-Einheiten: zwei identische ALUs und eine Bit-Feld-Einheit. Damit können gleichzeitig zwei arithmetische oder logische Funktionen auf 32-Bit-Integers in einem Takt ausgeführt werden. Solche Operationen brauchen niemals auf Grund von Resourcen-Konflikten verzögert werden.

Multiply Unit. Das Multiplizierwerk dient zur Multiplikation von Integers, Floats (Gleitkommazahlen) und Pixeln (graphischen Datenfeldern). Es ist als dreistufige Pipeline aufgebaut, so daß mit jedem Takt eine Multiplikation gestartet werden kann.

Divide Unit. Das Dividierwerk dient zur Division von Integers und Floats. Es arbeitet nach einem iterativen Algorithmus in mehreren Zyklen, wobei kein Pipelining möglich ist.

Floating Point Add Unit (FPAU). Die Verarbeitung von Gleitkommazahlen (Floats) unterschiedlicher Genauigkeit wird in der Multiply Unit, Divide Unit oder FPAU durchgeführt. Die Floats können im General Register File oder Extended Register File gespeichert werden.

Die FPAU dient zur Addition und Konvertierung (Integer/Float) von Gleitkommazahlen. Sie ist als dreistufige Pipeline aufgebaut.

Graphik-Unterstützung. Das Transformieren und Darstellen von Graphiken in Realzeit ist sehr rechenintensiv. Zur Transformation stehen schon die Gleitkommabefehle zur Verfügung. Zur schnellen Darstellung gibt es spezielle Graphikbefehle (z.B. für die Rasterkonvertierung oder den Block-Transfer-Algorithmus).

Im MC88110 sind eine Pixel-Add-Unit und eine Pixel-Pack-Unit vorhanden. Graphische Daten bestehen aus einer Folge von Pixeln unterschiedlicher Bitzahl, die in 64-Bit-Felder gepackt und in einem Register-Paar des General-Register-File gespeichert werden. Die Pixel in einem 64-Bit-Feld werden parallel verarbeitet.

Befehlssteuerung. Die Befehlssteuerung besteht aus der *Instruction Unit* (mit *History Buffer* und *Scoreboard*) und dem *Sequencer*.

Instruction Unit (IU). Die IU holt Befehls-Paare aus dem Befehlscache, führt die erste Decodierphase durch und erzeugt Steuersignale für die Funktionseinheiten. Außerdem führt sie Sprungbefehle und die Ausnahmebehandlung durch. Die IU enthält auch das Scoreboard, den History-Buffer und Kontrollregister.

Die IU berechnet die Rücksprungadresse für Unterprogrammsprünge und hebt sie im Register **r1** auf. Die Rücksprungadresse ist die Adresse des Befehls, der auf den Unterprogrammsprung folgt, oder bei einem

Delayed Branch (optional) die des auf den Delayed Slot folgenden Befehls.

Bei der Ausnahmebehandlung wird das in der IU vorhandene Vektorbasisregister VBR benutzt, das auf die Vektortabelle (Anfangsadressen der Interrupt-Service-Routinen) zeigt.

History-Buffer. Der History-Buffer ist als FIFO organisiert, der alle relevanten Maschinenzustandinformation speichert, sobald ein Befehl begonnen wird. Insbesondere wird der Befehl selbst und der alte Inhalt des Zielregisters aufgehoben. Die zu den Befehlen gehörende Information wird so lange im History-Buffer aufgehoben, bis der Befehl beendet wurde und alle Befehle, die vorher gestartet wurden, ebenfalls beendet wurden. Solange der Befehl i am Kopf der FIFO-Schlange noch nicht beendet ist, verbleiben eventuell schon vorher beendete Befehle $i + 1, i + 2, \dots$ in der Schlange. Beendete Befehle, die sich noch in der Mitte der FIFO-Schlange befinden, werden also erst entnommen, wenn sie am Kopf der Schlange angekommen sind. Dadurch wird die logische Reihenfolge der Befehle gewährleistet.

Wenn ein Befehl i eine Unterbrechung verursacht und Nachfolge-Befehle $i + 1, i + 2, \dots$ schon beendet wurden, dann werden die Effekte der schon beendeten Befehle mit Hilfe der Zustandsinformation aus dem History-Buffer rückgängig gemacht, so, als ob sie noch nicht ausgeführt worden wären. Dadurch sind *Precise Exceptions* möglich, d.h. die Unterbrechungen werden genau in der logischen Reihenfolge der Befehle behandelt. Wenn der Befehl i eine Unterbrechung verursacht, dann muß der genaue Zustand nach Beendigung der Befehle $i - 1, i - 2, \dots$ so gerettet werden, als ob die Befehle sequentiell in ihrer logischen Reihenfolge ausgeführt worden wären.

Scoreboard. Befehle werden in ihrer logischen Reihenfolge gestartet; sie können aber in einer anderen Reihefolge beendet werden. Zur Vermeidung von Register-Zugriffskonflikten und Datenabhängigkeiten führt das Scoreboard Buch über die nicht verfügbaren Register. Jedem Register, außer r0 und x0, ist ein spezielles Bit im Scoreboard zugeordnet. Wenn ein gestarteter Befehl länger als einen Taktzyklus benötigt, wird das Zielregister aus dem Befehl markiert. Wenn der Befehl beendet wurde, wird das Bit gelöscht und der Register-Inhalt darf weiter benutzt werden. Wenn ein Folgebefehl vorher auf ein markiertes Register zugreifen will, wird er so lange verzögert, bis die Markierung gelöscht wurde (Ergebnis ist dann verfügbar).

Sequencer. Der Sequencer legt fest, welche Ergebnisse in die Register geschrieben werden dürfen, wenn mehr als zwei Ergebnisse vorliegen (Write-Back-Arbitration). Wenn eine Funktionseinheit ein Ergebnis in ein Zielregister schreiben will, dann fordert sie einen Destination-Bus an. Wenn ein Interrupt angemeldet ist, dann verhindert der Arbiter das Ergebnis-Schreiben, außer, wenn die Daten aus dem Speicher kommen. Wenn kein Interrupt vorliegt, wird der Destination-Bus freigegeben, so daß das Ergbnis in das Zielregister geschrieben werden kann. Wenn mehr als zwei Schreib-Anmeldungen vorliegen, wird ein bestimmtes Prioritätsschema benutzt, bei dem Befehle mit einer kürzeren Ausführungsdauer bevorzugt werden.

Wenn ein Ergebnis aus dem Befehl i sofort im Befehl $i + 1$ weiter verarbeitet werden soll, wird es direkt vom Destination-Bus auf den Source-Bus durchgeschaltet (*Forwarding*) und gleichzeitig in das Zielregister geschrieben.

Befehlscache. Der Befehlscache ist 8 KByte groß und ist als 2-Wege-Set-Assoziativer-Cache organisiert. Er besteht aus 256 Cache-Lines (128 Sets mal 2). Eine Cache-Line enthält acht 32-Bit-Wörter, ein Tag-Feld und ein Valid-Bit. Sie wird durch die nicht umgesetzten Bits 11-5 der Adresse ausgewählt. Die Adreß-Tags beinhalten physische Adressen, so daß bei einem Kontextwechsel der Befehlscache weiter (ohne Flush) benutzt werden kann. Bei einem Miss wird die komplette Cache-Line nachgeladen. Die Verdrängung erfolgt pseudozufällig. Im Falle eines Hit werden immer zwei Befehle gleichzeitig aus dem Cache ausgelesen. Im Falle einer Veränderung der Befehle im Hauptspeicher (z.B. Seitenersetzung) muß der Befehlscache softwaremäßig für ungültig erklärt werden.

Target Instruction Cache (TIC). Der TIC ist ein voll assoziativer spezieller Cache für Sprungziel-Befehle, der logisch adressiert wird. Er besitzt 32 Einträge mit je zwei Befehlen, die sich am Sprungziel befinden. Als Vergleichswert wird die 30-Bit-logische-Adresse plus das User/Supervisor-Bit des Sprungbefehls (nicht die Sprungziel-Adresse!) gespeichert. Wenn ein relativer Sprung an eine feste Adresse vorliegt (branch, *goto PC+Displacement*), wird gleichzeitig mit dem branch der TIC adressiert. Bei einem Treffer stehen die beiden Befehle am Sprungziel sofort zur Verfügung, so daß die Pipeline ohne Verzögerung nachgeladen werden kann.

Bei einem Miss wird die Adresse des branch und das Sprungziel-Befehlspaar parallel zu Programmausführung in den TIC nach der FIFO-Ersetzungsstrategie geladen.

Bei Register-indirekten Sprungbefehlen (jump) kann der TIC nicht benutzt werden, weil das Sprungziel variabel sein kann

Instruction MMU. Die Befehls-MMU dient zur Übersetzung von zwei 4 GByte großen logischen Adreßräumen (User/Supervisor) in den physischen Adreßraum. Die Übersetzung wird hardwaremäßig durch zwei Adreßübersetzungscaches, den Page Adress Translation Cache (PATC) und den Block Adress Translation Cache (BATC), unterstützt.

Der PATC kann vollassoziativ 32 Zuordnungen (logische 20-Bit-Seitenadresse, physische 20-Bit-Seitenadresse) der 4KByte großen Seiten speichern. Zu jeder Seite werden Kontrollbits gespeichert, wie WT (Write-Through/Write-Back), G (Global Data, Snooping-Information zur Auswertung durch andere Prozessoren), CI (Cache-Inhibit, die Daten sollen nicht im Cache gespeichert werden), WP (Write-Protect), V (Valid, die Seite ist gültig).

Der BATC kann vollassoziativ 8 Zuordnungen (logische 6- bis 13-Bit-Block-Adresse, physische 6- bis 13-Bit-Block-Adresse) speichern. Es werden nur die höchstwertigen 6 bis 13 Bits (variabel definierbar, Blocknummern) umgesetzt, so daß große zusammenhängende physische Blöcke (64 MByte bis 512 KByte) adressiert werden können. Zu jedem Block können die selben Kontrollbits wie beim PATC gespeichert werden.

Die Adreßumsetzung über den PATC oder BATC kann optional eingeschaltet werden. Dabei hat die BATC-Umsetzung Vorrang (z.B. Zugriff auf eine shared library, die fest in einem großen physischen Speicherblock liegt; bei der Daten-Adreßumsetzung gilt entsprechendes für shared data).

Datencache. Der Datencache ist, wie der Befehlscache, 8 KByte groß und als 2-Wege-Set-Assoziativer-Cache organisiert. Er besteht aus 256 Cache-Lines (128 Sets mal 2). Eine Cache-Line enthält acht 32-Bit Wörter, ein Tag-Feld und Status-Bits. Sie wird durch die nicht umgesetzten Bits 11-5 der Adresse ausgewählt. Die Adreß-Tags beinhalten physische Adressen. Die Daten können wahlweise (für Seiten und Blöcke) nach dem Write-Back- oder dem Write-Through-Verfahren verändert werden. Während der Cache auf Daten vom Bus wartet, kann zwischendurch ein normaler Cache-Zugriff eingeschoben werden (*Decoupling*). Durch Bus-Snooping wird die Cache-Kohärenz sichergestellt. Um den Snoop-Adreßvergleich ohne Leistungseinbuße parallel zum normalen Cache-Zugriff durchführen zu können, sind die Tags und Statusbits doppelt vorhanden.

Die Status-Bits werden zum Updaten und für das Cache-Kohärenz- Protokoll benutzt. Folgende Zustände sind möglich:

• `Invalid`: Das Datum im Cache ist nicht mehr aktuell.

• `Shared-Unmodified`: Das Datum im Cache ist noch konsistent mit dem Datum des Hauptspeichers. Caches in anderen Prozessoren dürfen eine Kopie besitzen.

- **Exclusive-Modified**: Nur ein Prozessor besitzt das aktuelle Datum in seinem Cache, weil er es verändert hat (dirty).

- **Exclusive-Unmodified**: Nur ein Prozessor besitzt eine Kopie des aktuellen Datums aus dem Hauptspeicher.

Es können zwei verschiedene Cache-Kohärenz-Protokolle ausgewählt werden. Das einfachere mit drei Zuständen läßt sich durch folgende Zustandsübergänge (nur die wichtigsten) beschreiben:

- **Exclusive-Unmodified** → *shared read miss snooped* → **Shared-Unmodified**

- **Shared-Unmodified** → (*internal write hit*) → **Exclusive-Modified** → *invalidate command*

- *invalidate command/write snooped* → **Invalid**

Data MMU. Die Daten-MMU ist genauso wie die Instruction-MMU aufgebaut. Adreßumsetzung.

Die MMUs werden parallel zu den Caches wie folgt betrieben:

1. Adreßumsetzung und Cache-Zugriff gleichzeitig

    - Die MMU setzt die logische Seitenadresse (Bits $31-12$ der logischen Adresse) in die physische Seitenadresse (Bits $31-12$) um.

    - Mit den Bits $11-5$ der logischen=physischen Adresse (Cache-Set-Index) wird der Cache adressiert (ein Set mit 2 Lines wird ausgewählt).

2. Die physische Seitenadresse der MMU wird mit den beiden Tags des Cache verglichen.

Data Unit. Die Data Unit organisiert die Speicherzugriffe. Sie ist mit dem Datencache und der Daten-MMU verbunden. Sie enthält einen Addierer zur Berechnung der logischen Daten-Adresse (*Source1-Register + Source2-Register/16-Bit-Konstante*).

Die Speicherzugriffe werden gepuffert. Es gibt einen FIFO für die LOAD-Adressen und einen FIFO für die STORE-Adressen und -Daten. Die LOAD- und STORE-Befehle werden ausgeführt, sobald der Cache, der Speicher und die Daten verfügbar sind. LOAD-Befehle werden in bezug auf andere LOAD-Befehle in ihrer logischen Reihenfolge bearbeitet. Ebenso werden STORE-Befehle in bezug auf andere STORE-Befehle in ihrer logischen Reihenfolge bearbeitet. LOAD-Befehle können aber gegenüber den STORE-Befehlen früher ausgeführt werden, obwohl sie nach der logischen Reihenfolge erst später an der Reihe sind. Wenn ein STORE-Befehl auf die Daten eines vorhergehenden Befehls wartet, dann können nachfolgende LOAD-Befehle den Zugriff auf den Speicher bekommen. Wenn allerdings ein LOAD-Befehl auf dieselbe Adresse wie ein noch nicht fertiger STORE-Befehl zugreifen will, dann wird der LOAD solange verzögert, bis der STORE-Befehl fertig ist. (Ein ähnlicher Mechanismus wurde zuerst 1963 in der CDC 6600, bezeichnet als Stunt Box und Hopper, realisiert.)

Literaturverzeichnis

[Anc] Anceau, F.: **The Architecture of Microprocessors.** Addison-Wesley, Workingham 1986

[Anl] Anlauff, H., Bierhals, H., Funk, P., Meinen, P.: *Registertransfersprache PHPL Sprachbeschreibung.* TUM-INFO-7720, Juni 1977, TU München

[Bae] Bähring, H.: **Mikrorechner-Systeme.** Springer, Berlin 1991

[Bar] Barron, D. W.: **Assembler und Lader.** Hanser, München 1970

[Bar] Barnes, G. et al.: *The Illiac IV Computer.* IEEE Trans. on Comp., Vol. C–17, No. 8, Aug. 1968

[Bar] Bartee, T. C.: *Computer Design of Multiple Logical Networks.* IEEE Trans. on Comp., Vol. EC–10, March 1960, pp. 21 – 30

[Bau-1] Bauer, F. L., Heinhold, J., Samelson, K., Sauer, R.: **Moderne Rechenanlagen.** Teubner, Stuttgart 1964

[Bau-2] Bauer, F. L., Goos, G.: **Informatik I.** Springer, Berlin 1971

[BaW] Baugh, C., Wooley, B.: *A Two's Complement Parallel Array Multiplication Algorithm.* IEEE Trans. on Computers, Vol. C–22, No. 12, Dec. 73

[Bel] Bell, G., Newell, A.: **Computer Structures: Readings and Examples.** McGraw-Hill, New York 1071

[Bla] Blaauw, G. A.: **Digital Systems Implementation.** Prentice Hall, Englewood Cliffs 1976

[Bln] Blankenship, P. E.: *Comments on ,A Two's Complement Parallel Array Multiplication Algorithm'.* IEEE Trans. on Computers, Vol. C–23, No. 12, Dec. 74

[Bod] Bode. A. (Hrsg.): **RISC-Architekturen.** BI-Wiss.-Verl., Mannheim 1990

[Boo] Booth, A. D., Booth, K. H.: **Automatic Digital Calculators.** Academic Press Inc., New York 1956

[Bouk] Bouknight, W. et al.: *The Illiac IV System.* Proc. of the IEEE, Vol. 60, No. 4, April 1972

[Boul] Boulaye, G. G.: **Microprogramming.** Carl Hanser, München 1975 und Macmillan Press, London

[Bur] Burroughs: *B6700 Information Processing Systems Reference Manual.* Burroughs Corporation Detroit, Michigan 48232, 1970

[Bur] Burks, A. W., Goldstine, H. H., Neumann, J. von: *Preliminary Discussion of the Logical Design of an Electronic Computing.* Instrument. In [Bel, S. 92 – 119]

[Cas] Casaglia, F.: *Nanoprogramming vs. Microprogramming.* Computer, Vol. 9, No. 1, Jan. 1976

[Chr] Chroust, G.: **Mikroprogrammierung und Rechnerentwurf.** Oldenbourg, München 1989

[Chu-1] Chu, Y.: **Introduction to Computer Organization.** Prentice-Hall, Englewood Cliffs 1970

[Chu-2] Chu, Y.: **Digital Computer Design Fundamentals.** McGraw-Hill, New York 1962

[Chu-3] Chu, Y.: **Computer Organization and Microprogramming.** Prentice Hall, Englewood Cliffs 1972

[Cla] Clapp, J. A.: *The Application of Microprogramming Technology.* National Techn. Inf. Services AD 724718, 1971, pp. 7 – 11

[Dat] Data General Corporation: *Microprogramming with the ECLIPSE Computer.* WCS Feature, Technical Reference, No. 014–000050, 1974

[Dec] DEC: *Microcomputers and Memories.* Digital Equipment Corp., 1981

[Dol] Dolotta, T. A., McCluskey, E. J.: *The Coding of Internal States of Sequential Circuits.* IEEE Trans. Comp., Vol. EC–13, pp. 549 – 562, Oct. 1964

[Dul] Duley, J. R., Dietmayer, D. L.: *A Digital System Design Language (DDL).* IEEE Trans. on Computers, Vol. C–17, pp. 850 – 861, Sept. 1968

[Dür] Dürr, D.: *SL3 – Eine Systemprogrammiersprache auf Algol 68-Basis als Grundsprache für die Prozeßrechnerlinie AEG 80.* Angewandte Informatik, H. 9 (1975)

[Ell] Ellis, J.R.: **Bulldog: A Compiler for VLIW Architectures.** MIT Press, Cambridge Mass. 1985

[Fli] Flik, Th., Liebig, H.: **Mikroprozessortechnik.** Springer, Berlin 1990

[Gar] Gardner, P. L.: *Functional Memory and its Microprogramming Implications.* IEEE Trans. Comp., Vol. C–20, No. 7, July 1971

[Grd] Gardill, R., Händler, W., Hessing, H., Klar, R., Spies, P. P.: *ERES – Eine nichtprozedurale Rechnerentwurfssprache mit präziser Zeitbeschreibung.* Bericht IMMD, Universität Erlangen

[Gil] Giloi, W., Liebig, H.: **Logischer Entwurf digitaler Systeme.** Springer, Berlin 1980, 2. Auflage

[Glu-1] Glushkov, V. M.: *Automata Theory and formal Microprogramm Transformations.* Kibernetika, Vol. 1, No. 5, pp. 1 – 9, 1965

[Glu-2] Glushkov, Zeitlin, Justschenko: **Algebra, Sprachen, Programmierung.** Oldenbourg, München/Wien 1980

[Gon] Gonzales, R.: *A Multilayer Iterative Computer.* Trans. IEEE, EC-12, No. 5, pp. 781 – 790

[Gri] Grieshaber, R., Ulrich, G., Wendt, S.: *Petri-Netze zur Modellierung von Schaltwerksystemen.* Nachrichtentechn. Fachberichte Bd. 49, 1974, S. 150 – 155, VDE-Verlag

[Haa] Haas, G.: *Grundlagen und Bauelemente Elektronischer Ziffernrechenmaschinen.* Philips Technische Bibliothek, Eindhoven 1961

[Hal] Hallin, T. G., Flynn, M. J.: *Pipelining of Arithmetic Functions.* IEEE Trans. on Computers, Aug. 1972

[Har] Hartenstein, R. W., Liell, Schaaf, Weber: *CHARLES – A Register Transfer Language for Hardware Design and Specification.* Bericht 45/81, Univ. Kaiserslautern, Fachbereich Informatik, Dez. 1981

[Has] Hashizume, B., Johnson, W. N.: *The LSI-11/23 Control Store Microarchitecture.* IEEE 1979

[HDL] *Hardware Description Languages.* Computer, Vol. 7, No. 12, Dec. 1974

[Hil] Hill, F. J., Peterson, G. R.: **Digital Systems: Hardware Organization and Design.** John Wiley, New York 1973

[Hin] Hintz, R. G., Tate, D. P.: *Control Data STAR-100 Processor Design.* COMPCON '72 Digest, pp. 1 – 4

[Hof-1] Hoffmann, R.: *Towards Microprogrammable Machines based on a regularly structured processing unit.* In: Firmware, Microprogramming and Restructurable Hardware, Chroust, G. and Mühlbacher, J. G., Editors. IFIP Linz. North Holland Amsterdam 1980

[Hof-2] Hoffmann, R.: *The Hardware Description and Programming Language HDL (Preliminary Def.).* Bericht 75-04, FB 20, Techn. Unversität Berlin 1975

[Hof-3] Hoffmann, R.: *Die Hardware-Beschreibungssprache HDL.* Bericht MPR 2/81, FG Mikroprogrammierung, FB20, TH Darmstadt Dez. 1981

[Hof-4] Hoffmann, R.: *Grundlegende Algorithmen des Rechenwerks.* In: Funktioneller Entwurf kleiner bis mittlerer Digitalrechner, Brennpunkt Kybernetik. Technische Universität Berlin 1971

[Hof-5] Hoffmann, R.: *Algorithmen mit booleschen Matrizen in der Schaltwerkstheorie.* Dissertation, Technische Universität Berlin 1974

[Hof-6] Hoffmann, R.: **Rechenwerke und Mikroprogrammierung.** Oldenbourg, München 1978, 1983

[Hol] Holland, J.: *A Universal Computer Capable of Executing an Arbitrary of Subprograms Simultaneously.* Proc. East Joint Comp. Conf. 1959, pp. 108 – 113

[Hor] Horn, K.: *Verfahren zum Top-Down-Entwurf digitaler Systeme mit horizontalem Mikroprogrammwerk.* Dissertation, Technische Universität Berlin FB 20,1978

[Hrs] Horster, P., Manstetten, D., Pelzer, H.: **RISC.** Hüthig, Heidelberg 1987

[Hus] Husson, S. S.: **Mircoprogramming: Principles and Practices.** Prentice Hall, Englewood Cliffs 1970

[Iee] IEEE: **Standard VHDL Language Reference Manual.** New York 1988

[Int] Interdata: *Model 80 Micro-Instruction Reference Manual.* Publ. No. 29–282RO1. 1973

[Ito] Ito, T.: *A Theory of Formal Microprogramms.* Editors: Boulaye, G., Mermet, J. Int. Advanced Summer Inst. on Microprogramming, pp. 257 – 280, 1971.

[Ive] Iverson, K.: **A Programming Language.** John Wiley, New York 1962

[Jae] Jaeger, R.: *Microprogramming: A General Design Tool.* Computer Design, Aug. 1974, pp. 150 – 157

[Jan] Janow, J. I.: *Probleme der Kybernetik.* Bd. 1, S. 87 – 143, Akademie-Verlag, Berlin 1967

[Jes] Jessen, E.: **Architektur digitaler Rechenanlagen.** Springer, Berlin 1975

[Jon] Jones, H. L. et al.: *An annotated Bibliography on Microprogramming.* 5. Annual Workshop on Microprogramming IEEE Comp. Society, Dec. 1973, pp. 51 – 60

[Jum] Jump, J. R.: *Asynchronous Control Arrays.* IEEE Trans. on Computers, Vol. C–23, No. 10, Oct. 1974

[Kan] Kane, G., Heinrich, J.: **MIPS RISC Architecture.** Prentice Hall, Englewood Cliffs, N.J. 1992

[Kat] Katevenis, M.G.H.: **Reduced Instruction Set Computer Architectures.** MIT Press, Cambridge Mass. 1984, 1986

[Kie] Kießling, I., Lowes, M., Paulik, A.: **Genaue Rechnerarithmetik-Intervallrechnung und Programmierung mit PASCAL-SC.** Teubner, Stuttgart, 1988

[Knu]   Knudson, M. J.: *PMSL, An Interactive Language for System Level Description and Analysis of Computer Structures.* Techn. Report AD 762 513, Carnegie-Mellon University, Dept. Comp., 1972

[Laz]   Lazov, V.: *Hardware-Realisierung Strukturierter Mikroprogramme.* Dissertation, TU Berlin, FB 20, 1976

[Lie]   Liebig, H., Flik, Th.: **Rechnerorganisation.** Springer, Berlin 1993

[Lja]   Ljapunov, A. A.: *Probleme der Kybernetik.* Bd. 1, S. 1 – 22, 53 – 86, Akademie Verlag Berlin 1962

[LSI]   *LSI-11 WCS User's Guide.* Digital Equipment Corp., Maynard, Mass. 1978

[Mal]   Mallach, E. G.: *Emulator Architecture.* Computer, Aug. 1975, Vol. 8, pp. 24 – 31

[Mea]   Mealy, G.H.: *A Method on Synthesizing Sequential Circuits.* Bell Syst. Techn. J. 34 (1955), pp. 1045-1048

[Men]   Menche, R.T., Schmitt, A.S.: *REGLAN Language Reference Manual.* Institutsbericht RO 89/6, TH Darmstadt FB19, 1992

[Mer]   Mermet, J.: *Definition du langage CASSANDRE.* These Doctor Ingenieur, IMAG, Grenoble, 1970

[Mic]   Microdata Corporation: *Microprogramming Handbook.* Santa Ana, California 1971

[Mil]   Miller, R. E.: *A Comparison of Some Theoretical Models of Parallel Computation.* IEEE Trans. on Computers, Vol. C–22, No. 8, Aug. 1973

[Moo]   Moore, E.F.: *Gedanken-Experiments on Sequential Machines.* Automata Studies, Annals of Math. Studies 34, Princeton Univ. Press, 1956

[Mor]   Morris, R., Miller, J.: *Designing with TTL Integrated Circuits.* Texas Instruments Electr. Series, McGraw Hill, New York 1971

[Mot]   Motorola Ltd.: *MC88110 Second Generation RISC Microprocessor User's Manual* 1993

[Mue]   Müller-Schloer, C., Schnitter, E. (Hrsg.): **RISC-Workstation-Architekturen.** Springer, Berlin 1991

[Opl]   Opler, A.: *Fourth Generation Software.* Datamation, 13, 1, Jan. 1967, pp. 22 – 24

[Pat]   Patil, S.S.: *Coordination of asynchronous events.* PH. D. dissertation, Dep. Elec. Eng., Massachusetts Institute of Technology, Cambridge 1970

[Pil-1] Piloty, R.: *RTS I, Registertransfersprache.* 3. Auflage, Institut für Nachrichtenverarbeitung, TH Darmstadt 1969

[Pil-2] Piloty, R., Barbacci, M., Borrione, D., Dietmeyer, D., Hill, F., Skelly, P.: *CONLAN-Report.* Lecture Notes in Computer Science, Springer Berlin 1983

[Poe] Poel, W. L. van der: *The Essential Types of Operations in an Automatic Computer.* Nachrichtentechn. Fachberichte NTF, Band 4, S. 144 – 145, 1955

[Pos] Pospelov, D. A.: **Rechnersysteme.** BSB B. G. Teubner Verlagsgesellschaft, Leipzig 1975

[Ram] Ramamoorthy, C. V., Tsuchiya, M.: *A High-Level Language for Horizontal Microprogramming.* IEEE Trans. On Computers, Vol. C–23, No. 8, Aug. 1974

[Rhy] Rhyne, V. T.: *A Simple Postcorrection for Nonrestoring Division.* IEEE Trans. on Computers, Feb. 1971

[Ric] Richards, R. K.: *Arithmetic Operations in Digital Computers.* Van Nostrand, New York 1955

[Rob] Robertson, J. E.: *Two's Complement Multiplication in Binary Parallel Digital Computers.* IRE Trans. on Electronic Computers, Sept. 1955, pp. 119 – 120

[Rud] Rudolph, J.: *A production implementation of an associative array processor-STARAN.* Proc. Fall Joint Computer Conf., 1972, pp. 229 – 241

[Sal] Salisbury, Alan B.: **Microprogrammable Computer Architectures.** Elsevier New York/Oxford/Amsterdam 1976, pp.149 – 152

[Sch] Schünemann, C.: *Mikro- und Pico-Programmspeicher.* In: Hasselmeier und Spruth: *Rechnerstrukturen.* Oldenbourg, München 1974, S. 36 – 74

[Spa] Spaniol, O.: **Arithmetik in Rechenanlagen.** Teubner Studienbücher Informatik

[Spe] Speiser, A. P.: **Digitale Rechenanlagen.** Springer, Berlin 1980, 2. Auflage

[Sta] Stabler, E. P.: *Microprogramm Transformations.* IEEE Trans. on Computers, Vol. C–19, No. 10, Oct. 1970

[Sta] Starke, P.H.: **Abstrakte Automaten.** VEB Deutscher Verlag der Wissenschaften, Berlin 1969

[Ste-1] Stein, M. L., Munro, W. D.: **Introduction to Machine Arithmetic.** Addison-Wesley, Reading, Mass. 1971

[Ste-2] Stein, L. M., Munro, W. D.: *On Complement Division.* Comm. of the ACM, April 1971

[Str] Straßer, W.: *Schnelle Kurven- und Flächendarstellung auf grafischen Sichtgeräten.* Dissertation, Technische Universität Berlin 1974

[Stü] Stürz, H., Cimander, W.: **Automaten und Anwendung in der digitalen Schaltungstechnik.** VEB Verlag Technik, Berlin 1974

[Sun-1] Catenzaro, B.J. (Editor): **The SPARC Technical Papers.** Springer, New York 1991

[Sun-2] Sun Microsystems Comp. Corp.: *The SuperSPARC Microprocessor.* Technical White Paper, Mountain View 1992

[Tho] Thornton, J.E.: **Design of a Computer, The Control Data 6600.** Scott, Foresman and Company, Glenview Illinois 1970

[Tuc] Tucker, A.B., Flynn, M.J.: *Dynamic Microprogramming: Processor Organization and Programming.* Comm. ACM, April 1971, Vol. 14, No. 4

[Wal] Wallace, C.S.: *A Suggestion for a fast Multiplier.* IEEE-EC 13 (1964) 14 – 17

[Wat] Watson, W.J.: *The TI ASC – A highly modular and flexible supercomputer architecture.* Proc. Fall Joint Comp. Conf. 1972, pp. 221 – 228

[Wen-1] Wendt, S.: **Entwurf komplexer Schaltwerke.** Springer, Berlin 1974

[Wen-2] Wendt, S.: **Nichtphysikalische Grundlagen der Informationstechnik.** Springer, Berlin 1989

[Wen-3] Wendt, S.: *Zur Systematik von Mikroprogrammwerkstrukturen.* Elektron. Rechenanlagen 13 (1971), 1

[Wil-1] Wilkes, M.V.: *The Best Way to Design an Automatic Calculating Machine.* Manchester Univ. Computer Inaugural Conf. 1951

[Wil-2] Wilkes, M.V., Stringer, J.B.: *Microprogramming and the design of the control circuits in an electronic digital computer.* Proc. Cambridge Phil. Soc., Vol. 49, pp. 230 – 238, April 1953

[Zem] Zemanek, H.: **Das geistige Umfeld der Informationstechnik.** Springer, Berlin 1992

Sachverzeichnis

www.ingramcontent.com/pod-product-compliance
Lightning Source LLC
Chambersburg PA
CBHW081526190326
41458CB00015B/5467